U0576742

张国刚 著

周秦汉唐的
经世之道

中 华 书 局

图书在版编目(CIP)数据

治术:周秦汉唐的经世之道/张国刚著. —北京:中华书局,
2020.8(2023.11 重印)
ISBN 978-7-101-13831-3

Ⅰ.治… Ⅱ.张… Ⅲ.①中国历史-古代史-编年体②《资
治通鉴》-研究 Ⅳ.K204.3

中国版本图书馆 CIP 数据核字(2019)第 054604 号

书 名	治术:周秦汉唐的经世之道	
著 者	张国刚	
责任编辑	贾雪飞 胡正娟 吴艳红	
封面设计	刘 丽	
责任印制	陈丽娜	
出版发行	中华书局	
	(北京市丰台区太平桥西里38号 100073)	
	http://www.zhbc.com.cn	
	E-mail:zhbc@zhbc.com.cn	
印 刷	河北新华第一印刷有限责任公司	
版 次	2020 年 8 月第 1 版	
	2023 年 11 月第 2 次印刷	
规 格	开本/920×1250 毫米 1/32	
	印张 16⅝ 插页 3 字数 426 千字	
印 数	20001-22000 册	
国际书号	ISBN 978-7-101-13831-3	
定 价	66.00 元	

　　张国刚　清华大学人文学院历史系教授，教育部长江学者特聘教授。曾为联邦德国洪堡学者。主要致力于中国古代史、中西文化关系史的研究。为清华大学本科生及社会各界讲授《资治通鉴》，颇受欢迎。2014年被评为北京市高等学校教学名师。所著《〈资治通鉴〉与家国兴衰》入选"2016中国好书"。

　　主要著述包括《〈资治通鉴〉与家国兴衰》《中西文化关系史》《唐代藩镇研究》《佛学与隋唐社会》《唐代家庭与社会》《明清传教士与欧洲汉学》《从中西初识到礼仪之争：明清传教士与中西文化交流》《资治通鉴启示录》等。

目 录

自 序／1

第一章　战国治术／1

　　尧舜以来的以德治国、以能任人的贤能政治传统,经过禹汤、文武、周公塑造的中国传统政治中"敬天保民"的政治理念,被秦汉以后的历朝奉为圭臬。《资治通鉴》的第一个故事"智伯的覆亡"所引发的司马光关于德与才的评论,"子思论政"中每一个论点,都可以从这里找到历史根据。

　　孔子那个时代已经"礼崩乐坏",理想主义者仍然憧憬周公构建的天下秩序,现实的统治者则要面对日常的治理难题,国际竞争很激烈,国内的民生很艰难。于是,那些游走于各国的"士"就纷纷献计献策,儒、法、兵、道、墨、阴阳等家,都提出了自己的救世主张和治理模式。

儒法并用／6　　　　子思论政／11　　　　威王治国／18

千古高手／24　　　　卫君手段／27　　　　申商之术／31

第二章　秦赵之争／37

　　战国七雄中,撇开偏安一隅的韩国不谈,其余五国各有优长。经济实力最强的是齐国,国土纵深最广的是楚国,变法图强最早的是魏国,而军事实力最强、骑兵和名将最多的则是秦国和赵国。

赵国在赵肃侯、赵武灵王父子在位的五十多年中,获得了长足的发展。燕昭王、秦昭襄王这两位战国时期著名的国君,都是受赵武灵王支持而即位的。赵武灵王胡服骑射,消灭中山国,开辟北方三郡,将赵国的国势带入了顶峰。遗憾的是,长平之战后,赵国一蹶不振。末代赵王,不图振兴,唯求苟安,大将廉颇、李牧或出亡或被杀,赵国的灭亡已经是笃定的了。赵国的兴衰史及其内外原因可以看作是六国衰亡的一个样本。

胡服骑射／41　　　沙丘之乱／43　　　外交角力／46
长平之战／48　　　纸上谈兵／51　　　名将之亡／55

第三章　大秦帝国／57

秦朝的建立和灭亡,是中国历史上的重大事件。"百代皆行秦政制",这是不争的事实。秦国的崛起,秦孝公是关键领袖,他采纳了商鞅的改革建议,打破贵族制度,用军功爵制激活了秦人疆场杀敌的动力,造就了一支虎狼之师。

秦国始终注意搜罗各路人才,这是保证其国势始终蓬勃向上最重要的领导力因素。遗憾的是,秦统一天下之后,始皇帝没有及时调整政策,没有完善各项治理制度,也没有做出完整的接班人安排,就突然在五十岁病逝于巡视途中。内部蛀虫赵高,破坏了整个秦朝大厦,这是个极其深刻的教训。

南取巴蜀／62　　　远交近攻／66　　　破坏人才／71
千古一帝／75　　　赵高亡秦／81

第四章　汉家天下／89

汉代是中国传统治理结构基本定型的时代。汉初改变秦朝以吏为师、严刑酷法的管理模式,轻徭薄赋,刑法轻省,使得经济恢复增长十分快速。但汉初放任的经济政策和社会管理政策也产生了消极的后果:一是贫富分化,二是道德滑坡。

汉武帝登基后采取的治理措施包括三个方面：一是在政治制度上完善各项适应大一统中央集权的体制；二是国家收回对于山林川泽的管理权，设立国营企业垄断盐铁等贸易；三是"罢黜百家，独尊儒术"的思想革新。汉武帝时代的儒术，有"儒"有"术"，既有儒家的君臣大义，又不排斥吸纳诸子在治术上的一家之长。本质上说，汉家制度本以霸王道杂之。

汉王建国／93　　　　萧规曹随／100　　　　独尊儒术／103
汉武大帝／108　　　　霍光辅政／111　　　　七国之乱／117

第五章　东汉变局／125

汉武帝独尊儒术的政策到了东汉时代，得到了切切实实的落实和强化。刘秀即位后最强有力的措施是打击豪强，表彰循吏，惩处贪官；大力提倡儒学，扩充太学。儒学成为社会行为的准则，三纲五常成为判断是非的标准。于是儒家思想开始固化，腐儒、陋儒、伪儒为了利禄，纷纷登场。汉代士大夫用自己坚持的"政治正确"标准去谈论时政、品评公卿、鞭笞各级官吏，形成了一股"清议"的风气。

"清议"是把双刃剑，一方面有激浊扬清之效，另一方面也有不切实际之弊。外戚何进在名士的怂恿下，要全部诛灭宦官，导致董卓进京，东汉政治走到了尽头。边疆军阀出掌朝政，彻底颠覆了宦官与外戚"茶壶里的风暴"，军阀割据的三国乱象终于拉开了序幕。

刘秀打黑／130　　　　太后临朝／133　　　　士风矫激／140
灵帝托孤／144　　　　董卓进京／149

第六章　三国成败／153

三国从董卓进京到西晋统一，前后有九十年历史。这是一个英雄辈出的时代。曹操有高度的政治意识，军事能力高超，治理能力一流，善于听取不同意见；唯才是举的人才思想使得其帐下人才济济，远远超过所有的对手。

刘备、孙权、诸葛亮，也都是一时豪杰。刘备能够笼络人，孙权身段软，最值得赞颂的是诸葛亮忠于事业，鞠躬尽瘁、死而后已，永远是后世政治人物的楷模。

袁绍兴衰 / 157　　　　曹操用才 / 165　　　　刘备智慧 / 171

诸葛治蜀 / 176　　　　孙权谋略 / 186

第七章　晋朝风云 / 193

193

　　魏晋时期仍然是霸主模式主导着政治运行。曹魏和司马晋的经验再次说明，任何政治制度和治理措施，都不是僵化的教条，吸收历史经验教训也不可不考虑现实的条件和形势。只有立足于现实政情决策，才是治国理政的基本道理。

　　从制度层面追究魏晋王朝短命的原因之外，人事问题也绝不可忽视。唐太宗曾经批评司马炎的两大错误：一是统一天下之后失去了进取之心，二是在决定接班人问题上溺于亲情、不懂大局。内乱之下，宰辅人物虚谈废务，葬送了西晋的江山。

司马家族 / 198　　　　短命西晋 / 207　　　　虚谈废务 / 212

门阀政治 / 223　　　　淝水之战 / 229

第八章　南朝刘宋 / 237

237

　　东晋政权建立之始，有"王与马，共天下"之说，而东晋南朝的政权切换，关键人物是寒族将领刘裕，他开启了南朝第一朝，立国前后六十年，史称"刘宋"。其后的萧齐、萧梁、陈朝更为短促。

　　刘裕执掌东晋朝政十六年，成功地使自己站在了勤王的道德制高点上，成为东晋朝廷最后的权臣，最终取代旧朝廷。刘裕篡位之后，寻即杀害前朝君主，开启杀旧主之先例，故刘宋被萧齐取代之后，刘裕的子孙也被杀戮殆尽，这是南朝政治不如魏晋格局的一个表现。

刘裕起家 / 241　　　　善用人才 / 244　　　　气量偏狭 / 247

家教无方 / 250

第九章　南梁武帝 / 253

　　萧衍是南朝君主中最有学问的皇帝,琴棋书画、诗词歌赋、儒法兵道佛,无所不通。在他的统治下,南朝萧梁社会稳定、文化繁荣。他重建了太学,编纂五礼文献一千余卷;中国第一部文论专著《文心雕龙》、第一部诗论专著《诗品》,以及第一部诗文总集《昭明文选》和继《诗经》《楚辞》之后的诗歌专集《玉台新咏》,都是在萧梁时期问世的。就此而论,说萧衍统治的梁朝是东晋南朝近三百年文化最发达的时代,也不为过。

　　萧衍在佛教弘扬上也史上有名,他舍身同泰寺经常被人诟病,但是他整顿佛法,组织僧团编纂戒律,却也功不可没。萧衍收留北方东魏因政权领导人更替而无法立足的胡人将领侯景,最终却因"侯景之乱"导致国破身亡,亦令人浩叹。

萧齐萧梁 / 257　　　　文教治国 / 260　　　　痴迷佛教 / 263

亲厚宗族 / 268　　　　拒谏饰非 / 272　　　　多面人生 / 278

第十章　北魏风云 / 283

　　北魏是鲜卑拓跋氏建立的政权,开国的三代君主道武帝拓跋珪、文成帝拓跋嗣、太武帝拓跋焘,分别完成了开国、承业、统一的历程。

　　从485年开始,北魏先后推出了俸禄制度、均田制度、三长制度等,重建了官员的薪酬体系、土地赋役制度以及基层管理组织,建成适应北魏社会新变化的管理新体系。493年,将首都从大同迁往洛阳,同时改鲜卑姓氏为汉人姓氏,鲜卑贵族必须与汉族通婚,穿汉服、讲汉语。北魏的社会面貌焕然一新。

　　改革是政治利益和经济利益的一次重新调整和分配。迁都后最大的失落者是原来在北方长城边塞的驻军,即所谓"北方六镇"。首都迁到洛阳后,六镇失去了对于朝廷的重要影响力。连年的饥荒和军镇管理者的压迫,造成了一场遍地起火冒烟的大危机,史称"六镇起兵"。

临朝改革 / 287　　　　孝文迁都 / 290　　　　魏室衰败 / 292

再造王室 / 296　　　　尔朱功过 / 300

第十一章　对峙枭雄／ 303

北魏在"六镇起兵"中,来自怀朔镇的高欢在控制的关东地区建立东魏(都邺城),来自武川镇的宇文泰在控制的关中建立了西魏(都长安)。北方又一次陷入东西政府对立的局面。东魏、西魏的斗智、斗勇、斗法延续到第三代,最终西边的北周消灭了东边的北齐,分裂了四十二年的黄河流域重归统一。

北朝后期东西方这两大政治势力的较量及其成败,给我们以许多启示。首先,穷则思变,改革与发展是硬道理。其次,西魏北周的领导核心有能力、有魄力、有进取心,在各自执政期间,担当起了改革、发展的重任;相反,东魏、北齐高氏集团,在用人与决策上错误比较多,一步步地败坏国力,最终葬送了北齐王朝。

高欢崛起／307　　　　东魏称雄／311　　　　西魏军政／314
宇文家族／317

第十二章　隋杨成败／ 323

隋文帝取代北周称帝,最终统一了南北,结束了五胡乱华以来国家四分五裂的局面。他建立的一套"三省六部制"为核心的中央行政体制,被唐朝直接继承。

隋炀帝大业初年有一系列改革措施,职官制度的职能体系更加合理,赋税徭役都有所减轻。但由于他好大喜功,追摹秦皇汉武开疆拓土的功业,东征西巡,营建东都,修筑运河,为达到丰功伟绩的目标,不惜带头破坏规则。中央集权体制不管如何高效,如果管不住皇帝的任意非为,其结果只能是皇朝的灭亡。隋炀帝的事例又一次证明了这一点。

隋文统一／327　　　　开皇之治／331　　　　炀帝初政／333
饰非拒谏／338　　　　末路悲歌／342

第十三章　大唐雄风／ 347

唐朝之于隋朝,很像汉朝之于秦朝。唐承隋制,唐代长治久安的原因,不是唐朝的政策优于隋朝,而是因为唐初的统治者能够保持克己,切实实行隋朝没有落实的许多政策。贞观年间,唐太宗反复对身边的侍臣强调权力制约的重要性。

唐代初年的管理创新,最重要的有两条:一是宰相制度中的集体办公体制更加规范化;二是建立官方修史制度,系统总结王朝成败的历史经验。因为晋代历史对于唐朝统治者尤其重要,唐太宗亲自抓《晋书》的修撰。西晋不仅结束了三国乱局,也开启了北朝和东晋南朝的大分裂。因此,研究晋代历史,就是抓到了几百年民族分裂与融合的源头,对于梳理汉末以来数百年的历史变局,尤显关键。

征战开国／352　　　贞观之治／357　　　则天时代／368

玄宗初政／377　　　盛世危机／382

第十四章　中唐改革／389

唐朝的衰落与安史之乱密切相关。为什么盛世开元会导致天宝末年的这一场浩劫呢?制度创新不足是其中的关键问题,核心是土地兼并。唐中期,土地兼并引发的逃户问题、兵役问题,没有很好地解决,由此引发内外军事失衡问题,更直接酿成了大祸。安史之乱后,自北朝以来逐渐形成的胡汉一体的政治局面也就瓦解了。

乱后,代宗执政十七年,最大的忧患是战争期间宦官和新军人势力的增长。德宗继位后致力于削藩,取得了一些进展,但是由于操之过急,导致了失败。之后,德宗吸取教训,努力扩大禁军主要是神策军、扩张财政储备,为宪宗整治藩镇的胜利准备了财富支撑。

安史之乱／393　　　中唐时局／398　　　整顿削藩／404

泾原兵变／408　　　永贞革新／413　　　元和中兴／423

第十五章　长安日落／431

唐代中后期有两个持续的政治顽疾:一是对藩镇的斗争,二是宦官擅权。此时的朝廷士大夫,虽优秀如李德裕,却也外无法对付骄藩,内不能抗拒宦官,又在权力和政策问题上陷入个人恩怨,制造了历史所称的"牛李党争"。即使皇帝颇有明君品质,朝中又有干练忠臣,却不能合作开创唐后期的新局面，这不能不说明唐朝气数已尽，无可奈何。

从唐顺宗"永贞革新"以来，唐王朝的改革一而再的失败，其原因是多方面的：改革班子不坚强，一把手地位不巩固，策略失当，用人不利，改革不能持续进行。但是，所有原因中最核心的一条是大唐一把手皇帝缺乏掌控全局的能力，官僚队伍亦蝇营狗苟。

河朔再叛／435　　　敬宗之死／438　　　甘露之变／441

会昌之政／450　　　末日挽歌／456

第十六章　五代流光／463

907年，黄巢麾下大将朱温借势唐末起义实现改朝换代，建立后梁，历史进入五代时期。统治格局小，没有合格接班人，是整个五代王朝更替的共同问题。后周世宗柴荣，颇具雄才大略，可惜寿命不永，子嗣幼弱，殿前都点检赵匡胤成为最高军事长官。

赵匡胤整顿军队，削弱地方节度使势力，为化解五代藩镇坐大、问鼎中原提供了基本条件。这样一个有文韬武略的青年军官出来收拾五代的残局，也真算是天降大任于斯人的历史选择。

朱温后梁／467　　　克用遗志／478　　　伶人天子／482

燕云割让／486　　　黄袍加身／497　　　南唐风云／508

尾　声／513

跋／515

自 序

　　中国古代政治制度早熟,管理系统复杂。中央集权体制下的治国理政,需要高超的技巧和方法。而现有的"教科书",鲜有能得其门径者,故而历史的经验最值得重视。

　　嘉祐八年(1063)四月,宋英宗赵曙即位,不久,司马光给皇帝呈上自己编纂的《通志》八卷。这位年仅三十一岁的新皇帝很赞赏司马光的著作,要他继续撰写,而且国家拨给经费,配备修撰人员。治平四年(1067)正月,英宗皇帝病逝,神宗赵顼即位。当年十月,初开经筵。"经筵"是给皇帝讲课的典雅说法。"经"者,经典;"筵"者,宴也。"经筵"就是我们今日所谓精神大餐之意。程颐、朱熹都给皇帝开过经筵。

　　这是神宗初登大宝后的第一堂课。司马光在这堂课中讲的都是历史,就是他奉英宗之命而撰写的历史。神宗听了龙心大悦,但他觉得《通志》这一书名太朴素了,特赐了一个响亮的书名——《资治通鉴》。几天后,神宗交给司马光一篇序文,说书成之后,就可以加进去。

　　一般来说,序要在书写好后再请人作,要请皇帝作序更是非同小可。唐玄奘(即唐三藏)翻译了许多佛典,辑在一起,三番五次请皇帝李世民写序,李世民总有些犹豫,因为他曾经批评梁武帝之徒痴迷佛教,说自己唯独遵奉儒家思想。最后，他还是看在玄奘是儿子李治老师的份儿上(太子的师傅都是儒学大师，但是玄奘为李治授菩萨戒，也算师傅之列了)，在临终前几个月写了一篇《大唐三藏圣教序》。文章大约是御用文人代笔的，字则是从王羲之书法作品里采集的(取法王羲之书法的褚遂良也书写过)。李世民只是挂了一个名，而且把写序变成了书法游戏。

宋神宗可不是这样。司马光的书还没有写好，他就作好了序言，而且在序言中大发感慨："朕惟君子多识前言往行以畜其德，故能刚健笃实，辉光日新。"《诗》《书》《春秋》无不重视读史，"皆所以明乎得失之迹，存王道之正，垂鉴戒于后世者也"。神宗从司马迁的《史记》谈到当下司马光编纂的《资治通鉴》，尤其赞扬司马光这部书切磋"治道"的努力：

> 其所载明君、良臣，切摩治道，议论之精语，德刑之善制，天人相与之际，休咎庶证之原，威福盛衰之本，规模利害之效，良将之方略，循吏之条教，断之以邪正，要之于治忽，辞令渊厚之体，箴谏深切之义，良谓备焉。

在序文的最后，神宗提到书名的事：

> 《诗》云："商鉴不远，在夏后之世。"故赐书名曰《资治通鉴》，以著朕之志焉耳。

宋神宗说得非常清楚，读史书，知往事，见得失，铭"商鉴"，对于他的求索治道，非常有益。史书中所载的"治道"是什么呢？神宗用了十二个排比句："议论之精语，德刑之善制，天人相与之际，休咎庶证之原，威福盛衰之本，规模利害之效，良将之方略，循吏之条教，断之以邪正，要之于治忽，辞令渊厚之体,箴谏深切之义。"

这十二个排比句分六个层次:

"议论之精语,德刑之善制",即书中关于治国理政决策时的精彩议论及其行政操作方面,德与刑两方面优良的制度规章。

"天人相与之际,休咎庶证之原",涉及天象和人事(自然与社会)的和谐、吉凶祸福诸般征兆的探究。

"威福盛衰之本,规模利害之效",即懂得权威与福泽之所以盛衰,其本源何在;清楚规划重大国事的利害攸关功效之所在。

"良将之方略,循吏之条教",即良将打仗的方略,循吏(公正执法而爱民的官吏)的有效治理措施。

"断之以邪正,要之于治忽",对是非曲直要有判断,求治的根本是勤勉,不能怠惰。

"辞令渊厚之体,箴谏深切义",即用词渊博厚实的文体,规诫劝谏深刻的含义。

归纳起来就是,精到议论与施政、天象人事与吉凶、社稷祸福与利害、良将之策与循吏之治、处事之明断与勤政、为文之体例与要义,所有这些有资于治国的方略,"良谓备焉"。在宋神宗看来,《资治通鉴》就是这样一部治国理政的教科书。

中华书局1956年出版的《资治通鉴》共收了三篇序文,除了上面这篇宋神宗御制序文外,还有两篇:一篇是最早给《资治通鉴》全面作注的宋元学者胡三省的序,另外一篇是元初兴文署初刊《资治通鉴》时翰林学士王磐的序(按,王磐虽然写了此序,但是兴文署并没有印刷《资治通鉴》,见王国维《元刊本资治通鉴音注跋》,详尽考证见辛德勇《兴文署本胡注〈通鉴〉的真相及其他》)。

胡三省的《新注资治通鉴序》写得比较专业,谈到中国的史学传统,谈到他注释《资治通鉴》的衷曲和个人的遭遇,也有一段谈到《资治通鉴》的价值和意义:

> 世之论者率曰:"经以载道,史以记事,史与经不可同日语也。"夫道无不在,散于事为之间,因事之得失成败,可以知道之万世亡弊,史可少欤!为人君而不知《通鉴》,则欲治而不知自治之源,恶乱而不知防乱之术。为人臣而不知《通鉴》,则上无以事君,下无以治民。为人子而不知《通鉴》,则谋身必至于辱先,作事不足以垂后。乃如用兵行师,创法立制,而不知迹古人之所以得,鉴古人之所以失,则求胜而败,图利而害,此必然者也。

胡三省是宝祐四年(1256)的进士,与文天祥、谢枋得是同科进士(文天祥是第一名),宋人称之为同年。胡三省秉承家学,酷爱读史,入仕之初就已经以《资治通鉴》专家知名。1275 年,他曾被推荐到同为台州老乡的贾似道幕下任职,见其冥顽刚愎,不听正言,乃弃官归乡里。宋亡,不仕于元朝,专心注释《资治通鉴》,年逾古稀去世。胡三省《资治通鉴》注中所表现出来的家国情怀、卓识洞见,陈垣先生在《通鉴胡注表微》里有精到的分析。上引序文中那段评价的意义是说,无论什么人,不管是君是臣,还是普通百姓(人子),乃至带兵之将,都应该了解历史,从阅读《资治通鉴》这部大书中寻找知识和智慧,提升治理国家的能力、克敌制胜的本领,以及为人处世的技巧。

至于元初宰相王磐,是金朝的进士,入元累官至翰林学士,忽必烈时任宰相之职。为人刚正、廉洁,酷爱读书。他在给兴文署(元朝在大都专门建立的刊书机构)新刊《资治通鉴》所作序文中说：

> 古今载籍之文，存于世者多矣。苟不知所决择而欲遍观之，则穷年不能究其辞，没世不能通其义，是犹入海算沙，成功何年！善乎孟子之言曰："尧舜之智而不遍知，急先务也。"大抵士君子之学，期于适用而已；驰骛乎高远，陷溺乎异端，放浪于词华，皆不足谓之学矣。《易》曰："君子多识前言往行以畜其德。"《说命》(《伪古文尚书·周官》)曰："学古入官，议事以制，政乃不迷。"若此者可谓适用之学矣。
>
> 前修司马文正公，遍阅历代旧史，旁采诸家传记，删繁去冗，举要提纲，纂成《资治通鉴》二百九十四卷，上起战国，下终五季，一千三百六十二年之间，贤君、令主、忠臣、义士、志士、仁人，兴邦之远略，善俗之良规，匡君之格言，立朝之大节，叩函发帙，靡不具焉。其于前言往行，盖兼畜而不遗矣；其于裁量庶事，盖拟议而有准矣。士之生也，苟无意于斯世则已；如其抱负器业，未甘空老明时，将以奋发而有为也，其于是书，可不熟读而深考之乎！
>
> 朝廷悯庠序之荒芜，叹人材之衰少，乃于京师创立兴文署，署置令、丞并校理四员，咸给禄廪，召集良工，刿刻诸经子史版本，颁布天下，以《资治通鉴》为起端之首，可谓知时事之缓急而审适用之先务者矣。
>
> 噫！遐乡小邑，虽有长材秀民，向慕于学而无书可读，悯默以空老者多矣。是书一出，其为天下福泽利益，可胜道哉！昔圯上老人出袖中一书，而留侯为万乘师；穆伯长以《昌黎文集》镂板，而天下文风遂变。今是书一布，不及十年，而国家人材之盛可拭目而观之矣。

王磐的序谈了三层意思。第一层意思是说，世间的书很多，知识也学不完，尧、舜这样聪明的圣人也只学最切用的知识。对于奋发有为、志在经邦济世的士子来说，学习历史最切要，要学习前人的治理得失，提升自己入仕行政的水平。

第二层意思是说，就历史书而言，司马光的《资治通鉴》最应该读。为什么呢？因为"贤君、令主、忠臣、义士、志士、仁人，兴邦之远略，善俗之良规，匡君之格言，立朝之大节，叩函发帙，靡不具焉。其于前言往行，盖兼畜而不遗矣；其于裁量庶事，盖拟议而有准矣"。这段话相当于是对神宗十二个排比句的概括。"兴邦之远略，善俗之良规，匡君之格言，立朝之大节"，从治国之道到为官之道，说得更为简明。接着的那句，"其于前言往行，盖兼畜而不遗矣；其于裁量庶事，盖拟议而有准矣"，是说该书对于前人的言行得失，兼收并蓄，记载精详；对于诸事的裁量处置，能给出可资参考的见解。因此，他感慨说，现在国家建立专门的出版机构兴文署，拟刊刻各种传世经典，第一部就选《资治通鉴》，真是知道轻重缓急，选得非常好啊："可谓知时事之缓急而审适用之先务者矣。"

王磐序的第三层意思是勉励，希望这部《资治通鉴》的问世，能够在十年之内带来治国理政人才辈出的局面："今是书一布，不及十年，而国家人材之盛可拭目而观之矣。"为什么这么乐观呢？他举了两个例子，当初圯上老人出袖中一书，而张良研读后就成了刘邦的国师，被封为留侯；北宋穆脩（字伯长）雕版印刷可供士人阅读的《韩昌黎文集》，助推古文运动，天下文风为之一变。所以王磐说："噫！遐乡小邑，虽有长材秀民，向慕于学而无书可读，悯默以空老者多矣。是书一出，其为天下福泽利益，可胜道哉！"

从王磐的序言中，我们完全可以体会出，这位官至宰辅、享年逾九十的政治人物，是如何重视《资治通鉴》对于官员们提升自己治理能力的意义的。

晚清名臣曾国藩是王磐的知音。咸丰时任浙江巡抚的安庆宿松人罗遵殿(1798—1860),道光十五年(1835)进士,1860 年太平军进攻杭州,罗氏阖家死难,唯有在外地求学年仅弱冠的儿子罗少村幸免。灵柩运回宿松(今属安徽安庆市)隘口老家不久,曾国藩、胡林翼、李鸿章、左宗棠都赶到宿松隘口罗家祭奠。罗少村出来迎拜。罗遵殿属于湘军之党,与曾国藩交情甚笃。当遗孤罗少村专门写信给曾国藩叩问入仕读书之道时,曾国藩回复了一封信,说"窃以先哲经世之书,莫善于司马文正公《资治通鉴》"。要讲前贤往哲谈经邦治国的书籍,没有一部能超过《资治通鉴》。曾国藩的这句话说得很满,尽管他是一个很持重的人。这一定有他的理由。理由是什么呢?"其论古皆折衷至当,开拓心胸,如因三家分晋而论名分,因曹魏移祚而论风俗,因蜀汉而论正闰,因樊英而论名实,皆能穷物之理,执圣之权。又好叙兵事所以得失之由,脉络分明。又好详名公巨卿所以兴家败家之故,使士大夫怵然知戒。实六经以外不刊之典也。"曾氏还叮嘱说,足下若能熟读此书,"将来出而任事,自有所持循而不致失坠"。曾国藩特别重视《通鉴》评论史事能"穷物之理,执圣之权";叙说军事得失缘由,脉络分明;讨论成功人士家族兴旺与衰败之缘故,详尽细致,发人深思。所以,他断言,就经世之书而论,首推《资治通鉴》。

曾国藩的这个评价后来也为毛泽东所认可。五十年代制定第一个五年计划,古籍整理的第一部为《资治通鉴》,这是毛泽东钦定的安排,而且是当面给吴晗下的任务:"《资治通鉴》这部书写得好,尽管立场观点是封建统治阶级的,但叙事有法,历代兴衰治乱本末毕具,我们可以批判地读这部书,借以熟悉历史事件,从中汲取经验教训。"晚年的毛泽东说他一生读《资治通鉴》有十七遍,赞扬《资治通鉴》讲战争,充满了辩证法。多次给人推荐说《通鉴》是值得再读的好书。

我们一起阅读了宋神宗、胡三省、王磐三位各自为《资治通鉴》写的《序》，发现三篇序言有一个共同点，就是都认为求索治道，需要读史。这也正是司马光编纂《资治通鉴》的初衷："专取关国家兴衰，系民生休戚"的历史事件。

《资治通鉴》记事，涉及周秦汉晋唐及五代共 1 362 年历史。本书着眼于"鉴前世之兴衰，考当今之得失"，每讲之前，略叙一代之兴衰与治理之功过，以为通论；于通论之下，则撮取《通鉴》中具体人与事予以讨论，俾使前之所论，有所证说。历史的魅力在于具体的人物和故事，任何治国之道、经世之术，都只有落在具体的情景人事当中，才有切近的感觉，才有方法论的意义。

是为序。

张国刚

庚子仲夏廿六日于清华大学荷清寓庐

第一章　战国治术

中国历史的正式开篇，从五帝时代算起。按照司马迁的说法，五帝是黄帝、颛顼、帝喾、尧、舜。

黄帝是华夏族的祖先，被国人奉为人文始祖。颛顼"绝地天通"，君王成为最大的巫师，垄断与神的沟通，君权与神权的合一，甚至从良渚遗址"王"的陪葬墓中同时拥有玉钺（军事即世俗权力）和玉琮（祭祀即宗教权力）的现象中解读出来，也可以说是春秋时所谓"国之大事，在祀与戎"（《左传·成公十三年》）的先声。甲骨文中的"天帝"往往就是帝喾，他是高辛氏的祖先，也是传承华夏文明的帝王。尧、舜的传承在《尚书》等古文献中构建了以德治国、以能任人的贤能政治传统，经过禹、汤、文、武、周公发扬，塑造了中国传统政治中"敬天保民"的政治理念。这些政治理念不仅体现在春秋末年孔子及其弟子对于儒家六经的编纂和传承过程中，更重要的是为秦汉以后的历朝明君奉为圭臬。《资治通鉴》的第一个故事"智伯的覆亡"所引发的司马光关于德与才的评论，"子思论政"中每一个论点的展开和讨论，都可以从这里找到其历史根据。

● 以德治国、以能任人的贤能政治传统。
● "敬天保民"的政治理念。

孔子那个时代已经"礼崩乐坏"，理想主义者仍然憧憬周公构建的天下秩序。孔子周游列国，在中原华夏诸国——陈、蔡、卫、宋等国打圈圈,不可能有机会。春秋争霸,大国斗争都在四边之地:东边的齐国、北边的晋国、西边的秦国、南边的楚国,或者东南边的吴越国。中原的宋国出来争霸,闹成了笑话。边地各国有空间挣脱传统礼制的束缚,有资源做大做强。

到战国时代,统治者面对日常的治理现实,国家间的竞争很激烈,国内民生很艰难,周天子自身难保,已经不能帮任何忙,一切只能靠诸侯们自己。于是,那些游走各国之间的"士"就纷纷献计献策,合纵连横。诸子百家提出的治理模式由此而产生。儒、墨、道、法、兵、名及阴阳家等为其荦荦大者,各自都提出了救世主张。

最后成功的是商鞅。不管历史的真实场景如何,《商君书》及后世文献留下的记载颇具戏剧性。前 361 年,秦孝公要变法,招纳贤才,说谁能够出长策奇计,强大秦国,我就与他共享秦国(即封之以疆土爵邑)。魏国的客卿卫鞅(本是卫公室庶孙,卫国其时是魏国的附庸),带着李悝的《法经》前来应聘。面试了好几次,先谈帝道,只有仁义,没有刑法;后谈王道,主要是仁义,略及刑法;都不能让秦孝公满意,反而让秦孝公觉得他迂阔。第三次谈到霸道政治,孝公大为高兴,约定下次再谈。最后一次,卫鞅系统提出一套富国强兵的改革主张,两人谈了三天三夜。卫鞅说:"成大功者,不谋于众。"通过几个回合的朝堂大辩论,卫鞅没能说服反对派,但是,与秦孝公达成了统一意见。在统一了内部的意见之后,秦孝公和商鞅君臣经过十几年的持续改革,秦国成功了。卫鞅被封在商於之地,故后世称之为商鞅;后来因改革得罪了太多的既得利益者而被杀。

商鞅的改革创造了中国历史上改革的一个经典案例。改革的必要性与功效性,众所周知。但是改革会重新调节社会各方面的利益格局,势必会有强大的反对声音,需要保持定力与持续的推进。此外,如何把改革的刚性与柔性结合起来,也是改革成功的关键之一。法家治术,严刑酷法,尊君卑臣。运用得当,迅速解决当下问题;运用不当,就会成为阴谋权术,画虎不成反类犬,本章中卫嗣君的治理手段,就有这样的嫌疑。

● 改革需要保持定力与持续的推进。

● 如何把改革的刚性与柔性结合起来,是改革成功的关键之一。

本章的几个案例,魏文侯治国,儒法并用,构成了中国古代治国用人的微型标本。孔子的孙子子思就用人和决策两个重要问题,提出了自己的卓越见解,实际上这也是领导力修炼的核心内容。在君臣关系上,强调权力协商,和而不同、进谏纳谏,要求执政者在重大决策问题上,不搞一言堂。但是在现实政治操作层面,由于缺乏制度化、机制化的约束,全凭领导者的道德自觉,出现人存政存、人去政息的现象在所难免。

● 用人和决策是领导力修炼的核心内容。

齐威王是战国时代很有成就的一位君王,他注重选拔优秀人才,各司其职,认识到与人才的宝贵相比,珠宝之类皆粪土耳。在当时,有这种认识那是相当高明的。齐威王还明辨是非,考察官员耳听为虚、眼见为实,善于倾听臣民的意见,成为中国古代治国理政的重要经验。

● 明辨是非、善于倾听意见,成为中国古代治国理政的重要经验。

而战国时期的小国——卫国国君卫嗣君想当明君，却心有余而力不足，他不能像齐威王一样用堂堂正正的方式来治国，而是采用作秀和钓鱼执法等小手段，没有把握住治国急务，因而受到当时和后世论者的批评。

申商之术，一重"术"，一重"法"。"法"是法律政令，"术"是领导方法和管理技巧，对于治国理政来说，二者都很重要。但是，申不害以"术"治国，难逃人存政存、人亡政息的命运。商鞅以"法"治国，使秦国走上发展强盛的道路。这就说明，"申""商"之学，不在一个层面上，法治建设比领导人个人技巧提升更具有根本意义。

● 法治建设比领导人个人技巧提升更具有根本意义。

儒法并用

战国时期，各国竞争激烈，治国的关键在于人才，这已成为共识。如何识人、用人，协调好君臣的关系，是当时政治家和思想家积极探讨的话题。

● 如何识人、用人，协调好君臣的关系，是当时积极探讨的话题。

魏文侯(前472—前396)是魏国的创建者。韩、赵、魏三家分晋之后，在魏文侯的领导下，魏国成为第一个崛起的大国。

魏国崛起的原因是多方面的。

就天时而言，当时的秦国还在沉睡，齐国国君大权旁落，楚国内乱不止，魏国四周无强敌。就地理优势而言，魏国横跨黄河南北,主要领地包括今日之山西南部、河南北部,以及河北和陕西的部分地区,都是当时经济文化最发达的中原区域。

但最重要的还是"人和"因素。魏文侯、魏武侯父子两代国君,在开国之后数十年,积极有为,励精图治,讲信修睦,使魏国成为强盛一时的大国。

我们来讨论一下"人和"的事情。先说外部的"人和"。

在外交政策上,魏文侯致力于三晋结盟,营造和平的环境。韩国曾前来借师伐赵,赵国也曾想借师伐韩,魏文侯采取"和事老"的态度。"韩借师于魏以伐赵。文侯曰:'寡人与赵,兄弟也,不敢闻命。'赵借师于魏以伐韩,文侯应之亦然。二国皆怒而去。"开始韩、赵都不满于魏国。后来,韩、赵知道魏文侯是想两家和平友好,故"皆朝于魏"。魏国促成了三晋的结盟,自己因此成为盟主,"诸侯莫能与之争"。

● 外交政策上,魏文侯致力于三晋结盟,营造和平的环境。

在内部的"人和"上,首先是通过改革,化解矛盾,调节好各方面的利益关系,同时注意识人、用人,儒法并用,不拘一格。

● 内部,调节好利益关系,注意识人、用人,儒法并用,不拘一格。

战国的改革自三晋始。三晋之中,魏文侯首用李克(一般认为李克即李悝)变法。李克(前455—前395)变法的宗旨是为了富国强兵,所谓"尽地力之教"就是国家鼓励垦田、激励农耕。他颁布的《法经》,"以为王者之政,莫急于盗、贼",即要有效保障百姓的生命权和财产权。

《法经》曾被商鞅带到秦国,是商鞅改革的起点。《晋书·刑法志》说："秦汉旧律,其文起自魏文侯师李悝(克),悝(克)撰次诸国法,著《法经》。""商君受之以相秦。"李克出自儒家,又是法家的鼻祖。钱穆《先秦诸子系年》的《序》中说,法家乃是起源于儒家("法原于儒"),这是有一定道理的。

儒家思想是要务实,用之于治国实践,就不能没有法制手段。汉代以后号称崇儒的政治家(如唐太宗)、政论家(如贾谊)莫不如此。而其源头则出自魏文侯的老师李克。

《史记》和《资治通鉴》都津津乐道李克的一则轶事。

有一天,魏文侯向李克请教国相的人选:"先生总是告诉寡人,家贫思良妻,国乱思良相。魏成与翟璜这两位大臣,依先生看,哪一位更合适担任国相呢?"李克没有说具体人选,只谈了谈自己对识人的看法:"居视其所亲,富视其所与,达视其所举,穷视其所不为,贫视其所不取。"也就是说,要细致地观察他的行为:居常看他亲近谁,富贵看他结交谁,显赫看他保荐谁,困顿时看他何事不为,贫穷时看他何利不取!李克说,凭这五条您就足以确定国相的人选了,何必征求我的意见呢!魏文侯大喜,说先生回去吧,我知道选任谁做国相了。

李克的这一套识人术在春秋战国时代不乏类似表述,后代也流衍甚广。其核心思想一是行胜于言,二是人以群分。

刚出门,李克就碰到了翟璜。翟璜笑眯眯地问,听说今天国君就选相一事征求您的意见,结果是谁啊?李克说,我

● 行胜于言,人以群分。

8

猜测国君会选择魏成。翟璜唰地变了脸,愤愤不平地说:
我哪一点比不上魏成?

　　魏成、翟璜的差别在哪里呢? 魏成把自己的绝大部分
俸禄都用来搜罗人才,向国君推荐了卜子夏、段干木、田子
方。这三个人都是大名鼎鼎的儒门高手。卜子夏是孔子的
得意门生,在孔子最优秀的学生中,他以"文学"见长。有人
甚至认为《论语》的编纂就出自子夏及其门人之手。子夏在
魏国讲学授业,创立了一个"西河学派",其中不乏经世英
才。李克崇尚法治,兼习儒术,大约就曾受到子夏等人的影
响。汉武帝之前,儒家思想不曾被统治者真正奉行过;有
之,则从魏文侯始。魏文侯师从子夏学习经艺,向隐居不仕
的段干木请教治国之道,聘著名儒商子贡(即孔子爱徒端木
赐)的入室弟子田子方为客卿,引起当时诸侯的震动:"文侯
由此得誉于诸侯。"司马迁《史记·魏世家》记载说,秦人曾
欲伐魏,有人就提醒他:"魏君贤人是礼,国人称仁,上下和
合,未可图也。"
　　翟璜也向国君推荐了许多优秀干才。比如,西河郡守
名将吴起,治理邺地的能臣西门豹,攻打下中山国的大将乐
羊,包括担任中山守将的李克,乃至太子的师傅屈侯鲋等。
这些人都是杰出的文臣武将,各有所长!
　　于是,我们就发现,魏文侯治国用了两种不同类型的人
才。卜子夏、段木干、田子方有道德上的优势——儒家自律
比较严,同时还有战略上的开阔视野,追求修身、齐家、治
国、平天下。他们是帝王之师,"坐而论道者也"。而李克、

吴起、西门豹在不同岗位上各司其职，是分而任事者也。根据李克的说法，魏成推荐的人，国君以之为师；你翟璜推荐的人，国君以之为臣。你识人的眼界，还是比魏成差一截。翟璜认同了李克的说法，为先前的失态向李克道了歉。

治国理政，需要各种人才。"五常异禀，百行殊轨，能有兼偏，知有长短。"（《史通》卷一○《自叙》）李克认为，国君不仅需要各行各业的干才，更需要的是能够帮助其提升境界和格局的指导者。下面这两则故事可以说明这一点。

有一次，魏文侯与田子方在一起吃饭，欣赏音乐。魏文侯说：钟声不对称啊，左边的声音好像略高。田子方只是笑笑，没有吱声。魏文侯迷惑地问：你笑什么？难道不是这样吗？田子方说："臣听说，为君者致力于辨官，不着意辨音。如今主公着意辨音，臣担心会忽略对官员的识辨啊。"田子方的意思是说，为君之道，无非用人任事，国君关注的重点当在用人当否，不宜对臣下的具体工作作即兴式评头论足。田子方不愧是儒商子贡的高足，深谙领导艺术。

还有一次，魏文侯的嗣子魏击（？—前370）路遇田子方，下车伏谒施礼。田子方并没有还礼。魏击很不高兴，冲着田子方大声嚷道："富贵者骄人乎？贫贱者骄人乎？"是富贵者值得高傲呢，还是贫贱者值得高傲呢？田子方平静地回应道，当然是贫贱者可以，富贵者不能。诸侯傲慢失其国，大夫傲慢失其家（封邑）。失去国家和封邑了，要想重新获得就没有那么容易了。我贫贱之人，言不听，计不从，穿上鞋，拔腿就走，到哪里去不是贫贱呢！魏击，即后来的魏武

- 国君更需要帮助其提升境界和格局的指导者。

- 为君之道，无非用人任事，国君关注的重点当在用人当否，不宜对臣下的具体工作作即兴式评头论足。

侯，犹如被当头棒喝，赶紧向田子方谢罪。

田子方教导太子的道理发人深省。有担当、有事业、对未来有期待的领袖人物，应该比他人更自律、更克己。

司马光《稽古录》卷一六《历年图序》，相当于《资治通鉴》的一个大纲。他在文中论及五种不同的人君：创业之君、守成之君、陵夷（出现危机谓之陵夷）之君、中兴之君、乱亡之君。这些人君的差别不全是因为才能有高下，更取决于其自我约束和自我管理能力的差异。司马光认为，同样是中等才能，能够自我约束，即可守住家业不坠，是为守成之君；倘若不能自修，就会出现衰败的危机，是为陵夷之君。领导首先要学会管理自己，说话，处事，为人，要比一般人更加严格要求自己，才能在更高的平台上，管理更宏大的事业。

● 人君的差别更取决于其自我约束和自我管理能力的差异。

总之，魏文侯治国理政，不仅有成就，而且有经验。这些经验构成了中国古代明君治国的微型标本。

子思论政

《资治通鉴》卷一记载了子思谈论卫国政治的一段话。

西周初年，周公旦平定东方武庚和三监之乱，派九弟姬封重建卫国,史称卫康叔。卫国盛时的地盘,以商朝的都城朝歌(今河南鹤壁市淇滨区)为中心,包括今天河南省鹤壁市、安阳市、濮阳市,河北省邯郸市和邢台市的部分地区,以及山东省聊城市西部、菏泽市北部地区。

春秋早期,以好鹤而闻名的卫懿公(前668—前660在位),荒淫误国,被入侵的狄人所杀,导致国家覆亡。《史记·卫康叔世家》说"懿公即位,好鹤,淫乐奢侈",就是指的这件事。后来五千难民在齐桓公的救援下,才重新复国。从此,卫国元气大伤。即便如此,卫国依然是孔子最中意的国家。孔子周游列国十四年,有十年是在卫国度过的,包括子路在内的许多学生,都来自卫国。

春秋末年,卫国父子相争,内乱频仍,不可避免地走向衰落。但是,卫灵公时期似乎有所作为。有一次,鲁哀公问孔子:"当今之君,孰为最贤?"孔子回答说:"丘未之见也,抑有卫灵公乎?"(《孔子家语》)

孔子离开鲁国后,总想在卫国谋份职位,曾经感叹地说,如果卫国用他,一年就有起色,三年可以大成。但是,卫灵公终究没有用孔子,即使走了灵公夫人南子的门路,也没有用。故而孔子说,卫灵公无道。

卫国历史上名人辈出,子贡、吴起、商鞅、鬼谷子、吕不韦,都来自卫国。孔子的嫡孙、大名鼎鼎的儒学传人子思(前483—前402),名孔伋,也曾经在卫国生活多年。到战国初年,卫国已经传了三十多代国君。彼时三晋强盛,卫国沦为魏国的附庸,国事日非,子思就治国理政问题,多次对卫侯提出忠告。

就《资治通鉴》的记载而言,子思首先谈到用人的问题。

子思向卫侯推荐说,苟变是一个优秀的将领,其才能足堪带领战车五百乘。春秋战国的战车一乘,最多可以带兵七十余人。能够指挥五百辆战车、数万大军的,必然是大将。可是,卫侯连忙解释说,苟变诚然有军事才能,但是品行有瑕疵,他曾经在征收赋税的时候,白吃了人家两颗鸡蛋,所以废而不用。子思对此大不以为然,说了一段很有名的话,大意是:

> 优秀的领导用人,犹如巧匠处理手中的木材一样。用其所长,弃其所短。粗大的杞梓之树,几个人都无法环抱,哪个巧匠会因为树干上有几尺烂木,就废弃不用?如今我们处在战国乱争之世,选拔带兵打仗的爪牙之士,怎能因为两颗鸡蛋的事儿而弃置优秀的将领不用呢?列国的诸侯会怎么看我们呢?

子思的话道出了两点道理。第一,选拔人才要取其长、容其短。后来唐太宗也说,人之行能(才能、品行),未必兼备。第二,现在是非常时期、大争之世,对于急需人才更应该有包容心。

● 选拔人才要取其长、容其短。

苟变虽然曾吃了民家两颗鸡蛋,毕竟是不可多得的将才,应该用其长才。季布曾经在项羽麾下,多次使刘邦难

13

堪。刘邦称帝之后,甚至能赦免其罪,委任以官职。唐人赵
蕤《长短经》里说:"含垢藏疾,君之体也。""垢"和"疾"都不
是好东西,但是,君主应该能够包容,特别是在创业时期,急
需人才之际,应该用"最大公约数"来团结所有可以团结的
力量。没有"含垢藏疾",一味求全责备,何来共图大业的
"统一战线"?

卫侯似乎明白了子思的意思,说:"谨受教矣!"客气地
接受了子思的教诲。

子思是社会名人,《中庸》一书即出自其手,卫侯不得不
顾虑其社会影响,所以,能够听取其言论。可是卫国君臣之
间的关系却蛮不是这么回事。

"卫侯言计非是,而群臣和者如出一口。"卫侯决策错
误,可是其下属群臣却异口同声地附和称赞。子思对一个
叫公丘懿子的人失望地说:"以吾观卫,所谓'君不君,臣不
臣'者也。"公丘懿子曰:"何乃若是?"何以这么严重?子思
接着谈了他对君臣关系的看法。

子思认为,领导人在决策时自以为是,就听不到、也听
不进大家的意见。即使领导的意见正确,也应该集思广益,
何况决策失误呢?群臣竟然苟同取媚,任由错误发展!领
导者不问是非,就喜欢别人顺着自己说话,这是多么昏暗!
臣下不管对错,只是阿谀取容,这是多么诌媚!主上昏暗,
臣下诌媚,却高居于百姓之上,民众能拥护么?长此下去,
国家能不覆亡么?

子思的意思很清楚，君臣之间只有相互坦诚，才能众志成城，治理好国家。领导搞一言堂，文过饰非，搞得大家都噤若寒蝉，不敢说真话，成天揣摩领导的心思拍马屁，非亡国不可。于是，子思直截了当地言于卫侯曰："君之国事将日非矣！"卫侯说："何故？"对曰："有由然焉。"子思讲出了他的理由：

> 国君有错误，却自以为是，卿大夫不敢指出来；卿大夫有错误，却自以为是，庶众不敢指出来。这就失去了纠错机制。上面感觉良好，自以为贤，下面的人同声附和，一片赞扬声。岂非自欺欺人！给领导戴高帽子的，就有好处；给领导提意见的，就有祸害。这样下去，正确的决策何从而来！《诗经》曰："具曰予圣，谁知乌之雌雄？"（君臣都说自己是圣人，无法辨明是非，犹如谁都分不清乌鸦的雌雄呀。）这话说的不就是你们君臣现在的样子么！

子思对卫侯的上述两条忠告，道出了领导力修炼的核心内容：出主意（决策）、用干部（用人）。

近年出土的郭店楚简记鲁穆公问子思："何如而可谓忠臣？"（原文多假借字："可女而可胃忠臣？"）子思回答："恒称其君之亚（恶）者，可谓忠臣矣。"鲁公"不悦，揖而退之"。能够讲真话，指出国君过失的，就是忠臣。传承子思学说的孟子（约前 372—前 289），曾与齐宣王有一段问答："王曰：'请

● 敢于向领导提
意见，弥补国
君决策中的失
误，不是给领
导拆台，而是
补台，即所谓
"和而不同"。

问贵戚之卿。'曰：'君有大过则谏；反复之而不听，则易位。'
王勃然变乎色。"（《孟子·万章下》）敢于指出国君有重大过错，
是贵戚重臣的本分。假如多次指正，国君仍不改正，就应该
换掉他。这是何等大胆的言论！敢于向领导提意见，弥补国
君决策中的失误，不是给领导拆台，而是补台，即所谓"和而
不同"。

和而不同，进谏纳谏，是中国古代中央集权体制的一个
内在必要环节。

约略晚于孟子的大儒荀子（约前313—前238）从操作
层面，谈到进谏纳谏的现实意义。《荀子·臣道》曰：

> 从命而利君谓之顺，从命而不利君谓之谄；逆命
> 而利君谓之忠，逆命而不利君谓之篡；不恤君之荣
> 辱，不恤国之臧否，偷合苟容以持禄养交而已耳，谓
> 之国贼。

● 不顾及君主之
荣辱，不顾及
国家之得失，
只是苟合取
容，以保禄位，
豢养结交党
羽，这种人就
是国贼。

这里首先给"臣"的角色做了一个定性的分析：从君之
命而有利于君叫顺从，从君之命而不利于君叫谄媚；违君之
令而有利于君叫忠诚，抗君之令而不利于君叫篡夺。不顾
及君主之荣辱，不顾及国家之得失，只是苟合取容，以保禄
位，豢养结交党羽，这种人就是国贼。这里首先是从国君的
根本利益上，而不是从表面的依违态度上，定性国君与臣属
的关系。

荀子进而又说：

君有过谋过事,将危国家、陨社稷之惧也。大臣父兄,有能进言于君,用则可,不用则去,谓之谏;有能进言于君,用则可,不用则死,谓之争;有能比知同力,率群臣百吏而相与强君矫君,君虽不安,不能不听,遂以解国之大患,除国之大害,成于尊君安国,谓之辅;有能抗君之命,窃君之重,反君之事,以安国之危,除君之辱,功伐足以成国之大利,谓之拂。故谏争辅拂之人,社稷之臣也,国君之宝也,明君之所尊厚也,而暗主惑君以为己贼也。

这段话的大意是,君主决策行事错误,将危及国家政权。大臣们能向君主提出不同意见,被采纳则罢,不采纳则走人,这是劝谏;意见被采纳就罢,不采纳不惜以身相殉,这是死诤;若能联合众人,率领群臣百官强制性纠正君主之错,君主虽然不情愿,却不能不听从,从而消除了国之大患,清除了国之大害,使君主尊贵、国家安定,这叫辅弼;如果有大臣能拒绝执行君主错误的命令,借用君之重权,纠正君之错事,使国家转危为安,除去君主蒙受的耻辱,成就国家的重大利益,这叫做匡正。因此,能劝谏、死诤、辅弼、匡正之人,是社稷之臣,国君之宝。英明的君主会尊敬优待他们,但愚昧糊涂的君主却视之为寇仇。

● 能劝谏、死诤、辅弼、匡正之人,是社稷之臣,国君之宝。

荀子的这番“臣道”,把臣属在纠正君主错误方面的职责讲得淋漓尽致,有助于我们理解子思对于卫侯的忠告。

与西方的权力制约不同,中国古代强调权力协商。和而不同、进谏纳谏,本质上是要求执政者在重大决策问题上,要与自己的管理团队进行有效的沟通和协商,一把手权责第一,但是不要搞一言堂。尽管道理言之凿凿,可是,在现实政治操作层面,由于缺乏制度化、机制化的约束,全凭领导者的道德自觉,势必出现人存政存、人去政息的现象。像唐太宗与魏徵那样的合作,在历史上不过是凤毛麟角!这也是我们今天要认识到的。

威王治国

齐国本为侯国,公元前 334 年,魏惠王和齐威王在徐州会盟,互相承认对方为"王",史称"徐州相王"(相互称王)。本来只有周天子可以称王(楚国作为蛮夷例外),现在中原诸侯也互相称王了,真是世道变了。

齐威王(前 378—前 320)是田齐的第四代国君,执政三十七年,是战国时代很有成就的一位君王,也是一位饶有趣味的历史人物。他是齐桓公的儿子。不过,他父亲齐桓公并不是管仲辅佐的那位知名"老板"。

那位大名鼎鼎、位居春秋五霸之首的齐桓公姜姓吕氏,名小白,公元前 685 至前 643 年在位。齐威王田因齐的父亲为妫姓(妫音 guī,传为虞舜之后)田氏,名午,公元前 374

至前 357 年在位。前者是姜姓齐国的霸主，后者是田氏齐国的名君。两个齐桓公之间几乎相差三百年。

要说田氏齐国如何取代姜姓齐国，那可有老长的故事了。

《史记》的作者司马迁，把田氏代齐的始作俑者，追溯到春秋早期的田完（前 705—?）。田完，字敬仲，本来是陈国（陈国为虞舜之后裔所封）的公子。公元前 672 年，陈国发生政治动荡，田完逃亡到齐国，被齐桓公小白收留，并委以重用。从此，田氏族姓生息繁衍，事业发达。特别是在田恒（汉代避文帝刘恒名讳改名田常）即田成子（前 485 年即位）时期，势力进一步发展。田成子先是在幕后操纵了弑齐悼公，改立齐简公的事件，并担任左相之职。进而在前 481 年发动政变，杀死齐简公，拥立其弟齐平公即位，独揽齐国大权。田成子的行为当时曾引起孔子的义愤。孔子斋戒三日，请求鲁国出兵讨伐田成子。庄子所谓"窃钩者诛，窃国者侯"，就是指田成子取齐国一事。据说为了旺盛人丁，田成子广选身高七尺以上美女为姬妾，任由宾客舍人出入自家后宫。在他死的时候，竟然生有七十个儿子。

几十年后，即公元前 404 年，田和（?—前 384）取代姜姓齐国，自立为国君；又过了十七八个年头，到公元前 386 年，在魏国的斡旋下，田氏政权得到了周天子的正式认可。

田和就是齐太公。从田完入齐，到田和得国，已历经十代了。《史记》卷四六《田敬仲完世家》讲的就是这个家族发家、败家的故事。

公元前 379 年，即齐威王出生的前一年，已经靠边站多年的姜姓(姜姓吕氏)君主齐康公吕贷(前 404 年即位),寂寞地死在一个海岛上。如今山东烟台市芝罘岛上,有一个叫康公墓的地方,有人推测就是齐康公吕贷的遗冢,虽然证据存疑。

从齐太公田和开国算起,传到齐威王田因齐,是第四代国君。

公元前 357 年,齐威王登基之时,正值二十二岁的华年。新君上任三把火,照理该有所作为,可齐威王一副懒洋洋的样子,对国事毫不经心,大臣们也乐得逍遥。几年下来,"诸侯并伐,国人不治",诸侯动辄欺负齐国,国内政治乱糟糟的。

据说经过了九年(时间是长了点儿)的观察,齐威王像变了个人似的。有一天,他突然发布诏令,请即墨和阿这两个城邑的一把手进京述职。

在召见即墨大夫的时候,齐威王和颜悦色地说,自从你担任即墨的领导人以来,我天天听到有人说你的坏话,但是,中央派员前往巡察,发现你治理下的即墨,田畴垦辟,百姓丰足,政治清明,社会安宁。这说明你不巴结我身边的人谋求赞誉。我要重加封赏,表彰你出类拔萃的政绩。

在召见阿大夫的时候,齐威王看着这位官员不自信的眼神,冷冷地说,自从你主持阿邑的工作以来,天天都有人在我耳边说你的好话,可是,我派人到阿邑了解情况,发现那里田野荒芜,民众困苦。赵国侵犯边鄙,你不能救援;卫国犯我领地,你竟浑然不知。你分明是花了大钱贿赂我身边的工作人员嘛！于是,对阿大夫处以极刑,对自己身边那些妄加毁誉、搬弄是非的侍臣,也严惩不贷。

齐威王明辨是非,不依据秘书、侍从吹风考察干部,而是从经济发展、民生优劣、社会稳定等实际绩效,评判地方官的真本事。从此以后,各地的卿大夫再也不敢弄虚作假,齐国的治理形势大变。明察政绩,眼见为实,耳听为虚,成为中国古代治国理政的一份重要经验。

● 明察政绩,眼见为实,耳听为虚,成为中国古代治国理政的一份重要经验。

邹忌(约前 385—前 319)是先朝旧臣。齐威王即位,以擅长弹琴著名的邹忌前来晋见,齐威王客气地招待了他。

有一天,齐威王正在抚琴自乐,邹忌突然推门而入。"大王的琴弹得真好",邹忌笑眯眯地说。齐威王一贯对阿谀奉承保持着高度的戒备,警惕而略带恼怒地说:"先生刚进屋,还没有仔细听我弹琴,怎么就说我谈得好?"邹忌侃侃而谈,讲了一番大弦、小弦各得其宜、指法纯熟随心所欲的琴理,然后话锋一转,说:弹琴之道与治国之道,其实是相通的。

邹忌说,大王,您看:大弦缓慢并且温馨,象征国君;小弦高亢明快并且清亮,象征大臣;勾弦用力但放开舒缓,收放自如,就如颁布国家的政令;弹出的琴声和谐,七弦配合协调,曲折不正之声不相干扰,象征四时和顺,不误民时。琴声回环往复而不乱,象征政治昌明;琴声连贯而轻快,象征国家转危为安。所以说,琴音协和就如同君臣各尽其责,政通人和,就能保天下太平。治理国家和安抚人民,没有比调和五音的道理更相像的了。

齐威王点头称赞。不久，邹忌被齐威王任命为国相。《史记·孟子列传》说邹忌"以鼓琴干威王（'干'有游说的意思），因及国政，封为成侯而受相印"，就是指的这件事。

有一件事可以反映出，邹忌是怎么辅佐齐威王治国的。

有天早晨，风和日丽，邹忌的心情也特别好，穿戴好衣冠，准备上朝，一边顾镜自怜，一边笑着对妻子说："我与城北的徐公比，哪个更英俊？"邹忌身材高大，相貌堂堂。妻子回答说："当然是我家先生最帅气，徐公怎么能比呢！"

家住城北的徐公，是齐国出了名的大帅哥。邹忌虽然心里很得意，还是不自信地问侍奉自己出门的侍妾："我与城北徐公，谁更英俊？"侍妾说："您当然比徐公更帅啦！"

第二天，邹忌正在接待一个来访的客人，也问了客人同样的问题，客人毫不犹豫地说："徐公不如您帅啊。"

不久，城北徐公来拜访邹忌，邹忌仔细地端详了一下，觉得自己实在比不上人家；揽镜自照，更觉得差远了。这天晚上，邹忌失眠了。他觉得自己真是好笑：妻子说我美，是对我有偏心；侍妾说我美，是对我有惧怕；客人说我美，是有求于我而讨好我嘛！我怎么能当真呢？

第二天来到朝堂上，邹忌把自己的感悟与齐威王作了分享，意味深长地说：如今的齐国，疆域辽阔，方圆千里，城池多达一百二十座。您身边的侍姬、近臣，无不偏爱大王；朝廷里的大臣，无不惧怕大王；举国上下，无不有求于大王。

"由此观之,王之蔽甚矣。"由此看来,您一定是深受他们的蒙蔽,听不到真话了呀!

治国理政,没有比领导人听不到真话更可怕的了!

● 治国理政,没有比领导人听不到真话更可怕的了!

齐威王连连点头称善,马上发布了一道诏令:"全国所有的官吏百姓,凡是能够面刺寡人之过者,得上赏;能够上书劝谏寡人者,得中赏;能够公开议论寡人错误缺失、并且传到了我耳朵里的,得下赏。"

于是,臣民们上书言事的积极性被激发出来了。《战国策》用了"令初下,群臣进谏,门庭若市"这几个字来形容。

一次,齐威王会见魏惠王,"会田于郊"。大概古代国君会见,会以狩猎的形式相见。

魏惠王问道,大王您有宝物吗?

威王说,我没有。

魏王得意地说,敝国虽然不大,犹有直径一寸的宝珠十颗,悬挂起来,足以照耀前后各十二辆车乘。你们齐国号称泱泱大国,怎么却没有宝物呢?

齐威王说,寡人视为宝物的东西与大王您不一样。我有能臣檀子,守南城,楚人不敢东寇,泗上十二个诸侯皆来朝拜我;我有能臣田盼,守边境高唐,则赵人不敢窥视黄河;我有能臣黔夫,守徐州,则边疆无警信;我有能臣种首,治理盗贼,则路不拾遗。吾国疆域千里,清明如日月,岂止照耀十二辆车乘呢?

魏惠王惭赧而去。

《资治通鉴》对于前面几则故事都没有在意，唯独对上面这则故事作了详细记载。在卷二周显王十四年(前355)这一年的记事中，几乎只是单单记载了这件事。司马光想告诉我们什么呢？那就是一个最朴素的道理：治国理政，选拔优秀人才，各司其职，才是最重要的，其他的所谓珠宝，皆如粪土耳。

千古高手

孙膑与庞涓都是鬼谷子的高徒。出师后，孙膑回到了齐国，庞涓则被魏惠王重用，任上将军。庞涓把孙膑作为特殊人才引进到魏国，却又嫉妒孙膑之才高于自己，于是设计陷害孙膑，"断其两足而黥之，欲使终身废弃"。当孙膑吃尽苦头回到齐国后，发誓要与庞涓一决雌雄。

孙膑先是做齐国上将田忌的门客。田忌与齐威王赛马，总是输。国君的马，当然更优秀了。孙膑献策给田忌说，下次比赛，您以下马对国君的上马，后面两场您用上马对国君的中马，用中马对国君的下马，必赢。田忌的马虽然整体上不如国君，但是，经这么一调整布局，果然以二比一赢得了比赛。这样，孙膑就被推荐到齐王身边，做了军师。

魏国在庞涓主政下,奉行对外扩张的政策。公元前354年,庞涓率领魏军大举侵略赵国。赵军连连失利。赵成侯派人向齐国求援。齐国派田忌、孙膑领兵救援赵国。于是,就有了"围魏救赵"的经典战例。军事战略家毛泽东读史评曰:"千古高手!"

为什么说是"千古高手"呢?

当初,田忌本欲直扑邯郸。但是,这样对于齐国将冒着直接与魏军的精锐对阵的风险。其时,魏国兵力强盛,硬碰硬,齐国未必能稳操胜券。万一失利,不仅前功尽弃,而且危及齐国的国家安全。孙膑于是建议说不如率军急袭魏国都城,占据交通要道,冲击他们空虚的后方,魏军一定会放弃攻赵,回兵救援,"是我一举解赵之围而收弊于魏也"。这样我们一举两得,既解了赵国之围,又给了魏国以打击。

田忌听取了孙膑的意见。采纳"批亢捣虚"(避开强敌,攻其虚空必救之地)、"围魏救赵"的战法,挥师直逼魏国军事重镇平陵(今山东定陶)。

齐军攻打平陵的行动并不坚决,庞涓也不急于回救,继续竭尽全力攻克邯郸。直到魏军已占领邯郸,损兵折将急需休整时,孙膑才建议齐军挥师直捣魏都大梁(今河南开封),逼魏惠王十万火急命庞涓统兵回救。庞涓接令后,不得不放弃邯郸,抛弃辎重,昼夜兼程回师。孙膑在魏军回师必经的桂陵(今河南长垣西北),设下埋伏。当魏军经长途跋涉行至桂陵时,以逸待劳的齐军突然出击,大败魏军,庞涓只身逃回魏国。时在公元前353年。

十二年之后，即公元前341年，又发生了一次魏军攻打韩国，韩国请求齐国出兵的战争："魏庞涓伐韩。韩请救于齐。"齐国君臣讨论：救还是不救？结论是一定要救，否则魏国的势力壮大，会威胁到齐国的安全。那么，如何去救？孙膑又提出"围魏救韩"的计策。

首先，孙膑建议务必把出兵救韩的计划，暗中通报给韩国方面，以坚定其抗魏的决心，防止韩国因为抵抗不住而投降。韩国一定要拖住魏国，削弱魏国军力。

其次，在魏军陷入与韩军的恶战之后，齐兵快速出击，进攻魏国的首都大梁，迫使魏国举国来救，太子申亲自上阵，庞涓也从韩国前线迅速撤军，前来救助。这一切，看起来与上次救赵的动作，如出一辙。不同的是，为了麻痹庞涓，孙膑又用了骄兵之计。他说，三晋之兵，特别是当年吴起训练的魏国"武卒"，素称彪悍；他们认为我齐国军队一向怯懦，"善战者因其势而利导之"，我们不妨就以弱示之，第一天挖十万人的灶，次日挖五万人的灶，再过一日挖二万人的灶。但是，减灶不减兵。

庞涓率兵追击齐军三天。与魏军刚一接触，齐军即佯装战败后撤，并以"减灶"之策诱敌，庞涓果然上当了，大笑着说："我早就知道齐兵胆小，进入我国三天，士兵已逃散一多半了。"于是丢掉步兵和辎重，亲率轻兵精锐日夜兼程追击齐军。

孙膑事先在魏军必经之处马陵（今山东郯城一带）设伏一万名弓箭手，他估计魏军的行程当晚将到达此地，就约定在夜里以火光为号，万箭齐发，并把路旁其中一棵大树的树皮剥掉,于其上书"庞涓死此树下"的字样。

庞涓率军果然追到了斫木之下,见白书,暮夜看不清字迹,命人举火照看。一行字还没有读完,突然万弩俱发,魏师一片大乱。"庞涓自知智穷兵败,乃自刭,曰:'遂成竖子之名!'"齐军乘胜大破魏师,歼敌十万,俘虏了太子申。魏国从此元气大伤,退出了大国竞争的行列。

战国时代,有数不清的大小战争,围魏救赵、围魏救韩是很经典的战例,后来被归入"三十六计"之一。其策略关键要点是,攻其必救,以达到解困救难的目的。为此,第一,在救援之前,不妨坐山观虎斗,削弱敌方力量;第二,在敌方回救之时,要设计伏击对方,或者佯动以麻痹对方。这两个做法,都是要达到以最小代价战胜敌人的目的!

卫君手段

战国时期,卫国在大国的夹缝中,勉强维持。公元前325年,卫国的第四十一任国君卫嗣君(? —前283)即位的时候,卫国已经很衰落了。还在卫嗣君继位前的三十多年,卫国就从公国自贬一等为侯国;卫嗣君执政五年后,又改称君了。卫国只有濮阳一块地盘,实际是魏国的附庸。

司马光作《资治通鉴》,对于卫嗣君给予了足够的关注,由此,我们看到了一个末代君王的振作努力。

卫嗣君初即位,很想有所作为。《资治通鉴》卷二记载卫嗣君登基后的第一件事,是要千方百计地抓捕一个逃犯。

卫国的一个轻刑罪犯逃跑了。这个犯人颇懂医术,逃到魏国为王后治病,竟然因此出了名。这件事让卫嗣君很难看。他派人向魏国提出交涉,要引渡这名逃犯,条件是补偿魏国五十金。魏王不答应,即使加码到百金,交涉了五趟,都没有谈成。卫嗣君一咬牙,提出以左氏城(位于今山东定陶县东)换回逃犯。

这让卫国的官员们很吃惊:值得拿一座城池去换回一个逃犯吗?

卫嗣君斩钉截铁地表示:你们不明白这件事的严重性。治理国家不放过小事,就不会有大乱子。如果国家的法制不行,该杀的不杀,即使有十个左氏城,又有什么用呢?法制建立,赏罚必行,失去十个左氏城,也不会有大害。

魏王听说卫嗣君如此不依不饶地要得到逃犯,就让人把犯人送回了卫国,并没有要卫嗣君给的任何代价。

这个故事很对申韩法家的口味。给《资治通鉴》作注的胡三省,就在这个地方评论说,这是学习申韩之术的人的说法。《韩非子》也确实比较早地提到过这个故事,司马光的记载其实就出自《韩非子》,司马迁的《史记》对此反而没有记载。

卫嗣君是公元 283 年去世的。《资治通鉴》卷四记载了他的几件小事。

　　比如说，某位县令整理被褥的时候，露出了破旧的床垫，被卫嗣君知道了，就赏赐他一条崭新的"席梦思"，县令为国君的明察秋毫大吃一惊。这究竟是为了显示自己聪明，还是为了奖励臣下廉洁？就看你从哪个角度去观察。

　　又比如，卫嗣君派人经过关市时，塞给管理人员一大把金钱，大约有偷税走私的嫌疑，或者是带了违禁品出入。不几日，卫嗣君派人告诉这位官员，说某日某人经过关市的时候给你送钱，你要赶紧退回这笔贿金。这位官员吓得打战。这到底是钓鱼执法，还是暗中监视，历史没有详细记载。

　　卫嗣君对身边人也喜欢搞平衡。他喜爱宠妃泄姬，重用大臣如耳，可是又怕他们恃宠而壅蔽自己。于是，刻意提高魏妃之地位，以防止泄姬娇恣；故意提升另一大臣薄疑的职位，以牵制如耳的权力。这究竟是为了兼听则明，还是搞互相平衡、互相制约的小把戏？也许两种用意都有。

　　卫嗣君是寿终正寝的。临终前，有一个叫富术的人前来拜会卫国大臣殷顺且，对他说，您如果按照我教您的话去跟国君说，您一定可以得到重用。人之将死，其心也善。国君生前贪恋美色，宠信奸臣。朝臣们不敢揭他的短，一定不会谈论这些事情。您要勇敢地对国君说实话，告诉他："您以前的所作所为很荒唐，您宠信的蝶错，专制国政，又有掔薄为虎作伥，这样下去，您的子孙将不能血食祭祀祖先了。"富术是看透了卫嗣君的：想当明君，却心有余而力不足。利用他弥留之际的感悟，可以为己所用而已。

殷顺且来到卫嗣君的病榻，照样说了上面这一番话。卫嗣君听后感到震惊，颔首称善，当即把相印交到殷顺且手里，恳切地说，我死之后，你一定要担任国相，执掌相权。

卫嗣君死后，殷顺且按照先君遗命接任相位，辅佐太子公期继位，是为卫怀君，奸臣蝶错、挈薄家族都全部被驱逐出境。

在历史上，卫嗣君不能算是一个优秀的领导人，但他在历史上留下的这几件事却值得我们今天分析。

其一，以城池换逃犯，更像是在作秀。如果它不是战国策士游说时信口拈来的案例(此事见于《战国策》)，或者《韩非子》为佐证自己观点编造的寓言(韩非经常这么干)，那么，这种做法是相当不靠谱的——国家要加强法制，这没有错；要用典型事件来表明态度，国君支持什么，反对什么，这也没有错！但是，治国行政，轻重缓急，关键在一个"时"字！

● 治国行政，轻重缓急，关键在一个"时"字！

卫国当时最紧迫的问题是什么？是人才流失。其时，卫国不仅有许多像蘧伯玉这样孔子赞赏的儒家眼中的君子，而且还有大批务实的干才，如李悝、商鞅、吴起、吕不韦等，都流落在外国(他们多在卫嗣君之前，也有的在卫嗣君之后)，想方设法召回他们，这才是卫国要着力解决的问题。当疆域就剩下一个濮阳了，却还要拿珍贵的国土左氏城去换取一个逃犯，至于这样吗？这不是作秀是什么？

其二，对于卫嗣君搞的钓鱼执法之类的小把戏，司马光直截了当地说，"嗣君好察微隐"。古人的政治伦理中，"察察为明"是对君主很负面的评价。荀子评价卫嗣君是"聚

● 古人的政治伦理中，"察察为明"是对君主很负面的评价。

敛、计数之君也"。搜刮聚敛百姓赋税,玩弄法术驾驭臣下,这就叫"聚敛、计数",不会有好结果,荀子直接说,"聚敛者亡"。(《荀子·王制》)

因此,对于卫嗣君临终前的反省,我们只能说为时已晚,殷顺且没有办法力挽狂澜。太子公期即后来的卫怀君在位三十余年,几乎完全听命于强邻魏国,公元前252年,他前往魏国朝觐,被魏人执而杀之,更立其弟卫元君。元君是魏国的女婿,也只是傀儡而已,不待秦始皇的铁骑,卫国实际上已经灭亡。

值得顺便一提的是,卫氏家族有一个后人叫做卫满,战国末期曾经是燕国的将领,算是燕国人了。秦统一之后,卫满逃到辽东地区,西汉初进入箕子后人建立的箕氏朝鲜,被朝鲜王箕准任命为博士,封以朝鲜西部地区。卫满家族经过十几年的发展,居然在刘邦去世那年,取代箕氏朝鲜自立,建立了卫氏朝鲜,建都王险城(今朝鲜平壤),历三世,直到被汉武帝所灭。

申商之术

自古法家又被称为"申商之术",其实这"申"与"商"是很不相同的:商鞅改革是一场社会革命;申不害更多是操作技巧范围内的事儿。

从公元前359年到前338年,商鞅在秦孝公的支持下,进行了长达二十多年的改革。商鞅的改革注重制度建设:第一,触动了旧有土地制度,废井田,开阡陌,"民得卖买",激发了劳动者的积极性;统一度量衡,完善基本的经济制度建设。第二,通过奖励耕战,明确了国家的产业导向,以农为本,提升了国家军事能力。第三,将秦献公时代的基层管理制度加以完善,提升了国家动员能力。这种深层次的全面改革,深刻地改变了秦国的社会结构,因而在商鞅之后,仍能够推行下去,终于成就了秦国的统一大业。

商鞅通过一系列基础性、全局性法治变革,对于社会的发展影响巨大,是国家富强的根本措施。相反,申不害的术,则始终关注于教导韩昭侯集中全部精力看住手上的"权力"。

申不害(约前385—前337)是郑国的"贱臣"(低级官员),主攻黄老刑名之学,即所谓法家学说,有著作《申子》(今存残本)。

韩国兼并了郑国,申不害也就成了韩人。在申不害之前,韩国的相臣都是公族(韩王的同族)担任,昭侯八年(前355),任用申不害为相,改变此前专用公族为相的传统。"内修政教,外应诸侯",竟"终申子之身,国治兵强",诸侯"无侵韩者"。(《史记·韩非列传》)《资治通鉴》卷二周显王十八年(前351),主要记载了韩昭侯用申不害为相的事情。韩昭侯,名叫韩武,是韩国第六代领导人,他统治的三十年

● 深层次的全面改革,深刻地改变了秦国的社会结构,终于成就了秦国的统一大业。

（前362—前333），是韩国最强大的时候。

那么，申不害是怎么为韩昭侯重用的呢？公元前354年，魏国攻打韩国，申不害建议韩昭侯执圭朝拜魏惠王。古代诸侯朝拜天子才执圭这样的玉器，这种违反礼制的拍马屁行为，极大地满足了魏王的虚荣心。于是，魏国从韩国撤出了军队。为此，韩昭侯对申不害高看一眼。

申不害很会揣摩韩昭侯的心思。次年，魏国攻打赵国，邯郸被围。赵国向齐国求救，齐国派将军田忌、军师孙膑用"围魏救赵"之计，击破魏军，取得胜利，这就是著名的桂陵之战。赵国也曾向韩国请求救援，韩昭侯没有回复，征询申不害的意见。申不害怕自己的看法不符合领导的意见，说自己要回家深思。同时，怂恿大臣赵卓、韩晁向韩昭侯主动提出对策，自己从旁观察国君的态度。当他确定国君的倾向性意见后，才提出自己的策略。（《战国策·韩策一》）

从上面的例子可以看出，申不害有一点才能，就是懂得不吃眼前亏的道理（如对于魏国执圭朝拜），但更多的是察言观色的圆滑。

有一次，申不害曾向韩昭侯求情，请仕其从兄，昭侯不许，申不害就流露出不满。韩昭侯质问他说：你教我的治国之术，难道不是为了实际应用的吗？你教寡人说，要"修功劳，视次第"（按照各自功劳，来安排官员的职级）；现在你却私下向我求官，我是应该同意你的请托，任用你那位没有功绩的兄长，"废子之术"呢，还是"行子之术而废子之请"

呢？申不害连忙赔罪说："您真是我要辅佐的君王。"此事尤其暴露出申不害自私的性格。申不害的治国道理，只是用来针对别人的。

商鞅被追捕时，由于他制定的法律十分严密，自己反而无法逃脱。《尸子·治天下》说："无私，百智之宗也。"尸子名尸佼，是商鞅的老师。商鞅改革虽然被反对派残酷杀害，但是，商鞅一生，确实没有像申不害那么多的私心算计，没有那种法术只用于别人、规则从来不针对自己的权谋家嘴脸。

《韩非子·定法》曾借问答的形式提出，申不害和商鞅，哪一家学说更为国家所急需？韩非子的回答是，这是不可类比的两种事情。就好像你在问：十天不吃，就会饿死；大冬天不穿衣，就会冻死。你说，食物与寒衣，哪一个更重要呢？应该说二者都重要。

问者曰：如果只有术而无法，或者只有法而无术，其危害性在哪里呢？（"徒术而无法，徒法而无术，其不可何哉？"）

回答说：申不害辅佐韩昭侯，"晋之故法未息，而韩之新法又生；先君之令未收，而后君之令又下"。申不害不统一其法令，就会给人钻法律的空子。人们觉得旧法令能让自己获得利益，就援用旧法令；觉得新的法令有利于自己就用新法令；利用新旧法令的不一致为自己获取利益。申不害虽然用十倍的气力教使韩昭侯用术，而奸邪之臣都用辩解之词。即使韩国为万乘之国，历经数十年也不能成就王霸之业，原因就在于虽然君主用术于上，却不能用法来统一臣民的行为。

　　商鞅之治秦也,崇尚法治,信赏必罚,因此"其民用力劳而不休,逐敌危而不却,故其国富而兵强"。然而,"无术以知奸",不能驾驭臣下,其富强的果实就会为权臣所窃取。比如,秦昭襄王时期,穰侯魏冉独揽大权,越韩、魏而东攻齐国,五年之间,秦不增益尺土之地,只是为了扩大其在东方陶邑之封地。应侯范雎攻韩八年,只是为了成就其汝南之封地。"故战胜,则大臣尊;益地,则私封立。"可见,君主无术以知奸也,商君虽然加倍地完善其法制,人臣反而利用其成果为自己谋利。故秦国如此强大,数十年仍不能成就帝王之业,就是因为法制虽然很完善,君主却无术以驾驭控制群臣的缘故。

　　这段对话,突出地表明,"申""商"之术,各有特点,不可偏废。

　　"法"就是法律政令,"术"是我们今天讲的领导方法、组织行为学方面的管理技巧,对于治国理政来说,二者都很重要。但是,申不害致力于琢磨驾驭臣工的操作技巧,虽然暂时获得了治理韩国的正面效果,却仍然难逃人存政存、人亡政息的命运,韩昭侯之后的韩国日益走向衰败的境地;而通过商鞅改革,秦孝公之后的秦国却走上发展强盛的道路。

　　事实证明,"申""商"之学,不在一个层面上,法治建设比领导人技巧提升更具有根本意义。

（参见《资治通鉴》卷一至卷四）

● "法"就是法律政令,"术"是我们今天讲的领导方法、组织行为学方面的管理技巧,对于治国理政来说,二者都很重要。

第二章　秦赵之争

战国七雄中,撇开偏安一隅而苟安的燕国和四面受敌、国土日蹙的韩国不谈,其余五国各有优长。经济实力最强的是齐国,国土纵深最广的是楚国,变法图强最早的是魏国,而军事实力最强、骑兵和名将最多的则是秦国和赵国。

秦、赵本为同祖同源,是商朝末年的名臣飞廉(又作蜚廉)之后。飞廉长子恶来为秦的先祖,次子季胜为赵的先祖。有学者认为秦、赵二国都是嬴姓赵氏,他们的分族发展在商周之际。秦的建国,始于周平王东迁,距飞廉大约有三百年;赵的建国源自三家分晋,距离秦、赵分族发展约有六百多年。

赵氏家族在三晋之中具有特殊的历史地位。当年赵衰(?—前622)追随重耳流亡十九年,回国后辅佐晋文公称霸。其子孙赵盾(前655—前601)、赵朔(前637—前595)相继执掌晋国政柄。由于贵族间的内斗以及家族内部的纠葛等引起的下宫之难,赵家势力几乎遭受灭顶之灾,留下了遗孤赵武(?—前541),即所谓"赵氏孤儿"。及至赵武长大成人,在晋景公(前599—前581在位)时获得家族封邑,重新振兴了家族势力;到了孙子赵鞅即赵简子(?—前476)时期,赵家势力得到进一步的发展。赵简子推行郡县制等改革，公元前 513 年著名的"铸刑鼎"事件，让贵族的行为规范也受到公布的法律文书约束，就是在他的主持下完成的。接下来其子赵襄子发扬了父亲的事业，完成了三家分晋。父子二人功业卓著，被称为"简襄之烈"。

赵肃侯、赵武灵王父子执政的五十多年，是赵国长足发展的时期。燕昭王、秦昭襄王这两位战国时期著名的国君，都因得到赵武灵王的支持而回国即位。赵武灵王胡服骑射，消灭中山国，开辟北方三郡，更是将赵国的国势带入了顶峰。遗憾的是，由于亲情泛滥以及凡心未泯，赵武灵王在禅位之后又萌动了抓权的心思，这差点葬送了他的国家，结果虽然国家无恙，但最终丢了自己的性命。

赵惠文王时期（前 298—前 266 在位），赵国已经在走向平庸。这个时期也不是没有人才，廉颇、蔺相如、平原君赵胜、马服君赵奢都大名鼎鼎。将相和更是千古佳话。赵国的平庸到底出在什么地方呢？分析起来还是国家战略模糊不清的问题。

赵国不断地与燕国、齐国甚至韩国开仗，却并不知道国家发展的方向在哪里。这个问题在赵肃侯时期就是如此，肃侯甚至跟各国开战，赵武灵王只是想多割一些地盘，赵惠文王更是争面子胜过里子。

就以渑池之会为例。秦昭襄王是想缓和秦、赵关系，为全力进攻楚国做外交工作，可是蔺相如却在鼓瑟、击筑问题上争短长。赵王固然在会盟中没有失去面子，甚或占了上风，但是在外交上则是丢分的。本来秦昭襄王有求于赵国，

● 赵王固然在会盟中没有失去面子，甚或占了上风，但是在外交上则是丢分的。

在秦、楚之争中,希望赵国持绥靖态度。从这点出发,赵国应该有自己的要价或者提出条件,甚至可以考虑与楚国结盟以拒之。现在秦国在外交礼仪场合,以无礼居高临下,然后以放下身段而给了赵国面子,秦国并没有损失任何东西,赵国就以为自己赢了面子,甚至有些满足,却放弃了自己的战略筹码。也许赵国尚且心有余悸,但是,弱国与强国相交,当对之以智。赵国赢得了面子,秦国达到了外交目的。

没有战略目标,争一时一事之短长,这是赵国成为失败国家的最大原因。反观秦国,从魏冉——特别是范雎入秦以来,一直遵行着"远交近攻"的策略,步步推进,逐步为吞并六国创造条件。

赵孝成王时期(前265—前245在位),更是政事不臧,长平之战之后,赵国国力一蹶不振。末代赵王不知振兴,唯求苟安,大将廉颇、李牧或出亡或被杀,赵国的灭亡已经是笃定的了。

赵国的兴衰史及其内外原因可以看作是六国衰亡的一个样本。

胡服骑射

三家分晋之初,魏国通过改革获得发展,是战国初期的

● 没有战略目标,争一时一事之短长,这是赵国成为失败国家的最大原因。

强国,至魏惠王(前400—前319)是一个转折点。一方面魏惠王狂妄至极,"徐州相王";另一方面,由于人才流失、战争失利,魏国逐渐走向了衰落。《孟子·梁惠王上》记载了魏惠王向孟子诉说自己东败于齐、南辱于楚、西丧七百余里土地于秦的情况。魏国衰落的时候,赵国在赵肃侯和赵武灵王领导下代之而起。

赵肃侯(?—前326)是赵国建国后的第五代国君,执政二十四年。肃侯曾经聘用苏秦行连横政策,俨然东方六国的领头羊。世子赵武灵王(前340—前295)继任时,年方十五岁,面对复杂的国际形势,也稳住了政权。

赵国的对手是经过商鞅变法之后的秦国。秦国的国力发展迅速,南向兼并巴蜀,东向紧逼三晋。

赵国不仅受到秦国扩张的威胁,北部边陲也有压力,游牧民族政权林胡、楼烦的骑兵不时南侵;中山国插在赵国中间部位,名副其实的国中之国,这阻碍了赵国内部的南北交通。

强兵是赵武灵王的第一个选择。在大臣肥义的辅佐下,赵国轰轰烈烈地进行了一次军事变革,模仿胡人的军事装备,师夷长技以制夷,穿胡服,选择精锐弩弓骑兵加以高强度的训练。

公子成等老派人物纷纷站出来反对。面对反对的声音,赵武灵王说:"愚蠢的人会嘲笑我,但聪明的人能理解我。即使天下的人都嘲笑我,我也要这样做,一定要把北方胡人的领地和中山国都夺过来！"于是带头改穿胡服，并且亲自去公子成家里做工作，获得支持。赵国很快地就在六国中率先组建起了强大的骑兵部队。在公元前307年至公元前296年的十二年间，赵国西破林胡、楼烦，北灭中山，拓地千余里。建立云中、雁门、代郡等北部三郡，还修建了长城。

在外交领域，赵武灵王很活跃。为遏制齐国的扩张，他扶持在韩国为人质的燕太子即位，是为燕昭王(前335—前279)；扶持秦国公子嬴稷回国即位，是为秦昭襄王(前324—前251)，试图干预秦国事务，只是由于宣太后垂帘听政，赵国难以得逞。虽然这些外交举动未必能给赵国带来多大利益，但至少显示了赵国在国际社会中的活跃程度。

像历史上的许多英雄一样，赵武灵王在对外战争与外交事务中取得了非凡的成就，却在内政修明这门功课上不及格，甚至交了白卷，结果就栽了跟头。

● 赵武灵王却在内政修明这门功课上不及格。

沙丘之乱

赵武灵王十九岁时迎娶韩国宗室之女，次年生下长子赵章(约前320—前295)，立为太子。十年后又得梦中美女吴娃,生下次子赵何(约前309—前266)。史家形容赵武灵王沉湎于吴娃的美色,说他为之不出宫者累日。感情的转移也影响到对两个儿子的态度。不幸的是,几年后吴娃病逝,临终前要求让自己的儿子继承君位,赵武灵王被感情所牵引,竟在病榻前答应了吴娃的非分请求。公元前299年,赵武灵王废黜太子章,传位给儿子赵何(即赵惠文王),自称为"主父"。这一年,赵武灵王四十一岁,赵何年仅十岁。赵武灵王指派相国肥义辅佐幼君,同时担任赵何的导师。

从主观上说,赵武灵王提前交班,并不是想赋闲享乐。他有双重考虑,一是兑现对吴娃的承诺,二是培养幼君。赵何年仅十岁,如何能治国,还不是自己说了算。但是,让他历练一下,由重臣肥义辅导,自己正好摆脱内政事务(总有一些行礼如仪的工作)的羁绊,除了一鼓作气拿下中山国之外,还要经略西北,他甚至设想从北边攻取秦国的要塞。

春秋战国政治史上,国君不立长子而立次子为嗣,并不鲜见,也不一定会引发内乱。若有内乱,通常也是国君驾崩后新君不能控制局面所致。但是,赵武灵王却为此付出了生命的代价,活活饿死在沙丘宫。

当初武灵王废赵章而立赵何,赵章并没有太多的怨言,依然跟随父亲征战,出入左右。公元前296年,武灵王率领军队与齐、燕联合灭亡中山国。从公元前305年开始,武灵王就发起对中山国的进攻,当时公子章年仅十五岁,担任中军统帅,取得了胜利。此后十年间,赵章在历次战争中都追随在父亲左右,建功立业,如今消灭了中山,举国大庆。"赵主父封其长子章于代,号曰安阳君。"宗室立功分得采邑,这在当时倒也算通例。但是,赵武灵王的想法并不止于此,他还要立赵章为代王,与赵王并列,遭到了赵何君臣的激烈反对。

赵何的辅佐大臣肥义忠诚有谋略,在赵何即位次年又引平原君赵胜为相,公子成也被他动员起来,青年军官李兑也是他一手培养提拔起来的。赵肃侯时的宗室重臣赵豹为人忠勇,不为武灵王所用,但与肥义为莫逆之交。在另外一方面,公元前296年武灵王安排田不礼辅佐代邑的安阳君赵章。田不礼三年前来到邯郸,对赵国毫无感情,有的是乐祸冒险的欲望。在田不礼的怂恿下,赵章心底掩藏的对弟弟赵何取代自己的不满情绪被激发起来,意欲夺取王位。

可以想见,赵章与赵何的王位之争,同时也是双方执政团队的身家性命之争。武灵王要封赵章为代王,遭到拒绝后,并不死心。他暗中希望两个儿子都下去,主父本人凌驾其上,重新回到主导国政的位置上,这一隐藏的动机,在武灵王心中愈益清晰。

公元前295年,赵武灵王以查看墓地为由,邀请两个儿子一同前往沙丘行宫。安阳君赵章想利用这次机会除掉赵何,发动了政变;赵何与国相肥义等早有防备,李兑、公子成也做好了军队的接应安排。结果是,赵章虽然杀了肥义,但自己也被王家军队所杀。赵武灵王被幽禁沙丘宫,活活饿死。

外交角力

赵惠文王执政三十三年，内政尚算清明。在对外关系上，最大的事件是乐毅率领五国军队击破齐国。在军事上与秦国的冲突，大多没有占到便宜，相反丢城失地。赵秦之间的几次外交较量，赵国也未必有胜，却成就了蔺相如的一世名声。两件最有名的事件是完璧归赵、渑池之会。

公元前 283 年，赵王得到和氏璧，秦王想要用十五座城池来交换。这么不对等的交换，一看就不是真心做交易。虽说我们常用价值连城来形容珍宝之贵重，但是，真正用十五座城池换取一枚玉璧，还是有些匪夷所思的。这让赵惠文王为难了：不答应吧，害怕秦国强大；答应吧，担心受骗，对方拿了玉璧却不给城池。赵王把自己的担心告诉了蔺相如。蔺相如回答说：

> 秦以城求璧而王不许，曲在我矣；我与之璧而秦不
> 与我城，则曲在秦。均之二策，宁许以负秦。臣愿奉璧
> 而往，使秦城不入，臣请完璧而归之。

蔺相如的意思是：这么优厚的交易，赵国不答应是不识抬举，显得不友好；如果答应了对方不履行承诺，则是秦

46

国失信于国际社会。比较起来，我们应该把这个球踢回去，看他们怎么办。不得秦人城池，我保证完璧归赵，不辱使命。

蔺相如奉璧出使，见到了秦王。秦王拿到玉璧，与妃嫔们传看，却没有交付城池的意思。蔺相如谎称，如此珍贵玉璧，需要有交接的仪式，更要求秦王斋戒以受璧。蔺相如持玉璧在手，秦王担心有失，就答应了他的要求。其实，蔺相如不过借此拖延时间，当晚派人将玉璧送回赵国。次日，秦王恭敬地举行典礼，请赵使奉上玉璧。蔺相如不慌不忙地说，昨天夜里他已经让随从奉玉璧还赵，只要秦国划拨十五城，赵国一定会给玉璧。否则，请秦王杀他谢罪。秦王觉得蔺相如颇有国士之风，放了他一马。回到邯郸，赵王封蔺相如为上大夫。

几年之后，公元前 279 年，秦昭襄王邀请赵惠文王举行渑池峰会。秦国主动要求举行峰会的目的是，秦要集中力量攻打楚国，想舒缓与赵国的关系。上一年的秦赵战争，赵国丢失二城，被斩首三万级。赵王心有余悸，是蔺相如与廉颇鼓励并做出各种安排后，赵王才在蔺相如的陪同下赴会。按理说是秦有求于赵，赵国应该有所得。秦昭襄王请赵王鼓瑟，蔺相如觉得吃亏了，让秦王击缶。秦王不肯，蔺相如以死相要挟。秦王只得击缶。最后秦王没有占到便宜，赵王也没有失去面子。

仔细分析起来，赵王固然在会盟中没有失去面子，甚至略占上风，但是在外交上则是丢分的。本来秦昭襄王有求于赵国，在秦楚之争中，希望赵国持绥靖态度。从这一点出发，赵国应该有自己的要价或者提出条件，甚至可以考虑与楚国结盟以拒之。现在秦国在外交礼仪场合，虽起初无礼，居高临下，但后来放下身段而给了赵国面子，秦国并没有损失任何东西，赵国就以为自己赢了面子，甚至有些满足，实际是放弃了自己的战略筹码。也许赵国尚且心有余悸，但是，弱国与强国相交，当对之以智，而不是只顾及面子，甚或时时以妥协处之。赵国代表团回到邯郸后，赵王立即提拔蔺相如为上卿，位在大将廉颇之上。这个动作一定让秦人窃笑。

在接下来的时间里，赵国不停地与周边国家发生战争，对于秦国几乎没有多少胜利的机会。仅仅在公元前269年，秦韩战争中，赵奢率军抗秦援韩，取得了一次大胜。赵奢因功被封为马服君。

● 弱国与强国相交，当对之以智，而不是只顾及面子，甚或时时以妥协处之。

长平之战

公元前265年，秦军又一次征伐韩国，这一次的目标是获取上党郡。上党郡在今天山西境内。韩国的主要领土则在河南，国都是新郑。秦王采纳了范雎之策，出兵野王（今河南野王县），切断上党郡与都城新郑的联系。上党孤立无援，形同孤岛。韩国被迫将上党献给秦国以求和。然而上党郡守冯亭却派人到邯郸，表示宁愿归附赵国也不愿意归秦。

冯亭到底是要拉赵国下水，还是真的不喜欢秦国，这个姑且不论。问题是上党以一个弧形的边界紧邻赵国领土，得到上党，赵国领土将连成一片。刚即位不久的赵孝成王头天晚上做了一个梦，梦见天上掉下黄金，结果第二天就收到了冯亭归服的消息。在得到国相平原君赵胜的支持后，赵孝成王决定要收下这份飞来的大礼。他派大将廉颇去接管上党及其民众。

秦昭襄王得知，大怒。这也为秦国攻打赵国找到了一个绝佳的理由。秦派大将王龁攻打赵国，老将廉颇驻守长平（今山西高平）坚守抵抗。秦军攻势凌厉，赵军损失了一位裨将、四个尉官。但赵军深沟高垒，秦军无法推进，形成僵局。

邯郸城内，赵国君臣商量对策。经验丰富、处事老辣的赵威后已经在几年前去世，年轻的赵孝成王与大夫楼昌、虞卿议事。楼昌提议发重使到秦国求和。虞卿提出异议：今决定媾和者在秦不在赵，秦的目的是击败赵国，我们求和，秦不会答应。不如派使节携以重宝结交楚、魏，楚、魏接受赵国的重使与重宝，秦国就会担心诸侯联合抗秦，"疑天下之合从"，这样赵国求和才有可能成功。

虞卿的建议颇有道理。两国交战，受到侵略的一方主动讲和，等于是投降，因为不答应对方的条件，对方就不会停止进攻。要敌方停止进攻，除非你手中有牌可打。外交上联络楚国、魏国，就等于是手上握了一张牌。当然，在今天看来，如果赵国的外交战略只是出于临时性的战术目的，而没有天下一盘棋的整体思考,没有从赵国长远利益出发的战略性思维,依然不会成功。

虞卿是一个有个性也有见识的人。《史记·虞卿列传》说他当初见赵孝成王时,踏着草鞋,戴着斗笠(成语"蹑蹻檐簦"出于此),一副名士派头,赵王很是欣赏他。一见而赐黄金百镒(二千多两)、白璧一双,再见即命为上卿。

但是,这一次,赵王不听虞卿的建议,派重臣郑朱使秦。秦国表面上隆重地接待了赵国和议使节,实际上只是给国际社会做做样子,目的是用秦赵议和的假象,让楚、魏等国放弃救赵的念头。

与此同时,秦国的进攻丝毫没有放松。赵王焦躁不安,一再责怪廉颇损兵折将,怯懦不敢出战。于是,秦国的反间计派上了用场。

秦相范雎"使人行千金于赵为反间",赵王耳朵里听到这些话:"秦之所畏,独畏马服君之子赵括为将耳!廉颇易与,且降矣!"意思是说,秦国最怕的是马服君赵奢的儿子赵括呀!廉颇这个老头不行啊,很容易对付,大概也快投降了吧。赵王中计,以赵括取代廉颇指挥前线的战事。蔺相如反对说:"赵括年轻气盛,名声在外,未必能实战。虽然把他父亲留下的兵书读得滚瓜烂熟,但是没有实战经验,不懂得用兵的奥秘在通权达变。"蔺相如了解廉颇,更了解赵括,他给赵王提的反对意见是基于事实。赵王被赵括的虚名所迷惑,听不进蔺相如的劝谏。我猜测,更受赵王信任的平原君大约也是支持赵括出征的。

秦国方面得知赵将廉颇被撤换,马上召回王龁,派战国第一名将白起出任秦军统帅。与廉颇以逸待劳坚守不出的策略不同,赵括完全改变了先前的部署,撤换了军官,亲率主力主动出击,秦将白起佯败,诱敌深入,赵括中计,被秦军事先安排的兵马切断归路,团团围住,赵军束手待毙。

秦昭襄王亲自出马,征用河内郡十五岁以上男丁为兵,支援长平。赵军被围困了四十六天后,伤病员日益增多,粮草不继,人马相食。赵括被迫突围,中箭被杀,赵军投降,秦军也付出了伤亡过半的代价。

经此一仗,赵国元气大伤,从此再也无力与秦争长短。长平之战是战国形势的转折点,也是秦国统一六国的重要里程碑。

纸上谈兵

长平之战,赵国失败的原因究竟是什么?《资治通鉴》根据《史记》等历史资料,记载这件故事的同时,抖出了一个纸上谈兵的包袱。这涉及赵括及其父亲赵奢。

赵括的父亲赵奢,曾经在赵惠文王时担任赵国的田部吏(主管征收田赋的基层官吏),工作尽职尽责,不徇私情,不阿权贵。平原君赵胜为宗室贵族,身任国相,可是其家臣拒绝缴纳田租,赵奢依法严惩,处死了平原君家的当事者九人。平原君大怒，以为是轻视自己，扬言要杀死赵奢。赵奢找到平原君说："君为赵国之贵公子，现在纵容家臣不奉公守法，破坏制度。国法不立则国家被削弱，国家被削弱则诸侯加兵。诸侯加兵，是无赵也，君安得有此富乎？以君之贵，奉公守法则上下平，上下平则国强，国强则赵国政权巩固，而君为国家贵戚，岂轻于天下邪？"

平原君被赵奢此番大义凛然的话所感动，认为赵奢贤明，遂奏明赵王。赵王提拔赵奢任管理全国赋税的要职，国赋大平，民富而府库充实。

赵奢后来带兵，曾取得击败秦军的战绩。因此，他还是一名著名的将军。他儿子赵括自少年时学习军事，成绩优异，有时与父亲辩论起来，赵奢也占不了上风。《资治通鉴》卷五记云：

> 初，赵括自少时学兵法，以天下莫能当；尝与其父奢言兵事，奢不能难，然不谓善。括母问其故，奢曰："兵，死地也，而括易言之。使赵不将括则已，若必将之，破赵军者必括也。"

赵奢认为带兵打战是生死攸关的危险事业，必须十二万分的小心，必须谨慎从事。可是儿子赵括谈起战事，口若悬河，侃侃而谈，视之为儿戏，缺乏敬畏之心。真的抱着这种态度上战场的话，一定会吃败仗。

当赵王起用赵括代替廉颇担任前线总指挥时，其母上书反对，赵王质问为什么，赵母有如下回答：

始妾事其父,时为将,身所奉饭而进食者以十数,所友者以百数,王及宗室所赏赐者,尽以与军吏士大夫;受命之日,不问家事。今括一旦为将,东乡而朝,军吏无敢仰视之者;王所赐金帛,归藏于家,而日视便利田宅可买者买之。王以为如其父,父子异心,愿王勿遣!

赵母没有强调赵括军事经验不足,理论知识大于实际指挥能力,她只是观察到儿子与丈夫对待工作的不同态度。其间的差别表现在两个方面。一个差别是,丈夫赵奢很懂得团结、笼络将士,亲自"奉饭而进食者"(即餐叙议事的心腹将领)数十人,平日以朋友相交往的军官数以百计,与他们打成一片;儿子赵括则不然,升帐议事,高高在上,威风凛凛,军吏们不敢仰视。另一个差别是,赵奢把出任统帅时所得的赏赐,全部分给部将,受命之日不问家事,一心扑在工作上;赵括却把赏赐所得,悉数独吞,归藏于家,整日打听哪里有合适的田宅可以购买。根据这两点观察,赵母反对让儿子挂帅,说,真的让儿子出征,吃了败仗,您不要让老身连坐。

如果说赵奢不看好儿子的理由是儿子对战争的态度过于轻佻,会由于麻痹大意吃败仗,那么赵母的观察其实更深一层,这涉及前线领兵将帅的领导力问题。那个时代成功的将军,从司马穰苴到吴起,包括《六韬》《孙子兵法》,无不要求统帅须笼络将士,要与将士打成一片,只有赢得将士的爱戴,才能在战场上要其死力,克敌取胜。赵括的做法完全相反,必然招致失败。

赵王没有理会赵母的意见。赵括到了前线之后,"悉更约束,易置军吏",完全改变了廉颇的各项做法,而且撤换了各级军官,立即出兵击秦师,最后进入了白起事先布置好的口袋。白起预先安排的一支二万五千人的奇兵切断了赵军的归路,另外五千骑兵将赵军隔断为二,绝了赵军的粮道。

陷入困境的赵军,既没有粮食补给,又没有军队增援,于是白起反复出动轻骑车弩兵攻打赵军,秦昭襄王立即亲赴河内郡发兵,民年十五以上男丁全数征发到长平前线,增援白起,赵国的救兵及粮食完全被断绝了。

这年(前260)九月,在断绝粮一个半月之后,赵括被迫孤注一掷,他把赵军分为四队,分头突围。由于秦兵严阵以待,赵军作了四五次努力,都无法冲出包围圈。赵括亲自率领特种兵死命奋击,也无济于事,最后被乱箭射死,赵军投降,史称有四十余万人被白起坑杀。现代学者推测,其时赵国的总人口约在一百七十万至二百三十万之间,无法为一场战争抽调四十万男丁出征。实际出征兵力大约在二十万,号称四十万而已。除了战争死伤,最后俘虏十万人左右。战争的影响对于战国的历史进程的推动无疑是十分巨大的。十年之后,异人(后名子楚)、嬴政父子在吕不韦、李斯的辅佐下,开展了秦国的统一大业,就是以这场战争为转折点的。

如今,长平之战过去了整整二千二百八十年。为什么赵国会失败?赵括"纸上谈兵",赵王用人不当,这是毋庸置疑的。赵国相对弱小,秦国综合国力强大,这也不难理解。赵孝成王指挥失误,外交失策,史家也毫不隐讳。但是,赵奢夫妇对于儿子的评论，还是值得重视，那就是赵括的问题不仅仅是缺乏实战经验的纸上谈兵，更是重任在肩缺乏敬畏之心，大权在握不能团结将士，不能与部下分享成果，结果在冲锋的时候，竟然要他这个统帅打头阵，最终死在秦人的乱箭之下。

● 赵括的问题不仅是缺乏实战经验，更是重任在肩缺乏敬畏之心，大权在握不能团结将士。

名将之亡

长平之战之后，秦国并没有束手，而是一路猛进，包围了赵国首都邯郸。平原君赵胜到楚国求救，楚王不敢应允，平原君的食客毛遂仗义执言，晓之以厉害，威之以剑刃（以死相拼），楚王终于答应出兵救援。但是，关键还是在魏国。魏国与赵国互为唇齿，魏国还是赵国的姻亲盟国。魏安釐王同父异母的妹妹是赵相平原君之妻，于魏国上将信陵君则是同父同母的姐姐。

平原君向魏国求援，魏王不得已派晋鄙率十万军队驻扎边境，但持观望态度，根本不敢出兵救援邯郸。平原君赵胜急得像热锅上的蚂蚁，派人责怪信陵君说："胜所以自附于婚姻者，以公子之高义，能急人之困也。今邯郸旦暮降秦而魏救不至，纵公子轻胜弃之，独不怜公子姊邪？"如果您觉得我赵胜不值得救，难道您连自己姐姐的生死也不顾吗？一下子把一向有侠义之名的魏无忌逼到了墙角。

于是,信陵君在门客侯嬴的启发下,串通魏王宠妃如姬,盗出用以调动军队的虎符,到军营假传王命,并以刺客朱亥锤杀晋鄙,夺得军权。然后与前来救援的楚军联合作战,打败秦军,解了邯郸之危。赵国遂得以保存。

这个时候,赵国尚有两位名将廉颇、李牧。他们与秦国的白起、王翦,号称四大名将。当年渑池之会结束后,廉颇曾对蔺相如晋升为上卿,表示不服,扬言要羞辱他。后来知道蔺相如大度避让,乃是从国家利益出发,遂深深折服,"负荆请罪""将相和"成为千古佳话。

公元前 252 年,平原君赵胜死,赵孝成王于次年重新起用长平之战后被弃用的廉颇为相国,封信平君,使之将兵。在连年对燕国的战事中,廉颇都有所成就。公元前 245 年,赵孝成王死,子悼襄王(前 244—前 236 在位)立,立即解除了廉颇的职务。遭到排挤的廉颇,被迫逃亡魏国。

赵国最后一位名将李牧就是在廉颇出逃前后从边郡调到邯郸任职的。这个时候秦国连年伐赵,李牧坚守抵抗。悼襄王执政不及十年,国事江河日下。他的王后出身邯郸娼妓,史称赵悼倡后。丈夫死后,在她的情夫春平君及奸臣郭开等的祸害下,她与自己的儿子幽缪王赵迁一起不断糟蹋着自己的国家。秦人用离间计和收买政策相结合的手段,使赵国解除了李牧的兵权,李牧后被无辜杀害。次年,赵亡于秦,时在公元前 228 年。

(参见《资治通鉴》卷一至卷六)

第三章　大秦帝国

秦朝的建立和短暂统一后的灭亡，是中国历史上的重大事件。"百代皆行秦政法"，这是不争的事实。秦国建国比较晚，公元前771年，周平王东迁洛邑，秦襄公（前778—前766在位）开始在岐山之下建立自己的封国，此前，秦人只是在西境为周王室守边的西陲大夫。经营了一百年左右，秦穆公（前659—前621在位）称霸西戎，秦国在军事上一跃而起，成为春秋霸主之一。但是，周王给齐桓公、晋文公、越王勾践赐胙（祭祀周文王、周武王典礼上的腊肉），派代表甚至亲自参加盟会，就是不曾对秦穆公、楚庄王这样的霸主做出类似的表示，以致秦、楚的"霸主"地位就显得不那么正规。秦穆公以后，秦国内部争权，混乱延续了将近三百年。因此，在秦孝公的父亲秦献公即位之时，国力与东方六国相比，并没有任何优势可言。

问题是，秦国是怎么崛起的呢？

大家都知道秦孝公（前361—前338在位）是关键领袖。正是他采纳了商鞅的建议，才有了一个延续一百多年的改革政策。贾谊赞扬秦王嬴政"奋六世之余烈"，这六世就是从秦孝公算起，包括秦惠文王、秦武王、秦昭襄王、秦孝文王、秦庄襄王六代国君。但是，我在这里要说，秦孝公的父亲秦献公也是功不可没的一个关键人物。

● "百代皆行秦政法。"

59

秦献公（前424—前362），又名公子连，父亲秦灵公死后，因国君之位被叔祖所夺，公子连在魏国流亡三十年。一直到公元前385年，秦国内政治不稳定，在位之君年幼，母后听政，他才在国内贵族的支持下回国即位，年且四十岁。他在位十几年，贡献有三：第一是改革内政，推行"户籍为伍"（将百姓编之于"伍"的基层组织）制度，强化郡县制。第二，在条件成熟的情况下，为周王室出力，既占据道德制高点，又能遏制强邻魏国和韩国的扩张，数度打败三晋的军队，受到周王室的嘉奖，让曾经孤弱的秦国重新回到国际社会。第三，选拔秦孝公嬴渠梁为接班人，同时安置好长子嬴虔（即公子虔）。可以这样说，秦献公为秦孝公的登台和改革奠定了很好的基础。

商鞅改革是秦国奋起直追，超迈东方六国的前提条件。改革的核心问题是富国强兵，把国之大事，从"在祀与戎"，改成在耕与战。改革打破了贵族制度，军功爵制激活了秦人在疆场杀敌的动力，造就了一支虎狼之师。国家从播种到养牛，帮助农民用当时先进的办法种田，鼓励采用最先进的农具铁器。废井田，开阡陌，改革土地制度，这些措施都极大地刺激了民间的生产积极性。

在对外经略方面，早期的秦国保持对中原进取态度的同时，也避免过度介入中原事务。司马错兼并巴蜀，注意壮大自身势力的策略，得到秦惠文王的采纳，后来在成都平原修建的都江堰，举世闻名，使巴蜀成为秦国经略中原的后方大粮仓。

秦国始终注意搜罗各路人才，客卿从商鞅之后，一直在

- 秦献公为秦孝公的登台和改革奠定了很好的基础。

- 商鞅改革是秦国奋起直追，超迈东方六国的前提条件。

- 秦国始终注意搜罗各路人才。

60

秦国的任事大臣中，居于重要位置。商鞅之外，还有张仪、魏冉、范雎、吕不韦、尉缭、李斯等。在罗致人才的同时，秦国一直致力于奉行破坏六国的执政团队的策略。先是收买，收买不成，不惜暗杀，暗害不得，就使用离间之计。等到对方执政团队被瓦解，秦王的军队就在良将的带领下，出现在敌国的边境。

最后一点也很重要，那就是秦国一把手的领导力。正如贾谊所说，秦国在客卿的帮助下，蒸蒸日上，商鞅改革以来的六、七代国君，或有短命夭亡的，但没有骄奢淫逸的昏君。国君的领导力是秦国国势保持蓬勃向上的最重要的因素。遗憾的是，秦统一天下之后，始皇帝没有及时调整政策，没有完善各项治理制度，也没有做出完整的接班人安排，就突然在五十岁病逝于巡视途中。一个在位近三十八年的强势领导人突然去世，弱势的秦二世即位，完全无法掌控局势，使得赵高这个蛀虫，从执政团队内部破坏了整个一朝的大厦。这是深刻的历史教训。

● 国君的领导力是秦国国势保持蓬勃向上的最重要的因素。

● 赵高这个蛀虫，从执政团队内部破坏了整个一朝的大厦。这是深刻的历史教训。

商鞅变法为秦国奠定了政治制度基础，包括法律制度、行政管理制度、郡县制、基层乡里制度、军功爵制度、激励机制，以及各项经济制度。尽管如此，制度再好，如果没有高超的对外发展战略，没有切实的发展路径，要以西北一隅之地，单打独斗之力，吞并唇齿相依的山东六国，也不是那么容易的。

对于崛起中的秦国构成的巨大威胁，六国怎么化解呢？六国合纵抗秦。合纵，是山东六国联合起来，对付秦国。针对这种情况，秦国有个外交战略，叫作连横，是秦国破解合纵的方法。这就是历史上著名的合纵连横。

据说著名的纵横家张仪，就是连横政策的首创者，他曾经用一些忽悠的手段来欺骗楚怀王，破坏了齐楚之间的结盟。连横只能破坏对方的结盟，但六国并不会因此就消失了，最后还是要靠军事力量来消灭。如何选择打击的重点？打击的次序和策略又该怎样设计呢？这是秦国在连横政策之外，必须要解决的问题。

《资治通鉴》给我们展现了秦国对外战略的一个发展的路径，即如何处理跟六国关系、如何选择打击重点等。这个战略有三次大的阶段性变化：第一个阶段是秦惠文王时期，采取避重就轻，攻灭巴蜀的策略，巩固好战略后方，不事张扬地发展自己的势力；第二个阶段是秦昭襄王时期，实行远交近攻，不断地蚕食诸侯的策略；第三个阶段就是秦王政了，即后世的秦始皇，他用各种手段破坏六国人才，然后再实行各个击破的策略。

南取巴蜀

周显王三十一年(前 338)，秦孝公去世，年仅十九岁的太子驷即位，史称秦惠文王。秦惠文王在其老师公子虔等的煽动下，车裂了商鞅，但是商鞅的变法依然继续推行。之前我们讨论过，在秦国人看来，这个变法不是商鞅创始的，而是秦献公、秦孝公以来一贯的政策，商鞅只是一个具有创新性的践行者。所以秦孝公死后，秦惠文王继续推行对内修明政治，对外蚕食诸侯的发展路径。

秦惠文王用魏国人张仪为相、司马错为将(司马错是司马迁的八世祖)，接连攻打魏国、韩国，取得了一系列的胜利。秦国气势咄咄逼人，使六国陷入了恐慌。

周慎靓王三年(前318)，韩、魏、赵、燕、楚五国合纵伐秦，那时最强大的齐国没有参加，它实际上是躲在了背后。

就在这个时候，发生了一件事情，史籍上是这么记载的："巴、蜀相攻击，俱告急于秦。"巴、蜀就在今天的成都平原附近，如果具体说，就是以成都为中心的四川、重庆一带。巴是巴国，蜀是蜀国。这两个都是很古老的国家，由于偏远，中原的华夏诸族把他们称为夷狄——但是他们是夷狄之长。

不但巴、蜀打起来了，蜀国国王还和他的兄弟发生了内讧。秦，是离他们比较近的一个大国，他们都向秦告状，以争取秦的支持。于是秦国内部就出现一个争论：是不是趁机把巴、蜀给拿下来。司马错的想法是趁机灭了他们。张仪主张伐韩。

到底是东向继续在中原攻伐韩、周，还是往西南方向去打巴、蜀，张仪和司马错发生了激烈争执。这不是两个人的意气之争，而是秦国的发展战略问题。所以秦惠文王说，你们谈谈各自的理由。

张仪陈述的理由如下：秦国在外交上应该"亲魏"、"善楚"、"下兵三川"。"三川"是指韩国内郡，以该地有黄河、洛

● 变法是秦献公、秦孝公以来的一贯政策，商鞅只是一个具有创新性的践行者。

水、伊水三大水域而得名。"亲魏""善楚",什么意思呢？就是跟魏搞好关系,跟楚搞好关系。"下兵三川",即攻打韩国,攻它的新城、宜阳,"以临二周之郊"。"亲魏,善楚,下兵三川,攻新城、宜阳,以临二周之郊","此王业也"。"二周",就是西周、东周。在洛阳有两个被分封的周王室,一个是西周公,一个是东周公。巴掌大的地方,却还把它分封了,叫二周。二周是周天子所在,有九鼎。九鼎是周天子的权力象征。兵临周室,就可以挟天子以令天下,天下不敢不听。张仪认为,"此王业也"。就是说外交上,要跟魏、楚连横,在军事上要攻打韩国的心脏地带,政治上威胁周王室,这样就可以挟天子以令诸侯,这是王者之大业。他认为这种大动作,是秦国发展应该采取的战略。

张仪认为"争名者于朝,争利者于市"。周室所在的洛阳,就是天下之朝,天下之市,要争就争这里。

司马错断然反对,他讲出另外一番道理:"欲富国者,务广其地;欲强兵者,务富其民;欲王者,务博其德。三资者备而王随之。"什么意思呢？要富国,则要扩张土地;要强兵,则要富裕百姓;要统治天下,则广布恩德。三者俱备,那自然就是王了。可是你现在呢,土地小,势力弱,你要先从容易的事做起,不要急于去中原核心地带,搞出那么多响动。相反,攻打巴、蜀就不一样了。巴、蜀虽然僻居一隅,戎狄之中却是老大,它现在君昏政乱,兄弟相争,以秦国的力量去攻打,就像豺狼扑到羊群里去一样,很轻易就能得到。得到了这块土地,足以扩大我们的版图,足以富裕我们的人民。把它打下了,我们不需要费多大劲儿,不需要用多大兵力,

- 张仪认为"争名者于朝,争利者于市"。

- 司马错:"欲富国者,务广其地;欲强兵者,务富其民;欲王者,务博其德。三资者备而王随之。"

这是何等的好事！攻下一个国家，天下不觉得你贪，不觉得你残暴。相反，如果说是去打韩国，去问周鼎之轻重，弄得响动很大，不仅恶名远扬，还得不到实际的好处。而且你打的地方，是天下人不愿意看到的。谁愿意看到你去吞并韩国，甚至去吞并宗周呢！周是什么？周是天下的宗室，韩有齐国这个盟友。如果周室和韩国知道要丢掉自己的版图，他们会通过齐、赵来跟楚、魏讲和。你不是想跟楚、魏来搞好外交关系吗，但这样反而促进他们六国之间合作，这就危险了。

我们发现司马错讲的道理，就是在你实力还不够强大的时候，不宜攻击那个最引人注目的地方，要避免自己成为众矢之的，应该闷着头发财。

这显然是两种发展路径：张仪的道理是，要成就王业，要抓关键的地方，宗周地区很关键；司马错的理由是，现在实力还不够，去打这么关键的地方，弄得响动很大，还得不到什么好处，但巴、蜀不一样，秦国拿下它不招人嫉恨，还能得到很大的实惠。

比较两个人的方案，从秦国当时的情况来说，司马错的方针是比较适合的。

这使我想起中国古代一些讲谋略的书。特别是唐朝有个四川人叫赵蕤，是李白的朋友，他有本书叫《长短经》。他特别强调一个道理、一个方案没有什么对不对的，关键是看在什么时候、在什么情况下使用。我们平常说"得饶人处且饶人""退一步海阔天空"，有道理吧？我们平时还说"狭路

- 司马错：现在实力还不够，要避免自己成为众矢之的，应该闷着头发财。

- 张仪：成就王业，要抓关键的地方。

- 一个道理、一个方案没有什么对不对的，关键是看在什么时候、在什么情况下使用。

65

相逢勇者胜""宜将剩勇追穷寇",也有道理吧？那么到底是"得饶人处且饶人""退一步海阔天空"呢,还是"狭路相逢勇者胜""宜将剩勇追穷寇"呢？这就必须根据具体的实施条件来确定了。

秦国在发展过程当中,到底是直取宗周,问二周之郊,还只是闷头发财,先把巴、蜀拿下？显然司马错的方案更切合当时秦国的实际情况。《资治通鉴》载:"王从错计。""错",就是司马错。秦惠文王听从了司马错的建议,在周慎靓王五年(前316),就派人去打巴、蜀了。不过带兵将领除了司马错,还有张仪,他们共同拿下了巴、蜀。巴、蜀属秦以后,秦国就更加强大了。

吞并巴、蜀,巩固了秦国的战略后方,富庶了秦国的国力,拓展了秦国的疆土,使秦国的国势,更上了一个台阶。

远交近攻

提出"远交近攻,各个击破"这个策略的,是秦昭襄王时候的范雎。

继秦惠文王位的秦武王是个有神力的人,天生力气很大。有一次,他与著名大力士孟贲跑到二周之郊去搞举重比赛,问鼎之轻重。他去举那个鼎,虽然举起来了,但鼎太沉,他举着举着就举不动了,跌倒后被鼎砸伤了腿,回家不久就死了。死时年仅二十三岁。秦武王没有儿子,秦国的王位空虚,几个兄弟就争起来。这时候赵武灵王用计把当时秦国在燕国做人质的公子嬴稷接回来,通过赵国送回了秦国。公子嬴稷就是秦昭襄王,继位时年十八岁。

嬴稷的母后是宣太后,她本来是秦惠文王的妾妃。秦惠文王的王后支持别的公子,被昭襄王的支持者打败了。昭襄王的支持者是谁呢?就是宣太后同母异父的弟弟魏冉。魏冉当时在秦国掌兵权。魏冉辅政期间,推荐并重用了名将白起。白起是战国的第一名将,东征六国,颇有功勋。秦国的国势蒸蒸日上,接连获得军事上的胜利。史学家吕思勉在《先秦史》中说:"秦之灭六国,盖始于魏冉。"司马迁在《史记》卷七二《穰侯列传》里也说:秦之所以能够东向扩张,削弱诸侯,甚至称帝于天下,"穰侯之功也"。穰侯,就是魏冉。

魏冉主持秦国的国政长达三十六年,此时秦昭襄王年逾五十了,可国政还掌握在母后宣太后和舅舅魏冉等手里,所以尽管魏冉功劳很大,秦昭襄王心里也不是滋味。范雎就是在这种背景下登场的,他抓住了这个机会。

范雎,本是魏国人,曾经跟随须贾出使齐国。齐襄王非常器重他,甚至想留下他做客卿,但被他拒绝了。须贾作为一个使者,不受重视,但他的随从反被齐国国王器重,他心里很不痛快,就怀疑是范雎出卖了军情机密,要不然齐国怎么对范雎那么好呢?所以回去跟魏相魏齐说了这件事。魏齐也小肚鸡肠，他想：你出使齐国，齐王觉得你是国士，那你在魏国将来不就威胁我的相位吗？所以把范雎打得半死，扔到厕所里。范雎收买了看守他的人，装死逃脱。秦昭王三十六年（前271），范雎化名张禄，在好友郑安平的帮助下，随秦国使节王稽入秦，到了咸阳。

范雎到咸阳以后，发现穰侯魏冉正筹划派兵攻打齐国的刚、寿。刚，是今天山东泰安市的宁阳县；寿，在今天山东省聊城市下面的阳谷县。秦国在陕西，齐国在山东，中间还隔着楚、魏、赵、韩等国。跑那么远去打齐国，为的是什么呢？为的就是扩大魏冉的封邑——陶邑。魏冉的封邑在今天的山东定陶。这颇有以国家的名义出兵自肥之嫌。

范雎就抓住了这个机会，上书秦昭襄王，求见。求见途中，遇到了秦昭襄王的车马，秦昭襄王当时要去永巷。永巷是一个僻静的通道，是宫女犯罪所囚禁的地方，是离宫的禁苑，不能随意进入的。范雎故意往那去，永巷的人跟范雎说："秦王马上来了，你赶紧避开。"范雎说："秦国只有穰侯，只有太后，哪有什么秦王？"这话击中秦昭襄王的要害，所以范雎就被召入了离宫。

我们看得出来，范雎其实是通过故作惊人之语以引起秦昭襄王的重视。

范雎跟秦昭襄王讲，穰侯越过韩、魏，去打齐国的刚、寿地区，这不是什么好主意。你看看当初齐闵王，南攻楚，破军杀将，辟地千里，得不到尺寸之地。为什么呢？太远了，鞭长莫及。范雎接着讲，当初齐国去打楚，楚离他很远，最后齐国得不到楚国的土地，而肥了韩、魏。你今天去打齐国的刚、寿,拿下来又能怎么样? 那么远,能得到吗? 所以这不是一个好主意,是相国魏冉有私心。

"今王不如远交而近攻,得寸则王之寸也,得尺亦王之尺也。"得一寸,有一寸;得一尺,有一尺。这样地蚕食各国,秦国就会一天天地壮大。以秦国现在的实力,六国没有能抗衡的,可为什么这么多年来,都没什么进步呢? 就是因为战略有问题。如果远而交之,近而攻之,我们就能逐渐地蚕食中原地区,因为韩、魏就处在天下的中心,你要想称霸天下,必须首先控制天下的中枢,就是韩、魏。然后呢,楚国强,我们就以赵来对付楚;赵国强,我们就以楚来对付赵。楚、赵都掌控了,齐就一定在我们掌握之中。齐被掌握,那么韩、魏还有什么机会呢? 那我们就可以把它们吞并了。

这其实是个交替的战略:把近处控制住,然后威胁远处;远处受到威胁不敢援助,近处就被吞并了。对付近和远,在手法上是互相交替的。秦昭王说:"善。"以范雎为客卿,让他来参与掌兵事,这是公元前 271 年的事。此后穰侯逐渐被排挤,不久就郁闷而死。

我们要指出的是,仔细研究一下《资治通鉴》对魏冉主政这三十多年的记载,仔细看看《史记》卷七二《穰侯列传》,就会发现,其实魏冉主持秦国国政的时候,他的东扩政策,并不是完全没有章法的,所以司马迁在《穰侯列传》中说"一夫开说,身折势夺而以忧死",有点儿同情他。

范雎提出的远交近攻政策,在魏冉主政时期,已经在不同程度地践行着。魏冉主政三十多年,即秦昭襄王执政的前面三十多年，是秦国东扩非常有成效的三十多年。范雎利用魏冉主政强霸，秦昭襄王对他专政的不满，用离间计取代了魏冉，然后把远交近攻的策略更明晰化；而魏冉只是在践行同样的策略时，忽视了秦昭襄王的感受。

总之，范雎的策略，是交替运用刚柔两手，交替制服远近各国，近的韩、魏，远的燕、赵、齐、楚。具体来说，是分三步走。

第一步，蚕食三晋，控制魏、韩。这不仅壮大了秦国的声势，而且解决了东扩的基地问题，解决了后顾之忧。赵、楚，这个时候已经跟秦接壤了，赵在北边，楚在南边。真正不跟秦接壤的，是燕和齐。可以这样讲，韩、魏最近，赵、楚次之，燕、齐最远，而且齐是最强大的，也是最远的。

第二步，掌控了韩、魏，就为进一步制服赵、楚提供了跳板。以韩、魏为基地，联赵击楚，联楚击赵，控制秦和齐之间广袤的土地，为进一步对付齐这个最强大也最遥远的国家创造条件。

第三步，制服齐国，使之对秦的蚕食行动不敢介入，再反过来巩固对韩、魏及赵、楚的蚕食结果，乃至最后把它们消灭，达到统一天下的目的。

这不是简单的远而交之，近而攻之，而是用交替的两手，既打又拉，各个击破。这个策略在秦王嬴政时期，在李斯的辅佐下，又有了新的发展。李斯提出了一个收买对方、离间对方的管理团队、领导团队，破坏对方的人才的策略，这实际上是对范雎策略的进一步提升。

破坏人才

秦王嬴政即位后不久，发生了一件事。

韩国的一个水利工程师，名叫郑国，被发现是个间谍。韩国离秦国最近，秦国老去攻打它，每次韩国被攻打后就割让土地。韩国受不了了，有人就给韩桓惠王出了个主意，派水利工程师郑国到咸阳去，说秦国的关中水利条件这么好，但是还经常有旱灾、水灾，是因为缺乏水利设施，劝秦国兴修水利，并告诉秦国自己就是水利专家，可以帮秦国修渠。秦国当初攻取巴、蜀以后，兴修了都江堰工程。都江堰工程使成都平原成为粮仓，是世界水利史上的著名工程，是秦国的蜀郡郡守李冰父子主持的。修渠的好处，秦国人是知道的，所以就让郑国在关中修渠。

这是嬴政即位转年的事情。每年发动数以十万的民夫修渠，耗费大量的人力、物力，这拖住了秦国东进的步伐。修了几年后，郑国的真实目的被发现了，原来他是借兴修水利之名，行"疲秦"之计，意在阻止秦国东征六国。他是一个间谍，秦国上下一片哗然。

这件间谍案被闹出来，好像是偶然的，其实也有其必然性。为什么呢？因为秦国这个时候，已经是非常强大了。秦国的强大离不开客卿的贡献，但外来人才对秦国本土官员的利益有挤压作用,双方矛盾就更尖锐了。

秦王虽然允许郑国继续修渠,可是这件事对于秦国对外来人才的政策不能没有影响,因此,在吕不韦"退休"、秦王嬴政主持朝政后,大约是在本土官员的强烈要求下,嬴政发布了一个《逐客令》,解去所有在秦国任职的六国客卿的职务,将他们驱逐出境,李斯也在其列。就是在这个情况下,李斯写了著名的《谏逐客书》。

《谏逐客书》是非常有说服力的一篇文章。李斯在文中历数秦穆公以来秦国重用客卿所取得的成就,特别是秦孝公以来,商鞅、张仪、范雎等辅佐秦君,"不问可否,不论曲直,非秦者去,为客者逐",这不是把人才往敌国推吗?

秦王嬴政读到这篇《谏逐客书》后幡然醒悟,马上召回了李斯。

很有意思的是,李斯一方面力谏秦王,挽留六国人才;另一方面,在辅佐秦王兼并六国的战争中,他的战略核心却是重点打击对方的人才。

《史记·李斯列传》是这么讲的:"阴遣谋士,赍持金玉以游说诸侯,诸侯名士可下以财者,厚遗结之,不肯者,利剑刺之,离其君臣之计。"什么意思呢?首先重金收买,收买不成,派刺客暗杀,暗杀也不行,就用离间的办法,破坏对方君臣的关系,等敌国人才被破坏了,然后再派重兵收拾对方。这只是理论上的吗?不是,我们接下来看几个实例。

先看一个最经典的例子。

秦王政十八年(前229),秦王派王翦带兵,准备一举攻下赵国,却遭遇赵国名将李牧和司马尚的抵御。王翦采用反间计,用重金贿赂赵王宠臣郭开,贿赂赵国派往秦国的使节,使之诋毁李牧和司马尚,最终除掉了李牧。李牧死后,王翦势如破竹,大败赵军,并杀了赵军主将赵葱,攻下赵国的东阳,俘虏赵王迁。赵国原来的各处土地,入为秦地,成为秦郡。李牧是战国时期最优秀的将领之一,一般认为,战国有四大名将,秦国两个——白起和王翦,赵国两个——廉颇和李牧。廉颇被离间计陷害,出走魏国,客死在楚国;李牧也是被离间计陷害,而且是一而再、再而三地被陷害。李牧拒绝交兵权,赵王派人把李牧取代了;李牧不服,赵王又派人把他抓起来杀了,把司马尚的职务也撤了。

再举一个齐国的例子。

齐襄王的遗孀,叫作君王后,她是齐襄王在民间——在莒(今山东莒县)给人家做佣工的时候认识的。当时君王后觉得这个小伙子不是一般人,就跟他确定了恋爱关系。后来,齐襄王继位为王,她也就当了王后。历史记载,齐襄王死了以后,其子齐王田建年少,君王后遂主持国政。她去世后,其弟后胜辅政,辅佐齐国的末代国王田建。秦国收买、贿赂后胜及其身边的人。他们被收买后,不但劝说齐王放弃强军备战,故意不发展军备,而且对秦国吞并六国的战争,采取隔岸观火、不闻不问的态度。等到六国先后灭亡,秦国就把屠刀转向了齐国。这个时候五国都被灭了,齐国孤立无援,再想抵抗,为时已晚了。

我们发现,破坏对方人才的策略,不仅仅是李斯的主

● 等到六国先后灭亡,秦国就把屠刀转向了齐国。这个时候五国都被灭了,齐国孤立无援,再想抵抗,为时已晚了。

73

意,也是秦国的一个长期的政策。

我们前面讲范雎,就曾经使用离间计,成功地让赵国撤掉老将廉颇,而以纸上谈兵的赵括取而代之,导致赵国在长平之战中大败,元气大伤。秦庄襄王时期,还用重金收买魏国的大将晋鄙的门客,让他离间魏安釐王跟他的兄弟信陵君的关系,使得信陵君再次被剥夺了兵权。

如果说,以前的这些例子,是偶尔为之的话,那么在李斯辅佐秦王时,用收买离间乃至暗杀的手段搞垮对方的人才团队,就已经被定为与秦国对外战争相辅相成的一个国策了。当然这种国策能够实行,使得六国的人才凋敝,能人下、庸人上,不光是秦国的战略成功,还需要六国国君本身的昏庸"相配合"才能做到。

总之,秦国的统一战争,不光是有制度建设基础,有强大的军队和充足的经济条件,还和它的对外战略有密切关系。对外战略如果失误,国家再强大也无济于事。秦国在发展过程当中,随时调整自己的战略;在选择战略目标的先后重点上,能够根据情况的变化、本国形势和国际形势的变化随机应变,所以能最终取得成功。

秦国的对外统一战略有三:第一,把握时机,选择准确的打击对象,避免六国过早地联合起来对付自己,就是在自己不是很强大的时候,要巩固好后方,练好内功。第二,分化瓦解,远交近攻,交替运用刚柔两手,对远的和近的进行有区别的掌控。在近攻时,有外交和军事两手,"拒止介入",防止远处的强敌介入,逐渐壮大自己,削弱对方。第

● 秦国在发展中,随时调整自己的战略;在选择战略重点上,能够随机应变,所以能最终取得成功。

● 在自己不是很强大的时候,要巩固好后方,练好内功。

三,重点打击对方的人才,与此同时,瓦解敌国的执政团队,为最后军事上消灭对手扫清障碍。那么当对方的执政团队被消灭以后,人才没了,最后要收拾对方,找个借口就行了。

千古一帝

秦始皇被称作千古一帝,雄才大略令后世敬仰。完成统一天下的大业,非寻常人所能做到,需要超群的领导素质和执政能力,《资治通鉴》里记载的几件事都可以说明这一点。

● 秦始皇雄才大略,具有超群的领导素质和执政能力。

秦始皇嬴政十岁以前随父母在赵国做人质,生活在异国他乡,有时不免颠沛流离,可以说他的幼年,是在非常不安定的条件下度过的。嬴政十三岁继位为秦王,其母赵太后垂帘听政,大权则掌握在仲父吕不韦手中。

赵太后原是吕不韦府中歌姬,素有旧情。此时吕不韦为相国,赵太后经常找他来宫中偷欢。吕不韦为了脱身,就将市井无赖嫪毐召入府中作舍人,后将其伪装成宦官送入后宫,以备太后宠幸。

赵太后和嫪毐生有两个儿子,偷偷养在秦国故都雍(今陕西宝鸡)的宫中。赵太后不断给嫪毐封官、封土,封他为长信侯,封地就在今天的太原。嫪毐有极强的权力欲,但政治素质却不高,喝酒后跟人吹牛,说当今皇上是他的儿子,

75

他是后爸。类似这些大话传到了秦王嬴政的耳朵里去了。秦王大怒，决定对付嫪毐。

嬴政在除嫪毐的时候，没有主动出击，而是故意让嫪毐先动手，有点像郑伯克段于鄢一样，令嫪毐"多行不义必自毙"。结果嫪毐一动手，就被打败了，灭三族，斩首数百。而且跟他相关的舍人门客共四千家，都被发配到四川去了。嫪毐和太后生的两个儿子也都被处死了。秦王也把太后软禁起来了，不再相见。

嫪毐事件发生以后，嬴政非常愤怒，他觉得受到了耻辱，耻辱感的背后应当是对权力、大权旁落的愤懑。大臣们劝秦王嬴政不应该如此对待赵太后。嬴政很生气，处死了那些劝他的人，并将已经处死的二十七人的尸体堆在宫阙外面。

有一个来自齐国的宾客茅焦，表示要见秦王，还要就这件事提出谏言。秦王派人告诉他说："你没看见城外死的人吗？"茅焦说："我看见了，死的才二十七个，天上二十八宿，我正好来凑满这个数。"这个使者赶紧跑去报告秦王，茅焦这不是找死嘛！跟茅焦一起来的同乡，都吓跑了，并且把他的衣服和财产细软也都拿跑了。大家都认定茅焦是死定了，这些衣服细软不拿白不拿。秦王果然大怒，说："这个家伙故意来冒犯我，以为自己能够堆在城外的死尸堆上，想得美！我要让你尸骨无存！你们赶紧架好锅，烧好火，放上水，我要把他给活活烹了。"

秦王"按剑而坐，口正沫出"，气呼呼的样子。茅焦说："陛下有狂悖之行，不自知邪？车裂假父，囊扑二弟，迁母于雍,残戮谏士,桀、纣之行不至于是矣！今天下闻之,尽瓦解,无向秦者,臣窃为陛下危之!"

茅焦进来后不慌不忙,慢慢走到前面,他说:大王的狂悖之行,你自己难道一点都不知道吗？车裂假父(车裂你的后爸),将两个弟弟装入袋中打死,而且把母亲给软禁起来,桀纣之行也不过如此。这个事如果让天下人知道了,他们就会都不到秦国来了,因为他们发现,你秦王是这么一个无义无信的人,到秦国来干什么呢？那么人心就瓦解了,"臣窃为陛下危之",我都为你的危险处境感到担忧！茅焦说,我的话说完了,你来杀我吧！说完,他就伏在地上,做出等着嬴政来砍他的样子。结果,秦王嬴政不仅没有杀他,还封他为上卿。嬴政马上就驾上车,空出车上最尊贵的左侧座位,亲自去把赵太后接回到咸阳,"复为母子如初",与母亲和好了。

茅焦讲的这些话里面,究竟是什么话打动秦王嬴政了呢？不是嬴政为自己的行为感到羞愧而幡然悔悟,而是茅焦说:如果你不改变做法的话,你的江湖声誉,你在六国中的名誉就没有了。茅焦知道秦王嬴政是个顾大局的人,他要兼并天下,如果被敌国人说成是个糟糕的无义之君,这对他很不利。不管嬴政是发自内心的,还是出于一种政治上的考虑,他做出了改正的决定。秦王嬴政这时年纪并不大,但是他表现出了一个政治家高度的反思能力和责任意识。

● 茅焦知道秦王嬴政是个顾大局的人。

我再讲一件事。

秦王政二十三年(前224),秦王嬴政召集群臣,商议灭楚大计。王翦认为非六十万人不可,李信则认为不过二十万人便可打败楚国。秦王嬴政大喜,认为王翦怯懦,老不堪用,便派李信和蒙恬率兵二十万,南下伐楚。王翦因此称病不朝,回归故里频阳(今陕西富平)。不久李信大败,是为秦灭六国期间少有的败仗之一。秦王嬴政大为震怒,但他第一时间反思自己的问题,亲自乘快车奔往频阳,给王翦道歉,请王翦统领六十万大军启程,最终灭楚。

李信攻打楚国的时候,先胜后败,秦王大怒。怒了以后他做了些什么呢? 第一,他并没有因此把李信和蒙恬绳之以法,只是略加薄惩。胜败乃兵家常事嘛。后来李信去灭燕国,蒙恬守长城、抵抗匈奴,都做出了成就。嬴政并没有因为他们一败就马上处以极刑,而是给他们一个将功补过的机会。更重要的是,他亲自跑到王翦频阳的家里去道歉,说:

> 寡人不用将军之言,不听将军之谋,李信果然使秦军受辱;将军你,虽然身体不好,怎么能够忍心抛弃寡人。你出山吧,我希望你能带兵去打楚国。

在这件事上,我们看到的哪里是一个残暴、粗暴的秦王呢? 在用人方面,他是非常有他的章法的,改过迁善。茅焦的事,《谏逐客令》的事,王翦的事,都表示秦王嬴政能够顾全大局、倾听不同的意见,他任用不同的人,知人善任。

总之,秦王嬴政在统一天下之前,确实是表现出了很强

● 嬴政能够顾全大局、倾听不同的意见,知人善任。

的领导能力。他能用不同类型的人,比方说赵高,比如法律方面的高手李斯。李斯在治国方面也是很有一套的,秦王嬴政的那些统一措施,大多是在李斯辅佐下提出并实行的,如废分封、海内皆郡县等。

嬴政在纳谏方面也是从善如流。他从继位后的第十七年到第二十六年,即公元前230年到前221年,先后灭掉了关东六国,完成了国家统一。后北击匈奴,南服百越,在政治、军事、经济、交通、文化及对外开拓诸方面,采取了一系列新的政策,大大加强了全国之一统大业,对后世亦产生重大的影响。

秦王统一,是亘古未有之事。夏和商很可能是族邦制,它还不完全是分封,尽管也讲分封,但真正实行分封的是西周。战国时,一般的情况下是有分封也有郡县,各国都这样。但是秦国的郡县制比较彻底一点,秦国三十多个县一部分是昭襄王时设置的,其他多数的县是秦王嬴政时设置的。

秦的这些建国措施和制度,有哪些值得我们今天去反思呢?我觉得有这么几点。

第一,重硬件,轻软件。秦王嬴政重视硬件建设,修驰道(类似今天的高速公路),修长城,还在咸阳把六国的武器收来铸成金人,把地方武器缴了,表示不再用武力。这些都是巩固统一的硬件措施,但是意识形态建设方面的工作却留下空白,没有做好。

● 真正要人心归
附，还要做许
多思想上的教
化工作。

第二，重形式，轻内容。秦始皇巡游四方，就是想要六国归附、人心归附，但他做的都是形式。到处立碑，表示秦始皇帝嬴政来过这个地方，是这个地方的统治者，这都是形式上的东西。真正要人心归附，还要做许多思想上的教化工作（儒家叫教化），思想宣传方面的工作不够，不能赢得人心。这一方面秦朝没有长进，还是打天下时候的那一套，所谓"攻守之势异也"，不懂得打天下与治天下是不一样的，就是这个意思。秦朝其实是搞过土地改革的，"使黔首自实田"，这是战国授田制的一个延续。但是秦朝徭役繁重，法律苛酷，在政策实际操作层面，不能赢得人心。

第三，重当下，轻未来，不注重接班人的安排。秦始皇嬴政死的时候，没有来得及安排好接班人，他的一些措施，比方说统一度量衡、统一货币、统一文字等的措施虽然有作用，但在接班人安排上却犯了大错。在用人方面，重才干，轻驾驭，如赵高、李斯都有才干，但是他对赵高、李斯的驾驭，在制度安排（制约）和文化影响（笼络）方面，都做得不够。

● 一个具有才干
的人有没有
德，对国家的
影响固然有差
异，但更重要
的是建立防范
他出问题的
制度。

中国人特别讲德和才。一个具有才干的人有没有德，对国家的影响固然有差异，但更重要的是建立防范他出问题的制度。秦始皇在这方面是没有安排的。赵高犯了错，秦始皇原谅了他，因为重视他的才干，结果赵高最先起意，改变了皇位接班人，杀死了朝廷老臣，逼走了前线的章邯，实际上葬送了秦朝。李斯呢？有一次秦始皇出行时看见李斯车马很盛，流露出不满。因为李斯收买了秦始皇身边的宦官，所以就有人告诉李斯，要小心点，今天皇帝看见你的车马太盛、威风太大了。后来李斯就注意了。秦始皇知道，这肯定是有人报告给李斯了，就把那天在场的宦官都杀了。但是他没有在制度上建立对宰相李斯的制约。

赵高亡秦

"亡秦者，胡也。"这句话曾让秦始皇极度紧张，大肆征调军队防备匈奴胡人。

"楚虽三户，亡秦必楚。"楚南公的这句预言竟被后来的事实验证了，陈胜、刘邦、项羽等楚国人造反，"一夫作难而七庙隳"，秦灭亡了。

可是，我要说，秦朝的灭亡，从形式到内容，都是赵高的"贡献"，是赵高灭亡了秦朝！

当时秦国的农业生产力和农田管理水平，本来就高。秦始皇"使黔首自实田"，试图解决土地与劳动力更好结合的问题，在国家干预下土地的私有化有了进一步的发展。这个时候，尽管有繁重的徭役，秦朝尚属太平世界，朗朗乾坤，军事力量，空前强大。像张良这样没落的六国贵族，怀着国恨家仇雇凶暗杀秦始皇的行动，都掀不起什么大浪。

蹊跷的是，为什么秦始皇死后一年，也是一个七月，陈胜、吴广在大泽乡起义，就引发了一场全国范围内的反秦浪潮呢？刘邦似乎是兵不血刃就打到了咸阳。

这里面的原因，虽然不能排除秦始皇暴政的累积效应，但是，也不能不考察秦始皇死后的政治生态及其演变。当时是赵高掌控着秦朝，秦朝的灭亡，赵高当然脱不了干系。

赵高亡秦的第一个"贡献"，就是破坏了秦朝最高权力的顺利交接，逼死扶苏，改立胡亥。

赵高是赵国人，"生而隐宫"，很可能是一个宦官。因为具有律法方面的专业知识，为嬴政所器重。曾经因为犯罪，被蒙恬之兄蒙毅判处死刑，秦始皇网开一面，赦免了他，从此赵高对蒙氏兄弟，怀恨在心。赵高的职务不高，只是掌管皇帝车马的中车府令，但是，侍从皇帝身边，掌握皇帝的符玺印信，权力却很大。

秦始皇帝三十七年（前210）七月，秦始皇在出巡途中病重，死于沙丘（今河北广宗），临终遗诏，请大儿子扶苏速归咸阳，准备继位。赵高担心新君即位后，蒙恬兄弟掌权，于是阴谋改换遗诏，由嬴政的小儿子胡亥即位。他还把丞相李斯也拉了进来。秦始皇死去的时候只有五十出头年纪，没有立太子，是他的一个重大失误。但是，他临终之时，却明确决定把皇位传给大儿子扶苏。是赵高最先起意，伙同胡亥、李斯发动了一场政变，篡改了秦始皇的遗诏，改变了皇位继承人，逼扶苏自杀。（按，《北京大学藏西汉竹书》第三卷《赵正书》，谓秦二世即位，是秦始皇生前钦定，不是赵高、李斯篡改遗诏，说明西汉初年对秦末历史已经有不同的记述流传,但是,这种孤证并不足以否定同样作为汉代文献的司马迁《史记》的记载。)

扶苏与胡亥有何区别?虽然史料的记载不多,但还是可以看出二人境界、格局的重大差别。秦始皇焚书坑儒,扶苏持反对态度。嬴政治国的重大错误之一,就是没有及时转变政策,经营好思想与文化。扶苏却看出了这一点的重要性。扶苏是儒家的拥趸,胡亥是学习法律出身。这位赵高的得意门生即位为"二世皇帝"之后,都做了一些什么呢?秦二世元年(前209)四月,也就是即位之后大半年,二世全国游巡一趟后,回到咸阳,对赵高说:人生在世,如白驹过隙啊!既然我已经君临天下,富有四海,我很想"悉耳目之所好,穷心志之所乐",快快活活地过一辈子,你说可以吗?

秦二世是这个德行,秦朝怎么好得了?秦始皇是有雄才大略的帝王,秦二世却是一个十足的败家子。

那么,赵高怎么回应秦二世以享乐"终吾年寿"的问题呢?

赵高故作高深地说:贤明的君主,想要潇洒地生活,当然没有问题;可是昏庸的君主却决不能如此。尽管陛下是明君,还是不能这么做。为什么呢?请允许臣给陛下分析:沙丘之谋,陛下取代长兄扶苏登基,"诸公子及大臣皆疑焉"。诸公子都是陛下的兄长,大臣又都是先帝所用之老臣,陛下即位不久,这些人心怀叵测,并不服气啊。因为担心他们为变,臣战战栗栗,不敢掉以轻心,唯恐不得善终,"陛下安得为此乐乎!"于是,在赵高的建议下,秦二世严刑峻法,继诛杀蒙恬、蒙毅兄弟之后,大开杀戒,胡亥的兄弟十二人、公主十人以及很多朝廷大臣，都被诬陷致死，"相连逮者不可胜数"。

在实行严刑峻法的同时，"复作阿房宫"。种种横征暴敛，都是为了满足秦二世的穷奢极欲，"尽征材士五万人为屯卫咸阳，令教射。狗马禽兽当食者多，度不足，下调郡县，转输菽粟、刍稿"。这些运送粮食的丁夫，"皆令自赍粮食"，同时，"咸阳三百里内不得食其谷"。

接下来，《资治通鉴》卷七就记载了大泽乡起义："秋，七月，阳城人陈胜、阳夏人吴广起兵于蕲。"两个月之后，刘邦、项梁（项羽叔父）等各地义兵蜂拥而起，"伐无道，诛暴秦"的大火就熊熊燃烧起来了。

这个时候，秦朝在丞相李斯等的主持下，派少府章邯率领骊山刑徒和奴产子等组成的二十万大军东征，消灭起义兵，而赵高却在谋划着要取代过去的同盟者李斯为丞相。

赵高垄断了秦二世与外界信息沟通的渠道。他先是挑拨离间，破坏李斯与二世之间的信任，又诬告李斯的儿子李由与楚地起义军暗通往来，把楚人李斯与楚地的反秦武装关联起来。李斯获悉后立即反击，说赵高"擅利擅害，与陛下无异"，有篡位之异志。可是，秦二世却坚定地站在赵高一边。

随着楚怀王的被拥立，东方六国反秦起义如火如荼，秦二世却指责李斯等，内不能完成秦始皇留下来的大业（修阿房宫等），外不能平定各地民众起义。要追究失职之责！右丞相冯去疾和将军冯劫畏惧自杀。只有被逮捕下狱的李斯据理力争！审查李斯的工作就交给了赵高。赵高用严刑拷打的办法,逼迫李斯就范。二年(前208)八月,二世以反叛罪判处李斯死刑。这时距沙丘之变中李斯伙同赵高篡改秦始皇遗诏,只不过两年光景。赵高终于成功地取代李斯成为秦朝的丞相。

赵高得手之后,指鹿为马,完全垄断了朝廷权力,二世不过是个傀儡。

如果说赵高亡秦事业的第二个"贡献"是诛杀朝廷文臣,那么他亡秦的第三个"贡献"就是逼降前线领兵统帅章邯。

章邯本是秦少府,这是主管皇家事务的九卿之一。陈胜等起兵,朝廷商量对策。章邯提出,现在全国各地调兵,已经来不及,不如赦免骊山刑徒及奴产子,组成军队,前往镇压。秦二世元年(前209)九月,在李斯的主政下,章邯被任命为上将军,开赴前线。击败陈胜部下大将周市,又在荥阳陆续攻破田臧,逼迫在陈称王的陈胜遁走,导致陈胜被车夫庄贾所杀,然后,章邯移师渡河攻赵。秦军屡战屡胜,使秦廷得以苟延残喘,组织反扑。特别是攻杀反秦武装魏咎、田儋之后,秦二世二年九月,章邯在定陶击败楚军主力部队,楚国实际领导人武信君项梁战死,诸侯闻风丧胆。

章邯一路高歌猛进,却在巨鹿之战前,采取了观望徘徊的态度。朝廷责让章邯的军事行为。章邯慌忙让部将司马欣前往朝廷说明缘由。"章邯等战数却,二世使人让邯,邯恐,使长史欣请事。"(《史记·秦始皇本纪》)这距离李斯被处死、赵高担任丞相仅两三个月。可见朝廷的政治变局干扰了前线统帅章邯的军事行为。他派司马欣去朝廷，既是为了说明前线军情，也是想了解朝廷政情。

执掌朝廷大权的丞相赵高理应立即接见使者，却采取了避而不见的态度。"赵高不见，有不信之心。长史欣恐，还走其军，不敢出故道。赵高果使人追之，不及。"司马欣如果不是换了一条逃归路线，差点就被抓回，难免死于非命。司马欣捡回一条命，向章邯哭诉："赵高用事于中，下无可为者。今战能胜，高必疾妒吾功；不能胜，不免于死。愿将军孰计之！"（按，《史记》卷六《秦始皇本纪》作"将军有功亦诛，无功亦诛"。）司马欣与另外一名秦将董翳都劝章邯投降。

赵国上将陈余也写信给章邯劝降，信中列举了白起、蒙恬为秦将，都不得善终的例子。陈余说：将军屡立战功，功高不赏，招人嫉恨；若有败绩，必"因以法诛之"。"今将军为秦将三岁矣，所亡失以十万数，而诸侯并起滋益多。"罪过大矣。此其一。

"彼赵高素谀日久，今事急，亦恐二世诛之，故欲以法诛将军以塞责，使人更代将军以脱其祸。"赵高会以法办章邯来为自己主政不力脱罪。"夫将军居外久，多内隙，有功亦诛，无功亦诛。"此其二。

"且天之亡秦，无愚智皆知之。今将军内不能直谏，外为亡国将，孤特独立而欲常存，岂不哀哉！"识时务者为俊杰，将军再有本事也不能挽救秦亡的趋势。此其三。

陈余说，为将军自身前途计，"何不还兵与诸侯为从，约共攻秦，分王其地，南面称孤；此孰与身伏斧质，妻子为戮

乎?"(《史记·项羽本纪》)

一席话说得章邯犹豫不决。(按,陈余在巨鹿之战后,就与张耳分道扬镳,那么这次劝降信,很可能是巨鹿之战前发出的,从而影响了章邯在巨鹿之战前的军事部署。)

章邯暗中派人去与项羽沟通约降条件,"约未成"。项羽再次击败秦军。这种局部小仗,胜负实属兵家之常事。但是,一想到赵高阴暗的嘴脸,二想到秦二世的昏庸冥顽,三想到"有功亦诛,无功亦诛"的前途,章邯就不寒而栗。于是,章邯再次"使人见项羽,欲约"。楚军粮少,也不想硬拼。秦军主力尚有二十万呐!"项羽乃与期洹水南殷虚上。"受降典礼似乎很正式。

仪式结束后,章邯泪流满面地拜见项羽,谈的全是赵高的事!("章邯见项羽而流涕,为言赵高!")章邯的哭泣,有多少辛酸,多少不甘,多少无奈!两千多年之后,以同情之了解,体会这位曾叱咤疆场的末代秦将心中的苦楚,真令人不胜嘘唏!也许李斯的死去,朝廷里再也没有人支持和理解章邯!也许曾经是皇家内府事务主管的少府章邯,曾与阴险的大内高手赵高有过矛盾和冲突!史书没有给我们明确的答案。项羽虽猛,巨鹿之战并没有有效消灭秦军主力,但是,章邯这个沙场杀敌无数、战功显赫的统帅,慑于丞相赵高的邪恶的淫威,却无奈地率领二十万秦军投降了自己的敌人!

章邯的投降,给了危机四伏的秦王朝沉重的致命一击!接下来,赵高杀掉了两年前扶起来的秦二世,正印证了李斯先前的指控。赵高所立子婴,虽是秦始皇的孙辈,却并不叫秦三世。子婴称秦王，一下子就倒退回嬴政统一六国之前。至此，不待刘邦、项羽入咸阳，秦朝实际上就已经终结了。所以，我们说，亡秦者，赵高也！

• 堡垒首先是从内部攻破的，亡国首先是从内部溃败的！

赵高亡秦的历史教训让我们重温了一句古训：堡垒首先是从内部攻破的，亡国首先是从内部溃败的！

赵高从内部击垮了秦朝，他破坏了秦始皇的权力交接安排，除掉了宗室、大臣诸如蒙恬、李斯等秦朝重要人才，逼走了前线领军统帅章邯！陈胜揭竿而起，刘邦进入咸阳约法三章，项羽杀害子婴、火烧宫室，都只是从外部顺势把这个腐朽的巨人推倒了而已。

（参见《资治通鉴》卷二至卷八）

第四章　汉家天下

汉代是中国传统治理结构走向完善并基本定型的时代。秦朝的灭亡，给后世一个错误认识，那就是秦始皇那一套是不行的，亡秦之后执天下牛耳的项羽就是其中代表。项羽错误地推行分封制，却又不完全是西周体制。拥立楚怀王不甘心，先是封以"义帝"（名义上的帝而已），后来干脆将其杀害；自己称帝好像也不敢，仅称"霸王"而已。这种矫揉造作到底是韩信说的"妇人之仁"，还是班固说的法不师古？抑或是兼而有之？亡秦之后体制选择的错误，使项羽的路越走越窄。

刘邦则不一样。刘邦在策略上也采取了部分分封制，以争取盟友。但是，战略目标上很明确，就是为了取天下、当皇帝。"汉承秦制"，这是需要勇气和见识的。秦亡的原因根本不是郡县制，而是出在具体的制度和政策执行层面，即所谓马上打天下和马下治天下的差别。

● 刘邦战略目标上很明确，就是为了取天下、当皇帝。

汉朝治国之策前后有变。第一变是改变秦朝以吏为师、严刑酷法的管理模式，轻徭薄赋，刑法轻省，山林川泽的资源都与民共享，国家不垄断，尽量少干预民间经济活动，持续地给无地百姓授田，尽量保障耕者有其田，百工乐其业，财货畅其流。于是汉初六十年，经济恢复且增长十分迅速。"无为而治""萧规曹随"成为治理佳话。前者是说，官府不要过多干预百姓发财，政策越宽松越好；后者是说，政策框架确定之后就不要轻易更改，前任的措施得到后任遵行，继续执行就好，不要总是另起炉灶，各搞一套。

有一利就有一弊，有一得就有一失，很难有两全其美的政策，关键是与时俱进，权衡利弊。汉初放任的经济政策和社会管理政策的负面后果随着时间的推移也显现出来了。一是贫富分化，二是道德滑坡。前者的表述是"富者田连阡陌，贫者无立锥之地"；后者的表述是"天下熙熙皆为利来，天下攘攘皆为利往"，大家都只是在忙钱。于是"豪强武断于乡曲"，黑社会不法分子为非作歹，鱼肉百姓，政府不管，乡村百姓毫无办法。更为严重的是，汉初分封的诸侯作奸犯科，无视中央法律；全国各地财政状况不平衡，中央也无权调节，东南富庶的诸侯（比如吴国）财大气粗，不把中央放在眼里。所有这些都危害到汉朝的统治秩序。汉武帝登基，试图改变这种局面，于是导致了汉朝治理制度的第二次大变化。

汉武帝的治理措施包括三个方面，涵盖了政治、经济、思想文化三大领域。一是在政治制度上完善各项适应大一统中央集权的体制。在继续削弱诸侯权力的同时，采取措施强化中央集权。在中央设立中朝（中尚书），协助皇帝处理各类公文，不至于像秦始皇那样"衡石量书"也不能完成工作。在地方，将首都以外地区分设为十三部州，即冀州、青州、兖州、徐州、扬州、荆州、豫州、益州、凉州、幽州、并州、交趾、朔方,派出"巡视组"督察各地政府官吏,巡视组组长的名字叫"刺史"。

汉武帝治理措施的第二个方面是国家收回对于山林川泽的管理权,设立国营企业垄断盐铁等贸易,甚至在财政吃紧的时候扩大征收财产税,奖励举报为逃税而隐瞒财产的行为。其结果是暂时地解决了由于打匈奴、开西域等导致的财政吃紧问题("国用不足"),却损害了汉朝的经济生态。晚年的汉武帝下罪己诏,对此有所反省。

汉武帝治理措施的第三个方面是"罢黜百家,独尊儒术"的思想革新。这一重大举措不仅有加强大一统帝国的现实需求,也回应了自先秦以来诸子百家寻求治理方略的探索。汉武帝时代的儒术,有"儒"有"术",即既有儒家的君臣大义,又不排斥吸纳诸子(法家、道家、兵家等)在治术上的一家之长。汉宣帝后来教导自己的太子说,汉家制度本以霸、王道杂之,不可纯粹用儒生治国。可以说是道出了真谛。

● 汉武帝时代有"儒"有"术",霸、王道杂之。

汉王建国

刘邦凭什么能赢项羽?这是古今很多人都提过的问题。魏晋名士阮籍,游览荥阳、成皋古战场,就摆出一副不屑的神情说:"时无英雄,使竖子成名!"(《晋书·阮籍传》)历史真是这样吗?

　　要论出身,刘邦这个人的出身,真是太普通了。父亲叫刘太公,母亲叫刘老太(刘媪),大哥叫刘大(伯),二哥叫刘二(仲),他叫刘三(季),是地地道道平民出身。本来应该是楚国人,因为出生的时候楚国还没亡,但后来秦灭楚,他就成了秦的子民。

　　刘邦小时候有两个特点:第一,"爱人喜施,意豁如也,常有大度"。他挺讨人喜欢,也挺善于跟人交往。第二,他"不事家人生产作业",就是不好好干活。他的父亲经常说:"你要是能像你二哥那样,置点家业多好呢!"

　　但有两件事,可以体现出刘邦这个人不同凡响。

　　第一,他很好客,平常总带一些人回家吃饭。嫂子不高兴了,就把锅铲弄得咚咚响,表示盛饭已经铲到锅底,锅里没吃的了。他请人吃喝,经常赊钱,而且给人酒酬数倍,到年底人家经常会给他打个折什么的。刘邦能够当亭长,说明他家也不是穷得叮当响,应该是自耕农这样的家庭。当亭长也是要有一定条件的,秦朝的基层组织是乡,亭长主要是管一个地方的治安,有点儿像治保主任的角色,就是沛县下面设立的一个治安派出机构。

　　第二是他到吕公家祝贺的事。吕公是沛县县令的朋友,有一次吕公带着家人来投奔这个县令。萧何当时在县里当差,职位相当于县衙的秘书长兼管财政。萧何就四处张罗:县里领导的朋友来了,咱们得给祝贺一下,大家来吃一顿饭,送一点礼金。大概那时候有这样一个风俗,领导的客人来了，下面的人得送点礼接风。萧何说，如果交的份子钱不到一千，就坐在堂下；如果超过一千，就坐在屋里边。刘邦呢，实际上什么钱也没带，他说：我交一万。一万是个大礼，惊动了吕公，吕公就亲自到门口来迎接，然后刘邦就坐在主桌了。

《资治通鉴》没有这些细节的描写，《史记》对此写得很具体。《史记》上记载，高祖刘邦坐在最上的主宾位置上，而且"狎侮诸客"。据说吕公喜欢看相，他一看刘邦的相貌非凡，就用眼光示意他留下，问他结婚没有，有没有家室，因为他想把女儿嫁给刘邦。刘邦当时娶吕后是多大岁数呢？我推算了一下，刘邦应该有四十多了。吕后三十二岁时生下老二汉惠帝刘盈，时在刘邦起兵前一年。老大鲁元公主的出生，也就是早两年，约为公元前 212 年。所以刘邦成婚时，应该是四十三岁左右。吕后比刘邦要小十五岁，结婚时大约也二十八九岁了，在当时，确确实实是老姑娘了。据说当时吕老太太还不大愿意，说："我们家姑娘将来是有出息的，怎么嫁给这么一个人？"吕公说："人家刘邦可是潜力股。"

刘邦之所以能胜项羽，在于他强大的人格魅力和仁义甲天下的江湖声誉。整个楚汉之争的过程，项羽都在自己打，谁也打不过他；而刘邦却自始至终在下一盘棋。刘邦最大的本事，在于他会用人，这是他成功的关键。

公元前 202 年，刘邦定都洛阳(二年后迁都长安)后宴会群臣，酒酣耳热之际，一向行事不拘的刘邦，竟然一本正

● 整个楚汉之争的过程，项羽都在自己打，而刘邦却自始至终在下一盘棋。

经地总结起成功经验来。刘邦询问群臣:"吾所以有天下者何? 项氏之所以失天下者何?"而且预先申明要讲真话,"毋敢隐朕,皆言其情"。群臣恭维说,陛下您能与大家一同分享胜利的成果,项羽却不能。刘邦说,你们只知其一,不知其二。他自己娓娓道来:

> 夫运筹帷幄之中,决胜千里之外,吾不如子房;镇国家,抚百姓,给饷馈,不绝粮道,吾不如萧何;连百万之众,战必胜,攻必取,吾不如韩信。三者皆人杰,吾能用之,此吾所以取天下者也。项羽有一范增而不能用,此所以为我禽也。

大家都很佩服刘邦的结论。

刘邦把成功归于张良、萧何、韩信,说他们才是人中豪杰! 这说明他不仅有自知之明,而且有知人之智。假如做进一步的分析,刘邦用萧何是可以理解的,萧何与他是发小啊;刘邦用张良也是可以理解的,张良出身高贵(韩国相门之后)。秦二世元年(前 209)刘邦起事不久,与张良相遇于留,二人就有合作关系。张良的智谋是久经沙场考验的。最体现刘邦识人用人魄力的是任用韩信。

● 不仅有自知之明,而且有知人之智。

韩信的家乡淮阴(今属江苏淮安),离刘邦的故乡沛县(今属江苏徐州)、项羽的故乡下邳(今属江苏睢宁)并不远。项羽大将龙且瞧不起韩信,因为韩信年轻时胆小怕事,忍受"胯下之辱"。大约这也是韩信在项梁、项羽叔侄手下,一再献计却不得重用的原因之一。

韩信少年时代的平庸,这事情项家军知道,刘家军一定也知道。刘邦以汉王之尊,入主汉中,韩信只身来投,不得重用,可想而知。但是,经过一系列事件,在夏侯婴、萧何的力荐下,特别是在萧何月下追韩信之后,刘邦一改先前的轻视态度,拜韩信为大将,你就不能不佩服刘邦的气度。

第一,刘邦的大将周勃、灌婴、曹参、王陵、樊哙,都是从沛县起兵的老革命,论年纪、资历、军功,都在韩信之上。任命年仅二十八岁的韩信为大将军,凌驾诸将之上,刘邦不仅要说服自己,还要说服军中高层。看后来陈平来投之时,刘邦用其监护诸将,周勃等一片反对之声,不难想象,重用韩信时的阻力,一定更大。事实证明,诸将都能服从韩信,刘邦能把自己的意志贯彻下去,体现了其非凡的领导力。

第二,韩信拜将之后,提出"汉中对",分析刘项双方的战略态势,提出明修栈道、暗度陈仓的策略,刘邦相见恨晚,立即付诸实施,表现出高度的判断和决断能力。彭城之败后,刘邦又采纳韩信建议,开辟北方战场,授以数万之众,令其独当一面。并且故意南下出兵宛、叶,把项羽引向南阳方向,配合韩信在北边开展的军事行动。

第三,如何驾驭韩信这样的军事天才,也考验着刘邦的领导智慧。首先是"用人不疑,疑人不用"。刘邦重用韩信,言听计从(汉中对、北方战场的开辟等已如前述)。韩信破齐,龙且救齐被杀,项羽感到了危机,派武涉去游说韩信,策反韩信背汉。韩信谢绝说:"臣事项王,官不过郎中,位不过执戟;言不听,画不用,故倍楚而归汉。汉王授我上将军印,予我数万众,解衣衣我,推食食我,言听计用,故吾得以至于此。夫人深亲信我，我倍之不祥，虽死不易！幸为信谢项王！"可见，刘邦的恩德感召了韩信。

其次是"用人要疑，虽疑要用"。刘邦驾驭韩信，并不仅仅停留在恩宠笼络上，而是有制约措施。韩信的监军张耳，是刘邦的儿女亲家。韩信手下的大将周勃、樊哙等，都是刘邦的铁杆心腹。韩信的军队始终保持着对刘邦的忠诚，所以破赵、灭楚之后，刘邦轻而易举地就把韩信的军队收回了。因此，韩信要想背叛刘邦，并不那么容易。

刘邦能识人，能用人，能驾驭人，在用韩信问题上，他的领袖风范表现得淋漓尽致。同时，刘邦是个务实的人，他能够把握住根本利益与次要利益的关系，把面子之类的事情看得最不重要。

● 刘邦能识人，能用人，能驾驭人，能够把握住根本利益与次要利益的关系。

而对手项羽的弱点却是匹夫之勇。

项羽最大的特点是"刚猛"。秦二世元年(前209)九月起兵于会稽郡，击杀郡守殷通。攻克襄城，生灵涂炭。北上救赵，击杀卿子冠军宋义，夺得上将之位。巨鹿之战前，破釜沉舟，豪气万丈，击破秦军，诸侯将不敢仰视，膝行而前。章邯投降，坑杀秦降卒二十万于新安，毫不手软。进咸阳后，屠城焚宫室，杀降王子婴。正如韩信所指出的，项羽的这些刚猛行为，有些只是"匹夫之勇"，更多的是残暴不仁。

垓下之战，败局已定。项羽黯然神伤地对部下说：

> 吾起兵至今，八岁矣；身七十余战，未尝败北，遂霸有天下。然今卒困于此，此天之亡我，非战之罪也。今

日固决死,愿为诸君快战,必溃围,斩将,刈旗,三胜之,令诸君知天亡我,非战之罪也。

项羽认为自己的失败是天意,不是因为不会打仗。这就是大错特错。从司马迁到司马光,无不加以批驳。统帅的作战能力当然重要,但是并不是决定性因素。吴起批评说:"凡人论将,常观于勇。勇之于将,乃数分之一耳!"(《吴子·论将》)统帅最重要的能力不是挺矛弄枪,而是运筹帷幄,知人、用人。韩信、陈平这样级别的帅才、智囊都离开项羽而投奔刘邦,连范增也负气而走,发疽而死。人才没了,项羽焉能不败!

从公元前 206 年到公元前 202 年,楚汉之争延续了四五年,彭城之败后,刘邦屡战屡败,屡败屡战,不屈不挠。刘邦是在下一盘大棋,除主战场上的相持之外,北方战场、敌后地区互相策应、包抄的战略布局,破坏敌方粮道的战术安排,都构成了一个整体的部署。项羽则被牵着鼻子走,虽然局部战争都赢了,整个战场却输了。

项羽把失败的原因归结于天意,不仅是推卸责任,也是为了挽回面子。项羽做出溃围、斩将、拔旗三胜之的豪举,给自己留足了面子,宁死也不认输。或者说,明明输了,但他认为不是我不行,而是天不佑我。

被汉兵追杀到江边,项羽很镇定。江边有船夫劝他过江,以图他日卷土重来。项羽是笑着回答船夫的:"天之亡我,我何渡为!且籍与江东子弟八千人渡江而西,今无一人

● 项羽把失败的原因归结于天意,不仅是推卸责任,也是为了挽回面子。

99

还;纵江东父兄怜而王我,我何面目见之! 纵彼不言,籍独不愧于心乎!"你看,在生命的最后时刻,除了"天命"的托词之外,还是面子! 无颜见江东父老,"面子"不好看,是击垮项羽的最后一根稻草。

萧规曹随

刘邦临终之前,吕后问夫君,萧相国之后,谁可以继任丞相? 西汉初年,丞相总理国政,权力很大。刘邦说:曹参可。据说曹参当时在齐国,辅佐刘邦长子齐王刘肥。汉初实行一国两制,齐国是大国,齐国的稳定事关全局,曹参在那里,刘邦对东方的事情就放心了。曹参在齐国工作了九年,拜胶西的盖公为师,学习黄老无为之术。

公元前 193 年,刘邦去世后两年,萧何病逝,死前推荐曹参接替自己的职位。据说,曹参在齐国听说萧相国去世,就收拾行李说,我要回到长安当丞相喽。曹参与萧何是沛县的同僚,后来刘邦在论功行赏的时候,尽管曹参战功第一,但还是被排在了萧何之后。萧何只是在后方组织粮草、补充兵员,曹参却是前线杀敌、功绩最高的人。刘邦说,战场的功劳虽然重要,但是只是像猎狗抓捕野兔一样,而萧何是指挥猎狗抓捕野兽的人。这就是所谓"功狗""功人"说法的由来。因此,两人难免有些不快。但是,萧何死前,仍然推荐了曹参。这就是英雄惜英雄!

曹参出任丞相之后,清静治国,崇尚无为。官员前来报告情况,他总是说先喝酒,喝着喝着,就把事情放到一边了。在朝堂上也很少建言。年轻的惠帝刘盈看不下去了,就让在宫中上班的曹窋趁回家休沐时,向其父亲询问,为什么无所作为。曹参揍了儿子一顿。这样一来,惠帝不高兴了。在曹参上朝的时候,就对曹参说,是我让你儿子去问你的,曹伯伯出任丞相以来,无所作为,是不是看不起我这个年轻的皇帝?曹参没有正面回答,只是问道,陛下您能与您的父亲高祖相比吗?惠帝说,我怎么能与父皇相比呢!曹参又问,陛下觉得我与萧相国比如何?惠帝笑了笑,说,您好像也不如已故的萧相国。曹参说,这不就得了吗?您不如高祖,我不如萧相国,我们就按照他们制定的方针办不就行了吗?这就是所谓的"萧规曹随"!

萧规曹随的关键是,西汉初年所制定的"萧规"是什么?这就是极其自由的经济社会政策。

当年刘邦初进咸阳,提出"约法三章":杀人者死,伤人及偷盗抵罪。除了杀人越货,政府要加以惩处之外,汉初实行了极其自由的社会与经济政策。实现这一政策的背景是,秦朝严酷的法律和苛刻的管制窒息了社会的活力。

刘邦及其后继领导人,顺应了这种时代诉求,采取"负面列表"的做法。政府所做的就是提供大的政策环境,主要有三条:

一是轻徭薄赋。汉文帝就是以节俭著称的皇帝。听说有皇家工程会耗费中人家产,他宁愿放弃。税收始终保持在十五税一、三十税一的低水平。

二是保证耕者有其田。20 世纪 80 年代在荆州张家山汉墓出土的"二年律令",记载了汉高祖五年到吕后二年的律令制度,表明在官府主持下,朝廷曾经认真推行过为百姓授田的政策。秦始皇时期也曾有"使黔首自实田"的规定,战国也有授田制度,但是,只有在汉初的和平环境下,这些经济政策才能真正得到落实,从而让老百姓得到看得见的实惠。

三是清静无为的治理国策的长期执行。刘邦时期的"进城干部"陆贾,最早向皇帝提出马上打天下、不能马上治天下的道理,说:"治以道德(即道家的无为)为上,行以仁义为本。"(《新语·本行》)天下大治的关键,是把"仁义为本"的德治和"无为为用"结合起来。

● 天下大治的关键,是把"仁义为本"的德治和"无为为用"结合起来。

什么是"仁义为本"？ 就是减轻刑罚,以德治而不是以刑杀来治国理民。什么叫"无为为用"呢？ 在政策实践上,就是国家尽量减少大型劳民的工程建设,减少对于民间经济活动的干预。朝廷允许民间自行采矿、炼铁、煮盐。对于商业活动也并不强行管制,只是对于商人的奢华消费予以限制。所以明朝学者钱福(1461—1504)称赞陆贾《新语》一书"似亦有启文、景、萧、曹之治者"(《新语序》)。

当然,为了赢得和平环境,刘邦在位七年来,一方面对匈奴采取和平的和亲政策,另一方面在国内尽量排除不安定因素,韩信等诸位异姓王被清除,都是刘邦时期完成的。刘邦的这些作为,为文景时期的"天下刑措"(几乎没有严酷的刑法)创造了外部条件。

独尊儒术

后元三年(前 141)正月，汉武帝即位，年仅十六岁。

汉武帝所做的最有影响的一件事，就是采纳董仲舒尊儒术、立太学、举荐贤良方正来选拔人才的建议，罢黜百家，独尊儒术。可以说，这是儒家思想第一次真正被奉为主流意识形态。

在这以前，刘邦虽然听取了陆贾《新语》中的建议，但是并没有完全从理论上、从意识形态上把儒家奉为治国的最高原则。孔、孟在有生之年不得志，到这个时候他们的思想主张竟被尊为主流意识形态。我们知道，"罢黜百家，独尊儒术"，是一个以儒家价值为核心的大一统国家所需要的主流意识形态，并不是真的不要百家了，而是以儒家思想为主，融合诸子百家的思想精华。

● 以儒家价值为核心的大一统国家是以儒家思想为主，融合诸子百家的思想精华。

秦朝崇霸道、用刑法，用法家来治国。汉朝讲王道政治，从武帝开始，明确提出以儒家治国。但汉武帝走的路子是对内加强中央集权，对外开疆拓土，其实就是外儒内法的路子，外面讲的儒家，内里用的法家，或者叫儒表法里，德主刑辅。

董仲舒上"天人三策"，提出："《春秋》大一统者，天地之常经，古今之通谊也。今师异道，人异论，百家殊方，指意不同，是以上无以持一统，法制数变，下不知所守。臣愚以为诸不在六艺之科、孔子之术者，皆绝其道，勿使并进。邪辟之说灭息，然后统纪可一而法度可明，民知所从矣。"

董仲舒对策是否如《资治通鉴》所载，系于汉武帝初即位的建元元年（前140），胡三省依据司马光本人的《考异》已经表达了异议。目前学术界也有不同看法。

学术界的争议主要集中在两点：第一，汉武帝采纳董仲舒的对策，尊崇儒术究竟是在即位初年，还是大约十年之后、公孙弘第二次对策之时？第二，汉武帝是否真的如《汉书·武帝纪》"赞"总结的那样，"罢黜百家，表彰六经"，还是尊儒的同时，依然"悉延百端之学"？

第一个问题涉及提出政策的确切时间，属于技术性问题，不具论；第二个问题涉及汉武帝治国理政的方针和政策问题，不能不论。

司马迁《史记·儒林列传》最早记载了汉武帝政策转向之事：

> 及窦太后崩，武安侯田蚡为丞相，绌黄老、刑名百家之言，延文学儒者数百人，而公孙弘以《春秋》白衣为天子三公，封以平津侯。天下之学士靡然乡风矣。

汉武帝及其朝臣提倡儒学，董仲舒的"天人三策"符合汉武帝巩固大一统王朝的需要，也符合这个时代的需要，这是可以肯定的。为此，汉武帝采取了一系列提升六经和儒学地位的政策。比如，设立五经博士，建立太学，招收博士弟子员五十名。更重要的是，"经明行修"（熟悉六经，修养品行），射策选士，成为士人进身官场获得利禄的最重要的途径。官府的引导，自然使得天下的读书人"靡然乡风矣"。

但是，正如班固所说，单是就汉武帝用人实践来说，绝对是不拘一格的。班固罗列了一大堆名单，从公孙弘、卜式、倪宽，到司马迁、司马相如，乃至李延年、桑弘羊、张骞、苏武、卫青、霍去病、霍光、金日磾等。其中，能够称得上儒学出身的，似乎只有公孙弘、董仲舒和倪宽。

这个名单有两点特别值得注意。

首先，名单上的人都是在自己的本职工作上做出成绩，建立功业的，如公孙弘为相，倪宽为左内史及御史大夫，赵禹、张汤主管法律工作，司马迁、司马相如的文学成就斐然，张骞、苏武的外交风采非凡，卫青、霍去病战功赫赫，霍光、金日磾作为顾命大臣有出色作为，等等。可见，是否儒学出身，有多少儒学水平，并不是汉武帝用人的绝对标准。相反，就儒学知识素养来说，董仲舒远远超过公孙弘，而且足足比公孙弘年轻二十一岁。但是，公孙弘心思比较灵活，具有实际政务操作能力，遂得到汉武帝重用，官至宰相。对于比较迂阔的董仲舒，汉武帝却是只嘉许其说，而不重用其人。

其次，这些官员虽然不是儒生出身，但是他们或者在道德品行上有上乘的表现，不悖于儒家的价值观；或者努力向学,向儒家价值观靠拢。前者如石建、石庆为人笃实,汲黯、卜式为人正直,韩安国、郑当时为人忠厚。后者最典型的是张汤,本出身文法吏,但是,自从知道部下倪宽以经书判案狱得到汉武帝的肯定后,"(张)汤由是乡学,以(倪)宽为奏谳掾,以古法义决疑狱,甚重之"。

总之,汉武帝的所谓"独尊儒术",首先是一种意识形态的倡导,统治秩序的构建,社会行为的规范,即所谓"教化"的功能。为了将这种意图贯彻下去,必须有制度化措施,作为保障和驱策工具。于是,就有了太学和博士弟子员的设置,有了征辟、察举的入仕途径。然而,在实际的治国理政操作中,汉武帝是非常务实的。元封五年(前 106),汉武帝以朝廷缺乏文武人才,乃下诏曰:"盖有非常之功,必待非常之人。故马或奔踶而致千里,士或有负俗之累而立功名。夫泛驾之马,跅弛之士,亦在御之而已。其令州、郡察吏、民有茂材、异等可为将、相及使绝国者。"

● 在实际的治国理政操作中,汉武帝是非常务实的。

可以这样说,汉武帝一方面批准丞相卫绾关于"所举贤良,或治申、韩、苏、张之言乱国政者,请皆罢"的奏章,因为就仕进渠道而言,朝廷并不崇尚法家和纵横家;另外一方面,在实际人才选拔中,又是不拘一格,注重实际才干。这样就出现了看似矛盾的现象,或者说印证了汲黯的观察,即汉武帝志在高远(内多欲)而外饰以仁义礼教。

● 在实际人才选拔中,又是不拘一格,注重实际才干。

其实,这并不矛盾。尊崇儒术,是道、是经;悉延百端之学,是术、是权。唐太宗说过:"术以神隐为妙,道以光大为功。"道与术的问题,也是儒家常常讲的"经"与"权"的问题。

106

不变的原则(经或者道)与变化的世界,难免有不完全契合之处。于是,就要采取变通的措施和做法,这就是"权变"。所谓"以正治国"——经,"以奇用兵"——权。

● 经,"以正治国";权,"以奇用兵"。

可是,外儒内法,也不能仅仅从"道"与"术"、"经"与"权"的角度去理解。这还涉及利与弊、时与势的关系问题。

有一利,必有一弊。我们都知道,汉武帝"独尊儒术"(尽管此"独尊"兼容并包"百端之学"),有利于纠正汉初陆贾、贾谊提出的道德滑坡、社会失序问题,对于后来的中国历史发展也影响深远。儒学的教育深入人心,到了西汉后期,特别是东汉,儒学成为一种神圣化了的意识形态。于是,腐儒、陋儒、伪儒、神儒(谶纬化了的儒学)也纷纷出现。汉元帝为太子时主张"纯用儒生",已经令汉宣帝忧心忡忡:乱汉家天下者,必太子也!王莽更是成功地借谶纬化的儒学,为取代西汉王朝造势。东汉儒学的影响深入到社会的各个角落,同时"举秀才,不知书;察孝廉,父别居。寒素清白浊如泥,高第良将怯如鸡"的伪君子也比比皆是。于是,才有"越名教而任自然"的魏晋风度出现。这就是利而生弊。

怎么解决利中有弊的问题呢?这就涉及"时"与"势"的问题。社会在发展,时势在变化,治国之道、化民之术,也需要与时俱进。如何做到张弛有度、刚柔兼济、礼法合治、德刑并用,考验着执政者的政治智慧和治理能力。所谓审"时"度"势",就有这个意思。如果不懂世异,不知时移,就会胶柱鼓瑟,适得其反。假如把由此而产生的问题,归罪于汉武帝的"独尊儒术",那就十分可笑了。

● 社会在发展,时势在变化,治国之道、化民之术,也需要与时俱进。

汉武大帝

历史上评价汉武帝说,汉承百王之弊,高祖拨乱反正,文景务在养民,但是在文教方面做得还不够。武帝一即位,就开始重视《六经》,修建太学,制礼作乐,使他的号令文章,得以流传天下,他希望他的后代能够尊崇洪业,有三代之风,能够做出一番事业。《汉书》作者班固认为,如果以汉武帝的雄才大略,不改变文景的恭俭,那么,即使是儒家的诗书所称赞的圣明君王,也不能超越他。意思是说汉武帝改变了文景无为而治、谦恭低调的治国之策,给国家造成了灾难。

与文景的低调相比,汉武帝把秦始皇开创的制度,从政治制度到各方面的社会制度,都巩固下来了。他建立十三部州刺史,用推恩令使诸侯的封地不断缩小;建立内朝尚书台,皇帝在内廷可以处理重大事情,对丞相的决策形成一种指导。再有,就是财经领域实行盐铁官营等,如均输法,是物流法;平准法,即物价调控;盐铁榷买,就是国家专卖制度。所有这些做法,特别是加强中央的铸币权,收回民间私自开采食盐、铁矿等这些权利,都是显著收缩汉初以来极度开放的经济政策和财经政策,今日所谓民退国进。

这样做的目的有两个:第一,改善中央的财政税收状况;第二,打击豪强,遏制土地兼并和社会分化。通过改革,财政上把铸币权收归中央,把物流权也收归中央,物价的调控,在于抑制商家谋取暴利,同时还可以通过平抑物价,增加中央财政收入。

张汤提出征收财产税,让大家个人申报财产,财产多的多交,财产少的少交,这叫算缗。可是有的人财产申报不实,怎么办? 有一个叫杨可的,提出告缗法(举报奖励制度),你若举报有隐瞒财产不申报的,没收其财产奖励你一半,这样,天下人人告缗,使诸侯自身难保,商人无所逃脱。

从制度建设、制度巩固的角度,不从大汉江山的角度来说,汉武帝的意义超过了刘邦。但是他也带来了很多问题。由于他的开疆拓土,连岁用兵,国家的财政出问题了。解决财政问题的办法,就是盐铁官营,国进民退。这个问题一个方面像桑弘羊讲的,财聚不足,钱不够花。大一统的朝廷有那么多官员,那么多军队,都要政府负担起来了,那怎么办呢? 另一个方面,也是要解决短缺经济情况下,财富过度集中的问题。

农业社会本身是个短缺经济,在农业社会财富不足的情况下,贫富差别的扩大,其伤害性比工业社会更大。尤其是中国人,不患寡而患不均,与贵族世袭制度下各安其分的思想很不同。在充满竞争的时代,这种贫富分化,激起社会更加不平,很容易引起社会动荡。

汉武帝时就有人讲,社会出现的问题,一个叫土崩,一个叫瓦解。他说瓦解好办,瓦解指的是上层出了问题;土崩

- 从制度建设、制度巩固的角度,汉武帝的意义超过了刘邦。

- 汉武帝时社会出现的问题,一个叫土崩,一个叫瓦解。

109

才是最要命的,这是因为贫富差距太大了,老百姓有不平之气。汉武帝采取的措施,诸如用"国企"专卖来堵塞豪强煮盐、卖铁等工商收入,或者通过财产税及举报、算缗、告缗,使豪强破产,都是对贫富差距的一种遏制。

这些政策起到两种作用,第一就是为政府增加财政收入,第二是遏制贫富差距。此后历朝的改革,包括唐代安史之乱以后的改革,包括王安石变法,都是从政府的财政需求出发。所以中国的这些改革,成为一个解决财政问题的办法,本质就是要把工商业经济控制在政府手里,尤其是把最大的生活资料——盐和最大的生产资料——铁,掌握在官府手里,通过掌控盐、铁的流通,来获得财富。

汉武帝最早开了盐铁专卖的先河。虽然这暂时解决了当时政府的财政问题,却有点儿杀鸡取卵的意味,并不能永久促进经济发展。所以汉武帝以后,尽管有短暂的昭宣中兴,元帝之后、到了成帝和哀帝时期,问题却更加严重了。

武帝武功方面的最大表现是对匈奴的战争。汉朝初年,匈奴十分强悍,而且不时南下侵扰汉地。匈奴的强悍不是一朝一夕了,就在刘邦死后不久,当时的匈奴冒顿单于就给吕后写信求偶,说:"陛下你寡居,我也孤身一人,咱们两人多么孤独,都不怎么开心,无以自我娱乐,愿以所有,易其所无。"就是说你没有丈夫,我没有老婆,我们正好结合在一起就行了。吕后当时大约四十五岁,写了一封回信,大气都不敢出,说:"我年纪大了,年老气衰,发齿堕落,行步失度。单于你听错了,我这颜值,不足以自污啊。"你看,吕后都不敢对匈奴轻佻的言辞进行反击,可见当时的情况多么严重。

汉武帝多次派卫青、霍去病去攻击匈奴,主要有三次大的战争。为了配合对匈奴的打击,还派张骞通西域,试图联络友邦,夹击匈奴,虽然军事目的没有达成,却从此开通了官方的丝绸之路。

开发西南夷,征服南越,东北设乐浪、玄菟、真番、临屯四郡,还有西域置都护府,这都是汉武帝奉行积极对外开拓政策的结果。从东北地区朝鲜半岛,到西南地区,包括夜郎国,都有汉朝军队的身影。

霍光辅政

西汉后期政治史上有两个重要人物,霍光(? —前68)与王莽(前45—23)。两人有二同二异。先说二同:同样有外戚身份;同样在拥立皇帝时下过手,权势煊赫。再说二异:霍光没有什么文化水平,王莽却是一个大学者;霍光被后世尊为楷模,有"伊尹、霍光"连称,王莽被后世骂为奸臣,常常"王莽、董卓"并举。

霍光有一个非常有名的兄长霍去病(前140—前117)。霍去病是私生子,他的母亲卫少儿、舅舅卫青、姨妈卫子夫都是私生子。也就是说霍去病的外婆卫媪大约就没有正式的婚姻，只是平阳公主家的女佣，与不同的男人生下了好几个儿女。可是由于卫子夫后来成了汉武帝的皇后，霍去病的母亲卫少儿也因为这位皇后妹妹而身价倍增，嫁给了汉初开国功臣陈平之曾孙。霍去病也就有机会被汉武帝赏识、重用，并与舅舅卫青（卫子夫的弟弟）在打击匈奴的战争中立下卓越功勋，后任骠骑大将军。

当初，霍去病的母亲卫少儿怀上他的时候，卫家还没有显耀，父亲霍仲孺就离开了平阳县，回家娶妻生子，生了霍光。霍去病功成名就之后，得知自己的生父是霍仲孺，就认祖归宗了，还给父亲送去很多钱财，顺带把小霍光带到了长安。霍去病二十四岁就英年早逝，霍光一直在汉武帝宫中任侍从之职。西汉时代，皇宫里工作的男人，不都是宦官。霍光侍奉汉武帝二十多年，从没有让汉武帝皱过眉头，深得汉武帝信任。巫蛊之祸后，汉武帝处死钩弋夫人，决定立幼子刘弗陵为太子；所挑选的五位托孤之臣中，以霍光为首位。

霍光辅政的第一件事，就是稳定政治秩序，纠正汉武帝后期的失政。他召开盐铁会议，请贤良、文学（民间知识分子）就国家的经济政策进行辩论，霍光本人、丞相，以及主持当时财经工作的御史大夫桑弘羊出席听取意见。辩论的结果，霍光部分修正了原有的政策，或者纠正了原政策执行中的一些偏差。

在霍光辅政之初，大家对于他处理政事的风格并不了解，通过一件事，他取得了朝野上下的信任。

公元前87年农历二月的一天夜晚，昭帝即位不久，宫中传有怪事，惊扰不安，那个时候靠烛光油灯照明，大家都担惊受怕，不知出了什么事情。霍光出于安全考虑，召来尚符玺郎（主管皇帝玺印的官员），想把玺印收取过来。皇帝年幼，霍光主政，玺印就是发号施令的依凭，对初次执政的霍光来说，自然要避免符玺的使用发生意外。但是，尚符玺郎恪尽职守，拒绝了霍光，说头可断，也不能放弃职责，不能随便交出符玺。霍光惊愕之余，非常赞赏尚符玺郎坚持原则的态度，不仅不因为对方没有给自己面子而降罪，反而因为他忠于职守而大加褒奖，给这个小官连升两级。"众庶莫不多光"，所有人都赞赏霍光的做法。

汉昭帝刘弗陵即位时年仅八岁，在位十三年驾崩，年方二十一岁，没有留下子嗣。汉武帝的另外四个儿子中，戾太子刘据、昌邑王刘髆等早亡，燕王刘旦、广陵王刘胥为汉武帝所不喜。汉昭帝时，刘旦因为觊觎帝位，一再参与谋反，被逼令自杀。广陵王刘胥也想为汉嗣，但是因为行为乖张被排除在外。剩下的人选只有从汉武帝的孙辈找。有人推荐了昌邑王刘贺（刘髆之子），于是，奏请上官太后同意，迎刘贺进京。可是刘贺登基仅二十七日，就造下了种种丑恶之事。除了"淫戏无度"之外，最大的过失还是没有处理好各种利益关系，正如张敞说的："国辅大臣未褒，而昌邑小辈先迁，此过之大者也。"没有褒奖拥戴自己的大臣们，却忙着给从昌邑（治今山东巨野县境）带来的小辈们一个个升官。

为此，"大将军（霍）光忧懑！""忧"是忧虑，"懑"是愤怒！朝野上下都很愤怒，最后奏明太后，废黜登基不及一个月的刘贺，而立"皇曾孙"（汉武帝的曾孙、戾太子刘据之孙）刘病已(后改名刘询)为帝,是为汉宣帝。霍光依然辅政,一直到公元前 68 年去世。

昭宣期间,霍光执天下政柄整整二十年(前 87—前 68)。西汉历史上有所谓"昭宣中兴"(前 87—前 49),这其中至少有霍光一半的功劳。

霍光去世之后,备极哀荣。汉宣帝封他为麒麟阁功臣之首。麒麟阁十一位功臣,霍光为首,最后一位是苏武。

● 霍光去世后仅
仅两年,霍氏
家族就被满门
抄斩。这又是
什么原因呢?
简单地说,权
势煊赫,不受
制约;家族腐
败,不合法度。

可是霍光去世后仅仅两年,霍氏家族就被满门抄斩。这又是什么原因呢?《资治通鉴》作者司马光以"臣光曰"的形式发问道:"霍光之辅汉室,可谓忠矣;然卒不能庇其宗,何也?"

其实,还在霍光生前,就有一个来自茂陵的读书人姓徐,预言霍氏必亡!"初,霍氏奢侈,茂陵徐生曰:霍氏必亡。"司马光自己的回答是,霍光大权在握,"多置亲党,充塞朝廷,使人主蓄愤于上,吏民积怨于下,切齿侧目,待时而发,其得免于身幸矣,况子孙以骄侈趣之哉!"简单地说就是,权势过于煊赫,不受制约;家族奢侈腐败,不合法度。

先说权势煊赫。《资治通鉴》记载霍光权势煊赫说:早在昭帝时,霍光的儿子霍禹和霍去病的孙子霍云就担任中郎将,霍云的弟弟霍山以及霍光的两女婿都身居要职,或者给事禁中,或者带兵宿卫宫廷。其他兄弟、女婿、侄女婿、外孙之类,都在朝廷任职,结党营私,出入宫禁,所谓"党亲连体,根据于朝廷"。霍光本人权力就更重了,皇帝见了他,都"虚己敛容,礼下之已甚"。这说明霍光当时的作为,实际上已经损害了皇帝的权威。表面上谦卑,心里面实际已经使皇帝不满,别人看在眼里也不舒服。所以那位茂陵徐生论述霍氏必亡就说:"夫奢则不逊,不逊必侮上。侮上者,逆道也,在人之右,众必害之。霍氏秉权日久,害之者多矣。天下害之,而又行以逆道,不亡何待!"

再说家族腐败。霍家骄奢淫逸的第一人是太夫人霍显(霍光遗孀)。她给自家盖了很多豪华的高级住宅,弄了很多豪华的高级车乘。装修的标准都是一流的,房子、车子都有精美的图案装饰,锦绣的靠垫,黄金涂饰,熟牛皮和柔絮包裹着车轮,使女、丫鬟用五彩丝绣挽着霍显在宅内游戏。她还不甘寂寞,与管家冯子都通奸。第二是其他家属。儿子、侄子、侄孙等霍家人占据高官厚禄,但不务正业,大肆修治豪宅,声色犬马。长安有一处宫观,叫平乐馆,是高祖刘邦时始建的,武帝时扩建,位置在皇家上林苑,现在成了霍家走马逐猎的场所。还有渭北的黄山苑,也属于皇家上林苑的一部分,霍氏子孙(官二代、官三代)带着狐朋狗友在这里围猎。本该在宫中上班(奉朝请),自己出去游玩,却让家仆去当差,给自己顶班,对此没有人敢说一个"不"字。霍显与女眷们,不分白天、黑夜,进出上官太后所居长信宫,而没有任何约束和规矩。

霍家不仅为官的子孙狂妄,即使是家人门客也十分凶悍。有一次霍氏的家人(以冯子都为首)与御史大夫魏相的家人争路,互不相让。霍氏家仆(冯子都的身份属于奴)直接闯入御史大夫府中,要踹人家的大门,御史大夫亲自出来赔礼道歉,霍氏家仆才扬长而去。

此时霍光已死，为什么霍氏家族还如此嚣张？其实，这与霍光本人不是完全没有关系的。举一个例子。霍光的夫人霍显，缺乏教养，而且野心极大。她是霍光的继室，本来是霍光原配的侍婢，原配死后由小妾升级的，应该比霍光年轻许多，为霍光生了个小女儿。为了把这个女儿送进宫，霍显竟然收买女医师淳于衍，毒死了妊娠中的许皇后。作为交换，霍显答应安排淳于衍的丈夫(一个宫禁保安)到国营的盐业公司担任"总经理"。

皇后怀孕而死，这件事当然不能稀里糊涂就算了，有人上书要追查诸医的责任。霍显恐怕逼急了，淳于衍顶不住会招供出来，就把事情的原委告诉了丈夫霍光，还补充说，既然已经做错，无法挽回了，别把女医师淳于衍逼急了。霍光听后大吃一惊，本来想检举老婆的不法行为，却不忍心，而隐忍了下来；还利用职权，包庇了淳于衍，使其蒙混过关。同时，满足老婆的心思，把小女儿嫁给了皇帝。

这件事值得特别讨论倒不是说霍光的不忍大义灭亲，而是此时此刻的霍光，为人风格发生了如此重大的变化。

从汉武帝时代入宫开始，到辅佐昭帝，霍光一直是战战兢兢，克己奉公。他的谨慎与正直，打动了汉武帝，也打动了所有人。为什么现在却粗疏了，不经意了，忍让家人犯法了呢？这才是特别值得我们深切留意和反思的。也就是说，人总是在变的！即使是像霍光这样谦卑低调的人，时间长了，功劳大了，也会发生变化，变得苟且，变得不再对错误零容忍。在没有刚性的制度和法律的约束下，道德楷模也会自觉不自觉地违规、违法、犯错误，而且犯了错误还会心

● 在没有刚性的制度和法律的约束下，道德楷模也会自觉不自觉地违规、违法、犯错误，而且犯了错误还会心存侥幸。

存侥幸。

值得指出的是，史学家班固在总结霍光悲剧的时候提到"霍光不学无术，不明大理"的问题。我想这也对。霍光不是一个爱学习的人，也不是一个读书识理的人，他就是一个谦卑谨慎的人。假如，他能够读书学习，多了解一些历史上的成败得失的案例，也许他会更加谨慎本分，会更加严格地要求自己，更加严格地约束家人吧！

要有制度的刚性约束，要通过学习提升自己内在的修炼。这两点是霍光家族腐败带给我们最重要的警示。

● 要有制度的刚性约束，要通过学习提升自己内在的修炼。

七国之乱

汉朝建国时期的制度设计中，有一项基本的政治安排——"郡国并行"，即封国与郡县并行，或曰"一朝两制"：既有周朝的封建制，又有秦朝的郡县制。早年有七八个异姓王国，后来又有几个同姓王国。

这种政治生态在几十年后，汉景帝即位初年，引发了一场大祸：吴国与楚国为首的诸侯王以"清君侧""诛晁错"为口号，发动叛乱。晁错是景帝为太子时的侍读老师，藩邸旧臣，力主削藩。吴楚七国之乱表面上以诛灭晁错为借口，实质是指向朝廷。汉景帝竟然息事宁人，想通过杀晁错以满足叛军的要求。结果自是枉然，叛军直逼京师，史称"吴楚七国之乱"。这是汉初"郡国并行"的一国两制方针受到的最大的挑战！

如何评价汉初"一朝两制"及其引发的动荡？为此，我们必须从汉初的政治生态谈几个问题。

刘邦为何搞"一朝两制"

战国七雄并立，各国内部大多实行郡县与封邑并行的行政体制。即使在秦国，商鞅变法之后，也有封邑存在，比如商鞅的商於、魏冉的陶邑等。公元前 221 年，秦始皇兼并六国后，采纳李斯的建议，海内皆郡县，废除了封邑制度。赵高诬告李斯的一个罪名就是想获得分封。项羽称霸期间，完全恢复了分封制度。他分封了十八个诸侯王，自称西楚霸王，害死义帝之后，连一个名义的共主也没有了，天下又成了分裂局面(霸王毕竟不是天子)。

至少在刘邦任汉中王的封国内，依然是郡县制。楚汉相争之初，汉二年(前 205)彭城大败之后，刘邦问张良："吾欲捐关以东；等弃之(分封出去)，谁可与共功者？"张良推荐了英布、彭越、韩信。为了团结同盟者，刘邦承诺封他们为异姓王。

汉五年(前 202)十月，汉王追击项羽到固陵(今河南太康南)，约定韩信、彭越夹击之，韩、彭不至，汉军再次被楚军击破。刘邦迷惑地问张良："诸侯不从(从即合纵，指不联合出兵)，奈何？"张良就道出了实情："楚兵且破，二人未有分地，其不至固宜。君王能与共天下，可立致也。"刘邦于是重

118

申承诺,最终韩信出马,指挥了著名的垓下之战,消灭了楚国。

可见,刘邦在打天下过程中,有两类帮手:一类是"职业经理人",比如萧何、张良,此类人战后论功行赏,最高就是封侯拜相,出任各种职务;另一类是大小"股东",分割汉王朝的"股权",他们被分封为诸侯王。从形式来说,刘邦只是这些诸侯王推举的"董事长":

> (汉五年)正月,更立齐王信为楚王,王淮北,都下邳;封魏相国建城侯彭越为梁王,王魏故地,都定陶。……诸侯王皆上疏请尊汉王为皇帝。二月甲午,(汉)王即皇帝位于汜水之阳。更王后曰皇后,王太子曰皇太子。

皇帝随即下诏:封吴芮为长沙王,无诸为闽越王。

细读这一段文字可知,名义上刘邦这个皇帝是大家推举来的。实际上,刘邦在打天下的过程中,就可以分封(包括许诺)王、任命相,如分封张耳为赵王,任命韩信为赵相。以汉王来分封赵王,任命梁相,多少有些僭越。韩信后来自任"假齐王"(代理齐王),也谋求刘邦的认可,尽管刘邦当时并不是皇帝。

然而,形式上由韩信带头推举刘邦为皇帝,这确实是中国历史上唯一的一次,前不见古人,后不见来者!这种看似形式主义的东西,背后体现的是时人对于政治体制的认识和当时的政治生态。公认的道理是,一起打天下,就应该

● 刘邦在打天下过程中,有两类帮手:一类是"职业经理人",另一类是大小"股东"。

"分封";由共同打天下的英雄瓜分利益是合法合情合理的。或者说,刘邦赢了天下,分封异姓王,这是必须的!

但是,刘邦打心眼里认同的是秦始皇的海内皆郡县,异姓王分封只是权宜之计。刘邦皇帝任内七年半,主要工作就是取缔异姓王,从楚王韩信开始,到梁王彭越、淮南王英布、燕王臧荼等,先后以各种理由消灭之。同时,刘邦又用同姓王取代之。结果就有了同姓王联合造反的"七国之乱"!

为什么要分封同姓王?目的是为了屏藩中央。刘邦的兄弟并不多,兄弟的能力也不强。八个儿子中,除了结婚前的外室子刘肥、与吕后生的嫡子刘盈(继位为汉惠帝)外,与其他妃嫔生的儿子,其时年纪都比较小。刘邦甚至把一些同族远亲如琅琊王刘泽都分封了,以为帮衬。这种屏藩作用,在吕后去世、文帝刘恒即位的政局博弈中就体现出来了。吕禄、吕产等"吕家帮"掌控朝廷大权时,最先起兵发难的就是齐王刘襄(刘邦的长孙),琅琊王刘泽也始终站在维护中央皇权的立场上。远在代国的中尉宋昌剖析政变后的时局,认为长安主政的元老,只能拥立刘家人为帝,所列举的几条理由中,除老刘家统治得人心等"软实力"之外,属于"硬实力"的就是同姓王的威慑力:"高帝封王子弟,地犬牙相制,此所谓磐石之宗也,天下服其强。""外畏吴、楚、淮阳、琅邪、齐、代之强!"

总之,后来的政治实践说明,刘邦的同姓分封,与当初的异姓王安排一样,是有现实收益的举措。如果说,周政分封制是王道,秦政郡县制是霸道,那么刘邦的霸王道杂之——"郡国并行",也是"应时"之举,顺势而为,在巩固汉初政权中发挥了重要作用。

弊端:尾大不掉之患

任何正确的制度、理论,只有与一定的历史时空条件结合起来,才有意义。汉初的同姓分封也是这样。

同姓分封在文景时期已经显露出弊端,这就是尾大不掉,中央不能掌控地方。各个诸侯国内部并不是贵族式封邑制,而是集权式郡县制。这与西方"我的臣民的臣民不是我的臣民"的封建制(Feudal System)完全不同,不可能发展为地方自治的联邦制。因此,汉代的封国的发展,其结果不是中央制服地方,就是地方作乱取代中央。

文帝(前202—前157)即位不久,贾谊在《治安策》中就敏锐地观察到中央与地方关系的不正常:"天下之势方病大瘇。一胫之大几如要,一指之大几如股。"他尖锐地提出解决诸侯王坐大的问题,刻不容缓。贾谊写这篇文章之前,已经发生了文帝之亲弟淮南王刘长称东帝,文帝侄子济北王刘兴居举兵为乱的事件。文帝的太子刘启(后来的景帝)失手打死吴王太子,吴王刘濞(前215—前154)怨恨,颇有丑言,拒绝朝觐。晁错从中敏感地察觉到,诸侯有谋反之心。

通常思想家比政治家有先知先觉,政治家反应谨慎,多有操作层面的可行性考量。汉文帝并没有对于吴王刘濞失藩臣礼的行为做出过激反应。他先是扣住了吴国的

● 任何正确的制度、理论,只有与一定的历史时空条件结合起来,才有意义。

几个使节,加深了积怨。但后来就原谅了这位年长的堂兄,并赐以几、杖,许其不用入长安朝觐。汉文帝的怀柔手段,暂时缓解了剑拔弩张的局面,他大约有意把问题的解决留给自己的儿子。这从他重视晁错的上书中,可见一斑。

晁错官为太子家令,是太子宫中事务总管,号称"智囊"。文帝前十五年(前 165),晁错在给文帝上疏中,提出了两个建议,第一是加强武备,第二是发展农业生产,解决了兵和粮的问题,也就有了解决诸侯王割据问题的物质条件。文帝对于晁错的建议持褒奖态度,并且立即下诏施行。太子家令晁错因为对策高第,被擢为中大夫。"错又上言宜削诸侯及法令可更定者,书凡三十篇。上虽不尽听,然奇其材。"

文帝后六年(前 158),汉文帝在检阅军队时,发现了周亚夫的军事才能,遂擢升其为中尉。在临终前,汉文帝又意味深长地叮嘱儿子,一旦有变,周亚夫足堪大用。可以这样说,汉文帝推行休养生息、无为而治的政策的同时,一直在积极地为解决诸侯王问题创造条件。

景帝(前 157—前 141 在位)即位不久,晁错被擢升为御史大夫,加快了削弱诸侯王的步伐,以各种罪名削减诸王封地。景帝前三年(前 154),削去楚王刘戊的东海郡。"前年,赵王有罪,削其常山郡;胶西王卬以卖爵事有奸,削其六县。"晁错还建议削去吴王刘濞的会稽郡、豫章郡,说:"今削之亦反,不削亦反。削之,其反亟,祸小;不削,反迟,祸大。"正是在这种情况下,激起了吴楚七国之乱。

回归：海内皆郡县

吴楚七国之乱，很快就被周亚夫率领的朝廷军队平定，历时不过三个月。吴王刘濞自杀，楚王刘戊、赵王刘遂、济南王刘辟光、菑川王刘贤、胶西王刘卬、胶东王刘雄渠，或被杀，或自杀。七国中六国被废。仅保留了楚国国名，改封刘邦胞弟刘交之子刘礼为楚王，封地被进一步缩小。经历五世至汉宣帝时(前69)，楚王刘延寿谋反，国除。

汉景帝进一步加强中央权力，削弱诸侯王的势力。关键措施之一是采取稀释策略，扩充封国数量，缩小单个封国的版图。汉景帝十四个儿子中，十三个被分封为诸侯王，相当于实质上落实了贾谊早就在《治安策》中提出的削藩主张："欲天下之治安，莫若众建诸侯而少其力。力少则易使以义，国小则亡邪心。"措施之二是削弱诸侯王治国的行政权力，国相以下的官吏，均由朝廷派遣，诸侯王只是获得封国的赋税收入，军政事务均由朝廷派遣的官员主掌。

汉武帝时期进一步的削藩措施，主要有二策：一策是采纳主父偃的建议，施行"推恩令"，给稀释政策披上仁孝的外衣(推恩)，而且更加制度化，便于操作。诸侯王嫡长子继嗣王位之外，其余兄弟亦当推恩，均沾先王之福荫，即嗣王须让出一半的疆土和人民，分给其余兄弟。这样数代之后，王国不断变小，自然趋于国将不国而被迫取消。另一策是用酷吏严惩违法乱纪的诸侯王，治其罪而废其国，例如，淮南王、齐王、燕王都是因为过失而被取消封国。这样即使到西汉灭亡,还有一些很小的国王(如阳城王刘章的后代,一直存在到汉末新莽时期),也不复诸侯王的本来样子,只是一些衣食租税的贵族罢了。秦始皇时代的海内皆郡县,经过一百年左右的沧桑,在汉武帝时代以更成熟的制度重新巩固下来!

西汉以后王朝,是行郡县制还是分封制,仍然有所反复。理论探讨的不算(柳宗元),有议论没有实现的不算(唐太宗),切实实行的是晋武帝司马炎。当初曹丕惩东汉亡国于外戚专权、州牧割据,严防太后临朝,取缔王子分封,致使司马家族篡位,曹氏孤立无援。于是,司马炎分封诸侯王,出镇一方,为的就是接受曹魏亡国的教训。可是,"八王之乱"却葬送了西晋王朝。明初朱元璋的分封,也给燕王朱棣起兵"靖难",篡夺皇位提供了条件。因此,中国历史反复地证明,中央集权下的郡县制,是适合中国国情的行政体制。

重温汉初那一段历史,"郡国并行"的制度为"海内皆郡县"中央集权体制的最终建立,提供了必要的过渡。

（参见《资治通鉴》卷七至卷二五）

● 中国历史反复地证明,中央集权下的郡县制,是适合中国国情的行政体制。

第五章　东汉变局

东汉的立国是建立在王莽失败的基础之上的。王莽的失败则是因为他那理想主义的"王田"制改革和野蛮的金融改革等，脱离实际，既得罪了富人，也损害了穷人。

　　那么，王莽为什么要改革呢？因为汉武帝晚年政策的弊端经过"昭宣中兴"并没有完全纠正过来。

　　东汉桓宽的《盐铁论》是霍光召集经济工作会议的记录，该书整理了主持经济工作的御史大夫桑弘羊（政府里的第三号人物）与民间精英（儒生）就改革政策之得失进行的那次唇枪舌剑般的对话。这种官方主管部门与民间知识人同堂辩论国家当前经济政策的事例，在中国历史上还是很罕见的。辩论结果是，汉武帝的政策基本没有多大改变，即使后来七十多岁的桑弘羊在与霍光的政治矛盾中失利之后，也没有多大改变。这说明其中的缘由并不简单。

　　土地兼并的恶性发展，贫富分化的加剧，吏治的腐败，使西汉王朝陷入危机。这些现象背后的实质是西汉王朝的接班人出了问题，元帝、成帝、哀帝，一个不如一个，而按照家天下的规则选拔皇位继承人，又不能有另外的选择。这个时候，历史观察家就会用王朝的气数已尽、天命已终来说话，需要寻找真命天子。

　　王莽说他就是那个真命天子，术士们也证明他是。处心积虑改朝换代之后,新朝不管甜言蜜语地许下多少承诺,都不能实质上解决所面临的社会经济与政治矛盾,不当的改革措施只是依次得罪了更多的人。王莽被当初拥戴他的人们彻底抛弃,民变四起。天下大乱之后,刘秀通过武装夺取政权,建立了新的汉朝,因为首都在洛阳,史称东汉。

刘秀是在王莽时代的长安太学上过学的"诸生"(太学生),又是很接地气的青年农民,出自殷实的农民家庭,虽然也是刘邦的后代,但已经没有了官荫特权。少年的理想是"仕宦当作执金吾,娶妻当得阴丽华"。(按,执金吾是首都地区的警备司令,带着队伍巡视,威风凛凛,给少年时期在长安读书的刘秀留下了深刻印象。)刘秀即位后最猛的措施是打击豪强,表彰循吏,惩处贪官;度田(查实百姓田产)措施,也有一定成效。刘秀还大力提倡儒学,扩充太学。汉武帝独尊儒术的政策到了东汉时代,得到了切切实实的落实和强化。儒学成为社会行为的准则,三纲五常成为判断是非的标准。于是儒家思想开始固化,腐儒、陋儒、伪儒为了利禄之途,纷纷登场。汉代士大夫有了自己坚持的立场,用这个标准去谈论时政,品评公卿,鞭笞各级官吏,形成了一股"清议"的风气。

"清议"是把双刃剑,一方面有激浊扬清之效,另一方面也有不切实际之弊。加上东汉章帝之后,外戚掌权,继之以桓灵时代的宦官干政,党争成为东汉政治的毒瘤。历代都有人赞赏东汉的士人有风骨,不畏宦官淫威,视死如归,赞扬他们用极端手法惩处宦官及其亲属。这样的历史书写,符合后朝统治者贬低前朝的需要,也符合后代士人抬高自

● 到了东汉时代,儒学成为社会行为的准则,三纲五常成为判断是非的标准。

● "清议"是把双刃剑,一方面有激浊扬清之效,另一方面也有不切实际之弊。

己的需要,也似乎符合儒家的某种道德崇高感。但是,如果叩问一下,这些清议和激越行为,是否有利于当时的社会进步,是否真能够、哪怕是在一点点意义上舒缓民生艰难(而不仅仅是让当事的士人觉得扬眉吐气),则是要打一个大大问号的。这样的历史书写站在道德的制高点上,只看到了"激浊扬清"的一面,却没有看到不切实际、治丝益棼的另外一面。明清之际学者王夫之《读通鉴论》以及现代学者吕思勉论东汉事,都批评东汉政治中的"士风矫激"之弊。司马光《资治通鉴》于此处着墨亦有微词。

最后一次外戚与宦官的对决,是何进在名士袁绍的怂恿下,要引外兵诛灭全体宦官。于是,西凉刺史董卓进京,东汉政治走到了尽头。边疆军阀出来掌控朝政,彻底颠覆了宦官与外戚"茶壶里的风暴",为军阀割据的三国乱象拉开了序幕。

刘秀(前6—57)表字文叔,曾经在长安上过太学,读书期间,就很关注时政。从年龄推断,刘秀在长安读书时,正值新莽改革的天凤年间,朝廷有什么新消息,他总是最先知道,并且与同舍生讲说自己的看法。刘秀的见解不凡,当时,他已经有了自己的拥趸,比如,后来的名臣邓禹,就是太学里比刘秀年级低的学生。刘秀的家境富裕,但不属于土豪级别。他曾与同学合伙购买了一头驴,租赁出去,赚一点学杂费和生活费。这些细节,都透露出刘秀是一个既有远大志向又脚踏实地做事的人。

建武十七年(41)冬十月,刘秀回到家乡章陵(今湖北枣

● 刘秀是一个既有远大志向又脚踏实地做事的人。

129

阳南），回顾少年时光，寻访往日宅院田庐，置酒作乐。当时刘姓诸母酒酣欢悦，相互夸赞刘秀年少时谨慎柔和的性情，说道："文叔少时谨信，与人不款曲，唯直柔耳。"读书，种田，卖粮，暗恋邻村的美少女，就是一个普通农村青年。但是，刘秀并不甘心平庸，一直就很关心时政。后来追随绿营兵造反，昆阳之战，以少胜多，初露头角；北上河朔之后，开始发展成独立的势力。25 年称帝，经营十几年，歼灭各地割据势力，统一了天下。

明清之际王夫之《读通鉴论》卷六曾比较刘邦与刘秀，说："光武之得天下，较高帝而尤难矣。"因为刘邦的主要对手只有一个项羽，而刘秀到河北奠基后，天下群雄割据，"其视高帝出关以后，仅一项羽，夷灭之而天下即定，难易之差，岂不远哉"？

刘秀打黑

清人论史，大多皆说西汉开国功臣多出于亡命无赖，而东汉刘秀功臣集团"皆有儒者气象"。刘秀少时曾求学长安，是具有"大学学历"的开国皇帝。与刘邦鄙视儒生不同，"帝本好学问"，多次引公卿郎将讲经论理。"诸将之应运而兴者，亦皆多近于儒。""光武诸功臣，大半多习儒术。"（赵翼《廿二史札记》）

大力发展太学，是刘秀以儒治国的重要方面。天下还没有完全统一，刘秀就注重太学的重建，还亲自到太学去视察、讲学。继任的明帝、章帝也都有儒学造诣，动辄亲临太学讲学。

重视儒术，是与"退功臣而进文吏"联系在一起的。刘秀打天下依靠"云台二十八将"，天下平定后，刘秀对于这些创业功臣采取了"赎买"的政策，给他们以高爵厚禄，但不任之以实职，让他们以列侯就封国。

刘秀家族在打天下过程中，母亲、哥哥、大姐都死于战争中。二姐刘黄幸存，东汉立国后被封为湖阳公主。

湖阳公主有一个宠爱异常的家奴，在洛阳市面是一个恶霸，有一次竟然大白天行凶杀人。洛阳县令董宣赶到案发现场时，这个奴仆早已躲入公主府第，无人敢动。若干天之后，家奴以为安全无事，陪同公主出行，不料董宣早就带人守候着，拦住公主的车马，历数公主的过失，呵斥家奴下车，并当场正法。（东汉的正直官吏只要觉得自己有理，做事都是这么狠的。）湖阳公主立即奔入宫中向光武帝哭诉。光武帝气愤地召见董宣，要处以死刑。董宣说，陛下以圣德中兴汉室，却纵容家奴杀害无辜百姓，何以治理天下？你不需要杀我，我自己撞死算了。于是以头撞柱，头破血流。刘秀赶紧请人拉住董宣，让他给湖阳公主认个错儿。董宣坚持说自己没错。刘秀让一旁的宦官硬是按住董宣的头，强迫他道歉。董宣用两手撑着地面，就是不低头认错。刘秀见此，不但不处罚他，还说真是一个"强项令"（强脖子县令），赏赐三十万钱。

湖阳公主不满地说，文叔（刘秀字文叔）在乡下的时候，藏匿逃犯，地方官都对你没有办法，怎么当了天子，威权反而不能加于一个县令呢？刘秀笑着说："天子不与白衣同。"当天子的不能像匹夫一样行事。

董宣后来出任北海（今山东潍坊）相（相当于郡守），当地豪强公孙丹为造新房滥杀无辜路人，董宣依法诛杀。公孙丹的"宗族亲党三十余人"（《后汉书·董宣传》），带着武器到官府去闹事喊冤。可见，当时地方豪强的势力是多么嚣张。

刘秀也曾致力于打击黑社会，其中一个著名措施就是"度田"。所谓"度田"，即清查土地和人口，本质上是新建立的大一统国家与地方强宗大族争夺控制权力。

西汉末期，王莽就想从土地和奴婢两个方面解决豪强坐大的问题，但并没有解决。现在刘秀利用强大的国家机器，整顿社会秩序，打击拥有私人武装和大片土地以及众多隐蔽人口的地方势力，也并不是一件容易的事情。

刘秀在陈留地方官的简牍上发现一段话："颍川、弘农可问，河南、南阳不可问。"不知道是怎么回事。太子刘庄说，这是地方郡守告诫执法官吏的话，"河南帝城，多近臣；南阳帝乡，多近亲；田宅逾制，不可为准"，颍川、弘农这些皇亲国戚、贵族官僚少的地方，可以实行"度田"。可见，他们才是阻挠"度田"工作的重大障碍。

刘秀打击黑社会的态度不够坚决，措施也不够得力。

董宣竟然因为公孙家族的嚣张而被判入狱。整个东汉一代,地方豪族的势力不断膨胀。东汉末年的分裂、三国局面的出现,乃至魏晋时期的乱象,其实都与东汉纵容豪强坐大密切相关。

太后临朝

东汉的历史,从刘秀称帝(25)到曹丕篡汉(220),号称195年。但刘秀统一是在称帝十来年之后,且至迟在189年董卓进京,或者196年曹操掌握朝政,东汉就已经名存实亡,如此算来,东汉的实际有效统治仅有一百五十多年。在这一个半世纪的大多数时间里,裙带与宦官是东汉政治生活的主题。

● 裙带与宦官是东汉政治生活的主题。

这似乎是东汉皇朝的宿命。刘秀六十三岁去世,嗣后的明帝刘庄(28—75)即位时不足三十岁,在位十八年,只活了四十七岁。第三任皇帝章帝刘炟(56—88)更等而下之,十八岁即位,在位十三年,只活了三十多岁。和帝刘肇(79—105)公元88年即位,实际年龄只有九岁。从此之后,东汉就开始了童工皇帝的血泪史,自和帝以下至于桓帝刘志(132—167)、灵帝刘宏(156—189),竟然没有一个皇帝即位时年岁大于十五,寿终之日年考及于四十的。

皇帝幼年即位,于是母后临朝;皇帝年纪轻轻驾崩;下

133

一个皇帝登基,必然也是年幼,于是一个新的年轻母后垂帘听政。多数母后把朝政决策大权交给身为大将军的父兄掌握,于是,外戚裙带的颜色,也就随着皇太后的颜面而不断变化。

《后汉书》作者范晔于"帝纪"之外,特别列出"皇后纪",可见皇后君临天下,是东汉历史的特色。[按,皇后列入本纪,大约《史记》的"吕后本纪"开其端,《新唐书》的"武则天纪"断其后,吕后、武后(且已经称帝)都是个人,只有《后汉书》的"皇后纪"是一个群体。]《东汉会要》记录了母后临朝称制的场景:

> 少帝即位,太后即代摄政,临前殿,朝群臣。太后东面,少帝西面。群臣奏事上书,皆为两通,一诣少帝。蔡邕《独断》。按,此即母后临朝之制。(《东汉会要》卷一《帝系》)

东汉的皇后大约有十几位,各有特色。我把她们分成如下几种类型:贤妻良母型、唠叨无能型、狠毒残酷型、坚忍刚毅型。

贤妻良母型的代表人物是刘秀的皇后阴丽华。

刘秀最先娶了阴丽华,之后娶了郭圣通。25年,刘秀登基之后,两人都是贵人,后来封郭圣通为皇后。原因有三:第一,郭圣通的身份高,其母有西汉皇家血统;第二,刘秀在河北打天下之时,伴随身边的是郭圣通,阴丽华远在南阳老家,文武将士皆知郭圣通是跟着皇帝打天下的主母;第三,刘秀定都洛阳,把阴丽华接来的时候,郭圣通已经给刘秀生了儿子刘彊,而阴丽华尚未生子。据说阴丽华曾主动推让皇后之位给郭圣通,我想这是一个理由。

建武十七年(41),郭圣通已是五个孩子的妈妈,却因为妒忌不逊被废黜,刘秀改立阴丽华为皇后。两年后,郭圣通的儿子刘彊也主动让出太子之位,改立阴丽华的儿子刘庄为太子,这就是东汉第二任皇帝汉明帝。《后汉书》的作者范晔,在感慨人情(尤其是帝王的情感)难测的同时,也不忘肯定光武帝毕竟没有用诛杀的手段,对付被废的郭皇后及其家属。值得称道的是,阴丽华此前不嫉妒,此后也不挤兑郭圣通。阴、郭两家一直到章帝之时,仍然和睦相处。更难能可贵的是,阴丽华娘家兄弟阴兴、阴识都能保持本分,不骄奢淫逸,不揽权干政,被称为外戚的楷模。一个重要原因,是他们属于打江山的第一代,知道时世之艰难。此外,阴家的家教门风亦甚醇厚,废后郭家也谦卑谨慎。故郭、阴皇后易位,两家却能和睦相处,在历代后宫中,都属难得。

唠叨无能型,明帝马皇后是其中的代表。

马皇后是东汉开国名将马援之女,章帝刘炟是其养子。马皇后颇得婆婆阴太后的宠任,她也一直以阴太后为榜样,为人一向谦卑低调。成为皇太后之后,曾力图严格管束外戚,可是效果却十分有限。下面举一个例子,虽然略嫌冗长,却颇能说明马太后这类老人的尴尬。

章帝即位伊始，援例要封几位舅舅为侯，马太后不许。主管官员甚至说，老天久旱不雨，就是未能及时分封诸舅，未能恪尽孝道之故。马太后极其严厉地批评那些"言事者"，"皆欲媚朕以要福耳"（都是为了取媚于我，为自己捞好处），哪里会发生因为不封外戚而天旱不雨的事情！当年西汉成帝即位时，给五个舅舅同日封侯，"黄雾四塞，不闻澍雨之应"（一片黄色的雾霾，哪有什么甘霖下降的事）。

　　马太后感慨与开国一代阴家外戚相比，"马氏不及阴氏远矣"。我日夜告诫娘家的兄弟子侄，可是他们却屡屡违规犯错，我说的话根本就是耳边风啊。我为天下国母，穿着简朴，食不求甘，身边人的衣着也没有什么特别的装饰，目的是给他们做个榜样，我以为外亲见了，会自我检点。可是，他们却笑话说"太后素好俭"（老太太朴素惯了）。那天我看见外家的门口车水马龙，仆人们衣装考究，绿色的衣裤，领口袖口正白色的镶边，反观我身边的人，就差远了。我批评他们，他们哪有一点自觉改过之心哪！马太后坚决不同意给娘家兄弟封侯。

　　章帝以几位舅舅年长有病为由，再次提出请求。马太后依然断然拒绝。解释说，此事我熟思良久，不要有疑。"夫至孝之行，安亲为上。今数遭变异，谷价数倍，忧惶昼夜，不安坐卧"，难道一定要先封侯于外家，违慈母拳拳之心吗？我素来脾气刚急，不要把我惹急了。我绝不是只想自己赚得谦让之名，而让皇帝得到一个不施恩外家的恶名。常观富贵之家，禄位重叠，没有不垮台的。"子之未冠，由于父母；已冠成人，则行子之志。"皇帝作为人君，即位未及三年。再说这是我娘家家族之事,我比谁都清楚。将来"若阴阳调和,边境清静,然后行子之志;吾但当含饴弄孙,不能复关政矣"。章帝于是不再坚持。

马太后对于娘家人的管束不可谓不严,言辞不可谓不剀切。可是,结果呢?马太后去世后,马家失势。马廖对子女疏于管教,儿子马豫,对自己所受的限制不满,向朝廷投书抱怨;两个弟弟马防和马光,拉帮结派,豪华奢侈,全被遣返封国。史称,马家兄弟"资产巨亿,大起第观,弥亘街路,食客常数百人。(马)防又多牧马畜,赋敛羌、胡"。马太后苦口婆心的规劝,恰恰成为这些外戚贪腐的遮羞布。

为什么会出现这种情况?就是因为这些官二代、富二代乃纨绔子弟,完全不同于阴氏、郭氏这第一代老人的家族成员。马皇后不用强力手段、制度规范约束外戚,单凭"思想政治教育"是不行的。马太后言之谆谆,外戚子弟听之藐藐,除了欺骗舆论,并没有实质效果。这对我们今天高级干部的家属教育,也值得警醒。

狠毒残酷型,章帝刘炟的皇后窦氏是代表人物。

范晔在《后汉书》中写道:"东京皇统屡绝,权归女主,外立者四帝,临朝者六后。"六位皇后曾临朝称制,有两位皇后在执政期间,出现过严重的外戚乱政,即章帝窦皇后临朝时的窦宪、顺帝皇后梁妠临朝时的梁冀。

章帝窦皇后出自以河西归汉的中兴名臣窦融(前16—62)家族,而窦融的家世更可以追溯到西汉文帝窦皇后的弟弟那里。窦氏与妹妹同入长乐宫,后被章帝立为皇后,由于不生育，对于给章帝生儿子的其他女人，都怀着"深仇大恨"。有贵人宋氏姐妹，生长子刘庆，被立为太子。另有贵人梁家姐妹，生子刘肇，即后来的和帝。宋氏姐妹颇得婆婆马太后宠信，窦氏很是不爽。在马太后去世之后，窦皇后用莫须有的罪名，污蔑宋氏姐妹搞巫蛊妖术，将其迫害致死，娘家人被株连，太子刘庆也被废为清河王。

于是，梁家姐妹未免窃喜，毕竟除掉了一个竞争对手。窦氏对此更为不满：你以为我在为你们做嫁衣裳啊！于是，掀起大狱，指使人用匿名信（飞书）诬告梁贵人之父梁竦，梁氏姐妹受到株连，皆忧郁而死。窦氏收养刘肇为己子，并立其为皇太子。这个狠毒的女人，用四个年轻女性的生命，为自己的权力祭旗开路。这里面折射的不仅是窦皇后的胸襟狭窄，也有宫廷斗争的残酷。也许窦皇后的作为，倒是皇宫女人权力之争的常态，此前之吕后、此后之唐朝武则天，置对手于死地，不是也演绎了类似的惨剧吗？

坚忍刚毅型，和帝皇后邓绥是代表。

在东汉临朝称制的六位皇后（章帝窦皇后、和帝邓皇后、安帝阎皇后、顺帝梁皇后、桓帝皇后窦妙、灵帝何皇后）中，与其他皇后多仰仗父兄执政不同，只有和帝皇后邓绥，是自己走到前台，直接掌握朝政。

邓绥是名门之后，祖父是汉初开国名臣、位居云台二十八将之首的邓禹。邓绥在娘家的时候就以聪慧著称。小时候奶奶给她梳头，不小心误伤了其前额，眼泪在眼眶里打转，她却忍着不哭。大人问她为什么？她说，奶奶疼我，才给我梳头,如果啼哭会让老人家伤心的。

邓绥为皇后,谦卑自律;为皇太后,却显露出她对于权位的热衷。和帝有两个儿子,长子刘胜有痼疾,幼子刘隆年仅百日,邓太后养以为子。和帝驾崩,谁来继位?史称邓太后贪刘隆年幼,可以久权固位。其实,立长固然应为刘胜,但是,皇后的养子即是嫡子,立嫡则应是刘隆。可惜刘隆为皇帝,仅三个月就去世了,是为殇帝。这时候理应立长子刘胜了,大臣们都说,刘胜"疾非痼",病并不严重。可是,邓绥担忧此前没有立刘胜,现在若立,他心怀怨恨怎么办?这个时候就看出邓绥的坚忍了,她干脆抛开丈夫的这位长子,改立侄子、即刘庆的儿子刘祜(94—125)为帝,是为安帝。有个叫周章的大臣出来抗议,甚至想发动政变,改立刘胜,被邓太后镇压。还有一个叫杜根的年轻郎官,上书要邓太后归政给安帝刘祜,也被严厉处置。

邓太后临朝称制,执政十七年,总体而言,政绩可嘉。史称"太后自临朝以来,水旱十载,四夷外侵,盗贼内起,每闻民饥,或达旦不寐,躬自减彻以救灾厄,故天下复平,岁还丰穰"。内政、外交,邓太后都有政绩可称。她限制外戚的权力,兄长邓骘等在外朝用事,但是不敢专权,更不敢贪腐。外戚有违法乱纪之行为,邓太后严惩不贷。

范晔虽然也指责邓绥抓住权力不放,但是却也承认:"然而,建光(建光为安帝年号)之后,王柄有归,遂乃名贤戮辱,便孽党进,衰敝之来,兹焉有征。"(《后汉书·皇后纪》)范晔也看出来了,邓太后死后归政安帝,朝政又怎么样?竟然是"名贤"被杀戮,"便孽"之党相继被擢用。他认为,"故知持权引谤,所幸者非己;焦心恤患,自强者唯国"。邓太后政令己出,引来谤议,未必是为了她自己;邓太后劳心焦思国事,除去灾患,是有益于国家的强盛。

邓绥有魄力,有担当,有政绩,处事理性,刚柔兼济,是值得肯定的女政治家。后人对于其热衷权位、"贪殇帝孩抱"的指控,是"牝鸡司晨"、男尊女卑的价值观在作祟,完全站不住脚。

东汉的皇后,从阴丽华之后,直至灵帝的何皇后之前,加上废黜的和善终的,总共有十余位,都不生育。也就是说,皇太后临朝,自己并不是当今皇上的亲生母亲,当权的外戚也不是皇帝真正的舅父或者外公。这就为皇帝长大之后,从外戚手中夺回权力,提供了更大的勇气和动力。而皇帝诛外家,依赖的势力只有宦官。这就使东汉的母后临朝、外戚主政、宦官擅权之间成为带有连环影响的事件。

● 东汉的母后临朝、外戚主政、宦官擅权之间成为带有连环影响的事件。

士风矫激

大将军梁冀(88—159)是东汉外戚政治的高峰,冲帝、质帝、桓帝都是他所拥立。而桓、灵二帝都是宗室入主大位,宦官"十常侍"掌权。在此种政治生态下,东汉士大夫受到挤压,不免反弹,甚至酿成许多"矫激"(吕思勉语)的政治诉求。

如前所述,东汉的儒学十分发达,经由光武帝、明帝、章帝等的提倡,儒学思想成为社会行为的指南针。到了桓帝、灵帝时期,京师的太学生和地方郡国及私学的儒生数量,总数已超过十万人,他们互相推引,互相声援,其中的一些名士,更是声望隆重,万人景仰,构成了重要的政治与社会势力。

东汉士人做官,多数通过公府辟召和地方察举等手段。地方察举制度,是指各郡国推举孝廉(孝子、廉吏):一般按照郡国人口比例,每二十万人举一人,全国大约二百二十八人。入围条件一般是年四十岁以上,"经明行修",经书明达,行为修炼。

公府征辟制度、朝廷辟召,是指朝廷征召一些社会名士,直接到中央任职。但是,在宦官外戚的黑暗统治下,州郡牧守在察举征辟时,往往逢迎当朝权贵的私意,望风行事,而不附权贵的刚正士人则受到排斥。士人们通过品评时政人物,表达自己的政治意见,称为"清议"。东汉名士颇有傲人的品行,如杨震不接受昌邑县令王密的贿赂,"天知、地知、我知、子知",千古传播;其子杨秉,官至太尉,"为人清白寡欲",自称:"我有三不惑:酒、色、财也。"除杨震父子外,还有许多士人,都表现出独特的名士风范,然而,一旦过了头,就成了"矫激"。

● 求名过了头，
名不副实；谦
虚过了头，弄
得不真实，就
是矫激。

什么叫矫激呢？激是偏激，矫是矫情。求名过了头，名不副实；谦虚过了头，弄得不真实，就是矫激。

比如，南阳樊英，"少有学行，名著海内"。名士的成名条件，一般是"经明行修"，前者是经书读得好，后者指品行超群。品行超群，大多表现为具有一些难得的正面品质。比如，拒绝征召入朝为官，推辞州郡聘请入仕。樊英曾经多次放弃入仕的机会，甚至"安帝赐策书征之，不赴"。于是，安帝一方面赐予厚礼，另一方面给郡县官员下了死命令，绑也要把樊英绑来。就这样，樊英"不得已"到洛阳见皇帝，到了之后，还是装病不起。你看这是不是有些矫揉造作呢。

安帝没办法，安排皇家太医给樊英看病，国家供给羊、酒调养。过了些日子，大约没有发现有什么毛病，安帝就为樊英专门设立了一个论坛。论坛开讲的日子，由皇家车队的领导（公车令）出面导引，内廷尚书亲自陪同，"赐几、杖，待以师傅之礼，延问得失"，还拜为五官中郎将。这样待了几个月，樊英又闹着说身体不好，诏以为光禄大夫，赐告。"令在所送谷，以岁时致牛酒。"待遇确实优厚。樊英坚决辞谢，安帝一再开导，最后下诏，不准推辞。樊英三番四次的推官，安帝特别隆重的推崇，弄得樊英的名声更大了。但是，其后关于时政的应对中，樊英表现平平，"无奇谋深策，谈者以为失望"。

时人在谈到这件事的时候，说了一句很有名的话："阳春之曲，和者必寡；盛名之下，其实难副。"为什么大家都很失望呢？为什么"毁谤布流，应时折减"呢？"岂非观听望深，声名太盛乎？"要么你坚持不出来做官，真正成为一个名士;要么你出来,就拿出一点济世安民的真知灼见来。樊英的矫激,是作为名士的表演过了头。这样徒有虚名的名士,印证了一个普遍的道理:吹得越高,跌得越重。

东汉名士的另外一种矫激是中庸过了头。代表人物是胡广。

胡广(91—172),字伯始。历事汉安帝、顺帝、冲帝、质帝、桓帝、灵帝,为官三十多年,可谓六朝元老。在风雨如晦的东汉政治舞台上,胡广是不倒翁。

胡广曾经与宦官丁肃结成儿女亲家,这对反宦官的士人来说,就是一个污点,可是丁肃却是个比较廉洁谦谨的人。顺帝内宠太多,在女人中摆不平,不知道应立哪一位宠妃为皇后,竟然提出让几位宠妃抓阄。对于如此荒唐的做法,胡广上书反对。他说,皇后是天下仰望的国母,怎么能求之于筮龟呢? 应该从门第尊贵、德行贤淑、为人谨良的贵人中选任皇后。于是,梁妠获选。顺帝死后,梁太后临朝,娘家父兄梁商、梁冀执政。胡广因为在当初支持了梁妠,所以,在梁家掌权的时候,胡广自然得到信任和重用。由此胡广也就与梁冀家族结下了一层特殊的关系。

胡广为官,有三个特点:

第一,识时务。胡广与梁冀的特殊关系,显然与他当初支持梁妠为皇后有关。他不像李固专与梁冀对着干,但是也谈不上为虎作伥。

第二,好人缘。胡广数起数落,各种势力对他都能接受。他人生起落，与天灾示警、自动辞职有关，也与政治态度失当有关。

第三，不管朝廷风向如何，谁在掌权，胡广都恪尽职守，做好自己的事。灵帝卖官，公然标价，胡广颁行了他写的《百官箴》四十八篇，提出整顿吏治的系统建议。司马光也赞扬他的识人处事才能："所辟多天下名士，与故吏陈蕃、李咸并为三司。练达故事，明解朝章。"当时京师有谚语说："万事不理，问伯始；天下中庸，有胡公。"朝政之事，搞不明白的，就问伯始（胡广字伯始）；天下事务，按中庸之道妥善处置的，只有胡公！

历史上对于胡广的评价是两极的。最著名的名士李膺、杜密都是他所举荐提携的，但是两次党锢之祸，他本人却从来没有受到过牵连。李固因为反对梁冀立帝而丢了性命，胡广流涕惋惜。司马光对胡广在赞扬之后，也不忘用"然"字转折说："然温柔谨悫，常逊言恭色以取媚于时，无忠直之风，天下以此薄之。"

灵帝托孤

罗贯中《三国演义》开篇第一回《宴桃园豪杰三结义 斩黄巾英雄首立功》，第二回《张翼德怒鞭督邮 何国舅谋诛宦竖》。这头两回，点出了两个关键历史事件，一是黄巾造反,二是国舅何进谋诛宦官。接下来的第三至第九回共七回的篇幅,都是描写董卓事件始末的。头两回的历史事件,是东汉王朝土崩瓦解的时代背景;而董卓进京,则动摇了皇权的根基,是东汉走向覆亡的肇基。

董卓是西凉刺史,作为边军总管,怎么会带兵入京的呢?这要从汉灵帝的遗嘱谈起。

东汉末年,外戚主动剪灭宦官,主要有两次。何进之前的那一次,是在灵帝刘宏即位初年。汉桓帝刘志没有子嗣,驾崩后,生于河间国(今河北深州市)的刘宏被选定为接班人,桓帝遗孀窦太后垂帘听政,父亲窦武为大将军,与太尉陈蕃(?—168)共同执掌朝政,谋诛宦官。

桓帝有过三任皇后,第一任梁皇后(?—160)是梁冀之妹,第二任邓皇后(?—165)因妒忌被废,此时,桓帝本想立宠幸的采女(后封贵人)田圣为后,太尉陈蕃极力反对,认为皇后当出自名家,力主册立河西窦融之后、出身名门的窦贵人。现在当年的窦贵人以太后身份临朝称制,陈蕃自然被重用。

窦武与陈蕃二人都对宦官恨之入骨,可是,窦太后觉得宦官作为宫中的执事人员,不可或缺,反对全部剪除。结果,窦武的计划被泄露,宦官怂恿年少的灵帝出面,动用军队杀死了窦武和陈蕃,从而导致了第二次党锢之祸。所谓"党锢",就是指责士大夫朋党为奸,朝廷列出一个黑名单,禁锢其入仕。这使党人名士与宦官的矛盾,如同水火。直到184年,黄巾军造反,东汉王朝面临灭亡的危机,朝廷主动解除了党锢,被拘捕的士人也陆续被释放。

整个灵帝时代,"十常侍"作为宦官中的高级人员,掌控着朝廷大权。为了防止外戚再次成为与自己作对的势力,宦官郭胜、张让等预作准备,抬出了一个何皇后。将来自南阳、出身屠户的何贵人挺为皇后,试图为将来少帝即位给自己预留一份保险。张让的儿媳就是何皇后的妹妹。

灵帝后宫众多,多有子嗣,却往往夭折,留下来的有两个儿子。大儿子刘辩(174—190),何皇后所生;小儿子刘协(181—234),王美人所生。何皇后嫉妒后宫女人生子,王美人怀孕后打胎不成,生下了刘协,后被何皇后迫害致死。灵帝大怒,要废黜何皇后,又是宦官张让等人,凑了许多钱财,加上一大箩筐好话,灵帝方才息怒,何皇后从此为灵帝所不喜。

灵帝也嫌弃何皇后所生的大儿子刘辩轻佻猥琐,"无威仪",欣赏小儿子刘协文雅,年少老成。两个孩子都是在宫外养大的(担心在宫中养不大),刘辩是道士史子眇带大的,刘协在母亲王美人死后,由灵帝母后董太后带着。灵帝想立刘协为太子,大概也与孩子的奶奶董太后有关。可是,这件事他又没有勇气直接端出来说。毕竟刘辩是嫡长子,母亲是皇后,无论立嫡还是立长,都应该是他。说他坐没有坐相,站没有站相,这是很主观的看法。怎么办呢?灵帝病重,大约也没有精力去处理这件棘手的事情,就把立刘协的事托付给了心腹宦官蹇硕。

蹇硕何许人也?蹇硕是董太后从河间国带来的宦官,

职级为小黄门。灵帝为了加强朝廷军备,曾在去世前一年(188)设置西园八校尉,以蹇硕为上军校尉,袁绍为中军校尉,八校尉中还有曹操、淳于琼等。小黄门是六百石的低级宦官(其上有黄门侍郎、中常侍)。西园八校尉,带有皇家私人卫队性质。袁绍以下,均由小黄门蹇硕来统领。这件事就有些蹊跷。蹇硕健壮有武略,但缺少谋略。灵帝却把刘协的事情交给了他。要完成灵帝的嘱托,蹇硕最忌惮的是国舅何进(?—189)。他先是想调虎离山,建议灵帝派何进西击凉州韩遂,何进使用拖延之计,一拖就把灵帝给拖死了。中平六年(189)四月,灵帝驾崩,蹇硕秘不发丧,想要除掉何进。

蹇硕谎称灵帝召何进入宫,企图先解决何进的问题,然后完成灵帝的遗愿,扶持刘协继位。蹇硕手下有人将信息泄露给了何进,何进中途逃跑了。于是,大臣们自然按照立嫡以长的顺序,立十四岁的刘辩,是为少帝,何太后临朝称制,"以后将军袁隗为太傅,与大将军何进参录尚书事"。"录尚书事"就是掌管尚书奏报工作,尚书是内朝处理皇帝诏令上下的侍从秘书。大将军兼录尚书事,是西汉霍光以来权臣的必备行头,于是,何进掌控着东汉朝政大权。

袁隗出身名士世家,是袁绍、袁术的叔父。何进与他合作,是继窦武、陈蕃之后,又一次外戚与党人名士的合作。在何进的人事安排中,大量起用党人名士,二袁之外,"复博征智谋之士何颙、荀攸及河南郑泰等二十余人",引起了宦官的紧张,最担心的是蹇硕,他与中常侍赵忠等宦官们谋议:"大将军兄弟秉国专朝,今与天下党人谋诛先帝左右,扫灭我曹,但以硕典禁兵,故且沉吟。今宜共闭上阁(宫禁中的上阁门),急捕诛之。"蹇硕举出党人来威吓其他宦官,试图唤起他们对于窦武、陈蕃那次外戚与党人名士联手的记忆。

蹇硕的计谋并没有得逞,因为宦官之间的意见发生了分歧,内部发生了分化。首先,蹇硕与这些宦官,并不是一伙人,他是从河间封国随灵帝之母董太后进京的,而董太后与儿媳妇何太后之间并不和睦。其次,何太后身边也不乏更有实力的宦官。比如中常侍郭胜与何氏家族有同乡之谊,何太后及何进之飞黄腾达,郭胜是出过大力,投过资的,与何氏家族关系很近。在郭胜的提议下,赵忠、张让(其儿媳为何太后胞妹)等宦官,"不从硕计,而以其书示进"。他们把蹇硕的信件送给了何进,把蹇硕给出卖了。于是,何进"使黄门令收硕,诛之,因悉领其屯兵"。

事已至此,何进自然是大赢家。何家依靠宦官上位,宦官张让、郭胜都与何家关系深厚,可是,何进起用的党人名士极力主张诛除宦官,尤其以袁绍最为激进。

何进采纳了袁绍全歼宦官的建议,一是想诛灭宦官立功立名,二是痛恨蹇硕对他的危害。可是,何皇后并不同意。这种情况与当年窦武的情况何其相似,也是大将军窦武力主诛灭宦官,皇太后犹豫不允。袁绍提醒何进,当年窦武反被宦官所杀的教训,恐怕会重演。他建议何进召外兵入京,声援扫除宦官的行动,以此对何太后施压。明眼人(比如曹操)都能看出,这是馊主意,可是何进却认为不错。于是,并州牧董卓(?—192)率西凉羌胡兵入京。

不想消息走漏,宦官先下手,假借太后的名义召何进入宫,在嘉德殿杀之,将其人头扔出宫外。于是,党人名士,鼓噪着攻打宫门。史称,袁绍等"勒兵捕诸宦者,无少长皆杀之,凡二千余人,或有无须而误死者"。这一次,军队全在党人名士手中,宦官挟持着皇帝和陈留王刘协等逃出洛阳,最后留下了皇帝刘辩,宦官们投水而死。至此,东汉宦官之祸,算是了结了。但是,朝廷大政却落入军阀董卓之手。

　　总之,灵帝托孤,在处理皇位继嗣问题上,如同儿戏;对于蹇硕,则所托非人;何进想借诛除宦官扬名立万,更是缺乏政治谋略!这几个人的愚蠢叠加在一起,就把董卓送到了东汉政治的前台。

董卓进京

　　董卓字仲颖,出身草莽,长期在西北边陲,与羌人作战立功,逐渐做到边州刺史的高位。他对于朝廷一向桀骜不驯。为什么何进、袁绍单单邀请董卓入京呢?

　　董卓是战功卓然的一员猛将,中平二年(185)以中郎将辅佐左车骑将军皇甫嵩,大破边章、韩遂。中平六年,以前将军身份会同老领导、左将军皇甫嵩击破王国、韩遂、马腾。事后,朝廷试图把董卓调离前线,到中央任少府(九卿之一），董卓以前线将士不放为由拒绝。随后朝廷又调其任并州牧，让其把手下的军队交给皇甫嵩。董卓公然拒绝，说愿意带领所部移镇并州。这个时候朝廷形势十分复杂，董卓"于是驻兵河东，以观时变"（《后汉书·董卓传》）。史称董卓粗猛有谋，他正在一边瞅着朝廷动向呢。

东汉一朝与西羌打了几十年的仗，虽然很是艰巨，但是，精兵皆在西北，"天下所畏者，无若并、凉之人与羌、胡义从（义从就是志愿军的意思）"。皇甫嵩和董卓是当时最重要的军将。皇甫嵩是将门之子，而且是孝廉、茂材出身，陈蕃、窦武都曾想辟署他出来做官，他没有应召。灵帝时以公车辟召为侍郎，出任北地太守。皇甫嵩是党人名士体制内的将军，董卓却不同，"出自西州，少为将帅，闲习军事"，是军人出身的西北豪族，朝廷对他并不放心。现在，何进居然要请董卓进京对付宦官，岂非引狼入室？

"董卓闻召，即时就道。"从河东进京，最为方便。进京之时，正值宦官诛杀何进，少帝逃到洛阳北边的邙山。八月二十八日，董卓迎驾回宫，可是传国玉玺却在动乱中丢失。此时，宦官固然已经诛灭干净，何太后仍然在朝。

为此，董卓分三步走摄取权力。第一步，首先是掌控兵权，董卓入京的兵马不多，但是，他掌控了何进及其弟何苗统领的禁军。同时，又收买了吕布，兼并了并州丁原的部队。其次，董卓仍极力争取文士的支持。他起用名满天下的蔡邕为幕僚，也努力争取袁绍兄弟。只因为袁绍反对董卓废黜少帝,两人后来才发生了冲突。第三,废帝弑后,掌控朝政。

九月初一,董卓废黜少帝刘辩,立献帝刘协,倒是完成了汉灵帝派给蹇硕的任务。可是,董卓此举,只是为扳倒何太后铺路。董卓废黜了少帝,目的是迫使何太后让出权力。两天后,何太后被迁出皇宫鸩杀,董卓完全掌握了朝廷大权。外戚、宦官专权之弊,至此被清除干净,东汉王朝也该寿终正寝了。

190年初,关东军在袁绍的领导下,讨伐董卓。董卓一边布置向长安方向撤退,一边在洛阳一线实施抵抗。曹操领军五千冲上前,被董卓大将徐荣所败,身负重伤;孙坚甚至直接打到了洛阳附近,董卓派李傕诱和,表示愿意结婚姻之好,被孙坚断然拒绝,孙坚还意外地得到了落入井中的传国玉玺。袁绍等其他各路英雄都在抢夺自己的地盘。可是,后来的历史走向却是曹操、孙权和刘备(其时还在草莽中),开启了三分天下的局面,其余各怀鬼胎的党人名士,拥兵自重,都被先后诛灭。

官渡之战前夕,沮授感叹地说,"六国嗤嗤,为赢弱姬"。这是以东周末年战国的局势比喻他所在的汉末,他已经感觉到东汉末年的所有折腾,包括董卓进京,无非是削弱刘氏汉朝,为以曹操为代表的"三国演义"铺路而已。

(参见《资治通鉴》卷四〇至卷五九)

第六章 三国成败

三国的历史分为两段，一段是东汉末年皇权旁落，诸侯割据争雄的时代；另外一段是魏、蜀、吴先后建国称帝，最后被西晋统一的时代。从 189 年董卓进京，到 280 年西晋统一，前后有九十年历史。

　　三国是一个英雄辈出的时代。因为在战争时期，每一位豪杰在经略天下过程中的人事臧否、处事的成败得失，会在很短的时间内兑现，为后世白发渔樵、意气书生一壶浊酒论英雄提供谈资。我们这里讨论的袁绍（？—202）、曹操（155—220）、刘备（161—223）、孙权（182—252）、诸葛亮（181—234），都是家喻户晓的历史人物，大家的爱恨之情多少受到影视、戏剧和演义的左右。历史家在研究这些人物时，则应该保持一份冷峻。

　　袁绍是含着金钥匙长大的，典型的官 N 代。但是，他其实是一个书生，政治雄心很大，但文韬武略皆有不足。他三番五次怂恿何进召董卓进京，自己反被董卓所制，是政治幼稚；他一再拒绝迎接汉献帝，失去挟天子令诸侯的优势地位，是政治短视。他之所以成为北方最大的雄主，一是因为父祖之资荫结下的人脉；二是因为困难时节，他也颇能约束自己，礼贤下士。他费了九牛二虎之力拿下幽州，拥有青州、幽州、冀州、并州，黄河中下游靠北的最大一片土地。这一点成功和积累的势力害了他，让他以为自己有夺取天下的能力。领导者拥有强大的实力，但没有驾驭这一实力的能力也是徒劳的。年轻时的好友、后来的最大对手曹操就说："吾知绍之为人，志大而智小，色厉而胆薄，忌克而少威，兵多而分画不明，将骄而政令不壹，土地虽广，粮食虽丰，适足以为吾奉也。"

● 领导者拥有强大的实力，但没有驾驭这一实力的能力也是徒劳的。

对于曹操的评论已经很多。"乱世之奸雄，治世之能臣"是当时人对他的评价。"治世之能臣"，我们可以理解，即认可曹操是有能耐的。"乱世之奸雄"，则常被人诟病，因为"奸雄"似乎不是好人。其实，我理解"奸雄"就是带有"猴气"的英雄。在乱世建功立业，没有点儿"猴气"是不行的。

曹操之所以在群雄竞争中打出最大的一片地盘，有几点原因。一是政治方向很清楚。关东军讨董卓过程中曹操的挺身而出与袁绍的畏葸不前形成鲜明对比；汉献帝逃出长安向东寻求诸侯救驾，袁绍的拒绝与曹操的积极迎奉形成明显反差。不能说曹操始终保有忠于汉室的政治立场，但是曹操有高度的政治敏感，知道做出正确的政治选择。二是军事能力高超。曹操曾经认真研究兵法，并有心得笔记传世，还在实战中不断积累作战经验，用兵如神。三是治理能力一流。曹操善于听取不同意见，屯田制的推行解决了战争时代的军粮问题，唯才是举的人才思想使得曹操帐下人才济济，远远超过所有的对手。在敌方阵营不出众的

● 唯才是举的人才思想使得曹操帐下人才济济。

人才比如张辽、高览，甚至郭嘉、荀彧，来到曹营都能施展拳脚，大有用武之地。

至于刘备、孙权、诸葛亮，也都是一时豪杰。刘备与孙权共同的长处是能审时度势，扬长避短；其短处是基础太弱，格局尚小，或者是因为对手曹操足够强大，自保有余，战而胜之则力有不逮。刘备能够笼络人，孙权身段柔软，最值得评论的是诸葛亮。尽管诸葛亮已经被小说家神化，但是其忠诚和睿智，在当时已经在敌国中广为传播。孙权就知道诸葛亮超过其兄长诸葛瑾（从他与诸葛恪小时候的对话可知），曹氏阵营也对诸葛亮尊重有加，司马懿也是如此，从钟会入川祭拜孔明之墓亦可窥知。诸葛亮忠于事业，忠于职守，鞠躬尽瘁，死而后已，是后世政治人物的楷模。

袁绍兴衰

公元 200 年的官渡之战，不仅是袁绍与曹操的对决，也是三国局面开始明朗、逐渐成形的第一仗。

《资治通鉴》和《三国志》《后汉书》诸家评论，都肯定袁绍具有政治优势。从许多人的预测，包括曹营人士的预测看，袁绍取胜的可能性是完全存在的，否则，许都城内就不会有那么多人写信给袁绍，为自己谋划后路了。

袁绍为什么输了？我们分几点来分析一下。

袁绍的政治资本

袁绍是标准的官 N 代。高祖袁安以下，四世皆为三公，门生故吏众多，"势倾天下"（《三国志·袁绍传》）。当朝有叔父袁隗为太傅。袁绍年轻的时候也是一个名士，"不应辟命"，拒绝出仕。中常侍宦官赵忠等对此很有意见。叔父袁隗命其出山，袁绍于是应召进入了大将军何进幕府。说明袁绍怂恿何进诛杀宦官，其来有自。

190 年，关东盟军讨伐董卓，自然就推举袁绍为盟主了。袁绍作为渤海太守，势单力薄。他之所以被推为盟主，并不是因其具有军事优势，而是因为政治优势。董卓任命的冀州牧韩馥，作为渤海太守袁绍的上司，处处给他为难，甚至阻止其发兵。那么，袁绍的政治优势在哪里呢？董卓诛杀了袁隗和袁氏家族之在京都者，"是时，豪杰既多附绍，且感其家祸，人思为报，州郡蜂起，莫不以袁氏为名"（《后汉书·袁绍传》）。家族的蒙难，激起了各地豪杰的悲情，都愿意追随袁绍起兵。总结起来说，袁绍是世家子，是名士，其家族四世三公，是东汉王朝最大的既得利益者之一；袁绍本人是名士，在士林中有一定号召力；袁绍家族被董卓所杀，唤起了大家的同情。

可是，从当年共同歃血为盟（誓师大会）讨董卓，到诸家分道扬镳，乃至官渡之战袁绍败于曹操，中间有十年。这十年间，袁绍把自己的政治资本输得精光。

● 十年间，袁绍把自己的政治资本输得精光。

158

战略失策

董卓废少帝,立献帝,其实是符合汉灵帝生前意愿的。汉灵帝委托蹇硕的,就是这件事,只是蹇硕没有做成。但是,袁绍反对,不仅因此与董卓闹僵,而且与献帝也有了隔阂。董卓入洛阳初期,颇招纳贤士,重用曾被禁锢废弃的党人,就此而论,这本应是贯彻了东汉党人名士的意志,也应该是与袁绍有共同利益的。王允之所以留下辅政,就有这层原因。及关东军讨董卓,董卓就破罐破摔,挟帝西迁。袁绍为盟主的关东军,难道真的是为了勤王吗?值得怀疑。因为这个献帝之拥立,并不符合袁绍的意图。

在对待汉献帝的问题上,袁绍有三错:

首先,190年,袁绍曾谋划推举幽州牧刘虞为帝,曹操等人反对,刘虞本人也坚决不干。这使人怀疑,袁绍起兵讨伐董卓,无非也与董卓一样,意图挟天子、令诸侯而已。袁绍对于献帝的不忠,昭然可见。

其次,董卓被吕布所杀,李傕、郭汜大交兵。195年冬,献帝成为双方争夺的人质,幸而出逃,一路颠沛流离,东向京洛,后面还有李傕、郭汜的追逼。冀州士人建议袁绍利用这个机会勤王,迎护汉献帝。如沮授就向袁绍建议西迎献帝,建都邺城,以天子的名义号令诸侯,讨伐不听王命之人。

袁绍信任的汝颍名士淳于琼、郭图却表示反对。袁绍听从了他们的意见,在迎护献帝的问题上,采取了回避的态度。于是,196年,曹操才有了"挟天子以令诸侯"的机会。

袁绍异想天开，想让天子迁都鄄城，以便密近于己，曹操断然拒绝。

其三，197年，袁术在淮南称帝，遭到曹操和吕布的轮番打击，不及两年，穷困败落。199年，"乃遣使归帝号于从兄绍"。对于这种不靠谱的做法，袁绍居然接受了，还遣长子袁谭在青州接应。曹操派刘备等拦截袁术，"术不得过"，吐血而亡。

大约是被弟弟转让皇位所触动，就在这个时候，袁绍竟然想自己称帝，故授意主簿耿苞（即《后汉书》所载之耿包），密劝自己登基，又把耿苞之言拿来征求军府将士的意见，结果遭到部下的一致反对。袁绍为了顾全自家面子，乃杀耿苞为自己脱罪。

在这种情况下，袁绍发动了对于曹操的进攻，也就是对汉家朝廷的进攻。

《后汉书》卷七四《袁绍传》记载得很清楚：一是袁绍虚骄，自以为老子天下第一了，并不把朝廷放在眼里；二是耿包（即耿苞）授意启动称帝之议，遭到幕府的一致反对，耿包作为替罪羊被杀，这暴露了袁绍的政治野心；三是在这种情况下，袁绍才决议征讨曹操，其实是举兵指向朝廷。

总之，袁绍家族作为东汉最大的既得利益者之一，在一系列政治事变中，看不出袁绍的丝毫忠诚。相反，他政治上投机取巧、首鼠两端、短视自私的缺点和不臣之心，都暴露无遗。所有这些都在不断地削弱其政治号召力和公信力。荀彧是192年就离开袁绍的，郭嘉也是在此后不久投奔曹操，我想可能与这一点有关。联想到袁绍当年出馊主意，

● 袁绍政治上投机取巧、首鼠两端、短视自私的缺点和不臣之心，不断地削弱其政治号召力和公信力。

极力劝何进招董卓进京,只能说,缺乏政治头脑,目光短浅,是他一贯的政治短板。

败亡有因

现在袁绍十万大军打过来了,双方实力悬殊,都在争取周边割据势力的支持。根据《资治通鉴》的记载,有许多人看好曹操。诸如南阳张绣的谋士贾诩、凉州牧韦端的幕僚杨阜、荆州牧刘表的幕僚韩嵩等。

张绣本来与曹操有穰城之仇,贾诩劝说他归附曹操有三点理由:第一,曹操有政治优势,"奉天子以令天下";第二,"曹公众弱,其得我必喜";第三,曹操有霸王之志,不会记私怨。

杨阜的说法是:"袁公宽而不断,好谋而少决;不断则无威,少决则后事。今虽强,终不能成大业。曹公有雄才远略,决机无疑,法一而兵精,能用度外之人,所任各尽其力,必能济大事者也。"

韩嵩的理由是:"曹操善用兵,贤俊多归之,其势必举袁绍,然后移兵以向江、汉,恐将军不能御也。"

总之,贾诩强调的是政治优势,杨阜强调的是军事才能,韩嵩还加了一条"贤俊多归之"的人才优势。

面对袁绍的进攻,曹操方面的反应如何呢?"许下诸将闻绍将攻许,皆惧。"孔融大约代表惧怕者,他对谋士荀彧说:"绍地广兵强,田丰、许攸智士也,为之谋;审配、逢纪忠臣也,任其事;颜良、文丑勇将也,统其兵。殆难克乎!"

荀彧的分析耐人寻味:"绍兵虽多而法不整,田丰刚而犯上,许攸贪而不治,审配专而无谋,逢纪果而自用,此数人者,势不相容,必生内变。颜良、文丑,一夫之勇耳,可一战而禽也。"这一点与曹操的分析相同:

> 吾知绍之为人,志大而智小,色厉而胆薄,忌克而少威,兵多而分画不明,将骄而政令不壹,土地虽广,粮食虽丰,适足以为吾奉也。

曹操、荀彧两人在两点看法上,高度一致:一是袁绍兵员虽多,但是部署、调度之法,却不甚高明;二是政令不一,互相势不相容。只是荀彧把具体人事纠纷讲得更具体罢了。

袁绍用兵不及曹操,这在其时是有公论的。

在关东军讨董卓之际,鲍信就持此看法,坚定地看好曹操。当时,最卖力的是曹操和孙坚。袁绍却在事后利用冀州牧韩馥内部的矛盾,抢夺冀州地盘。同时,在田丰、沮授等人的辅佐下,攻下幽州、并州、青州。攻打幽州公孙瓒的时候,显得尤其吃力。史称:"袁绍连年攻公孙瓒,不能克,以书谕之,欲相与释憾连和。"袁绍想休兵讲和,公孙瓒不答理他,照样增修守备,自信地对长史关靖说:"当今四方虎争,无有能坐吾城下相守经年者明矣,袁本初其若我何!"从191年到199年,双方几乎打了十年,只是由于公孙瓒的内部军事部署有误,才被袁绍有机可乘,公孙瓒失败自杀。这是在官渡之战的头一年。袁绍虽胜,但并不能掩盖其在军事上花拳绣腿的本质。

袁绍用兵不及曹操,最重要的表现是对于战争时机、事宜的把握,"多谋少决,失在后事"。

● 袁绍"多谋少决,失在后事"。

先说时机。袁绍与公孙瓒打了近十年仗,勉强取胜,就要去攻打曹操。沮授说,现在时机不对。当今之务,获得政治上的主动权后,采取长远经营,以逸待劳之策,"可坐定也"。否则的话,现在曹操奉天子以令天下,我们举师南向攻之,不仅有违道义,而且出师无名。袁绍不但不听,反而分解了监军沮授的兵权。

再说事宜。建安五年(200)正月,刘备在追讨袁术过程中,伙同董承等人谋害曹操的事情泄露,曹操要去讨伐占据徐州的刘备,冀州别驾田丰建议袁绍乘着曹操与刘备连兵未解之机,"举军而袭其后,可一往而定"。这也正是曹操部将担心的事情。可是,"绍辞以子疾,未得行"。气得田丰举杖击地,大呼完蛋:嗟乎!遭难遇之时,而以婴儿病失去这个奇袭的机会,可惜啊,大势已去了。郭嘉曾经在袁绍手下干过一段时间,他就预料到事情会是如此:"绍性迟而多疑,来必不速。备新起,众心未附,急击之,必败。"

待到曹操击破刘备,还军官渡,袁绍儿子的病大约已经好了,"乃议攻许"。田丰反对说:"曹操既破刘备,则许下非复空虚。且操善用兵,变化无方,众虽少,未可轻也,今不如以久持之。"他的意见与沮授完全一致:"将军据山河之固,拥四州之众,外结英雄,内修农战,然后简其精锐,分为奇

163

兵,乘虚迭出以扰河南,救右则击其左,救左则击其右,使敌疲于奔命,民不得安业,我未劳而彼已困,不及三年,可坐克也。"放弃这样一个万全之策,却"决成败于一战",有这个必要吗?"若不如志,悔无及也。"可是袁绍不仅不听,反而因为田丰"强谏""沮众",把他关押起来了。难怪"十胜论"说他"是非不可知"了。

● 袁绍用人不行。他重用的高级将领,有匹夫之勇,无统御之才。有才华的大将,在他的手下也表现平平。

　　袁绍用兵不行,突出表现在用人不行。他重用的那些高级将领,诸如颜良、文丑、淳于琼等,有匹夫之勇,无统御之才。即使有才华的大将,如张郃在他的手下也表现平平,后来投降了曹操之后,却成为一员智勇双全的猛将。

　　袁绍的谋士,除荀彧、郭嘉先后离去外,田丰、沮授的正确谋划,听不进去;掌管内务决策的,如审配、逢纪专断自恣,郭图嫉贤妒能。学术界已经注意到,袁绍内部存在两个对立的名士集团,即汝颍名士集团和冀州名士集团。他们争权夺利,尔虞我诈。

　　审配、郭图与田丰、沮授不睦,在是否发动对曹操的进攻上,沮授、田丰都持谨慎态度,审配、郭图则支持。审配自己屁股不干净,还以贪渎之名逼走许攸;郭图自己形势判断失误,却气走张郃、高览。"十胜论"中说到袁绍内部"大臣争权,谗言惑乱",绝非虚言。最后许攸叛变出走,完全如荀彧所料。审配、田丰、沮授是冀州名士,郭图、淳于琼、许攸是汝颍名士。其实,这里不仅有畛域之见,更重要的还是权益之争。而在这个问题上,主帅听断不明,心胸狭窄,才是内部冲突、争权夺利的根本原因。

曹操用才

曹操是一个很矛盾的人物。

东汉末年的乱局中,曹操能赢,除了本身的军事和政治才能之外,还赢在他的胸襟气度上,郭嘉的"十胜论",从对比袁绍的角度,有全面的讨论。可是,曹操有时候又会特别敏感,比如,杀孔融,借刀杀祢衡,似乎心胸很狭窄。

到底曹操在意什么,不在意什么?

兖州之变,曹操被陈宫、张邈出卖,吕布占领了曹操的老巢。有几件事让曹操很难看,但却可以看出曹操的容人气度。

曹操担任兖州刺史时,辟东平人毕谌为别驾(幕僚之一),张邈劫持了毕谌老母、妻子等家人,曹操说,你可以到张邈那边去。毕谌信誓旦旦说,绝无二心,曹操感动得流泪。可是,毕谌刚出门,转身就跑到张邈那边去了。等到曹操击破吕布,毕谌被活捉,大家都为他捏了一把汗。可是,曹操却说:"夫人孝于其亲者,岂不亦忠于君乎!吾所求也。"曹操说孝子出忠臣,不仅不杀,还任命毕谌为兖州下属的鲁国相。

魏种的情况类似。魏种是曹操举荐为孝廉的。按照东汉的国情,曹操是他的恩公啊。兖州之叛,曹操自信地说:"唯魏种且不弃孤也。"后来听说魏种也逃去了叛军那边,曹操觉得很没有面子,十分生气地说:"种不南走越、北走胡,不置汝也!"待攻下吕布,捉拿了魏种,曹操很可惜他是一个人才,"释其缚而用之"。

臧霸曾经是陶谦手下的大将。曹操战吕布,臧霸是吕布的帮凶。及吕布破,臧霸逃匿,被曹操擒获。曹操赦免了臧霸,并任命他为琅琊相,"割青、徐二州,委之于霸"(《三国志·魏书·臧霸传》),将防守青、徐方面的军务,委之于臧霸。

兖州之变,徐翕、毛晖作为曹操的部将,也背叛了曹操。兖州搞定之后,二人逃亡到臧霸手下。曹操让人传话给臧霸,送翕、晖二人的人头来。臧霸很侠义地回复说:"我臧霸之所以能自立于世,就是因为绝不做这种不义之事!虽然我受主公全生之恩,不当违命,但是,一个追求王霸之业的君主,应能晓之以义!"曹操赞叹臧霸有古人的侠义之风,乃任命徐翕、毛晖为郡太守。官渡之战中,曹袁相距于官渡,臧霸在东面,"数以精兵入青州,故太祖得专事袁绍,不以东方为念"(《三国志·魏书·臧霸传》)。臧霸真是投桃报李。

官渡之战前,陈琳为袁绍作檄文,"数操罪恶,连及家世,极其丑诋"。辱骂到曹操祖宗三代:祖父曹腾,妖孽横行;父亲曹嵩,乞丐携养,花钱买官;曹操本人,窃盗鼎司,弄权作威。战后,陈琳被擒,曹操质问陈琳:你当初为袁本初(袁绍字本初)写檄文,骂我本人就好了,"何乃上及父祖邪"？陈琳叩头谢罪，曹操不仅没有加罪，还让他与著名文士阮瑀共同加入了他的文书写作班子。对于袁绍辖区青、冀、幽、并四州名士，曹操采取郭嘉的建议，也尽量招纳到自己的幕府任职。

我列举这些例子，无意说曹操如何如何仁厚。曹操无疑是有很凶狠残暴的一面，战争杀人，盈野盈城，在军阀混战时期，是家常便饭。曹操的过人之处是，他很看重人才。他的宽厚，是对那些有真才实干的人。同时，曹操还有权谲的一面，善于笼络人才。官渡之战后，曹操在袁绍军营获得许下官民给袁绍的效忠信，付之一炬，说："当绍之强，孤犹不能自保，况众人乎！"这样的举动，虽然是效法刘秀，但对曹操来说，也属顺理成章。

● 曹操的过人之处是，他很看重人才。他的宽厚，是对那些有真才实干的人。

那么，什么时候曹操会表现得特别狭隘，恶意杀人呢？大约有两类情况，一类是不愿意继续效力的谋士。官渡战后，曹操曾想收留沮授，但是，沮授虑及家人、财产都在河北，不敢背叛袁绍。吕布被杀，曹操也想赦免陈宫，大约由于其一再背叛曹操，陈宫无脸吃回头草，只求速死。但是，陈宫死后，曹操终身养护着陈宫的老母、妻子。

另外一类被杀的，就是看不起曹操的名士，这触及了曹操青少年时代的隐痛。

许攸是名士，青年时代就与曹操交往。许攸献计奇袭乌巢，后来在征服冀州的过程中，也有引导之功。但是，这个人狂妄自大，多次以小名呼曹操为阿瞒。在冀州首府邺城东门,说此家非我,不得入此门,结果被人举报。

孔融(153—208)更不把曹操放在眼里。孔融与平原陶丘洪、陈留边让,并称俊秀。其实,陶、边二人,都是绣花枕头,并非智谋之士。边让,《后汉书》有传,名声很响,高朋满座之际,谈笑风生。蔡邕对他特加推许,屡屡升官,可是,后来出任九江郡守,"不以为能也"。董卓之乱后,边让搞不定地方行政,弃官回到家乡陈留,"恃才气,不屈曹操,多轻侮之言。建安中,其乡人有构让于操,操告郡就杀之"。据此则知杀边让正值曹操为丞相之时。陶丘洪曾想参加王芬暗杀灵帝的活动,被华歆所制止,免了一场祸难。从此,陶丘洪对华歆佩服之至。从这件事可以看出,陶丘洪的智谋和水平,其实都在曹操之下。

孔融最推重的是名士祢衡(173—198),祢衡最看不上的是曹操。或者说,祢衡谁都看不上,刚到许下,就对曹操新组建的班子口出狂言,说陈群(大名士陈寔之孙)、司马朗(司马懿之兄)不过是屠夫之流,荀彧只配给人哭丧,赵融只配监厨请客。他看得上的只有"大儿孔文举(孔融),小儿杨德祖(杨修)。余子碌碌,莫足数也"(《后汉书·祢衡传》,本节下文引此不再出注)。即使是孔融和杨修,也不过是他两个儿子的水平。祢衡其时不过二十多岁,放到现在也就大学毕业不久的年纪,竟然如此狂妄。可是,孔融却郑重地向曹操推荐了祢衡。

曹操久闻其名,也想见见。但是,祢衡哪里看得起曹操,称病不往,口出狂言,根本不把曹操放在眼里。曹操心中恼恨,就以祢衡擅长击鼓为名,命他为鼓史,宴请宾客之时,让鼓史们为大家鼓曲助兴。鼓史们都换上了专门的制服,只有祢衡没有换装就上场了,他演奏的是《渔阳》鼓曲,姿势奇特,鼓曲悲壮。下吏责问他为何不换衣服,祢衡于是当场一件一件脱光衣服,赤身裸体地站立着,然后不紧不慢地换上鼓史之服,接着击鼓。现场表演裸体换衣,脸不变色心不跳,一点都不难为情。曹操解嘲地说,没想到被这小子羞辱了一番。

孔融于是两边弥合。这边数落祢衡的不是,传达曹操的善意,祢衡答应去拜见曹操赔礼;那边又去见曹操,说祢衡身患狂疾,如今幡然醒悟,特意前来谢罪。曹操一听很高兴,只要名士看得上他,他就高兴。命令门卫说,有客人来立马通报,可是等了很晚,祢衡才姗姗来迟,一副不修边幅的样子,手持三尺大杖,坐在曹操营帐门口,以杖戳地,破口大骂曹操。曹操很生气,却没有杀他,立马派人把祢衡送到荆州刘表那里去,时在建安三年(198)。按理说,祢衡是来首都找工作的,而曹操迎驾有功,刚刚把汉献帝接来不久。祢衡如此恶语相向,态度恶劣,曹操没有杀他,已经是很不错了。

孔融就栽在祢衡的事情上。官渡之战后、赤壁之战前,孔融也对曹操屡加冒犯。曹操为节约粮食禁酒,孔融不仅上书反对,而且带头违抗。还提出帝都之周边千里不得封建诸侯,这样曹操就得搬出邺都了,这让曹操很不爽。于是有个叫郗虑的官员,出来说孔融的坏话了。

郗虑，字鸿预，与孔融是一对老冤家。有一次，与孔融同侍汉献帝侧。汉献帝问，鸿预有什么长处呢？孔融说，他这个人哪，只认死理，不通权变。郗虑马上反唇相讥，说孔文举当年在北海，"政散民流"，权变之术安在？两人当着皇帝的面儿就吵起来了，还是曹操为他们和解的。现在郗虑不但暗中告发孔融之罪，说孔融在北海时，自称是孔圣人的后代，亡国于宋，当皇帝的何必是卯金刀（"刘"字），还使人上书，告发孔融不孝之罪，这罪就涉及祢衡，说孔融与祢衡互相吹捧，说一个是仲尼不死，一个是颜回复生！他们胡言乱语，说什么父与子有何亲，不过是情欲的作用罢了；母与子有何恩，母腹无非是存储婴儿的罐子而已。至此，孔融就难免一死了。

平心而论，孔融为"建安七子"之一，文采一流。但是，论文学成就、诗文水平，孔融绝对在曹操之下。打仗就更不用说了，身为北海相，孔融先败于黄巾，后败于袁谭。单身逃离时，妻子儿女全都不顾。孔融在朝廷做官，凭什么看不上曹操呢？就因为他是名士！孔融从小就因为掩护过党锢之祸中逃难的名士张俭而知名。其实，这些名士往往虚有其表而已。他们中最杰出的代表，即如袁绍、刘表之流，都是曹操手下的败将，至于孔融、边让、祢衡，就更等而下之了。

当然，话又说回来，曹操对于看不起自己的文人，动辄用权力的手段消灭对方，是很不仁厚的。大约这也正是后人"畏其威而不怀其德"的缘故吧！

刘备智慧

刘备,字玄德,涿州涿县(今河北涿州)人,出身农家。都说刘备以卖鞋、贩草席为业,实不尽然。他的父祖"世仕州郡",可见也是有身份的人家。刘备的祖父刘雄"举孝廉,官至东郡范令",就是当过东郡范县县令,父亲刘弘大约是一般吏职。可是,与曹操、袁绍、刘表、刘璋比,刘备就差远了。袁、曹暂且不论,刘表曾是"八顾"之一的名士,党禁解除后,他入大将军何进幕府,出来就是荆州刺史。刘璋的父亲刘焉在朝为太常,出为益州牧。虽说都姓刘,他们之间的差距真是太大了。

刘备以战黄巾军的军功出身,担任过几任低级职务,如安喜县(今河北定州市区东面)县尉、下邳(今江苏睢宁)丞、高唐县(今山东潍坊高唐)县尉和县令。结果或被裁员,或自觉无趣,主动去职,或被贼人赶走。走投无路之际,刘备只好去找老同学公孙瓒。

刘备虽是打仗出身,实则不会打仗。曹操手下的人就曾说刘备是"拙于用兵,每战则败"。公孙瓒派刘备去帮助徐州陶谦。陶谦被曹操所逼,不甘心将徐州留给曹操,临死前,请刘备接手徐州,这其实是天上掉馅饼啊。结果刘备却输给了吕布,丢掉了徐州。此后,他就在吕布手下苟且过

活。吕布亦不能容,于是他先后投奔曹操、袁绍、刘表。汉
高祖刘邦四十八岁时出来起义,刘备四十八岁时还在刘表
手下混饭吃,郁郁不得志。

可是,自出道以来的二十多年,刘备在江湖上的美誉
度,却随着他一次次的失败而不断抬升。刘备赢得了人才,
赢得了人心,赢得了仁厚的美名。

先说人才。关羽、张飞在刘备出道之前,就是他的铁杆
兄弟。公孙瓒帐下的赵云忠勇善战,性情谦和,刘备一见倾
心,深相接纳,从此子龙(赵云字子龙)追随刘备一生,甘苦
与共。最有名的是诸葛亮,刘备三顾茅庐,成为千古佳话。
诸葛亮比刘备年轻二十岁,刘备不仅能用诸葛亮,而且坦诚
托孤,使诸葛亮鞠躬尽瘁,死而后已。

史学家陈寿赞美刘备在笼络人才方面可以媲美高祖刘
邦,说:"先主之弘毅宽厚,知人待士,盖有高祖之风,英雄之
器焉。"至于"举国托孤于诸葛亮,而心神无贰,诚君臣之至
公,古今之盛轨也"(《三国志·蜀书·先主传》),可以说比刘邦
还要更高一筹,为古今罕见之美谈。

再说人心。陶谦请刘备出任徐州刺史,而此前刘备最
多做过县令,没有履历,没有家族背景,于是他心中胆怯,对
于不远处的袁术,心存疑虑。可是袁绍、陈登、孔融这些不
同背景的人,都认同刘备领徐州。特别是北海相孔融,看不
起曹操,却特别看好刘备。这就是刘备的过人之处,天与
之,百姓与之,地方实力派与之。

刘备在荆州,受到刘表的猜忌,难有作为。可人心却在

刘备这边。刘表死后,荆州士民皆归附于刘备,诸葛亮劝他袭取刘表遗孤——懦弱的刘琮,刘备不听。曹操南下攻荆州,刘琮投降,数以十万计的百姓追随刘备南逃,每天只能走十几里,有人劝刘备放弃百姓,刘备说:"夫济大事必以人为本,今人归吾,吾何忍弃去!"走笔至此,晋朝史学家习凿齿也不禁赞叹道:"虽颠沛险难而信义愈明,势逼事危而言不失道。"

最后说仁厚。刘备无疑有忠厚的一面。裴松之就说,刘备"追景升之顾,则情感三军;恋赴义之士,则甘与同败"。说他不愿意袭取荆州,愧对刘表(刘表字景升)于地下;不愿意抛弃百姓,宁愿与之同患难。其实,从另外一面说,刘备的仁厚,也是他的智慧所在。即使起意袭取荆州,他能够确保一定成功吗?即使袭取成功了,面对曹操南下的大军,他能保住荆州吗?刘备心中应该是很清楚的。

总之,与众豪杰混江湖,刘备可以打的牌不多,可依赖的本钱也很少。他凭仁厚的长者形象,往往绝处逢生,逢凶化吉。刘备动不动就以皇叔自诩,其实最不靠谱的就是这个"皇叔"头衔。

赤壁之战是刘备一生的转折点。

赤壁之战以前,刘备很少有得意的日子。赤壁之战期间,刘备及关羽、刘琦(刘表长子,其手下军队万余人归于刘备)有两万人,周瑜所动员的军队也只有三万人,照理说,二人出兵相当,确实是孙刘联盟。可是,无论是曹操,还是孙

● 刘备凭仁厚的长者形象,往往绝处逢生,逢凶化吉。

权,都没有把刘备真正作为一方而平等相待。孙权只是把刘备看作前来投奔自己的,就像当初刘备在袁绍、曹操和刘表手下那样。这是导致孙、刘二家为荆州问题大动干戈的原因之一。

先说当初刘备投靠曹操是被吕布所逼,曹操遇之甚厚,上表汉献帝封刘备作豫州刺史、左将军,礼之亦重,出则同舆,坐则同席。刘备后来称刘豫州、左将军,就是本乎此。豫州在河南,是曹操的地盘,刘备任豫州刺史,只是虚名。刘备心知肚明,所以他从来就没有想在曹操手下安安心心地过日子。为什么? 曹操不会放过他。

青梅煮酒论英雄,曹操说,当今之世,堪称英雄的唯有你刘使君和我曹操,"本初之徒,不足数也"——袁绍之流,是不能算的。这番话把刘备吓得筷子都掉下了地。我们佩服曹操的眼力,更要赞赏刘备的柔术,他毕竟瞒过了曹操的眼睛,逃了出来。

接着刘备去了袁绍麾下。袁绍除了派人前往迎接之外,他自己也到两百里之外亲迎之,可见对于刘备的重视。刘备于袁绍之子袁谭有恩(袁谭举茂材,刘备是恩主),尽管如此,袁、曹还没有分出胜负,刘备就"阴欲离绍,乃说绍南连荆州牧刘表"(《三国志·蜀书·先主传》)。为什么刘备暗中谋划离开袁绍呢? 因为他自己不能俯首于袁绍,袁绍也不可能放心于他。官渡之战结束后,刘备就投奔荆州刘表而去。

可是,刘备在荆州深为刘表所忌惮。从刘表等人身上,我们看出汉末名士的不堪。"景升父子皆豚犬"(叶剑英诗句),此言不虚。曹操出兵东北的乌桓,刘备建议趁许下空虚,袭击曹操的后方。刘表犹豫不决,失去了机会。刘表的这种态度,被郭嘉等人看得一清二楚,故建议曹操放心前行。刘表身居天下要冲,采取中立态度,实际上是坐以待毙。

刘备在荆州一共有七年时间,这期间他广结恩信,又先后得到了徐庶、诸葛亮这样的人才,就等一个出头露面的机会。刘表去世后,曹操南下,荆州局势崩盘,孙权暴露在曹操的打击之下,从而给了刘备新的机遇。

曹操屯军于江北的乌林(今湖北洪湖境内),其著名的《短歌行》:"月明星稀,乌鹊南飞。绕树三匝,何枝可依?山不厌高,水不厌深。周公吐哺,天下归心。"就是赤壁之战前与诸将宴饮时的兴会之作。据说其中的"乌鹊南飞,绕树三匝,何枝可依",是很不吉利的征兆。接着,黄盖诈降,火烧曹营,刘备从陆路,周瑜从水路,并进追击,曹操大败而逃。孙刘联军赢得了赤壁之战的胜利。

赤壁之战结束后,刘备终于得到了一块属于自己的地盘。这是他失去徐州之后,再一次真正拥有一块根据地。

刘备一再投靠他人(公孙瓒、陶谦、吕布、曹操、袁绍、刘表、孙权),困境中求生存,借力发力,表现了他于仁厚之外,还有能坚忍、通权变的性格。著名思想家傅玄的父亲傅幹这样评价:"刘备宽仁有度,能得人死力。诸葛亮达治知变,正而有谋,而为之相;张飞、关羽勇而有义,皆万人之敌,而为之将。此三人者,皆人杰也。以备之略,三杰佐之,何为不济也?"

刘备宽仁而且能把握尺度(不甚迂腐),能够让人死心塌地跟随他;诸葛亮通达权变,懂政治而有谋略;关、张忠义勇敢,为万人敌,他们都是一流人才。以刘备的领导韬略,加上能文能武的团队的配合辅佐,有什么事情做不成呢?

诸葛治蜀

三国角逐,诸葛亮的出场是比较晚的。建安十二年(207),蛰伏新野的刘备,三顾茅庐。诸葛亮"隆中对",一举成名,次年的赤壁之战,刘备迎来了事业的转机。陈寿是这么介绍的:

> 亮少有逸群之才,英霸之器,身长八尺,容貌甚伟,时人异焉。遭汉末扰乱,随叔父玄避难荆州,躬耕于野,不求闻达。时左将军刘备以亮有殊量,乃三顾亮于草庐之中;亮深谓备雄姿杰出,遂解带写诚,厚相结纳。

诸葛亮把一生都献给了刘备追求的光复汉室事业。其中,刘备托孤是诸葛亮一生的转折点。此前,诸葛亮只是刘备的辅佐,此后,诸葛亮却成了蜀汉事业的主角。

尺短寸长

根据《三国志·诸葛亮传》的记载,刘备入川之前,诸葛亮为刘备做了三件重要的事情。第一,"隆中对",指明了未来的发展方向;第二,赤壁战前,出使东吴,向孙权剖析利害,达成联合抗曹的联盟;第三,曹操北撤后,刘备获得了荆州部分地盘,"先主遂收江南,以亮为军师中郎将,使督零陵、桂阳、长沙三郡,调其赋税,以充军实"。这三件事,一是战略谋划,二是外交策划,三是行政治理,类似于萧何的角色。

建安十六年(211)之后,刘备经营益州,诸葛亮先是与关羽镇守荆州,后来随张飞、赵云等,"率众溯江,分定郡县,与先主共围成都"。成都平,以亮为军师将军,署左将军府事。"先主外出,亮常镇守成都,足食足兵。"扮演的依然是萧何后勤保障的角色。刘备称帝,诸葛亮为丞相录尚书事。这与刘邦称帝后,萧何为相国极为相似。

《三国志》的作者陈寿评价说:"诸葛亮之为相国也,抚百姓,示仪轨,约官职,从权制,开诚心,布公道;尽忠益时者虽雠必赏,犯法怠慢者虽亲必罚,服罪输情者虽重必释,游辞巧饰者虽轻必戮;善无微而不赏,恶无纤而不贬;庶事精练,物理其本,循名责实,虚伪不齿;终于邦域之内,咸畏而爱之,刑政虽峻而无怨者,以其用心平而劝戒明也。可谓识治之良才,管、萧之亚匹矣。然连年动众,未能成功,盖应变将略,非其所长欤!"(《三国志·蜀书·诸葛亮传》)

史家陈寿肯定诸葛亮治国抚民之才,法令严明,公平诚信,可以与管仲、萧何相比。"然亮才,于治戎为长,奇谋为短,理民之干,优于将略。而所与对敌,或值人杰,加众寡不侔,攻守异体,故虽连年动众,未能有克。"除了客观上双方实力的差异外,他特别点出,诸葛亮长于军政,短于谋略;行政才能优于军事才能。陈寿进而说:"昔萧何荐韩信,管仲举王子城父,皆忖己之长,未能兼有故也。"这已经是在委婉地批评诸葛亮用人了,说他不能像萧何举荐韩信、管仲举荐王子城父(齐桓公手下第一大将)那样,发现和任用超过自己的将才。最后,陈寿提出问题说:"亮之器能政理,抑亦管、萧之亚匹也,而时之名将无城父、韩信,故使功业陵迟,大义不及邪? 盖天命有归,不可以智力争也。"诸葛亮治国理政之才,堪比管仲、萧何,其北伐事业却未能成功,究竟是没有韩信、王子城父这样的大将造成的呢? 还是天命攸归,任凭诸葛亮智力超群也无法取胜的缘故呢?

　　陈寿批评诸葛亮没有发现、培养和举荐有伟大将略之才的人,这与他在《三国志》中极力称赞刘备善于识人、用人构成了鲜明的对比。其实,即使是诸葛亮的属僚,对于其事必躬亲,也是有微词的。他的主簿(相当于办公厅主任)杨颙就劝谏说:"为治有体,上下不可相侵。请为明公以作家譬之。今有人,使奴执耕稼,婢典炊爨,鸡主司晨,犬主吠盗,牛负重载,马涉远路。私业无旷,所求皆足,雍容高枕,饮食而已。忽一旦尽欲以身亲其役,不复付任,劳其体力,为此碎务,形疲神困,终无一成。岂其智之不如奴婢鸡狗哉? 失为家主之法也。是故古人称'坐而论道,谓之王公;

● 诸葛亮的属僚,对于其事必躬亲,也是有微词的。

作而行之,谓之士大夫'。故邴吉不问横道死人而忧牛喘,陈平不肯知钱谷之数,云'自有主者',彼诚达于位分之体也。今明公为治,乃躬自校簿书,流汗竟日,不亦劳乎!"(《襄阳记》)

针对诸葛亮事必躬亲,甚至亲自查核文书档案的事,杨颙给诸葛亮讲起了领导力课程。说治国理政,有一定的分工体制。请以家事打比方,家奴主耕,家婢主炊,鸡司晨,狗吠盗,牛载重,马涉远,作为一家之主人,可以坐享其成。这并不是主人的智慧不如奴婢鸡犬,而是因为一家之主自有家法。汉代的名相邴吉、陈平都明白什么事最重要,什么事要交给主管部门去做。您如今主持政务,竟然"躬自校簿书,流汗竟日,不亦劳乎!"诸葛亮什么话也没有说,唯"谢之"而已。据说在杨颙死的时候,"亮垂泣三日"。

务实变通

诸葛亮为刘备立下的第一份大功,就是在曹操大军压境之际,促成了孙刘联盟:"魏武帝南征荆州,刘琮举州委质,而备失势众寡,无立锥之地。亮时年二十七,乃建奇策,身使孙权,求援吴会。权既宿服仰备,又睹亮奇雅,甚敬重之,即遣兵三万人以助备。备得用与武帝交战,大破其军,乘胜克捷,江南悉平。"(《三国志·蜀书·诸葛亮传》)

在这里,陈寿把赤壁之战前孙刘联盟的主要功劳记在诸葛亮头上,当然有溢美之意。但是,在孙刘联盟上,诸葛亮始终态度坚定,极其务实,则是可以肯定的。夷陵之战前,诸葛亮、赵云等都坚决反对出兵东吴,刘备不听。刘备驾崩,诸葛亮于执政的当年九月,就派人修复与东吴的关系。

东吴关系修复之后,诸葛亮首先肃清境内。其时,南中地区反叛,诸葛亮亲自出征。临行前,问计于马谡。马谡说,南蛮之人,以攻心为上。若仅靠武力征服,人心不服,反复叛乱,不可收拾。若要斩尽杀绝,不仅伤害天理,而且不是朝夕可致。诸葛亮表示赞同,七纵七擒孟获,终使其心悦诚服。

"益州、永昌、牂柯、越巂四郡皆平,亮即其渠率而用之。"南中平定后,诸葛亮仍然用当地土官管理,有人提出反对意见。诸葛亮分析说:"若留外人,则当留兵,兵留则无所食,一不易也;加夷新伤破,父兄死丧,留外人而无兵者,必成祸患,二不易也;又,夷累有废杀之罪,自嫌衅重,若留外人,终不相信,三不易也。"(《三国志·蜀书·诸葛亮传》)一是派官就需要驻军,驻军就要解决军粮问题;二是最近的战争,难免有死伤,若留官不驻军,十分危险;三是此前蛮夷反叛,多有犯罪,若留官管理,很难互信。这三方面的原因决定了不宜派流官管理。

"今吾欲使不留兵,不运粮,而纲纪粗定,夷、汉粗安故耳。"诸葛亮用充分信任和区域自治的制度,解决了少数民族地区的治理问题,稳定了后方,还获得了许多战略物资。"亮于是悉收其俊杰孟获等,以为官属,出其金、银、丹、漆、耕牛、战马以给军国之用。自是终亮之世,夷不复反。"

我没有必要拔高诸葛亮的民族政策,我只是说,诸葛亮很务实地处理了与南边少数民族的关系,提出了最切实际的治理结构。

太和三年(229)四月,诸葛亮展开第二次北伐之际,孙权即位称帝,提出"并尊二帝"(即互相承认对方为皇帝),并且通知了蜀汉。蜀汉朝野都有人表示反对:"以为交之无益而名体弗顺,宜显明正义,绝其盟好。"诸葛亮对此有一段深入的分析。

首先,孙权僭逆称帝之心,由来已久,不始自今日,我蜀汉国之所以容忍不计,是为了取得犄角为援的效果。如果断绝关系,双方关系恶化,其仇我必深,我国必须移兵东戍,甚至发生战斗,只有并吞其疆土,才能进行讨伐中原的大业。其次,东吴人才济济,将相和睦,并非一朝一夕可以取胜。我们双方斗得难解难分,师老兵疲,反而使北边的曹氏政权得便宜。我们应该学习先帝与吴结盟的做法,深思远虑,通权达变,不可逞匹夫之忿。有人说孙权最大的利益就是三足鼎立,不会与我们结盟对付北方,更无渡江北上之意。这都是似是而非的看法。为什么呢?东吴方面是因为智力不够才限江自保。孙权之不能渡江北上,犹如曹魏之不能跨汉水南下,不是力有余而利不取。我们发大军北伐曹魏,东吴方面一定会采取配合行动,或者分割其土地,或者掳掠其民众,绝不会端坐不动的。退一步说,即使其不出兵配合我们的北伐行动,至少我们没有东顾之忧。曹魏在河南防范东吴的军队,不会全部调到西边来对付我们!就此而言,已经是对我们很大的利好了。因此,我们不宜公开谴责孙权僭逆之罪。

于是,诸葛亮派人出使东吴,"贺称尊号。吴主与汉人盟"。吴汉联盟经历了一次政治风波的考验。诸葛亮的务实精神,在这段分析中表现得淋漓尽致。

执着忠诚

诸葛亮是务实的,又是执着的。这特别体现在北伐这件事上。

从 228 年到 234 年的七年间,诸葛亮动用十万大军六次北伐(其中一次是反击)。

是蜀汉受到了曹魏的威胁了吗?不是。魏明帝曹叡曾想发大兵,进攻屯军汉中的诸葛亮。其高级谋士、散骑常侍孙资坚决反对,认为蜀道艰险,需要调发兵力十五六万,还要三倍地征发民力,会令天下骚动。我们应该严兵分守边疆,以逸待劳,将士虎睡,百姓无事,几年之后,我国日益强盛,吴、蜀更加衰敝。于是,魏明帝放弃了进攻蜀汉的念头。

根据《通典》的记载,蜀汉灭亡时全国人口九十四万,官吏四万,军人十万。曹魏人口四百四十三万。蜀汉人口几乎只有曹魏的五分之一。人口多,兵众就多,诸葛亮想战胜曹魏,其困难可想而知。诸葛亮的对手,曹真、司马懿,都是人杰,加上"众寡不侔,攻守异体",所以诸葛亮劳师动众,但没有成就。

或许有人会说,诸葛亮北伐的主要意图,并不是想一下子收复中原,而是想攻占陇右,作为下一步进攻关中的基地。这种推测有一定的合理性。但是,由于军力、人才、物资等实力对比悬殊,是没有成功希望的。事实上几次北伐都是劳民伤财,无功而返。

诸葛亮《后出师表》中有云:"臣鞠躬尽瘁,死而后已,至于成败利钝,非臣之明所能逆睹也。"(按,《三国志·诸葛亮传》裴注引《汉晋春秋》,注云此表文不见《诸葛亮集》,但是,就本处所引而言,与《前出师表》的思想旨趣是高度一致的。)可见诸葛亮是在知其不可为而为之。

当初,刘备在永安(今重庆奉节)白帝城托孤,嘱诸葛亮以后事,说:"君才十倍曹丕,必能安国,终定大事。若嗣子可辅,辅之;如其不才,君可自取。"诸葛亮感动得涕泣而言:"臣敢不竭股肱之力,效忠贞之节,继之以死!"这与《后出师表》中"鞠躬尽瘁,死而后已"的承诺是一脉相承的。正是刘备的知遇之恩、托付之重,感动了激励了诸葛亮。我们可以重读一下他首次北伐的《出师表》:

臣本布衣,躬耕于南阳,苟全性命于乱世,不求闻达于诸侯。先帝不以臣卑鄙,猥自枉屈,三顾臣于草庐之中,谘臣以当世之事;由是感激,遂许先帝以驱驰。后值倾覆,受任于败军之际,奉命于危难之间,尔来二十有一年矣。先帝知臣谨慎,故临崩寄臣以大事也。受命以来,夙夜忧叹,恐托付不效,以伤先帝之明。故五月渡泸,深入不毛。今南方已定,兵甲已足,当奖率三军,北定中原,庶竭驽钝,攘除奸凶,兴复汉室,还于旧都。此臣所以报先帝,而忠陛下之职分也。(《三国志·蜀书·诸葛亮传》)

从三顾茅庐,到白帝城托孤,诸葛亮始终感念刘备的知遇之恩,或者说,刘备真正赢得了诸葛亮的知恩图报之心。几次北伐之后,回忆起与刘备奋斗的往事,面对当下的时局,他说出"至于成败利钝,非臣之明所能逆睹也",确实也是肺腑之言。为什么诸葛亮要事事躬亲?为什么杨颙死后,诸葛亮为之流泪三日?诸葛亮并不是不明白杨颙所说的道理!但是,他只能用鞠躬尽瘁来兑现自己的承诺。

　　蜀建兴十二年(234)七月,诸葛亮最后一次北伐,双方处于胶着状态。魏明帝在淮南方向击破东吴军队;"司马懿与诸葛亮相守百余日,亮数挑战,懿不出"。诸葛亮遣使者来到曹军营中,司马懿问,你们丞相寝食如何啊,事务忙不忙啊,丝毫不涉及军务上的事情。蜀汉使者回答说:"诸葛公夙兴夜寐,罚二十以上,皆亲揽焉;所啖食不至数升。"(《三国志·蜀书·诸葛亮传》裴注引《魏氏春秋》)诸葛亮夙兴夜寐,兢兢业业,罚二十鞭的刑罚,也要亲自过问,睡不好,吃得少,用生命烛火的消融诠释着自己对蜀汉光复事业的忠诚。

　　蜀军寻战不得,又失去了东吴的策应,诸葛亮一病不起,自知来日无多。成都派人来问后事,百岁之后,谁可以继任,诸葛亮说,蒋琬可;蒋琬之后呢,费祎可。"又问其次,亮不答。是月,亮卒于军中。"

　　诸葛亮鞠躬尽瘁,死而后已,不为个人的高官厚禄,而是为了他做出的承诺,为了他心中的信念,为了他追求的理想!

清名长留

　　诸葛亮为官廉洁,生前给后主的表文说:"成都有桑八百株,薄田十五顷,子弟衣食自余饶,臣不别治生以长尺寸。若臣死之日,不使内有余帛,外有赢财,以负陛下。"诸葛亮治家极严,长子瞻及长孙尚,均为抵抗魏将邓艾袭取成都而捐躯于疆场。(《三国志·蜀书·诸葛亮附瞻传》)

　　诸葛亮死后,"黎庶追思,以为口实。至今梁、益之民,咨述亮者,言犹在耳,虽《甘棠》之咏召公,郑人之歌子产,无以远譬也"。陈寿引孟子的话说:"以逸道使民,虽劳不怨;以生道杀人,虽死不忿。"(《三国志·蜀书·诸葛亮传》)信矣!《资治通鉴》列举了两则事例。长水校尉廖立,自谓才名宜为诸葛亮之副,常以职位游散,心怀怨恨,诸葛亮"废立为民,徙之汶山。及亮卒,立垂泣曰:吾终为左衽矣!"同样因罪被撤职的李平(即李严),听说诸葛亮死,"亦发病死。平常冀亮复收己,得自补复,策后人不能故也"。

　　晋朝史家习凿齿感慨系之地评论说:"诸葛亮之使廖立垂泣,李严致死,岂徒无怨言而已哉! 夫水至平而邪者取法,鉴至明而丑者忘怒;水鉴之所以能穷物而无怨者,以其无私也。水鉴无私,犹以免谤,况大人君子怀乐生之心,流矜恕之德,法行于不可不用,刑加乎自犯之罪,爵之而非私,诛之而不怒,天下有不服者乎!"赞扬诸葛亮用法公平,使人心悦服。

　　诸葛亮一生演绎了那个时代君臣际遇的最佳范本。感动后世君王的，是诸葛亮的才能与忠诚；激励后世士大夫的，是诸葛亮获明主重用一显身手的际遇。

● 忠诚、勤勉、公平、廉洁，有担当，有理想。

总之，忠诚、勤勉、公平、廉洁，有担当，有理想，正是这些高贵的品质，使诸葛亮成为中国历史上最伟大的丰碑之一，成为中华民族最喜爱的政治家之一。

孙权谋略

江东政权的巩固是由孙权完成的。

孙策在征服江东的过程中，"一无所犯，民乃大悦，竞以牛酒诣军"。能够做到"军令整肃，百姓怀之"，说明他善于团结当地豪强，也获得了南下士族和当地豪族的拥戴和支持，张昭是流寓之士的代表，周瑜是当地势力的代表。降华歆、赦魏腾，都说明孙策是很有战略头脑的人。史家赞扬道："策为人，美姿颜，好笑语，性阔达听受，善于用人，是以士民见者，莫不尽心，乐为致死。"（《三国志·吴书·孙策传》）

孙策在临终之前，给年仅十八岁的孙权打气说："举江东之众，决机于两阵之间，与天下争衡，卿不如我；举贤任能，各尽其心，以保江东，我不如卿。"（《三国志·吴书·孙策传》）意思是孙权更善于当领导，孙策更善于打仗。

《三国志·吴书·吴主传》陈寿对孙权的评价是："孙权屈身忍辱，任才尚计，有勾践之奇英，人之杰矣。故能自擅江表,成鼎峙之业。"结合孙策的鼓励之词和陈寿的赞美之词,可以得出一个看法:孙权不像其父兄那样善于挺矛操戈、冲锋陷阵,他是一个能够像勾践那样屈身忍辱、善用计谋,有阴柔手段的人。

孙权执掌江东后的第一要务,是"分部诸将,镇抚山越,讨不从命"(《三国志·吴书·吴主传》)。庐陵太守孙辅担心孙权年轻不能保住江东,暗通曹操。孙权剪除其亲信,并将之调到自己的近侧加以控制。庐江太守李术虽然当初蒙孙策举荐,孙策还给拨了他三千兵马,但也不服孙权管束,甚至招纳孙权的部众。孙权移书讨要,李术回复说:有德者归附,无德者叛离,哪有归还之理!孙权大怒,但是他没有莽撞从事,而是先上书主持朝政的曹操,说李术这家伙杀了您任用的扬州刺史严象,我现在要剿除他,他肯定会向中央报告求援,希望您不要理睬这家伙。果然,孙权进攻李术,"术求救于操,操不救"。孙权"遂屠其城,枭术首。徙其部曲二万余人"。

能够忽悠住曹操,让其听任自己兼并异己势力,可见年未弱冠、初出茅庐的孙权,确实不同凡响。孙策死后,江东大老张昭、孙策密友周瑜都看好孙权。"张昭、周瑜等谓权可与共成大业,遂委心而服事焉。"不是没有原因的。

任何一个成功的领袖人物,其领导风格、成功原因各不相同,但是治国理政,莫先于用人,用人始终是领导艺术的核心内容。孙权的领导风格,有什么过人之处呢?

第一,处事谨慎,对发展战略心中有数。孙权即位不久,与鲁肃初次见面。鲁肃是周瑜推荐的。二人合榻对饮,孙权说："今汉室倾危，孤思有桓、文之功，君何以佐之？"意思是要学习齐桓公、晋文公，匡扶汉室。这其实是场面上的话。主政一方，当为汉家社稷效力。

鲁肃非常直截了当地说，您恐怕不够格啊。当年汉高祖刘邦欲尊事义帝而不获者，以项羽为害也。今日之曹操，犹昔日之项羽，将军何由得为桓、文乎！以我浅见，汉室不可复兴，曹操不可卒除，为将军计，唯有保守江东，割据一方，以观天下之衅耳。若因北方地区多务，我们可以伺机剿除黄祖，进伐荆州刘表，完全据有长江天堑，此王霸之业也。

其实，在孙策临终前，就提出了"保有江东，徐观天下"的偏霸之策，鲁肃只是捅破了这层窗户纸，并且更具体地论及发展路线图而已。但孙权新领江东，极力与曹操斡旋，不宜立马表态，暴露自己的政治意图。他现在的身份还是汉臣，所以他假装糊涂说："今尽力一方，冀以辅汉耳，此言非所及也。"孙权这番表态，与四十八岁的刘备后来对于诸葛亮"隆中对"的立马表态，有显著的不同，应该说，各有千秋。刘备立马表态，是要给自己和团队打气；孙权故作沉吟，是为了掩盖自己的战略方向。两位都是高人！可是，人家孙郎当时只有十八岁。

《资治通鉴》记载了孙权就任之初在人事上的一些安排："权料诸小将兵少而用薄者，并合之。别部司马汝南吕蒙，军容鲜整，士卒练习。权大悦，增其兵，宠任之。功曹骆统劝权尊贤接士，勤求损益，飨赐之日，人人别进，问其燥湿，加以密意，诱谕使言，察其志趣。权纳用焉。"这段话说了三件事：一是孙权一上台就进行了一次军队改革，合并裁剪了一些兵少、能力弱的干部；二是重用提拔了吕蒙，因为吕蒙带兵出色；三是采纳骆统的建议，尊贤纳士，听取其建言，关心其生活，观察其志向，以便进一步发现人才。

第二，善于识人用人，能够驾驭部下。孙权割据江东，除了地理优势，还有人才优势，始终有一批文武人才忠心辅佐他。这一点，为曹魏出使江东的使者观察到，诸葛亮在蜀汉也多次提到。治国理政，人才终究是第一位的。

孙权用人最大的特点是：不求全责备，人尽其用。孙权曾经评论过吴国的三个重要人才——周瑜、鲁肃和吕蒙。对于周瑜，他肯定其胆略过人，赤壁之战，开拓荆州，建立伟业。对于鲁肃，他肯定其见识超群，并举二事为证：一是榻中对，二人初次见面，鲁肃论及发展大略，谋求帝王之业，此是一大快事！二是曹操大兵压境，张昭、秦松等人都主张投降，只有鲁肃力主抗击，劝孙权召周瑜，总领兵事，最终获胜，此是二大快事。对于吕蒙，孙权赞赏他不仅果敢有胆，而且是"学问开益，筹略奇至"。

孙权的处世谋略，可以举个例子来说明。赤壁之战后，曹操与孙权在濡须——合肥一带有过多次拉锯战。孙权常年屯兵在濡须口（今安徽无为县北）。他让大将周泰在濡须前线统兵，发现大将朱然、徐盛等轻视周泰。周泰出身寒微，也没有什么背景，他们归周泰统属，心中不服。前线统兵将帅不和，这是兵家大忌。怎么办呢？孙权没有采用生硬的手法批评不服的将领，而是动了些心思，用温和的办法化解了矛盾。

孙权约会诸将宴饮，酒酣耳热之际，命周泰解开衣襟，

● 不求全责备，人尽其用。

189

见其身上伤痕累累,故意问道,周将军啊,你这遍体鳞伤是怎么回事啊?周泰老老实实地一一作答说,这一处伤疤是何时何地的哪场战斗所致,那一处伤疤是何时何地的哪场战斗所致。等到周泰说完,穿好衣服,孙权已经泪流满面。他紧紧拉住周泰的手臂说:"幼平(周泰字幼平),卿为孤兄弟,战如熊虎,不惜躯命,被创数十,肤如刻画(身体上的刀剑伤痕像刻画的线条一样),孤亦何心不待卿以骨肉之恩,委卿以兵马之重乎?"宴会结束后,孙权请周泰帅兵马导从,鸣鼓角作鼓吹而出。于是,徐盛等乃服。你看,孙权做思想工作,绝不鲁莽,而是讲究方式方法的。这一特点也体现在处理陆逊与诸葛恪的关系上。所谓"夫不舍小过,纤微相责,久乃至于家户为怨,一国无复全行之士也"(《三国志·吴书·诸葛恪传》)。

第三,对外战略灵活,善于审时度势。三国的外交纵横中,东吴的身段最柔软,联刘抗曹,或者是降魏攻刘,端的看国家利益,没有个人感情。赤壁之战前的事情不说。赤壁之战后,孙权与曹操有过多次交手,互有胜负。但是,如果国家利益受到威胁或者损害,孙权从来不吝惜与刘备翻脸。孙权有多次投降曹魏的举动,也有多次与蜀汉盟誓的事情,一切以国家利益为重。

当初刘备借荆州,一是因为赤壁之战刘备确实有功,二是鲁肃力主孙刘联盟,对付北边的曹操,把刘备当作看家护院的。其实,刘、孙两家对于荆州的归属,有明显的分歧。建安十九年(214),刘备取益州,孙权就嘀咕着荆州的事情。鲁肃死前,由于曹操在汉中的行为威胁到刘备,刘备做出让步,孙、刘两家分荆州为二,东边三郡归孙吴,西边三郡归刘备,算是暂时熄灭了争论。

建安二十四年(219),刘备拿下汉中,称汉中王,关羽在荆州地区采取配合行动,猛攻襄、樊,意欲从陆路上打通荆、益。孙权不想刘备在中原得计,更想乘刘备无暇东顾,将其势力从荆州彻底清除出去。司马懿看出了孙权心中的小九九,于是,孙、曹一拍即合。孙权与曹操暗通款曲,关羽丢了性命。

不久,延康元年(220)十月,曹操去世,曹丕禅代称帝,改元黄初。次年八月,"孙权遣使称臣,卑辞奉章",对此,曹丕欣然接受,封孙权为大魏天下的藩王——吴王。对于孙权的甘做藩臣,曹魏阵营的人看得很清楚,无非是权宜之计,防止刘备报仇时,"蜀攻其外,我袭其内"。孙权面对曹丕派出的使者浩周,信誓旦旦地说,绝对有诚意,甚至一把鼻涕一把泪地解释,"为之流涕沾襟,指天为誓"。可是"多设虚辞",绝不派质子。

及至夷陵之战,蜀汉失败,孙权马上不认账。曹丕大怒,派大兵征讨,孙权"乃卑辞上书,求自改厉"。孙权还在上书说:若陛下认为我罪在难除,不能原谅,我当奉还土地民人,"寄命交州,以终余年"。把我流放到交州去,终了余生。同时,孙权又与上过当的魏国使臣浩周写信:"欲为子(孙)登求昏宗室。"又云:"以登年弱,欲遣孙长绪、张子布随登俱来。"说得跟真的一样。这就是孙权的手段。

但是,这次曹丕不上当了,决计亲征东吴。孙权于是一方面发兵临江拒守,另一方面又"使太中大夫郑泉聘于汉,汉太中大夫宗玮报之,吴、汉复通"。蜀汉这时候已经没有力量再战,与曹魏又不存在和解的可能性,只好接受了东吴的和平使者。在刘备死前,蜀、吴实际已经和解。刘备驾崩后刘禅继位,诸葛亮实际主持朝政。诸葛亮主动遣使与东吴修好。于是东吴与蜀汉维持了四十年的和平,直到三国局面的结束。

孙权晚年犯了许多错误。孙权是一个疑心比较重的人,只是他不一定放在脸上。在赤壁之战前,他为了牵制周瑜,派程普与周瑜为左右督。及至吕蒙带兵图荆州,又想要派孙家人牵制,吕蒙点出此事,说当初周瑜与程普关系不协调,几乎闹出事故来,孙权才作罢。当年的孙权,尚能改过迁善,约束权力,把持自己。可是晚年的孙权,听信谗言,昏聩骄狂,手握大权不放,疑心重而听不进劝谏。他任用的宰相,不是平庸之辈,就是远离京城的前线统帅。前者不敢用权,后者无法执政。孙权也想改革,可是,他用吕壹进行的改革,变成了苛政。特别是在接班人选择上,反复无常,终致留下了一个烂摊子。孙权是三国英雄里面寿命比较长的一位,神凤元年(252)辞世的时候,已经七十岁。在古代王朝权力结构中,长寿的帝王晚年往往不知道约束自己,形成悲剧,孙权也没能逃脱这个命运。

(参见《资治通鉴》卷五九至卷七五)

第七章　晋朝风云

历史书写中常常"魏晋"合称。"魏晋"的"魏"本指曹家天下,"魏晋"合称很是怪异。曹操在官渡之战后就是北方霸主,赤壁之战后三国格局已经定型。曹操的控制持续到220年初,临死前他说自己纵横天下三十余年,洵为不虚。这个时期仍是汉朝。曹操去世这一年的十月,曹丕改大汉为大魏,魏朝开始。二十九年之后,司马懿消灭曹爽集团,控制了朝政,此后的十六年虽然名义上仍是大魏,掌握朝政的却是司马氏家族。如果撇开东汉末年,又除掉司马家族执政时期,真正属于"魏"的历史不足三十年。这就是历史纪年的吊诡。因此,魏晋时代,若含含糊糊地把曹操、司马懿这两位枭雄以及他们后人建立的政权都算在一起,就会有两百余年——从200年代初期曹操主导北方政局到420年刘裕取代偏安江南的东晋政权。

　　魏晋时期仍然是霸主模式主导着政治运行。曹操、诸葛亮、司马懿(179—251)、司马师(208—255)、司马昭(211—265)都是其时实际掌控朝政的霸主。如果诸葛亮的后人也像曹家和司马家族同样行事,大约会给后世留下同样的权臣篡位的政治记录。为什么诸葛亮家族没有这么做?诸葛亮的长子诸葛瞻、长孙诸葛尚都死于保卫蜀汉政权的战场。后世偏安一隅的政权,霸府凌驾于王府之上最终取而代之的事变不乏其例。你可以举出许多原因解释这件事,但是,诸葛亮本人的忠诚与家教的影响是最重要的因素,这里面也可以看出刘备识人用人的独到眼光。诸葛亮虽然也善于识人用人,但比之于刘备到底是略逊一筹。

曹丕(187—226)建国,汲取了汉室外戚与宦官专权乱政之教训,也借鉴了诸侯坐大、朝纲不整的历史经验,削弱宗室权力,限制外戚参政,对于地方军权也是尽量加以控制。其结果是司马懿只需要控制了洛阳城门就能掌控全局;一阵威吓利诱之后,就搞定了政局。值得反思的是,司马家族夺得政权,建立晋朝之后,吸取曹魏的教训,大封宗室诸侯,使之在各地领兵主政,晋武帝临终前又用外戚平衡宗室的势力。结果"八王之乱",就是这两项措施惹的祸。由此可见,任何政治制度和治理措施,都不是僵化的教条,吸取历史经验教训也不可不考虑现实的条件和形势。罔顾

● 立足于现实政情出策,才是治国理政的基本道理。

"国情"(曹魏和司马晋的国情),再有效的措施也会变成胶柱鼓瑟,文不对题。这又一次印证了纸上谈兵的危害,证明了立足于现实政情出策,才是治国理政的基本道理。

从制度层面追究魏晋王朝短命的原因之外,人事问题也决不可忽视,甚至是比制度更重要的因素。因为任何制度的腐败都是执政之人的失败造成的。曹丕战略短视,曹叡(205—239)骄奢淫逸,曹芳(232—274,被废黜于254年)颓废无能,《资治通鉴》对此有清楚的描述。唐太宗曾经在《晋书·武帝纪》中专门评论过司马懿和司马炎,尤其是批评司马炎的两大错误:一是统一天下之后失去了进取之心;二是在决定接班人问题上,溺于亲情,不懂大局,"夫全

一人者德之轻,拯天下者功之重;弃一子者忍之小,安社稷者孝之大"。晋惠帝即位,不能控制政局,内乱之下,王衍等宰辅人物虚谈废务,葬送了西晋的江山。

晋室南渡的同时,北方是五胡十六国时代。383年,东晋与前秦政权之间爆发淝水之战,这是南北政治进程中的重大事件。事件的后果是:在北方,孕育了北魏这个后来统一北方的强大政权;在南方,则成为东晋门阀政治走向衰落的转折点。

东晋门阀的起源,可追溯至东汉中后期产生的世家大族。在曹操统治时期,士族势力一度受到防范和抑制。曹丕继位后,改变了曹操的方针,出身于士族的司马懿逐渐崛起,并最终发动政变,夺取了政权。其后,在巩固政权和司马代曹的过程中,为赢得支持,司马氏比较注重维护世族的利益,世家大族开始了对政治权力的垄断。

西晋灭亡后,东晋政权是司马睿在以王导、王敦兄弟为首的世家大族的拥戴下建立起来的,史称"王与马,共天下"。为了稳定东晋政权,司马睿、王导等人刻意拉拢南方大族,弥合南北豪族之间的关系,形成东晋初年的士族门阀政治。不过,王氏家族的一家独大,引起了晋元帝司马睿的疑忌、疏远。王敦以"清君侧"为名起兵,得到了南北士族高门以及豪族的普遍支持,起兵成功,维持了王与马共治天下的局面。士大夫支持"王与马,共天下",但又不允许包括王氏在内的某一家族一族独大,进而支持"共治"天下的格局。

东晋门阀的产生,与司马懿和司马家族有着密不可分的关系。司马懿是世家大族出身,起初曾被曹操征召,但司马懿耻于曹操宦官家族的身世,不愿屈身于下,一度称病拒绝。后来,曹操使用强制的手段,司马懿才被迫出仕曹操幕府,但他采取了"潜龙勿用"的态度。据《资治通鉴》的记载,司马懿给曹操打工十二年,只当过两次军师,而且还是与别人一起出的主意。

第一次是 215 年,打下汉中张鲁后,司马懿建议进一步直捣成都。曹操说人苦不知足,"得陇望蜀",没有采纳。据说曹操后来连肠子都悔青了。

第二次是 219 年,关云长攻打襄阳,水淹七军,活捉于禁,庞德战死,中原震动。曹操本人一直居住在邺(今河北临漳),担心许都的汉献帝会受到威胁,想要迁都。司马懿分析说,关羽得志,孙权必不乐意,我们可以联络孙权,让他袭击关羽的荆州后方,允诺封以江南之地。曹操采纳了这个意见,结果关羽败走麦城,孙、刘翻脸。

司马懿这位军师,端的了得。仅两次献计,采纳就赢了;没有采纳,就后悔了。

司马家族

建安十三年(208)六月,曹操为丞相,司马懿来到曹操帐下。其时郭嘉刚死不久,司马懿没有进入曹操智囊团的第一梯队,处在历练培养阶段。《晋书·宣帝纪》说,曹操让他与太子(应该称世子)游处。司马懿时年三十岁,比曹丕大八岁。曹丕被立为魏国世子,是司马懿入幕九年之后的事。

只是当荀彧(163—212)、荀攸(157—214)先后去世,司马懿才开始走到前台。与司马懿同时的谋士还有刘晔(?—234)、陈群(?—237)、蒋济(188—249)等人。陈群是曹魏九品中正制首倡者。前面提到的司马懿所献二计:从汉中取成都之计,是刘晔提到过的;联络孙权牵制关羽,是司马懿与蒋济一起提出的。在整个曹操时期,司马懿并不显山露水。所谓曹操说,司马懿鹰视狼顾,不可付以兵权,显然是后人附会之词。

司马懿与曹丕的关系亦师亦友。曹丕"四友"中,吴质、朱铄性格急躁轻佻;陈群长于内政,不懂军事;司马懿为人持重,有文韬武略。但在曹丕时代,司马懿很少领军出征。对付东吴,先有大将军夏侯惇(?—220),其后是征东大将军曹休(?—228)领兵镇遏;对付蜀汉,中军大将军曹真(?—231)独当一面。诸葛亮六出祁山,前四次都是与曹真对阵。魏文帝曹丕给司马懿的任务是,"内镇百姓,外供军资"(《晋书·宣帝纪》),还说曹参虽然军功很大,高祖最重视的还是萧何,有你在后方,使我无后顾之忧。这是将司马懿比作萧何,可谓器重之极。

司马懿带兵出征,是在魏明帝曹叡时期。在曹休、曹真病死战场之前,司马懿已经参与部分军事行动,比如,226

年迎击东吴的来犯，227年奇袭降而复叛的蜀将孟达。在曹叡对于东吴和蜀汉的主动进攻中，司马懿也曾受命配合二曹(曹休、曹真)作战。二曹去世之后，司马懿才获得挂帅出征、独当一面的机会。诸葛亮最后两次北伐中，司马懿镇守关中，使蜀军求战不得，活活把诸葛亮拖死。在曹魏军中，司马懿的地位骤然上升，被任命为太尉。

最终奠定司马懿在曹魏军中首出地位的，是平定辽东公孙政权的战争。

辽东地区在曹操和曹丕时代对于中原政权就是若即若离，从汉末的公孙度到公孙渊，公孙家族控制辽东已历三世，与曹氏家族在曹叡时正好经历三世相对应。公孙度当年的辽东太守职位，还是董卓任命的。官渡之战后，继承父位的公孙康把袁绍两个儿子袁尚、袁熙的首级送给曹操，得以立功保全。公孙康死后，因嗣子公孙渊年幼，遂让弟弟公孙恭继位，220年，曹丕继位，封其为车骑将军、平郭侯，羁縻而已。228年，公孙渊长大，叔父公孙恭因无子嗣被迫退位，魏明帝也睁一只眼闭一只眼，双方相安无事。

公孙渊曾试图联络东吴孙权，联合起来对付曹魏。魏明帝已经不耐，只是吴、蜀大敌当前，尚且容忍。237年，公孙渊居然自称燕王，这就超出了曹叡的忍耐极限了。拔掉辽东这颗钉子，是曹魏几十年来想做而没有下决心去做的事情。现在，司马懿被赋予了这个任务。

次年正月，司马懿被从关中前线调来，前往辽东。行军途中，淫雨不停，十分艰难，许多人提出撤销这次军事行动。

但是,曹叡却对司马懿信心满满。魏军从行军进击到平定凯旋,一年搞定,就像出发前陛见曹叡时,司马懿所承诺的那样。

景初三年(239)正月,司马懿凯旋途中,被要求直接回到关中前线去,无须来洛阳陛见。立了这么大的功劳,连接受皇帝嘉奖的机会都没有,这不是很蹊跷吗?蹊跷就蹊跷在魏明帝病重,曹家人大约已经忌惮司马懿了。魏明帝身边的托孤之臣是燕王曹宇(曹操之子,与曹叡关系特别亲密),以及曹肇(曹休之子)、曹爽(曹真之子)、秦朗(其母杜氏为曹操之小妻,秦朗本人在曹府长大,为曹操所喜爱)、夏侯献(与曹家有特殊关系的夏侯氏之子)。这些人建议司马懿从辽东回来后直接到关中去,不必来京。这说明,司马懿一开始是被排除在中枢顾命大臣之外的。

但是,半途中,曹叡又突然下诏召司马懿,火速进京陛见。司马懿前后接到两份不同的诏书,知道朝廷情况有变,日夜兼程赶到洛阳。《资治通鉴》记载说,是孙资、刘放这两位"大内高手",改变了曹叡的主意。具体细节,本文无法讨论,但有一点却可以确认,尽管最后时刻曹叡决定启用曹爽、司马懿合作的模式,辅佐年仅八岁的养子齐王曹芳继位,但是,曹家人对于雄才大略的司马懿有所疑忌,是毫无疑问的。

几年之后,随着齐王曹芳年龄增长,罢黜司马懿的兵权,就成为自然而然的事情。

遗憾的是,曹爽远不是司马懿的对手。曹爽所重用的大臣中,如何晏(其母也是曹操的小妻,从小在曹家长大,娶曹家公主为妻)等人,荒诞放浪,排斥异己,朝野侧目,只会加速曹爽的灭亡。

曹爽的问题是什么? 第一,他想排挤的对手,远比自己有本事、有谋略。第二,他信任的帮手,都是轻佻狂妄之人。第三,有本事的人,如号称"智囊"的桓范,曹爽却不相信。除了这些问题以外,还有曹爽本人德才并不过硬,他骄奢淫逸,贪恋富贵,大权在握,却不懂得用权,自然就会给司马懿留下翻盘的机会。

曹爽兄弟经常一起出洛阳城游玩。桓范提醒他,你们一起离开京城,一旦有人把城门关了,不让你们回洛阳,控制不住局面,怎么办? 曹爽说谁敢呢!

正始十年(249)正月,真的就出事了。十年前的正月,魏明帝托孤,十年后的正月初六,皇帝曹芳带着曹爽兄弟,到城外高平陵去拜谒皇陵。司马懿在洛阳发动政变,史称"高平陵政变"。

司马懿以皇太后的名义,关闭城门,拿出武器,给城外的皇帝送去表文,指责曹爽,背弃顾命,祸乱国典,内则僭拟,外则专权,伺察至尊,离间二宫,伤害骨肉,天下汹汹,人怀危惧,要求皇帝罢免曹爽及其兄弟的兵权。

司马懿还给了对方一个诱饵,说只要交出兵权,我保你性命无虞,指洛水为誓,特地派曹爽信任的官员尹大目传达这个信息。曹爽就犹豫了:第一,鱼死网破跟司马懿硬干的话,怕自己干不过;第二,死拼的话,我在洛阳的娇妻美妾、金银财宝不就都没了吗? 曹爽犹豫了一宿,决定投降,以为若认输的话,交出兵权,也许司马懿会留他一条命,做个富家翁得了。

老谋深算的桓范,号称"智囊",特地跑出城外,劝阻曹爽说,匹夫手握人质,还求活命呢?何况你跟着天子呢?像你现在这样的身份,你怎么能够投降,怎么能回去过平静的富家翁生活?你看看,这儿到许昌不过半宿路程,许昌有钱财、有武库,周边有屯田,大司农军印我也带在身上了。桓范要曹爽以天子的名义直接与司马懿对着干!可是,正如蒋济跟司马懿讲的,桓范虽然有智慧,但是"驽马恋栈豆",曹爽一定不会听桓范的。所谓"驽马恋栈豆",是说曹爽不想吃苦拼斗,他那点出息,就想守住现有的荣华富贵。

蒋济是对的,桓范看错人了。桓范痛心疾首地哭着说,曹子丹(曹真),何等英雄,生你这几个兄弟,真是连小猪、小牛都不如啊!唐人赵蕤《长短经》(讲谋略的书)曾多处引用桓范的言论,显示出其有谋略智慧,可惜,他看错了人,最终栽在了曹爽手里。

最后,曹爽束手就擒,司马懿没有兑现不杀他的承诺。曹爽等人都以谋反罪被杀,桓范也搭上了性命。曹魏的大权完全掌控在司马懿手里了。

考察一下 249 年导致司马懿上位的高平陵政变,会发现这样一个现象。司马懿能够动员一切力量对付曹爽。除了老臣蒋济之外,永宁宫太后也为他背书。"智囊"桓范与曹爽关系密切,但司马懿最初仍然让桓范占据中领军曹羲大营,只是桓范听从儿子的话逃出洛阳城追随曹爽去了。

他还派曹爽信任的殿中校尉尹大目前往游说曹爽归降。尽量团结一切可以团结的人,是司马懿战胜曹爽的重要原因。

在司马家族掌握曹氏政权的过程中,淮南有三次反叛。

第一次是司马懿政权夺权不久的事情。淮南驻军统帅王凌反对司马懿,甚至想拥立曹操的儿子楚王曹彪(195—251)为帝。王凌的儿子王广坚决反对。他说,凡举大事,应顺应民情民意。曹爽骄奢淫逸,何晏等虚华不治,他们提出的一些政改措施,不接地气,得不到人民的支持。为什么他们权势震天下,一朝被杀,"百姓安之,莫之或哀",老百姓无动于衷呢? 因为他们的作为使其失去民心了! 反观司马懿,虽然居心难测,但"事未有逆",他能"擢用贤能,广树胜己,修先朝之政令,副众心之所求"。曹爽所为恶政,必加纠正,夙夜匪懈,以恤民为先。何况其父子兄弟,并握兵要,要消灭司马氏是不容易的。王广的话,很能说明问题。那就是,司马懿做事很靠谱,高平陵政变,尽管司马懿诛杀了数以千计的反对派,但是,整个社会仍秩序井然,因为曹爽集团不得人心。

第二次是司马师执政时期。此时,东吴方面是太傅诸葛恪执政。253 年岁末,曹魏方面三路伐吴,东吴老将丁奉利用魏将的轻敌,勇敢地击败魏军东路人马,魏军其余两路也烧营而遁。朝野上下都要求严惩失败军将,但司马师引咎自责,只是削夺了担任前线监军的胞弟司马昭的爵位。当时,在北方战场上,雍州刺史提出征调并州兵力北伐胡人,引起雁门等地胡族造反。司马师也说是自己决策失误,并不委过与人。

《资治通鉴》在这里引用了东晋学者习凿齿的评论说："司马大将军引二败以为己过,过消而业隆,可谓智矣。"赞扬司马师主动承担过失,事业因而兴隆。"若乃讳败推过,归咎万物,常执其功而隐其丧,上下离心,贤愚解体,谬之甚矣!"作为执政官,如果把失败的责任都推给别人,总是把功劳据为己有,掩盖自己的过错,就会失去人心,所谓"上下离心,贤愚解体"。一个国家领导人,明白这个道理,即使暂时有失败,最终也会取得胜利!

第三次发生在 255 年,淮南再一次举兵反对司马家族控制朝政。这回领头的是扬州刺史文钦、镇东将军毌丘俭。结果是文钦投降了东吴,毌丘俭逃窜时被安风津都尉部民张属所杀。同年,司马师去世,司马昭继续控制魏朝的大权。司马氏取代曹魏的传言也愈演愈烈。有人以这样的话去试驻守寿春(今安徽寿县)的征东大将军诸葛诞,诸葛诞断然拒绝。这引起了司马昭的警惕,于是,调诸葛诞入朝为司空,明升暗降,夺其兵权。诸葛诞立即起兵反抗。257年,司马昭奉太后及皇帝令率领数十万大军前往征讨。东吴方面,派出文钦父子与吴将一起,领兵救援寿春。

在战争过程中,司马昭能够改变自己的命令,采纳前方司令官镇南将军王基的正确意见,取得关键的胜利。文钦在叛军内讧中被杀,文钦的两个儿子归降,司马昭不计前嫌,并且允许文钦之子以礼葬父。

《资治通鉴》仍然是引用习凿齿的评论,分析司马昭平定"淮南三叛"的成功之道。认为,创建基业,各有各的门

● 以武力攻之，
以文德治之，
以这种方式来
经营天下，谁
能够阻挡呢？

道，各有各的路数，"故穷武之雄，毙于不仁；存义之国，丧于懦退"。既不能穷兵黩武，也不应有东郭之仁。这一仗，司马昭能获得巨大成功，关键是能够刚柔兼济，通权达变，以征服人心为上。"功高而人乐其成，业广而敌怀其德。"以武力攻之，以文德治之，以这种方式来经营天下，谁能够阻挡呢？

公元 263 年，司马昭运筹帷幄，摧枯拉朽般地平定了蜀汉。战前，有人对能否成功表示怀疑，认为司马昭如今又劳师远征，必将大败。有识之士却认为司马氏父子是改革了曹魏三代弊政的人，所以，淮南三叛，腹心不扰；曹髦之死，四方不动。司马氏父子执政期间，"任贤使能，各尽其心，其本根固矣，奸计立矣"。相反，蜀汉阉宦专朝，国无政令，而穷兵黩武，兵民疲敝，不仅双方强弱不同，而且智算谋略，也是司马氏更胜一筹，因危而伐，殆无不克。

分析这些当时人的议论，我们看出，司马氏家族能够夺取曹氏政权，至少有两个方面的原因。一个方面是，曹家政权领导人有问题，曹操有威而无恩德于民，在礼法合治、德主刑辅的治国手段上，做得不够完善，民众畏惧而不怀德。曹丕、曹叡不仅吃父祖的老本，而且给人民带来的是痛苦和残政，积弊很深。至于几位小皇帝（曹芳、曹髦、曹奂）都是窝囊废，曹芳"好亵近群小，游宴后园"（何晏都如此劝谏，可见不是诬陷之辞）。曹髦鲁莽行事，如同匹夫。在集权时代，领导人的个人能力，对于国家安全与治理来说，具有关键性作用。在另外一方面，司马氏家族则表现得完全不一

● 在集权时代，
领导人的个人
能力，对于国
家安全与治理
来说，具有关
键性作用。

206

样,他们在操作层面,懂得刚柔兼济,笼络人心,革除弊政,最终赢得人心。如果认为司马家族完全凭阴谋诡计就能够得天下,那是过于简单了。

短命西晋

西晋的历史很短暂,从 266 年初建国,到 280 年统一,接着有一段太康(280—289)盛世,算是上升时期。但是,就是在这个时期,表面的光鲜之下酝酿了天下大乱的种子。唐太宗给《晋书·武帝纪》写的评论说,司马炎统一之后,有"骄泰之心","居治而忘危"。

吴主孙皓好搜罗美女。平吴后,孙皓宫中美女五千人,被晋武帝司马炎(236—290)悉数收入宫中。面对数以万计的美人,司马炎不知道到何处过夜,竟然坐在羊拉的车上,任其所之,按照羊的兴致"海选"。司马光《资治通鉴》卷八一是这样记述的:"帝既平吴,颇事游宴,怠于政事,掖庭殆将万人。常乘羊车,恣其所之,至便宴寝;宫人竞以竹叶插户,盐汁洒地,以引帝车。"晋武帝的这个故事,创造了一个成语"羊车望幸"。

晋武帝荒淫,统治上层也"竞以奢侈相高"。石崇与王恺斗富,王恺以米汤(粘)刷锅,石崇用蜡当柴火;王恺用紫丝制成步障四十里,石崇就用织锦做成步障五十里;石崇用

207

带香味的椒刷房子，王恺装修的时候就用色彩鲜亮、纹理细腻的赤石脂涂料。晋武帝不仅不制止，反而暗助舅舅王恺一臂之力。他曾经赐给王恺珊瑚树，高达两尺，是很稀罕的珍宝。王恺拿来向石崇炫耀，石崇顺手用铁如意打碎。王恺大怒，以为是嫉妒自己的珍宝。石崇从容说，你不要发怒，还你就是，让人拿出自己的宝贝，三四尺高的珊瑚树有六七株，像王恺那样二尺高的珊瑚树多的是。王恺这才感到怅然自失。太尉何曾一顿饭要花上万钱，满桌佳肴，还说没有什么可以下筷子的。你说他们是"土豪"吧，一个个都标榜是士族高门；你说他们是士族吧，却表现得如此没有文化修养。

西晋一等高门是琅琊王氏。王敦与王导曾经参加富豪石崇的家宴。石崇是当时的一等富豪，他在洛阳附近的金谷园，据说是专门为宠幸的美女绿珠所建，奢侈豪华。石崇请家中美女侑酒，规矩在先，若客人不喝，就杀掉劝酒的美女；王敦就是不喝，石崇竟然杀死了数名美女！这已经不是喝酒，而是野蛮血腥了。

晋武帝司马炎最大的败笔出在立太子问题上。

司马炎有二十六个儿子，成活的有十三人。皇后杨艳（238—274）生有三子，老大夭亡，老二司马衷（259—306）年长，却是一个智障儿。司马炎想换掉这个太子，担心"皇太子不堪奉大统"。皇后却认为："立嫡以长不以贤，岂可动乎？"（《晋书·后妃传》）儿子智障，本来就令做母亲的难过，她不愿再因为智障而剥夺他的皇位继承权，进一步受委屈。这确实是"妇人之仁"。晋武帝为什么稀里糊涂地答应了呢?

据说司马衷的儿子、皇长孙司马遹(278—300),聪明颖悟,深得晋武帝的宠爱。其母谢玖本是武帝才人,司马衷结婚前,武帝派谢玖去侍寝,教以男女之事,却怀上了身孕。司马衷纳妃贾南风之后,有妾怀孕,遭到贾南风的迫害。谢玖害怕,请求回到西宫,获得晋武帝的同意。于是,谢玖又回到了武帝宫中,生下了司马遹。司马遹长到三四岁,司马衷还不知道自己有这么个儿子。有一次他来朝见父皇,在宫中与各位皇子拉手,拉到司马遹,晋武帝告诉他:"这是你的儿子!"这件事倒真是有趣,自己的老婆跑到老爸家生了个儿子。

大约由于这层关系,晋武帝特别喜爱这个长孙,对人说,"此儿当兴我家"。有一次,宫中失火,晋武帝在楼上观察救火,年仅五岁的司马遹拉着晋武帝的衣裾说,事起非常,不要站在有亮光的地方,您站在暗处也能看见别人,别人却看不见您,这样安全些。又有一次,司马遹与晋武帝一起观看猪圈,看见一头很肥的猪,说这头猪很肥,得吃多少粮食,不如杀了,以饷将士。司马炎很欣赏长孙的聪明伶俐,说他很像自己的祖父司马懿。(《晋书·愍怀太子传》)有这样一个聪明过人的长孙,司马炎就想,即使儿子有些痴呆,传到孙子必兴吾家!

289 年,由于过度纵欲,五十多岁的司马炎患病后,就把朝政交给外戚杨骏打理。

杨骏是现任皇后杨芷(259—292)之父。杨芷是前任皇后杨艳的堂妹。杨艳见晋武帝内宠甚多，太子司马衷不慧，担心自己死后太子之位不保。因此，临终前一把鼻涕一把泪地请求晋武帝迎娶自己的堂妹杨芷入宫为皇后。晋武帝是一个心软的人，就答应了杨艳。此时的晋武帝，"惟耽酒色，始宠后党"，新皇后杨芷的父亲杨骏自然得到重用。

杨骏虽然没有辅国之才，但晋武帝认为这样杨骏就更要依靠宗室，不会专擅朝政。霍光、王莽倒是有才，未必是国之大幸！晋武帝想让皇叔父汝南王司马亮与杨骏一道辅政，杨骏却用阴谋手段排斥他人，还换掉晋武帝身边的所有侍从人员。晋武帝弥留之际，说："你怎么能这样？"（"何得便尔！"）他已经无力改变杨骏的人事布局，只能带着无奈死去。史家说："帝宇量弘厚，明达好谋，容纳直言，未尝失色于人。"可是，我怎么都觉得这位皇帝确实有些窝囊。

晋武帝死后，很快闹出"八王之乱"。贾南风擅权，杀害太子之后，引发内乱。司马家族的各王兵戎相见，彻底消耗了西晋的国力。其间，304年，在蜀中的成氏和在山西的匈奴八部首领刘渊，率先起来造反，揭开了"五胡十六国"天下大乱的序幕。十几年后，西晋怀帝和愍帝相继被俘，标志着西晋灭亡。317年，镇守江东的琅琊王司马睿，在王导、王敦兄弟的拥戴下，建立了新朝廷，史称东晋。

西晋末年"八王之乱"的爆发，表面看是由于贾南风的贪婪引起的，其实，除了贾南风的政治操作引发危机之外，西晋立国以来的制度安排，也值得反思。

晋武帝建国后，吸取了曹魏没有分封同室宗亲的教训，既用外戚辅政，又封了二十七个同姓王，都是司马家的，建立诸侯国。诸王可以选拔自己封国中的文武官员，收取封国的租税，还统领着军队。历史好像回到了刘邦汉初建国的时代，这样的制度留下了很大的不稳定因素。

东汉末年，朝中有外戚宦官专权，地方有军阀割据，朝纲不正。曹魏吸取这个教训，外戚宦官靠边站，宗室靠边站，最后就给了司马家族以篡权的机会。司马懿在中央发动政变，朝中无奥援，地方无屏藩，江山立即易色。现在司马氏分封了二十七个王，贾南风和杨骏这些外戚，也都参与到前台来干政，最后在外戚与宗室的内斗中，结束了司马家族的政权。

可见，制度本身无好坏，关键要看具体的历史条件，什么时候应该用什么样制度。曹魏片面地接受教训，好像防范了前朝的问题，却引发了新问题。唐人赵蕤的《长短经》（又叫《反经》）等，对此有很多的讨论。这是第一层意思。

● 制度本身无好坏，关键要看具体的历史条件。

第二层意思，再好的制度，关键还是靠人，看是在什么人的掌控之下。这就跟接班人的选拔密切相关了。在帝王时代，一个王朝的接班人，就是皇帝的儿子，他本身或昏或明，或贤或愚，对王朝的兴衰、国家的命运，关系很大。帝制就是这样子。晋武帝选了一个智商极低的儿子当皇帝，你设计的制度再好，他也没有能力掌控！中央君主糊涂，地方诸王坐大，社会矛盾尖锐，加上对内迁少数民族的管理漏洞，西晋王朝坐在了火山堆上，自然无法逃脱迅速灭亡的命运。

● 再好的制度，关键还是看是在什么人的掌控之下。

我们发现，《资治通鉴》虽然也有"臣光曰"之类的直接评点，但是它最有价值的部分，是从具体事情上记述和探究王朝的兴衰。如果非要深入探究人事背后的深层次原因，什么土地问题、赋役制度，不是完全不可以，但是，那样许多问题就扯得很远了，等于推脱了当事人的责任。尤其是西晋，如果不是上层的生活靡乱，奢侈夸浮，那么皇帝弱势一点，大臣有为一点，也许还能够撑起来。

● 在帝制时代，一个政权能不能找到优秀的接班人，对于王朝兴衰，至关重要。

总之，在帝制时代，一个政权能不能找到优秀的接班人，对于王朝兴衰，至关重要。世袭制度下，能否在皇家子胤里找到优秀的接班人，本身就是疑问，何况还有立嫡以长的限制，选择范围更小。在中央集权的帝制下，皇帝不行，就必须有一个贤能的宰相来帮衬，处理现实执政问题，儒家和道法家都讲"垂拱而治"，未尝不包含这层意思在内。如果辅佐大臣也昏庸无能的话，有什么机制可以纠正皇家子孙的不肖呢？昏君奸臣，两个叠加在一起，就必然会亡国。对曹魏来说，就是司马家族取而代之；对于司马政权来说，君主昏庸，辅臣不行，外戚也不行，那就只有乱离的命运了。

虚谈废务

东汉时代的读书人好"清议"，清议的内容不乏指斥朝政，抨击宦官。桓帝、灵帝时期的两场党锢之祸，就与此有关。三国时期，政治江湖十分险恶，朝廷的话题高度敏感，大家就都谈一些天地玄黄的事,因为不涉时政,"清议"变成了"清谈"。

曹魏时期最早以"清谈"知名的玄学家是何晏、王弼之徒。他们活跃在曹芳正始年间,故称"正始玄学"。其时,曹爽、司马懿两位托孤大臣明争暗斗,高平陵之变,曹爽一党覆没,何晏自然也掉了人头。

何晏是东汉末年大将军何进之孙,其父何咸死后,曹操娶了其母尹夫人,他也就依养于曹家,后来还娶了曹操的女儿,因而成为曹魏政权的核心成员。但是,曹丕与曹叡都不大欣赏何晏。何晏幼时聪悟,颇得曹操喜爱,但是,成年之后却是一个花花公子。曹氏三代虽然格局和韬略各有差别,但都是务实的帝王。因此,早年的何晏颇不得志。

《三国志·魏书·曹爽传》附《何晏传》只有短短四十多个字,说晏"少以才秀知名,好老庄言,作《道德论》及诸文赋著述凡数十篇"。《资治通鉴》的记载却详细多了,包括三方面的内容:一是说他好老庄;二是说他瞧不起人,虚荣心很强;三是说他权力欲很强,帮助曹爽排挤他人。

先说好老庄。"何晏性自喜,粉白不去手,行步顾影。尤好老、庄之书,与夏侯玄、荀粲及山阳王弼之徒,竞为清谈,祖尚虚无,谓《六经》为圣人糟粕。由是天下士大夫争慕效之,遂成风流,不可复制焉。"这里提到的荀粲,是曹操的大谋士荀彧的儿子。王弼是玄学家代表人物之一,曾任尚书郎,大约与何晏同时,两人初次见面,王弼谈玄,何晏惊为天人。非汤武而薄周孔,弃名教而任自然,这是魏晋玄学家高扬的旗帜。破掉儒家名教的紧箍咒,何晏等人就可以放浪形骸,行步顾影了。

再说目中无人。"何晏等方用事,自以为一时才杰,人莫能及。"他品评天下名士,引用《周易·系辞上》的名言:"唯深也,故能通天下之志;唯几也,故能成天下之务。"翻译成白话就是,只有通明了解幽深事理,才能会通天下心志;只有观察把握细微征兆,才能成就天下事务。何晏说:"唯深也,故能通天下之志,夏侯泰初是也。唯几也,故能成天下之务,司马子元是也。唯神也,不疾而速,不行而至,吾闻其语,未见其人。"史家评论说,"盖欲以神况诸己也"。夏侯玄只能谈谈事理,司马师只能处理实务,唯独他是神仙一样的人物。这种自我吹嘘的态度,与老庄玄学似乎背离很远。

至于揽权之事,记载尤具体。《资治通鉴》在高平陵之变前有一段对于何晏的记载,说曹爽的许多作为,都有何晏的身影。"时尚书何晏等朋附曹爽,好变改法度","大将军爽用何晏、邓飏、丁谧之谋,迁太后于永宁宫;专擅朝政,多树亲党,屡改制度。太傅懿不能禁,与爽有隙"。这些信息有价值判断,也有事实描述。事实描述部分,一是说他好改变法度,更改制度;二是说他朋附曹爽,多树亲党;三是揽权专政。这三条加起来,可以理解为何晏他们搞了一场制度变革,虽然这些制度变革的内容不清楚,但是,方式上则是独断专行,排挤司马懿等人。

"帝好亵近群小,游宴后园。秋,七月,尚书何晏上言:'自今御幸式乾殿及游豫后园,宜皆从大臣,询谋政事,讲论经义,为万世法。'"结果皇帝"不听"。何晏认为皇帝身边应该有大臣相随,咨询政事,讲论经典意义(此应该指儒家五经),作为后世之榜样。"讲论经义"也许是作,"询谋政事"恐怕才是真实意图。身为吏部尚书的何晏,有此等情怀,自然之事,但是,实际生活中,何晏与曹爽等人则是骄奢淫逸。"作窟室,绮疏四周",何晏与曹爽等"纵酒其中"。何晏反对皇帝游宴后庭,自己却骄奢淫逸,他们纵酒作乐的"窟室",犹如天上人间。一个当轴大佬,不务正业,挂着魏晋风度的帘子,放浪形骸。

同僚傅嘏很不屑于何晏等人之所为。正始名士夏侯玄、何晏、邓飏,欲结交傅嘏,傅嘏避而远之。双方的朋友荀粲感到不解,傅嘏逐一评论了这几个人,对于何晏的评价是:"何平叔(何晏字平叔)言远而情近,好辩而无诚,所谓利口覆邦国之人也。"意思是,何晏讲起来就是一套高远的道理,其实就是俗人一个("言远而情近"),喜欢辩论,却没有是非准则("好辩而无诚")。其余几个人都是如此:

> "邓玄茂有为而无终,外要名利,内无关钥,贵同恶异,多言而妒前;多言多衅,妒前无亲。以吾观此三人者,皆将败家;远之犹恐祸及,况昵之乎!"嘏又与李丰不善,谓同志曰:"丰饰伪而多疑,矜小智而昧于权利,若任机事,其死必矣!"

司马懿之后,司马师、司马昭兄弟相继掌权,中央政权"宫中"与"府中"(丞相府)的二元对立局面持续到 265 年底司马炎改朝换代。高贵乡公曹髦一句"司马昭之心,路人皆知",把司马家族的政治野心揭露无遗。但坐在金銮殿上的依然是曹家人。于是,政治江湖上,在霸府与朝廷之间,上演着表面和谐下的对手戏,竹林的书生们也被卷入其中。

其时,嵇康、阮籍、山涛、向秀、刘伶、王戎及阮咸七位名士,常聚会于山阳县(今河南辉县一带)的竹林之中,饮酒纵歌,好谈玄理,世谓"竹林七贤"。20世纪60年代,在南京东晋南朝墓葬中,发现《竹林七贤与荣启期》题材的墓室砖画,可见时人对于"竹林七贤"的定位是与时俯仰、和光同尘。"竹林七贤"对于周孔名教的态度是有分歧的。嵇康、阮籍、向秀、刘伶、阮咸,大体弃薄周孔名教;而山涛、王戎则都是名教中人。但是,他们都有几个共同点:一是喜好《老子》《庄子》,能谈玄;二是嗜酒,时或不修边幅;三是为人风雅,颇善弹琴之类。

《资治通鉴》有一段对于"七贤"的记述。其中首位是嵇康(224—263):"谯郡嵇康,文辞壮丽,好言老、庄而尚奇任侠,与陈留阮籍、籍兄子咸、河内山涛、河南向秀、琅邪王戎、沛国刘伶特相友善,号'竹林七贤'。皆崇尚虚无,轻蔑礼法,纵酒昏酣,遗落世事。"

这段话对于嵇康的评论是"尚奇任侠",我想作点解释。

名士钟会是司马昭面前的红人,在平定淮南之叛时,献言建策,得到司马昭赞赏。他从小就是嵇康的粉丝。年轻的时候曾写过一篇文章,想送请嵇康看,又觉得不够水准,就远远地从嵇康家窗户里扔进去,转身就跑。如今他成为当权者的座上宾,就想与嵇康套近乎。这一天,他来到嵇康家拜访,嵇康正在打铁,"箕踞而锻,不为之礼",只顾自己打铁,旁若无人,把钟会晾在一边,不搭理。钟会感到很难看,只得悻悻离去。这时嵇康说话了:"何所闻而来,何所见而去?"钟会恼怒地说:"闻所闻而来,见所见而去!"从此结下了梁子。我认为嵇康的这种不近人情、博取眼球的做法,就是"尚奇任侠"。

同样的情况,也见之于另外一位竹林名士阮籍。阮籍为步兵校尉,这是一份不干事而拿工资的官。"其母卒,籍方与人围棋,对者求止,籍留与决赌。既而饮酒二斗,举声一号,吐血数升,毁瘠骨立。居丧,饮酒无异平日。"你说阮籍是孝还是不孝?听到母亲的死讯,继续下棋,居丧饮酒与平时无异,这都是不孝的表现。可是,因为母亲去世,伤痛得吐血数升,毁瘠骨立,又是一个十足的孝子。司隶校尉何曾很讨厌阮籍,当着司马昭的面责问阮籍是"纵情、背礼、败俗之人!"

这种情况多多少少也出现在阮咸、刘伶身上。

阮咸是阮籍的侄子,姑母来参加祖母(阮籍之母)的丧事,阮咸就勾搭上了姑母身边的一个侍女。丧事毕,姑母带着侍女回家去,阮咸正在接待来客,听说这件事,立刻借了客人的马去追,追上后,阮咸与侍女同骑在一匹马上回来了("累骑而还")。

刘伶嗜酒,平常总是乘着鹿车,携一壶酒,使人背着锸(掘土的工具)随之,说:"醉死在哪里,就把我埋在哪里。"对于这些出格好奇之事,据说"当时士大夫皆以为贤,争慕效之,谓之放达"。

付出生命代价的是嵇康。

山涛为吏部郎,举嵇康自代。嵇康写了一封慷慨激昂的《与山巨源绝交书》。这篇一千多字的长信,一开始就说他与山涛的相知是误会,他与山涛就不是一路人。接着谈到交友的原则贵在相知,又说自己根本就不是做官的人,"自说不堪流俗,而非薄汤、武"。抱怨好友阮籍从来不谈论他人,只是自在自乐,人们却对他口诛笔伐,我怎么敢涉足官场呢。表示自己要"离事自全,以保余年"。这篇脍炙人口的散文,为嵇康赢得了清誉,却激怒了当权派司马昭。曾经的粉丝后来怀恨在心的钟会,就嵇康卷入好友吕氏兄弟的家庭纠纷一事,诬告嵇康"尝欲助毌丘俭(毌丘俭是在淮南起兵反司马氏的边军司令)",又说嵇康这些人"有盛名于世,而言论放荡,害时乱教,宜因此除之"。嵇康于是被杀。

《资治通鉴》引据同样为著名隐士的汲郡(今河南卫辉)人孙登的话,来评论此事。孙登善《易经》《老子》《庄子》(是为"三玄"),弹琴长啸,无所不通,标准的玄学名家。嵇康曾拜访孙登求教,孙登对嵇康说:"子才多识寡,难乎免于今之世矣!"孙登对嵇康的评价"才多识寡",为世所不容,故死所难免。

嵇康之才华,罕有其匹。为什么说"识寡"(就是缺少见识)呢?这个见识又是什么呢?司马光在评论东汉末年的党锢人士时,也有类似的评论。大体是说,识时务者为俊杰,既明且哲,以保其身(既能世事洞明不糊涂,又能应对现实复杂环境有智慧),方才是高明之人。嵇康并不能真正地潇洒于竹林,他还是想用自己的方式出名,"尚奇任侠",即此类也。

263 年,在嵇康赴刑场这天,洛阳城万人空巷,刑场上人山人海。嵇康看离行刑还有一段时间,要来一张古琴,弹起了《广陵散》,琴声潇洒,嵇康的表演更潇洒。当然,我们不要忘记,赴刑场之前,嵇康做了两件很务实的事儿。一件是告诉年方十岁的儿子嵇绍要做忠臣,要谨小慎微地与领导打交道,不要学自己;二是把儿子托付给了曾经要绝交的山涛,而不是交给竹林里的朋友向秀等人。在山涛的培养下,嵇绍成为晋王朝的忠臣,挺身庇护以"何不食肉糜"知名的晋惠帝,死于敌手(按《晋书》与《资治通鉴》记载死法不同,前者记其死于飞箭,后者记其是被士兵所杀)。

嵇康在刑场上的表现与他赴难前对于嵇绍的安排判若两人。从这个角度而言,嵇康与何晏没有什么不同。

入晋之后,玄学的韵致已经发生了转向。身居庙堂之上的衮衮诸公,居然峨冠博带地谈论起玄学来了。最典型的就是王戎(234—305)、王衍(256—311)。流风余韵,及于东晋南朝。

王戎出身琅琊王氏,本为"竹林七贤"之一,因为与司马氏为姻亲,走出竹林后,累官至尚书右仆射、司徒。身为三公,"与时浮沉,无所匡救,委事僚寀,轻出游放。性复贪吝,园田遍天下,每自执牙筹,昼夜会计,常若不足。家有好李,卖之恐人得种,常钻其核"。《资治通鉴》这一段史料来自《世说新语》。这里的王戎,一是荒政,不务正业,二是贪婪爱财到了匪夷所思的程度,到处购买田产;日夜计算钱财收入,常若不足;家里优质李树上长出的李子,能够卖钱,又怕李树种子为人所得,乃钻穿李核。

"凡所赏拔,专事虚名。"王戎提拔的官员也是务虚不实干的。阮咸之子阮瞻曾去拜见王戎,王戎问他:"圣人贵名教,老、庄明自然,其旨同异?"阮瞻回答说:"将无同!"意思是说"没什么不同吧"。据说王戎对这个回答赞叹不已,遂辟署阮瞻为司徒府幕僚。时人谓之"三语掾"(掾指幕僚,"三语掾"的意思就是凭三个字就被聘为幕僚)。阮瞻为人谦和,善于弹琴,与世无争,虚名之外,并没有什么作为。

看重阮瞻的高官还有王衍。王衍,字夷甫,是王戎的堂弟,历官黄门侍郎、尚书令、司空、太尉。《资治通鉴》对于王衍的事迹有比较多的记述。"是时,王衍为尚书令,南阳乐广为河南尹,皆善清谈,宅心事外,名重当世,朝野之人,争慕效之。"王衍与乐广为西晋的清谈领袖。但是,乐广出身寒门,执政权力也有限。(按,《资治通鉴》卷八二记载乐广云:"乐广性冲约清远,与物无竞。每谈论,以约言析理,厌人之心,而其所不知,默如也。凡论人,必先称其所长,则所短不言自见。"乐广对于放浪形骸的事情持批评态度,认为"名教内自有乐地,何必乃尔。")但王衍则不同,他是当朝宰相,其"善清谈"而"宅心事外","举世以为仪准",众人仿效的结果,必然带来举朝虚谈废务。

据说,少年时代,王衍就长得清秀精神,山涛见之,嗟叹良久,曰:"何物老妪,生宁馨儿!然误天下苍生者,未必非此人也!"山涛的判断,不幸而中。王衍有三大罪过。一是身居高位,高谈玄理,不以经世为务。其次,西晋危机四伏之时,不思救治,只想狡兔三窟。他借口天下大乱,地方需要重臣镇守,做出制度安排,让自己的两个兄弟王敦、王澄分别出任青州(今山东及河北东部地区)、荆州(今华中地区)刺史。

永嘉二年(308)五月,最早出来造反称帝的匈奴人刘渊派大将石勒等进攻洛阳,连续几年的进攻,西晋首都危如累卵。王衍等借给司马越送葬的名义逃离洛阳,在途中被石勒抓捕。为了免于一死,王衍丑态百出,先是辩解自己的无辜,国事如此,自己没有责任;后又向石勒劝进,称尊号,登帝位。完全没有一点辅政大臣的气度,为石勒所不齿。

从这些表现来看,王衍是清雅之士吗? 其实俗不可耐。挥麈谈玄的背后,是人生的算计。王衍的人格分裂与前面的何晏、嵇康异曲同工啊!

● 挥麈谈玄的背后,是人生的算计。

受王衍的影响,王澄及阮咸、咸从子修、泰山胡毋辅之、陈国谢鲲、城阳王夷、新蔡毕卓,"皆以任放为达,至于醉狂裸体,不以为非"。为什么"醉狂裸体"这么出格的事都做得出来呢? 其间的是非有那么难以分辨吗? 这些名士其实是在放达的名目下,尽情展现自己的浪荡生活而已。有一次,胡毋辅之酣饮沉醉,其子胡毋谦之窥见后厉声呼其父字曰:"彦国! 年老,不得为尔!"胡毋辅之欢笑地呼儿子进来共饮。毕卓任吏部郎时,隔壁同僚酿酒成熟,毕卓借着醉酒,夜里溜进放置酒瓮的房间盗饮,为掌酒者捉拿捆绑起来,第二天早晨一看,原来偷酒贼乃是毕司长(吏部郎相当于人事司司长)。

《资治通鉴》认为，当初"何晏等祖述老、庄，立论以为：'天地万物，皆以无为本。无也者，开物成务，无往而不存者也。阴阳恃以化生，贤者恃以成德。故无之为用，无爵而贵矣！'"这些言论影响了王衍之徒，"王衍之徒皆爱重之。由是朝廷士大夫皆以浮诞为美，弛废职业"。王衍之徒虚谈废务，包括两个方面。第一个方面是虚谈，就是清谈，谈什么呢？谈玄理，务虚名，显清高。第二个方面是废务，废什么务呢？废事功，废武事。

● 虚谈，谈玄理，务虚名；废务，废事功，废武事。

裴頠著《崇有论》批评这种作风，说其"辩巧之文可悦，似象之言足惑"。似是而非的玄论，听者虽然有所异见，"辞不获济，屈于所习，因谓虚无之理诚不可盖"。结果是"一唱百和，往而不反，遂薄综世之务，贱功利之用，高浮游之业，卑经实之贤"。这样搞出名气之后，"人情所徇，名利从之，于是文者衍其辞，讷者赞其旨。立言借于虚无，谓之玄妙；处官不亲所职，谓之雅远；奉身散其廉操，谓之旷达"。这样做的后果很严重，"故砥砺之风，弥以陵迟。放者因斯，或悖吉凶之礼，忽容止之表，渎长幼之序，混贵贱之级，甚者至于裸裎亵慢，无所不至，士行又亏矣"。

魏晋士人讲究"放达"。因放而达，放什么呢？放弃名教的束缚，任心而行。曹操也明白："对酒当歌，人生几何！"但他的回答是"老骥伏枥，志在千里；烈士暮年，壮心不已"。东汉名士的天下己任，三国英雄的壮志豪情，统统被魏晋名士放在一边，他们需要的是生命自然之花的绽放，所谓真性情的流露，本能本性的抒发。总之，虚谈废务是一个方面，放浪形骸则是另外一个方面。

门阀政治

311年,洛阳沦陷。两年后,晋怀帝司马炽被杀,晋愍帝司马邺在长安即位,但是,长安并没有可以抵抗的兵力和可以留守的粮草。晋愍帝只能束手待毙,江东的司马睿却在琅琊王氏等大族的推戴下,建立了朝廷,史称东晋,北方则进入五胡十六国时代。

东晋第一任皇帝晋元帝司马睿(276—322),是晋武帝司马炎的侄子(其父司马伷为司马昭的同父异母弟)。司马炎有二十六个儿子,不管如何排位,都轮不到司马睿当皇帝。司马光说他以"宗室疏属,遁居江表",确实不假。

王导(276—339)是那个把司马睿送上皇帝宝座的重要推手!

王导与司马睿同年,早在琅琊王时期,二人就交往甚笃。司马睿死后,王导还常去元帝陵寝祭拜,为之流涕,二人不仅是君臣,而且是笃友。

305年,司马睿出镇下邳,王导为其司马(相当于参谋长、幕僚长的角色)。不久司马睿加安东将军,王导建议其出镇建业(后避愍帝司马邺讳改名建康),时在永嘉元年(307)。这个时候,中原鼎沸,王导已经有了拥护司马睿保有江东的念头。

琅琊王氏，是魏晋最知名的士族高门之一。其家族开山可以追溯到西汉宣帝时的王吉，魏晋间的孝子王祥是王导的祖父。"竹林七贤"之一的王戎及其堂弟玄学领袖、清谈家王衍是王导的族兄。王戎、王衍都在西晋朝廷身居宰执的高位。后世为众所推重的王氏人物，还有王导之侄著名书法家王羲之，以及王羲之的儿子王献之。据说，明朝大儒王守仁，也出自这个家族。

与王导同时拥戴司马睿镇守江东的还有堂兄王敦（266—324）。王敦较王导年长十岁，位阶也比较高，娶晋武帝司马炎女儿襄城公主为妻。王敦是一个有将略和决断的人，性格也比较有残忍。前文已提到，西晋时期，他与王导出席石崇家的宴会。石崇让美人劝酒，客人若不饮酒，便杀美人以惩。王导虽然不能喝酒，但也勉强喝了下去。王敦能喝，即使看见石崇连杀了几个美人示惩，依旧面不改色。永嘉元年（307），族兄王衍征其入朝为中书监，王敦时任青州刺史，路途艰险，不惜把襄城公主身边的侍婢送给将士，金银分给部众，方得回到洛阳。不久他被任命为扬州刺史，其时中原司马越专权，王敦在扬州刺史任上，与堂弟王导一起辅佐司马睿，作偏安之计。

王导、王敦兄弟拥戴司马睿，初到江东，万事草创，江东士族对于这位晋室疏属，大都抱观望态度。一来此时距东吴被西晋所灭，天下一统不过二十多年，晋朝没少做压制东吴士族之事；二来司马睿缺乏人气和名望，中原地区八王大乱，谁知他是不是匆匆过客！

王导为此很着急，建议司马睿要礼贤下士，笼络江南士族。他对司马睿说:"古来欲成王霸之业者,莫不礼敬故老,招揽贤俊,何况当前天下变乱,大业草创,更加急需人材!"他建议从江东大族顾荣、贺循入手,说二人是南方士族的代表性人物,如果这两人前来,其余士人也就随之而来了。于是,王导奉命亲自去拜见顾、贺。

为了抬高司马睿的地位,在上巳日(三月初三)出游时,特地安排司马睿坐轿,王导、王敦等骑马跟从,顾荣等从门缝里望见王氏兄弟如此抬举司马睿,大吃一惊,赶紧出来拜见。

王导还放下身段,主动学习当地方言——吴语。陆玩是东吴大将陆逊(夷陵之战的主帅)的侄孙,"时王导初至江左,思结人情,请婚于玩"(《晋书·陆晔附弟玩传》)。王导主动向陆玩请结婚姻之好,陆玩拒绝说,"小土坡上长不了松柏这样的大树,香草臭草不能放在一个篮子里,我陆玩虽然不才,道义上决不能开乱伦的先例。"话虽然很软,态度却很硬。时有吴兴周氏家族,耻于被北人侵夺自己的权益,发动叛乱,朝廷只能用温和的手段瓦解平息,处理当事人时也大事化小。王导为政宽和,着力弥缝各方的关系。他自己说,人家都说我"愦愦",今后会有人怀念我的"愦愦"!

总之,正是由于王氏兄弟的竭力推戴,弥合南北豪族之间的关系,司马睿才稳固了自己的政权。在江东经营十年后,即 317 年,司马睿称晋王,次年登帝位,史称晋元帝。登基典礼过程中,司马睿再三请王导一同受拜,王导都坚决推却。这种表态,绝不仅仅是做作,而是反映了司马睿的复杂心态,他对自己能否坐稳这个皇位大概没有底气。

早在司马睿称帝之前,他就重用了幕府中几个心腹人物,比如镇东长史刁协,后为丞相左长史,从事中郎刘隗为丞相府司直。"刘隗雅习文史,善伺候睿意,故睿特亲爱之。""善伺候睿意"是什么意思?因为他发现司马睿对于王家的势力并不放心!王敦总征讨,王导专机政。司马睿"畏而恶之",遂大力提拔擢用刘隗、刁协之流,抑制减损王氏之权。

刘隗、刁协是什么人呢?《晋书·刘隗传》列举了刘隗担任丞相府司直所弹劾的几件事。总体来说,属于刻碎之政!

比如,建康县尉逮捕犯规的军士,被军府将领硬行劫走,刘隗提出弹劾,护军将军戴若思被免官。又如,官员颜含在服叔父丧期间嫁女,被刘隗举报。还有,庐江太守梁龛在除嫡妻丧服的头一日,竟然请客奏伎(搞歌舞聚会),丞相府长史(相当于秘书长)周𫖮等高官三十余人出席酒会,刘隗奏请免除梁龛的官职,削去其侯爵,并罚周𫖮等人一个月俸禄。这些都得到司马睿的批准。

再如,丞相府行参军宋挺,本是扬州刺史刘陶的门人,刘陶死后,宋挺娶其爱妾;宋挺还曾犯贪腐罪,遇赦而免,在这种情况下,奋武将军阮抗提出聘任宋挺为长史。于是,刘隗提出弹劾,说宋挺娶老上司的寡妾,有伤人伦,请除名,禁锢终身(不得做官);奋武将军阮抗聘这么一个人为长史,请免除其官职,下司法治罪。宋挺病死,刘隗还不放过,提出"如前追除挺名为民,录妾还本",获得司马睿批准。

可是,有一件事,司马睿没有批准。王敦之兄南中郎将王含，"以族强位显，骄傲自恣"，一次提出的任命名单，有参佐及守长达二十多人，"多非其才，隗劾奏含，文致甚苦，事虽被寝，而王氏深忌疾之"。刘隗弹劾王含的文书，非常犀利尖刻，虽然被司马睿压下了没有批复，但是，王氏家族却对刘隗恨之入骨！

刘隗、刁协忠实地执行了晋元帝司马睿摧抑豪强的意图，充当了其抑制王家势力的打手；但是，隗、协二人性格强悍，情商较低，可没少得罪人。刁协还好发酒疯，侵毁公卿，见者皆侧目而视。

与此同时，王导却逐渐被司马睿疏远，其实际政务被剥夺。这自然引起了王氏家族的不满。

王敦上书公开为自己的兄弟叫屈，言辞颇为刺耳。司马睿连夜召见左将军谯王司马承，寻求对策。司马承主张强硬回击。司马睿任命其为湘州刺史，牵制王敦，驳回了王敦举荐心腹沈充任湘州刺史的要求。进而，司马睿又采纳刘隗的意见，做出军事部署，任命南方士族出身的戴渊为征西将军，驻守淮阴，都督兖、豫等六州军事；刘隗为镇北将军，驻守合肥，都督青、徐等四州军事，释放扬州地区内北方流民沦为僮客者，组成军队。这是一箭双雕的措施，既削弱了北来士族的经济利益，又使朝廷组建并掌握了一支军队，名义上对付北方石勒，实际上是对付上游的王敦，拱卫京城。

322年，王敦从武昌举兵向阙，以为王导伸冤为名诛杀刘隗、刁协。王敦很快攻进石头城，杀戴渊、刁协等，刘隗逃奔石勒。王敦固然不能取代司马氏政权，司马睿却于次年郁郁而终。

值得注意的是,王敦起兵成功,关键是得到了南北士族高门以及豪族的普遍支持。比如,有迹象表明,朝廷重臣庾亮就是支持者之一。史称:"时帝(司马睿)方任刑法,以《韩子》赐皇太子,亮谏以申、韩刻薄伤化,不足留圣心,太子甚纳焉。"晋元帝让太子(后来的明帝司马绍)研习《韩非子》,其用意是不言自明的。庾亮对于晋元帝"方任刑法"的做法并不赞成。相反,王敦对于庾亮十分欣赏,"王敦在芜湖,帝使亮诣敦筹事。敦与亮谈论,不觉改席而前,退而叹曰:'庾元规贤于裴颜远矣!'因表为中领军"(《晋书·庾亮传》)。

晋成帝时论及刁协的功过,曾提到这次王敦之乱:"协情在忠主,而失为臣之道,故令王敦得托名公义,而实肆私忌,遂令社稷受屈,元皇衔耻,致祸之原,岂不有由!"(《晋书·刁协传》)说刁协虽然是忠于皇室,但是不懂为臣之道,是他的错误造成了王敦之乱,给国家带来了祸害。这个言论发于隔代之后,说明王敦当初的"清君侧"依然有其合理之处。

显然,晋元帝司马睿用申韩之术治国,引起了南北士族高门的普遍不满。而王敦攻入建康之后,任由军士胡作非为,杀害人望周颢,大权独揽,引起了其他士族的普遍不满。324年,当他试图再度起兵之时,就遭到包括堂弟王导、执政庾亮在内的士族们的普遍反对,结果病死军中。

这就是东晋初年的士族门阀政治。皇帝不甘心"王与马,共天下",又不能不接受这个共治天下的局面;士大夫支持"王与马,治天下",但是,又不允许包括王氏在内的某一家族一族独大,进而支持"共治"天下的格局。王氏之后,庾氏家族、桓氏家族、谢氏家族曾各领风骚于一时,待司马道子、司马元显排斥异己,打压世家大族,亲掌朝政之时,东晋王朝也就走到了自己的末日。

淝水之战

无论是对东晋的历史,还是五胡十六国的历史,公元383年的淝水之战都是一个重要转折点。淝水之战以前,是王氏、庾氏、桓氏、谢氏家族,你方唱罢我登场的门阀政治阶段。淝水之战以后,司马家族逐渐掌权,刘裕等军人出身的豪强,走到了政治的前台;在北方,则是再次陷入分裂,为北魏的统一创造了机会。

西晋灭亡之后,北方五胡乱华,南方东晋建国。北方政权自顾不暇,真正想南下统一的是前秦的苻坚。

苻坚(338—385)出身于氐族上层。氐族一说是三苗的后裔,一说是西羌的别部,魏晋时期分布在秦陇、巴蜀间,在十六国时期曾先后建立过仇池国、前秦国、后凉国,成汉政权的上层也是氐族。苻坚的祖父苻洪依附于后赵政权,351年,后赵因冉闵杀胡而分崩离析,苻洪之子苻健(苻坚伯父)入关中建立前秦政权,苻健传位给太子苻生,不久,苻坚(父亲苻雄)通过政变夺取堂兄苻生之位,自称天王。王猛、吕婆楼等汉、氐英贤悉心辅佐,消灭前燕慕容氏政权,统一了北方黄河流域。《晋书·苻坚载记》称其在位时,"修废职,继绝世,礼神祇,课农桑,立学校;鳏寡孤独高年不自存者,赐谷帛有差;其殊才异行、孝友忠义、德业可称者,令在所以闻"。岁时或遭遇大旱,苻坚"减膳撤悬,金玉绮绣皆散之戎士,后宫悉去罗纨,衣不曳地。开山泽之利,公私共之,偃甲息兵,与境内休息"。从社会政策、文化教育、财政节约、经济增长等方面,改善北方政权的发展环境。

对于氐族豪强鱼肉百姓,欺凌汉族民众的不法行为,苻坚支持王猛依法治吏,坚决打击。特进公强德,是苻健之妻弟,昏酒豪横,为百姓之患。王猛捕而杀之,陈尸于市。御史中丞邓羌,性格鲠直不挠,与王猛同心协力,上任数十天,诛杀贵戚强豪不法者二十余人。"于是百僚震肃,豪右屏气,路不拾遗,风化大行。"朝廷遣使巡察四方及戎夷种落,"州郡有高年孤寡,不能自存,长吏刑罚失中,为百姓所苦,清修疾恶、劝课农桑、有便于俗,笃学至孝、义烈力田者,皆令具条以闻"(《晋书·苻坚载记》)。史称在王猛等辅佐和治理下,"国富兵强,战无不克,秦国大治"。

苻坚还努力妥善处理与其他少数民族的关系。有匈奴左贤王刘卫辰遣使降于前秦,请田内地,获得批准。边地军官贾雍遣其部将徐斌率骑袭之,并纵兵掠夺款附的匈奴人。贾雍被免除官职,苻坚遣使修和,示之信义。结果不仅匈奴左贤王刘卫辰入居塞内,贡献相寻,而且乌丸独孤、鲜卑没奕于也率众数万归降于苻坚。前燕贵族王室慕容晖、慕容垂等羌族首领姚苌(姚弋仲之子)家族都得到苻坚的善待,甚至委以高官重任。秦太史令张猛用天象示警,阳平公苻融以人情事理劝苻坚要提防,他自信地回答说:"朕方混六合为一家,视夷狄为赤子。汝宜息虑,勿怀耿介。夫惟修德可以禳灾,苟能内求诸己,何惧外患乎!"

苻坚的道理,从战略层面、战术层面都是对的。氐族与羯族一样,人口相对比较稀少,必须团结更多的胡族,才能维持在广大汉族地区的统治。但是,这种做法必须有一个前提,那就是处理好与人口更为众多的汉族的关系。灭前燕(337—370)之后五年,前秦内部还没有完全磨合,王猛(325—375)就去世了。临终前他最后一次告诫苻坚:"晋虽僻处江南,然正朔相承,上下安和,臣没之后,愿勿以晋为图。鲜卑、西羌,我之仇敌,终为人患,宜渐除之,以便社稷。"这段话有两个意思:第一,对外不宜妄举统一大旗,试图对东晋发动进攻;第二,对内要巩固氐族的统治地位,尤其是防范前不久消灭的鲜卑慕容政权和西羌姚氏政权。两个问题都是民族关系问题!可是,苻坚把王猛的忠告都置诸脑后,毅然发动了淝水之战。

383 年,王猛死后八年,苻坚率领百万大军南下征讨东晋,这个时候东晋朝中的宰相是名士谢安(320—385)。

谢安是东晋政坛上继王、庾、桓氏之后,代表谢氏家族出掌朝政的关键人物。抵御前秦南下入侵,谢安手上的王牌劲旅就是北府兵。所谓北府,是相对于西府而言。东晋时代称位于荆襄上游的军府为西府,处于首都扬州北部的江北地区的军府为北府。正如《资治通鉴》卷一二八所记:

"初，晋氏南迁，以扬州为京畿，谷帛所资皆出焉；以荆、江为重镇，甲兵所聚尽在焉，常使大将居之。"往年扬州是政治中心，荆州是军事中心。至谢安执政，着力发展扬州的军事力量，扩充北府兵。

东晋孝武帝太元二年(377)七月，谢安以宰相"都督扬、豫、徐、兖、青五州诸军事"。不久，他就任命侄子谢玄为建武将军、兖州刺史，领广陵相、监江北诸军事，镇广陵，召募劲勇，组建军队。于是，安置在徐州(治京口，今江苏镇江)、兖州(治广陵，今江苏扬州)北方来的流民帅及其所领军队，纷纷应募入伍。这支军队虽然是新组建的，可是其将士却是久经战场。《晋书·刘牢之传》称："时苻坚方盛，玄多募劲勇，牢之与东海何谦、琅邪诸葛侃、乐安高衡、东平刘轨、西河田洛及晋陵孙无终等以骁猛应选。玄以牢之为参军，领精锐为前锋，百战百胜，号为'北府兵'，敌人畏之。"北府兵的组建，带有流民帅将所属武装成建制地编入军队的特点。

在东晋方面严阵以待的同时，北方苻坚意欲伐晋，朝廷上一片反对声。

《资治通鉴》卷一〇五记载了出师前一年各方的反对意见，包括苻坚最信任的阳平公苻融、最敬重的高僧道安、最宠幸的张夫人、最喜爱的幼子苻诜都出来阻止。可是，苻坚像着了魔一般，执意南下。"是时，朝臣皆不欲坚行，独慕容垂、姚苌及良家子劝之。"阳平公苻融甚至搬出了王景略(王猛字景略)的遗言，苻坚也不听。苻融还说："鲜卑、羌虏，我之仇雠，常思风尘之变以逞其志，所陈策画，何可从也！良家少年皆富饶子弟，不闲军旅，苟为谄谀之言以会陛下之意耳。今陛下信而用之，轻举大事，臣恐功既不成，仍有后患，悔无及也！"苻坚置若罔闻，反而狂妄下诏说："其以司马昌明（晋孝武帝司马曜）为尚书左仆射，谢安为吏部尚书，桓冲（时任荆州刺史，领西府兵驻扎上游）为侍中；势还不远，可先为起第。"蠢蠢欲动的前燕慕容家族对此窃窃私语，"主上骄矜已甚"。《资治通鉴》卷一〇五《晋纪》晋孝武帝太元八年(383)，是这样记载苻坚的局势行动的：八月甲子（初八），"坚发长安，戎卒六十余万，骑二十七万，旗鼓相望，前后千里。九月，坚至项城，凉州之兵始达咸阳，蜀、汉之兵方顺流而下，幽、冀之兵至于彭城，东西万里，水陆齐进，运漕万艘。阳平公融等兵三十万，先至颍口"。东晋方面派征虏大将军谢石、前锋都督谢玄等统领八万军队迎敌。双方的战斗可以分为三个阶段。

第一阶段，寿阳失守。寿阳（今安徽寿春）是淮南地区最重要的堡垒。十月，苻融率领前锋到了寿阳，很快攻下，寿阳守将徐元喜被俘。东晋方面先前派来增援寿阳的水兵统帅胡彬，退守硖石。前秦卫将军梁成率军五万直逼洛涧（由南向北流入淮河的一条支流），沿淮河布防，以阻止谢石、谢玄大军。

第二阶段，洛涧之战。胡彬被困硖石（寿阳与凤台之间），进退不能，暗中送信给谢石等，告知秦军声势很大，我军粮尽，恐怕不能相见。这封信却落入了秦兵手中。于是，苻融立即驰报苻坚："贼少易擒，但恐逃去，宜速赴之！"苻坚乃留大军于项城，引轻骑八千，日夜兼程，星夜赶到寿阳，并派东晋朱序前往劝说谢石、谢玄等投降。朱序反而劝东晋军队趁秦兵未全部聚集之机主动进击。十一月，谢玄遣广陵相刘牢之帅精兵五千人进军洛涧，未至十里，梁成阻涧严阵以待。刘牢之率军直扑过去，渡过洛涧河水，进击梁成，大破之，斩梁成及秦弋阳太守王咏，又分兵断其归津，秦步骑崩溃，争赴淮水，士卒死者万五千人。又俘虏了秦扬州刺史王显等，尽收其军资器械。于是谢石等帅诸军水陆继进，逼近淝水。

第三阶段，草木皆兵。苻坚与阳平公苻融登上寿阳城楼，望见晋兵部阵严整，又望见八公山上草木，皆以为晋兵，发现晋军并不像他想象的那样孱弱，怃然始有惧色。东晋方面提出，请秦兵稍作后退，以便我军过河，进行决战。秦军有人反对后退，苻坚说可以将计就计，待东晋军渡河一半，我们乘机回击，一定大胜。可是，秦兵退却过程中，心无斗志，退不可止。朱序又在阵后高喊："秦军败了！秦军败了！"秦兵争相后逃，任你怎么指挥也无法制止。苻融骑在马上，扬鞭阻止，一不留神，马被绊倒，被晋兵杀死。失去了前线的统帅，秦军溃退，不可收拾。谢石等追击到了青冈。"秦兵大败，自相蹈藉而死者，蔽野塞川。其走者闻风声鹤唳，皆以为晋兵且至，昼夜不敢息，草行露宿，重以饥冻，死者什七八。"

可见，淝水之战真正接触的那一仗，是北府军将刘牢之指挥的洛涧之战！随后的淝水溃败，更多的是秦兵惊吓而遁。

淝水之战东晋赢、前秦输,有军事、经济、政治等各方面的原因。但是,最重要的一个原因是,前秦军队没有士气、没有斗志!这么一次并不太大的战争,东晋只不过数万军力,前秦数十万军队就自相蹈藉而死,说明前秦内部军心涣散。淝水之战后,北方重新陷入分裂。鲜卑慕容垂乘乱而起,在东方建立了后燕政权。苻坚逃出长安后,被羌族首领姚苌所获,并于 385 年被缢杀。趁前秦乱亡,羌族首领姚苌乘机在秦陇地区建立后秦政权,建都长安。直到 439 年,北魏拓跋部重新统一了黄河流域。

(参见《资治通鉴》卷五七至卷一〇五)

● 淝水之战东晋赢、前秦输的原因是,前秦军队没有士气、没有斗志!

第八章　南朝刘宋

东晋过渡到南朝的政权切换,关键人物是刘裕。刘裕出身寒门,而东晋则属于门阀政治时期。

　　"门阀"是一个历史概念,指晋唐间世代为官的名门望族。东晋政权建立之始,有"王与马,共天下"之说。王是琅琊王氏,马是司马家族。王氏只是士族门阀的代表,其他还有颍川庾氏、谯郡桓氏、陈郡谢氏等家族势力。东晋第一任皇帝司马睿,是西晋开国皇帝司马炎的再从侄,与接下来的西晋三任皇帝晋惠帝、晋怀帝、晋愍帝,血缘关系就愈益疏远了。他们的共同祖先要追到司马懿那儿。还有传言说,司马睿是私生子,是他母亲出轨某牛姓将军而生,所谓"牛继马后"的传言曾着实让司马家族惊慌过一阵子。不管如何,传言与司马睿的真实身份和能力加在一起,构成了他孱弱的执政基础。在以王导、王敦为首的南下士族的共同拥戴下,司马睿在江南建立了晋朝的流亡政权,建都建康,位置偏于东南,史称东晋(317—420)。

　　从东晋立国开始,"王与马"之间的矛盾就没有消停过,在"共天下"的形式下龃龉不断。压制士族门阀的权力,扩张巩固皇家权力,曾经是晋元帝司马睿、晋明帝司马绍(东晋前两任皇帝)的共同追求。遗憾的是此后的东晋皇帝一直是幼主执政(类似于东汉章帝之后的情况),根本谈不上是皇室对于掌权门阀的斗争。

与此同时，士族门阀内部却发生了激烈的冲突，王氏（王导、王敦）与庾氏（庾亮、庾翼、庾冰）、桓氏（桓温）与谢氏（谢安），明争暗斗，你方唱罢我登场，不断消耗着士族门阀的实力和能力。淝水之战后，皇室至亲司马道子（晋孝武帝司马曜之弟）、司马元显父子掌握朝中的权力，打破了士族与皇权共治天下的格局。据守地方的门阀士族得不到在中央执政的士族门阀的呼应，因此，皇权与士族的矛盾变成了中央与地方的冲突。于是，先是王恭（太原王氏）起兵北府（京口）问罪中央执政当局（司马道子），继之以桓玄（369—404）起兵西府（荆州）攻入石头城，建立了"大楚"政权。"王与马，共天下"的政治格局被彻底破局。

螳螂捕蝉，黄雀在后。北府兵出身的寒族将领刘裕（363—422）乘机在京口（今江苏镇江）起兵勤王，灭亡了大楚政权。桓玄从403年年底称帝，到次年二月兵败逃出金陵，不过八十天。桓玄残部流亡于江湖间被杀，前后不到半年。其时桓玄年仅三十五岁，刘裕四十一岁。

刘裕建立的宋朝（420—479）开启了南朝第一朝，立国前后六十年，史称刘宋。其后的萧齐（479—502）、萧梁（502—557）、陈朝（557—589）更为短促。

刘裕早年生活贫困，受尽欺凌。其后加入北府兵，隶属刘牢之麾下，在平定孙恩、卢循东南地区的叛乱中崭露头角。北府兵是驻扎在京口，保卫首都北面门户的一支精兵，曾在淝水之战中立过大功。后来北府主帅刘牢之因为政治投机和短视，穷途自杀，刘裕则成为北府兵的领导人。刘裕成功地利用桓玄的胆大妄为，使自己站在了勤王的道德制高点上，又善于团结北府兵的力量，使自己成为东晋朝廷最后的权臣。只不过他不再是士族门阀，他是要颠覆士族门阀政权的那个寒人。

刘裕执掌东晋朝政十六年，建立刘宋之后，称帝不到三年就去世了。我们发现南朝各个朝代，其实都重复着曹操、司马懿的故事，用霸主模式运作政治，最后皆被取而代之。曹操、司马懿都是交给儿孙，南朝的开创者则是自己取代旧朝廷。还有一个区别是，曹氏取代东汉，司马氏取代曹魏，都没有杀害末代皇帝。从刘裕开始，篡位之后，寻即杀害前朝君主。刘裕杀害了东晋的末代君主；刘宋被萧齐取代之后，萧道成依照先例，也将刘裕的子孙杀戮殆尽。这也是南朝政治不如魏晋格局的一个明显表现。

刘裕起家

南朝，即建都于建康(今江苏南京)的宋、齐、梁、陈四个短暂的朝廷，前后历时近一百七十年。最长的不过六十年，最短的只有二十多年。其朝代更替有一个共同特点：王朝内乱频仍，特别是宗室之间互相残杀，带兵大将在镇压叛乱的过程中崛起，立足稳定之后，废黜末代君王自立，建立一个新的朝代。例如，刘裕利用东晋的内乱，取得军权，然后

● 南朝，王朝内乱频仍，特别是宗室之间互相残杀，带兵大将在镇压叛乱的过程中崛起，废黜末代君王自立。

废掉晋帝自立。萧道成利用平定刘宋江州刺史刘休范叛乱,攫取了朝政大权,杀苍梧王(后废帝)刘昱,废顺帝刘準自立。萧衍起兵杀东昏侯萧宝卷,废齐和帝萧宝融自立。陈霸先利用侯景之乱崛起,然后废掉梁敬帝萧方智自立。

本章我们只讲南朝第一个皇帝刘裕。

刘裕起家于东晋的北府兵,就是谢玄等创立驻扎京口,在淝水之战中立了大功的那支部队。刘裕称帝后,特别祭祀的东晋名臣中,于王导、谢安、温峤、陶侃之外,还列有谢玄,以示不忘本根之意。

史书上说刘裕是汉高祖刘邦之弟楚元王刘交之后。《宋书·太祖纪》详细列举了刘交之后的家世传承。刘裕幼年家贫,樵苏渔猎,贩履为食,小名寄奴,大约就反映了他早年的生活窘境。但是,在南渡北人中,刘裕仍然算中上阶层,其父祖在东晋朝廷出任过郡太守、郡功曹之类中下层职官。就出身而论,学术界仍倾向于把刘裕划归王、谢、顾、陆之后的次等士族。

刘裕加入北府兵不久,在谢琰、刘牢之麾下,参与了平定东南地区的孙恩起兵。孙恩以道教动员教俗百姓,在浙东地区起兵,反抗东晋的统治。平定孙恩的战争从399年打到402年,孙恩势力雄厚,气焰嚣张,谢琰战死,刘裕却越战越勇,每每以少胜多,转危为安,经过三年多的拉锯战,最后迫使孙恩投海而死。刘裕从刘牢之手下的一名参军(中下级军官)做起,因为军功卓著,被封为建武将军、下邳太守。

孙恩起兵,生灵涂炭,给建康附近的东南地区造成极大的破坏。东晋已故权臣桓温之子桓玄,乘机扩充自己的势力,控制了包括荆州在内的长江上游地区的军政大权,与朝廷权臣司马元显矛盾愈加尖锐。司马元显是晋简文帝司马昱之孙,他执政期间,下令江南诸郡已经免奴为客者,到建康去服兵役,致使民间扰攘,这是激起孙恩起兵的重要原因之一。402年,孙恩之乱甫平,司马元显就下令讨伐桓玄。桓玄反而主动起兵顺江而下,并争取到了北府兵统帅刘牢之的合作。尽管刘裕、何无忌等北府兵军官极力反对,刘牢之还是投靠了桓玄,背叛了朝廷。刘牢之因众叛亲离自杀,刘裕暂时归附了桓玄。桓玄控制朝政后,任人唯亲,诛灭异己,不臣之心,人皆知之。

元兴二年(403)正月,孙恩余党卢循、徐道覆再次起兵,桓玄派刘裕前往镇压。在刘裕的严厉打击下,卢循逃亡海上,刘裕因功升任彭城内史。对于刘裕势力的隆升,桓玄有所忌惮,虽然表面笼络,却处心积虑打击北府兵势力,刘裕也在伺机反抗。这年十二月,桓玄称帝,国号"楚",改元"永始"。桓楚政权彻底颠覆了东晋的政治生态,招致举国反对,败象已露。次年二月,刘裕在京口北府兵旧地,举兵起义。五天后,桓玄就被迫放弃建康西遁。刘裕成为桓玄篡国事件的最大受益者,被加使持节,都督扬州、徐州、兖州、豫州、青州、冀州、幽州、并州八州诸军事,镇军将军,徐州刺史。五月底,桓玄在逃亡江陵的途中被杀。刘裕迎接晋安帝司马德宗(382—418)回朝,成为再造晋王室的第一功臣。晋安帝的皇后是王羲之的孙女,他本人却是一个十足的窝囊废,冬夏冷暖不辨,大约与晋惠帝司马衷类似,自然大权旁落,东晋朝廷的命运掌握在刘裕手中。

当然,刘裕要想进一步巩固自己的权势和威望,还得有更大的功劳。405年,彻底扫平桓玄在江陵的势力后,刘裕又张起了北伐的大旗。继收复后秦侵占淮北十二郡之后,409年率兵攻入山东,次年消灭了南燕政权。卢循、徐道覆利用刘裕领兵北伐的机会,大举进攻江州,江州刺史何无忌战死,兵锋直指丹阳。刘裕处变不惊,迅速回师,顽强地击溃了卢循军队。411年,卢循退守广州,穷途自杀。此后刘裕还消灭了自己的竞争对手荆州刺史刘毅,出兵消灭了西蜀的谯蜀政权和盘踞汉中的仇池国氏族政权。415年,进一步除掉东晋宗室时任荆州刺史的司马休之。

善用人才

刘裕之所以能够成就一番偏霸事业,自有过人之处。《资治通鉴》卷一一八晋安帝义熙十三年(417)五月,记载了北魏主拓跋嗣与崔浩之间一段评论刘裕才能的对话:"嗣曰:'裕才何如慕容垂?'对曰:'胜之。垂借父兄之资,修复旧业,国人归之,若夜虫之就火,少加倚仗,易以立功。刘裕奋起寒微,不阶尺土,讨灭桓玄,兴复晋室,北禽慕容超,南枭卢循,所向无前,非其才之过人,安能如是乎!'"这是当时人的看法。枪杆子里面出政权。作为行伍出身的职业军人,他的成功首先是善于打仗。刘牢之也善于打仗,为什么就不如刘裕?那是因为刘裕至少有两点远远超过刘牢之:一是政治判断力,二是用人识人和笼络人的手腕。

刘裕的政治头脑清楚,突出表现在对于桓玄的认识上。他先是反对自己的上司刘牢之轻率地反桓玄。刘牢之自杀后,面对桓玄的篡位野心,刘裕开始不露声色,甚至带有暗许的暧昧。及至桓玄篡位,招来举国反对,刘裕即时起兵,高举勤王的大旗,从而赢得政治上的关键一搏!

刘裕也善于识人、用人,以武将王镇恶、文臣刘穆之为例。

在刘裕的军事斗争中,王镇恶(373—418)是一个重要人物。王镇恶是前秦名相王猛之孙。前秦灭亡后,他流落到东晋,后来为刘裕所赏识和提拔。在刘裕的内外战争中,都立下了赫赫战功!最有名的有两次。第一次是除掉刘裕的北府兵内反对派刘毅。北府兵有三位大将——刘裕、刘毅、何无忌。何无忌死于卢循之乱后,二刘的冲突就浮现出来了。击败刘毅,逼其自杀,打头阵的就是王镇恶。

第二次是消灭后秦,也是王镇恶打头阵,立了头功。义熙十二年(416)二月,后秦主姚兴病死,继任的姚泓无法控制局面,兄弟争权,给了东晋北伐的机会。晋兵分五路伐后秦,龙骧将军王镇恶、冠军将军檀道济是北伐的前锋。九月,进入后秦境内,十月攻克洛阳。刘裕坐镇彭城指挥,王镇恶的兵锋西向长安。义熙十三年正月,刘裕才从水路北上,然后沿黄河西进,但受到北魏军队的干扰。王镇恶西攻潼关的军队一度因为粮食补给不及,陷入恐慌,但是,他还

● 刘裕至少有两点远远超过刘牢之:一是政治判断力,二是用人识人和笼络人的手腕。

245

是顽强地突破了后秦的防御,三月攻克潼关。八月,"王镇恶请帅水军自河入渭以趋长安,裕许之"。王镇恶亲自率领水军从黄河入渭水,进逼长安。后秦主姚泓投降。九月,"太尉裕至长安,镇恶迎于灞上。裕劳之曰:'成吾霸业者,卿也!'"肯定了王镇恶的首功!

刘裕长年在外征战,多数情况下镇守江北,建康朝廷的事情主要是心腹刘穆之(360—417)为他照料。404年,在起兵反对桓玄的斗争中,刘穆之被北府兵同僚何无忌推荐给刘裕,并很快获得刘裕的信任和重用。407年,荆州刺史刘毅反对刘裕控制朝政,也是刘穆之出策,使刘裕获得扬州刺史、录尚书事,控制中枢政局的关键职位。在刘裕伐南燕、平卢循过程中,刘穆之都是刘裕幕府中的智多星。刘裕出征后秦,刘穆之则在首都负责留守事务。

刘穆之的才干,《资治通鉴》卷一一七赞赏有加:"刘穆之内总朝政,外供军旅,决断如流,事无拥滞。宾客辐凑,求诉百端,内外谘禀,盈阶满室;目览辞讼,手答笺书,耳行听受,口并酬应,不相参涉,悉皆赡举。又喜宾客,言谈赏笑,弥日无倦。裁有闲暇,手自写书,寻览校定。"对于刘穆之与刘裕,后人比之为萧何留守关中,张良辅弼刘邦。

总之,正是有刘穆之与王镇恶这种文武人才的辅佐,刘裕才成就了自己的霸业。

刘裕驾崩后,《资治通鉴》有一段总结式评论,说:"帝清简寡欲,严整有法度,被服居处,俭于布素,游宴甚稀,嫔御至少。尝得后秦高祖从女,有盛宠,颇以废事;谢晦微谏,即时遣出。财帛皆在外府,内无私藏。岭南尝献入筒细布,一端八丈,帝恶其精丽劳人,即付有司弹太守,以布还之,并制岭南禁作此布。公主出适,遣送不过二十万,无锦绣之物。内外奉禁,莫敢为侈靡。"这段话肯定了刘裕反对奢华、崇尚简朴的生活作风。刘裕自己生活简朴,对于部下却不吝赏赐。北伐后秦,到了洛阳,赞赏毛修之修葺城池之功,赏赐珍玩,价值二千万。王镇恶在攻打南方蛮族及攻克长安时多有贪掠,甚至把姚泓车辇上的金宝装饰抠刮下来,刘裕也能一概容忍,目的无非是笼络人心。

气量偏狭

刘裕用人,也有气量偏狭的一面。王镇恶是被他冤杀的,刘穆之是被他气杀的。

王镇恶之死,是刘裕假手杀人的结果。刘裕北伐后秦,目标不是,至少不完全是为了统一北方,而是为了抬高自己的威望。旁观者、北魏士人崔浩在给拓跋嗣的分析中就讲得一清二楚。

义熙十三年(417)九月,晋军攻克长安之后,《资治通鉴》记载了刘裕下议迁都洛阳的方案。这究竟是刘裕为了应付北伐统一的初衷而为,还是真的有了迁都的冲动?从反对者所说的"非常之事,固非常人所及,必致骇动"的话来看,刘裕即使有想法,也完全不具备实现的可能性。东晋朝廷的阻力姑且不说，北魏的虎视眈眈，刘裕也必须顾忌。在攻克长安的过程中，刘裕曾批评王镇恶冒进，说黄河对岸，北魏的军事干预不可忽视。

刘裕匆忙南还，派十几岁的二儿子刘义真留守雍州。接下来，秦、雍之人流入河南数万户，北魏设置南雍州于洛阳以治之。西秦和夏国也伺机而动。于是，关中成为孤岛。夏兵来攻，王镇恶与沈田子交恶，沈田子诱杀王镇恶，谎称王镇恶要谋反，割据关中，但沈田子也因妄杀无辜而被诛。不过一年时间，关中地区就被匈奴铁弗部赫连勃勃攻占，赫连勃勃创立了十六国最后一个政权赫连夏（407—431）。

然后，关中晋军的内讧，实际上是刘裕留下的后患。《资治通鉴》记载说，刘裕离开长安之前，大将沈田子与王镇恶争功，并在刘裕面前说坏话："镇恶家在关中，不可保信。"刘裕回答："今留卿文武将士精兵万人，彼若欲为不善，正足自灭耳。勿复多言。"刘裕对于沈田子的表态，就暗示了沈田子有除去王镇恶的责任。司马光在此评论说，用人不疑，疑人不用。既然让王镇恶负责西北镇守之事，怎么可以又叮嘱其他将领必要时可以联合起来除掉王镇恶？很显然，这场内讧，与其说是王、沈矛盾所致，不如说是刘裕自己的态度埋下的祸根，甚至是刘裕有意为之。"王镇恶功为多，由是南人皆忌之。"我想刘裕可能尤其忌之！檀道济及其儿子因为军功、才能卓著，被不明不白的宋文帝所杀，就是重复了宋武帝刘裕的故事。

再说刘穆之。

刘穆之对于刘裕的事业，极其重要："内总朝政，外供军旅,决断如流,事无拥滞。"但是,刘裕在北伐前秦的途中,派左长史王弘回建康,"讽朝廷求九锡"。当时,是刘穆之执掌留任事务,"而旨从北来,穆之由是愧惧发病"。这件事很值得玩味。刘裕既然把与朝廷打交道的事情都交给了刘穆之,请朝廷加九锡的事自然应该由刘穆之来出面。现在撇开刘穆之,直接从前线派王弘来求九锡,刘穆之就既惭愧又惧怕了。曹操时代,荀彧反对曹操称魏公,曹操不爽,荀彧忧郁得病致死。但是,我们看不出刘穆之会反对刘裕求九锡。事实上,刘裕派王弘来求九锡,只是虚晃一枪。"十二月,壬申,诏以裕为相国、总百揆、扬州牧,封十郡为宋公,备九锡之礼,位在诸侯王上,领征西将军,司豫、北徐、雍四州刺史如故",刘裕坚辞不受。

刘穆之出身贫寒,富贵之后,"性奢豪,食必方丈,且辄为十人馔,未尝独餐"。他曾经对刘裕坦诚地说:"穆之家本贫贱,赡生多阙。自叨忝以来,虽每存约损,而朝夕所须,微为过丰。自此外,一毫不以负公。"也许豪侈的生活,导致了他的健康有先衰之兆。中军谘议参军张邵忧虑地对刘裕说:"人生危脆,必当远虑。穆之若邂逅不幸,谁可代之?尊业如此。苟有不讳,处分云何?"同僚对于刘穆之之死有先见之明,说明他有这个征兆。加上刘裕绕开刘穆之,派他人提出九锡之事,加重了刘穆之的心理负担,因而猝死。这件事表明,刘裕虽然依赖刘穆之,但并不尊重,完全漠视其内心感受。

刘穆之之死,对于刘裕的事业是沉重打击,虽然他派出心腹徐羡之继任刘穆之之职,可是重要的大事,过去刘穆之可以决断的,现在都必须向北边远在彭城的刘裕咨询。可见刘裕对于徐羡之的信任不及刘穆之。

420 年,刘裕如愿以偿,登基称帝,晋恭帝逊位,被刘裕派人杀害。从曹魏禅让以来,包括晋朝,都遵行三代之先例,没有屠杀前朝王室。从南朝刘裕开始,开启了这个恶例,禅让必杀前朝逊位之帝。

家教无方

刘裕当皇帝不到三年就去世了,太子刘义符继位。他曾经对太子不满,想改立次子刘义真,因为次子性格刚劲,大臣徐羡之等人都不看好,才作罢。刘裕驾崩时留下傅亮、徐羡之、谢晦、檀道济为顾命大臣,他对刘义符说,檀道济是一个粗人,傅亮、徐羡之均属于中才,只有谢晦颇懂权略,应该加以提防。刘裕如此选择辅弼幼主的顾命大臣,也反映了其心胸的局限。

由于少帝刘义符胡作非为,行为乖张,424 年,徐羡之、谢晦等弑杀之,同时杀掉庐陵王刘义真,迎荆州刺史、宜都王刘义隆(407—453)为帝,是为宋文帝。《资治通鉴》卷一二〇没有谴责诸人的弑君行为,却引南朝著名史学家裴子野(469—530)的一段评论,大谈皇子教育的重要性:

古者人君养子，能言而师授之辞，能行而傅相之礼。宋之教诲，雅异于斯，居中则任仆妾，处外则近趋走。太子、皇子，有帅，有侍，是二职者，皆台皂也。制其行止，授其法则，导达臧否，罔弗由之；言不及于礼义，识不达于今古，谨敕者能劝之以吝啬，狂愚者或诱之以凶慝。虽有师傅，多以耆艾大夫为之；虽有友及文学，多以膏粱年少为之；具位而已，亦弗与游。幼王临州，长史行事；宣传教命，又有典签；往往专恣，窃弄威权，是以本根虽茂而端良甚寡。嗣君冲幼，世继奸回，虽恶物丑类，天然自出，然习则生常，其流远矣。降及太宗（明帝刘彧），举天下而弃之，亦昵比之为也。呜呼！有国有家，其鉴之矣！

裴子野首先指出了皇家皇子教育的重要性，并对于刘宋皇子教育提出严厉的批评："居中则任仆妾，处外则近趋走。"对于将要担任大任的皇子们来说，如果他身边都是趋炎附势之徒，唯唯诺诺之辈，不能以正确的行为准则教导他们，"言不及于礼义，识不达于今古"，一定不能接好班。很小的年龄，就让他们担任都督、刺史，实际上秘书主持政事，典签批阅公文，窃威弄权，败坏行政。"嗣君冲幼，世继奸回"，一代一代地下去，葬送了刘宋的江山。他大声疾呼："呜呼！有国有家，其鉴之矣！"把宋朝皇子教育不当的责任直接指向开国皇帝武帝刘裕。

裴子野主要生活在齐梁之际，他的感慨不仅仅是就少帝刘义符被杀而言，而且是针对南朝的政治现实。宋文帝

- "言不及于礼义，识不达于今古"，一定不能接好班。

251

统治的元嘉年间,曾有著名的"元嘉之治",但是,文帝身体衰弱,为人猜忌多疑,文臣谢灵运、武将檀道济都是被他所杀,他本人则被太子所篡弑。此后,刘宋的皇室内部杀戮不绝,二十多年换了六位皇帝,终于给了萧道成改朝换代的机会。萧齐国祚二十三年,更是更换了十个帝王,无不是内部杀戮。萧梁时代因为开国皇帝萧衍统治时间比较长,有一个稳定的时期,但是萧衍之后,也是诸子争权,大开杀戒,政局混乱。陈朝的陈后主更是作为亡国之君,留名于世。晋朝的皇帝,有无能的,有弱智的,但是像南朝皇室那样淫秽乱伦、残暴凶虐,却是没有的。这就是魏晋与南朝的重大区别!

《资治通鉴》卷一一一至卷一二○)

第九章　南梁武帝

南朝宋、齐、梁、陈一百七十年（420—589），大大小小有约三十位皇帝，只有萧梁的开国皇帝萧衍（464—549）最为高寿，享国也最长，活了八十五周岁，称帝四十七年整。萧衍也是南朝君主中，最有学问的皇帝。琴棋书画、诗词歌赋、儒法兵道佛，无所不通，连创作旺盛的乾隆皇帝也不好比。乾隆皇帝一生写诗四万余首，钱锺书《谈艺录》里对其评价略显刻薄："令人作呕"，"兼酸与腐"。钱锺书《管锥编》也评论到梁武帝的《净业赋》，语气相对平实许多。古今多少皇帝，至少在开国皇帝中，萧衍是比较有学问的人，这应该没有异议。

在萧衍的统治下，南朝萧梁社会稳定，文化繁荣，这是《资治通鉴》及历史家都不否定的事实。萧衍重建了太学，组织庞大的文人班子，编纂吉、凶、军、宾、嘉五礼文献，共一千余卷，八千零一十九条。编纂《通史》六百卷（弥补《汉书》断代编史的不足），可惜宋朝时候佚失，内容不知其详。

第一部文论专著《文心雕龙》（成书于梁初，作者刘勰主要仕宦于萧梁）、第一部诗论专著《诗品》，以及第一部诗文总集《昭明文选》，继《诗经》《楚辞》之后的诗歌专集《玉台新咏》，都是在萧梁时期问世的。就此而论，说萧衍统治的梁朝是东晋南朝近三百年文化最发达的时代，并不为过。

● 说萧衍统治的梁朝是东晋南朝近三百年文化最发达的时代，并不为过。

萧衍在弘扬佛教方面也史上有名,他舍身同泰寺虽然经常被人诟病,但是他整顿佛法,组织僧团编纂戒律,却也功不可没。

　　萧衍最后死于侯景之乱。侯景这样一个胡人将领,由于北方东魏政权领导人的更替使他无法立足于河南地区,带了数百人南下投奔萧梁。梁武帝萧衍处置乖方,竟然导致了国破身亡的悲剧,令人浩叹。

　　这一切都是偶然的吗? 还是有什么必然因素呢?

　　侯景在北方待不下去,要到南方藏身。这件事恰好发生在萧衍统治的梁朝,这是偶然的。但是,萧衍为什么接受他? 又如何想出卖他? 变成引狼入室之后,为什么完全无法应对这个突然事件? 这并不完全是偶然因素,背后有其必然性。

　　首先,萧衍虽然潜心学佛,甚至不惜出家到寺院里劳动,但是他依然是帝王,耄耋之年还想把持着权力,既要当今的富贵,又要来世的永恒,贪婪超过了许多帝王。这种贪婪让他不愿意放弃侯景许诺的收复中原的美景。其次,萧衍人设的另外一面是仁慈和善的长者,当北方东魏执政高澄提出用侄子萧渊明换侯景的时候,萧衍发现侯景已经没有军事和战略价值但尚有人质交换价值,因此,做出了出卖侯景的决定,从而逼迫侯景铤而走险。再次,萧衍执政近五十年,本是枭雄又欲学佛,这种摇摆的身份,也让他在狡黠与迂腐之间摇摆,他的国家治理也自然在这两者之间摇摆,看起来庞然大物、气象万千,其实不堪一击、漏洞百出。因此,侯景带着几百人被逼无奈造反之际,居然要了萧衍的命，也要了梁朝的命。

梁武帝是罕见的长寿皇帝，执政近半个世纪，不但在动荡的东晋南朝无出其右，承平之君也罕有其匹。在他的长期执政下，南朝萧梁达到了鼎盛，晚期经历侯景之乱，不仅萧梁国力迅速由盛转衰，北强南弱的局面也就此形成。

萧齐萧梁

萧衍是南朝最为传奇的帝王。他是开国皇帝，皇位来自萧齐的禅让。萧衍也是亡国皇帝，在他死后的七八年，萧梁疆域逼仄，名存实亡。

479 年，齐高祖萧道成（427—482）取代刘宋王朝，只当了不到四年皇帝就驾崩了，太子萧赜（440—493）即位，是为齐武帝。武帝在位十一年，提倡节俭，留心治道，可惜嫡长子文慧太子萧长懋盛年早逝，皇太孙萧昭业遂被立为皇位继承人。从德望和才能看，萧赜次子竟陵王萧子良是皇嗣的最佳人选。可惜，由于萧子良的优柔寡断、辅佐者王融的失误，在齐武帝萧赜弥留之际的接班争夺中，堂弟萧鸾支持的皇太孙萧昭业抢得了先机，即位称帝，而实际大权掌握在萧鸾手里。萧昭业的昏庸无能，为萧鸾夺位提供了条件。494 年，萧鸾在三个月内连续废黜并杀害萧昭业、萧昭文两位傀儡皇帝，当年十月，自己以高祖萧道成第三子的名义即

257

位,是为齐明帝(452—498)。

萧鸾本是萧道成之侄,父母早亡,萧道成把他当亲生儿子看待。高祖萧道成自己有十九个儿子,齐武帝萧赜有二十三个儿子,无论如何是轮不到萧鸾即位的。皇位来路不正,是萧鸾最大的心病。在位五年,萧鸾卧病不起,弥留之际最不放心的是高、武的子孙们。"上有疾,以近亲寡弱,忌高、武子孙。时高、武子孙犹有十王,每朔望入朝,上还后宫,辄叹息曰:'我及司徒诸子皆不长,高、武子孙日益长大!'""欲尽除高、武之族。"这里说的"司徒诸子"即指齐明帝兄弟之子。在他的暗示下,齐高祖萧道成、齐武帝萧赜的子孙均以莫须有的罪名惨遭杀戮,以致"高、武旧将,心不自安"。齐明帝咽气之际,托孤大臣中,已经没有了萧家王室宗亲近属。这其实为后来的萧衍篡齐提供了某种便利。

萧衍的父亲是萧顺之,为齐高祖萧道成的族侄,齐武帝萧赜的族兄。在萧道成篡夺刘宋江山之时,萧顺之是重要帮手之一。齐武帝萧赜在东宫为太子时就说过,"非此翁(指萧顺之),吾徒无以致今日"。可是,高、武时期,萧顺之并不得志,而且因为一些莫名其妙的原因郁郁而死。萧衍对此怀恨在心。在齐明帝萧鸾篡位的过程中,萧衍是站在萧鸾一边的,并且获得了信任。萧鸾临终之前,出太子中庶子萧衍为雍州刺史(治所在襄阳),大约反映了新的权力中心对萧衍的猜忌。

齐明帝太子萧宝卷(483—501)即位时只有十五岁,是为东昏侯,确实昏庸冥顽。他不仅诛杀了父亲留下的辅佐

大臣,而且杀害了萧衍之长兄益州刺史萧懿。这就给萧衍
起兵提供了口实。其实,萧鸾在位只有五年,以疏属之资格
篡取皇位,已经动摇了朝野上下对于皇室的忠诚;即位后,
对萧齐宗室近亲大肆杀戮,更降低了萧衍谋篡的难度。因
此,萧衍的起兵,基本没有碰到什么大的阻力。尽管如此,
萧衍还是立了齐明帝第八子、萧宝卷的同母弟萧宝融
(488—502,齐和帝)为傀儡皇帝,作为讨伐无道昏君的
旗号。

　　萧衍掌控了朝廷大权之后,多方培植自己的势力,诛灭
反对派,中兴二年(502)四月,在沈约、范云等旧僚的支持
下,通过禅让登基,建立了南朝的第三个朝代——梁朝
(502—557)。南朝梁共享祚五十五年,其中萧衍就在位四
十七年,是中国历史上少数实际执政接近半个世纪的皇帝
之一。

　　萧衍统治期间,正值北魏在孝文帝去世之后走向中衰
的时期。萧衍曾经多次主动进攻,南北双方有几场大战,但
是总体说来,南朝萧梁并没有占到便宜。比如,523年萧宏
领导的北伐、525年萧综领导的北伐、528年陈庆之护送北
朝元颢返洛的北伐,都以失败告终。

　　萧衍统治的中后期,北朝发生了严重的政治危机。河
阴之变中,尔朱荣(493—530)诛杀胡太后及北魏贵族,同时
又有六镇起兵引发的混乱。在北魏最后一任皇帝孝武帝元
脩(510—535)统治时期,北魏分裂为东、西两个政权。西魏
由宇文泰(507—556)执政,东魏由高欢(496—547)及其儿子

高澄(521—549)执政。这个时候,中国大地又成了南朝梁、北朝东魏、西魏鼎立的"三国"格局。而在南朝,正是萧衍最痴迷佛教的时候。

萧衍统治的最后几年,东魏政权逐渐由高欢交接到高澄手里,统治河南广大地区的侯景服从高欢,却蔑视后生高澄。547年,高欢去世,侯景十分不安。执政超过四十五年的梁武帝,竟然幻想通过接纳东魏叛将侯景(503—552)的方式,统一北方,不料却中了时年不足二十六岁的高澄的反间计,导演了一场侯景乱梁的悲剧。不仅梁武帝在这场悲剧中饿死台城,而且山河破碎,生灵涂炭,丢失了淮南大片领土,从此,不可逆转地形成了南弱北强的格局。

在侯景攻进建康城之后,梁武帝表现得十分镇定,躺在床上,"安卧不动,曰:'犹可一战乎?'(萧)确曰:'不可。'上叹曰:'自我得之,自我失之,亦复何恨!'"好一个"自我得之,自我失之!"难道国家的兴衰,只是君主个人的得失吗?学佛的梁武帝,面对国家的破亡,面对个人的生死,表现得如此镇静,到底是佛学造诣的深厚使然,还是缺乏王者应有的担当和责任使然?让我们一起来看看梁武帝的多面人生。

- 学佛的梁武帝,面对国家的破亡,表现得如此镇静,到底是佛学造诣的深厚使然,还是缺乏王者应有的担当和责任使然?

文教治国

梁武帝萧衍是一个才华横溢的文人和学者。就学术和文才而言,萧衍在中国历代帝王中堪称首屈一指! 就其生平和著述而言,萧衍可谓是最有学问的皇帝。

南朝的文化事业首推齐梁。齐武帝的次子竟陵王萧子良(460—494),是一个著名的附庸风雅的王子,"竟陵八友"(范云、萧琛、任昉、王融、萧衍、谢朓、沈约、陆倕)囊括了当时最著名的文人,其中就有萧衍。他们于诗文唱和之外,还讨论经史、佛道。萧子良主持编纂长达千卷的《四部要略》,分类编排儒家经传、百家著作。萧子良还身体力行地推崇佛学,自称"净住子",严守佛家戒律,不仅主持佛教文化的学术论坛,而且进入寺院做义工,现代佛教史家汤用彤《汉魏两晋南北朝佛教史》说:"竟陵王者,乃一诚恳之宗教徒也。"

"竟陵八友",多是当时文化界的领袖人物。沈约是《宋书》的作者。谢朓是诗坛领袖,史家把同为陈郡谢氏的山水诗人谢灵运称"大谢",谢朓称"小谢",小谢的祖母是著名史学家《后汉书》作者范晔的姊妹。范云也是当时的著名诗人,文坛领袖之一,是著名无神论者范缜(尽管观点未必一致)的从弟。

从这些同侪中,可以看出,萧衍的文学才能不同凡响。但是与他们不同的是,萧衍很有政治韬略。比如,当初齐武帝弥留之际,竟陵王萧子良在王融(东晋开国名臣王导的六世孙)等的帮助下竞争皇帝宝座的时候,大家议论成败,萧衍就不看好他。他没有站在萧子良一边(尽管他是"竟陵八友"之一),却站在了篡位者萧鸾一边。在萧衍禅让的时候,当年的"八友"中,除王融已死之外,其余六人多受到萧衍的重用。尤其是沈约和范云,是推动和帝禅让的功臣。萧衍对两人说:"我起兵于今三年矣,功臣诸将实有其劳,然成帝业者,卿二人也!"这说明,萧衍有很高的政治技巧,善于团结和笼络人才。

作为学者皇帝,梁武帝的治国成就,除了建国初期的整顿吏治,选拔人才,减轻赋税徭役之类的措施外,最突出的特点表现在发展文化学术事业方面。

天监四年(505)正月初一,梁武帝下诏说:两汉用人,首重儒家经术,服膺儒学,砥砺品行。魏晋浮荡,儒教衰颓,风节罔树,抑此之由。"可置《五经》博士各一人,广开馆宇,招内后进。"于是,以当世大儒贺玚、明山宾、沈峻、严植之补博士(相当于主任教授),各主一馆,每馆有数百生员,官方提供学生生活费用,考试通过后即任为官吏,据说,"期年之间,怀经负笈者云会"。

天监八年(509)五月,梁武帝特别提出,要鼓励寒门子弟,努力向学,对他们敞开读书做官的大门:"学以从政,殷勤往哲,禄在其中,抑亦前事。"他提出,"其有能通一经,始末无倦者",通过考试后,即可以量加叙录。"虽复牛监羊肆(指出身下层家庭),寒品后门,并随才试吏,勿有遗隔。"
(《梁书·武帝纪中》)

梁武帝重视礼仪制度的恢复与重建。天监十一年(512),颁行新编订的五礼,共八千一十九条。南朝齐就组织了五礼修订班子,只因时间短促,未能完成,梁朝建立后,有人建议废黜礼局,梁武帝坚持重新组织人员编撰,五礼至此完成。东魏丞相高欢就曾说:"江东复有吴翁萧衍,专事衣冠礼乐，中原士大夫望之以为正朔所在。"

梁武帝发展学术文化教育的意义，犹如北朝孝文帝在土地和赋役制度方面的改革，对于后来隋唐王朝的发展，都产生了十分重要而深远的影响。萧梁时期发展经学教育，考试取士，不仅是对汉代经学的恢复，也为隋唐科举取士制度的产生，提供了一定的制度基础。梁武帝对礼制的重视，吉、凶、军、嘉、宾五礼制度的完善，对于唐代的礼制建设，提供了直接的参考意义。当然，这个时期出现的《昭明文选》《玉台新咏》《诗品》《文心雕龙》等重要文学著作，对于隋唐文化的发展的影响，如何估计也不会不高。

痴迷佛教

梁武帝广为人知的，是他在佛教上的痴迷。梁武帝是历代帝王中佛缘最深的皇帝。汤用彤先生说："南朝佛教至梁武帝而全盛。"梁武帝对佛教的贡献主要有四：一是精研佛教理论，二是编订佛教戒律，三是发展佛教事业，四是推动儒佛融合。

佛理方面。梁武帝在竟陵王"西邸"就对于佛教理论有过深入的接触。即位不久，507年颁布的《敕答臣下神灭论》（即《答与王公朝贵书》），是对范缜早年发表《神灭论》的驳难；518年，召集王公大臣和高僧等讨论"二谛"义理,都深化了汉地教俗信众对于佛学理论的理解和思辨。中年以后对于佛教典籍有过深入研究,撰写有相关著作:"笃信正法,尤长释典,制《涅槃》《大品》《净名》《三慧》诸经义记,复数百卷。"(《梁书·武帝纪下》)在他的推动下,涅槃学、成实学、三论学在萧梁时代都得到了弘传和发展。梁武帝还积极支持和推动佛教翻译工作,来自扶南的僧伽婆罗(460—524)、来自印度的真谛(499—569)都曾经在萧梁时期从事重要的译经事业。僧祐编纂的《弘明集》《出三藏记集》都是在梁武帝时期完成的集大成的佛教著作。

戒律方面。梁武帝曾任命释法超(456—526)为都邑僧正(南朝主管佛教僧侣事务的僧官),编订《出要律仪》十四卷,这是一部简明实用的通用戒律汇编。梁武帝还亲自撰写了著名的《断酒肉文》(《广弘明集》卷二六),从佛教本义出发,结合中国文化特点,提出僧尼素食的要求,不仅以身作则,还用政治手段强力推行。现节选其中一段:

> 弟子萧衍,从今已去,至于道场,若饮酒放逸,起诸淫欲,欺诳、妄语,啖食众生,乃至饮于乳蜜,及以酥酪,愿一切有大力鬼神,先当苦治萧衍身,然后将付地狱阎罗王,与种种苦,乃至众生皆成佛尽,弟子萧衍,犹在阿鼻地狱中。僧尼若有饮酒啖鱼肉者,而不悔过,一切大力鬼神亦应如此治问。增广善众,清净佛道。若未为幽司之所治问,犹在世者,弟子萧衍,当如法治问,驱令还俗,与居家衣,随时役使。

梁武帝的虔诚溢于言表。

天监十六年(517)四月,梁武帝下诏:"以宗庙用牲,有累冥道,宜皆以面为之。"即用面捏的牛羊代替宗庙祭祀的牺牲。此令一出,朝野哗然,认为宗庙去牲(牛羊之类),乃是不复血食。接着又下令改以大饼代大脯(肉干),其余供品尽量用蔬果替代。梁武帝的举措,可以说是冒着一定的政治风险的,但是他仍毅然加以推行。宗庙祭祀时用面捏的牛羊代替牺牲的做法,虽然没有被后世帝王所遵用,但是汉地僧众普遍素食,却成为中国佛教的一大特色,保留至今。单就僧侣素食这一点入戒律而言(此前吃三净肉),梁武帝在中国佛教发展史上的地位就足以大书特书。

菩萨戒是在家居士接受的戒律,晋宋之际,十分流行。宋文帝、齐竟陵王都曾经受菩萨戒。梁武帝亲自撰写了《在家人出家人菩萨戒法》(敦煌文献伯希和 2196 号),整合当时流行的各种不同的菩萨戒法。其中征引了十四种佛经,完整地叙述了菩萨戒的内容和受菩萨戒时的戒场布置、仪式过程等,对当时存在的各种戒律加以融通取舍,特别是综合了《菩萨地持经》《梵网经》等菩萨戒经典,概括了大乘佛教的一切修行实践,重点是重新定位声闻戒和菩萨戒的关系。具体说来,就是运用具有创新性质的菩萨戒,来整合当时南朝佛教所有的理论和实践,通过抬高菩萨戒的地位,进而抬高在家信众在佛教界的地位,为印度佛教的中国化做出了切实的贡献。天监十八年(519)四月八日,梁武帝自己接受了菩萨戒。在皇帝的示范作用下,"皇储已下,爰至王姬。道俗士庶,咸希度脱。弟子著籍者凡四万八千人"(《续高僧传·慧约传》)。

推广佛教方面。梁武帝广建佛寺，扩大僧众员额，弘扬法事，亲自参加并且主持四部无遮大会(按，四部指出家僧尼和在家居士优婆夷、优婆塞等四众，无遮大会就是僧俗信众参加的布施大斋会)。且依《资治通鉴》卷一五一至一五九的记载，就527年之后他的大型佛事活动，略举数例。

大通元年(527)三月，梁武帝初次舍身同泰寺。初八，"上幸寺舍身"；初十一，"还宫，大赦，改元"。

中大通元年(529)九月初十五，"上幸同泰寺，设四部无遮大会。上释御服，持法衣，行清净大舍，以便省为房，素床瓦器，乘小车，私人执役。甲子(十六日)，升讲堂法座，为四部大众开《涅槃经》题。癸卯(二十五日)，群臣以钱一亿万祈白三宝，奉赎皇帝菩萨，僧众默许。乙巳(二十七日)，百辟诣寺东门，奉表请还临宸极，三请，乃许。上三答书，前后并称'顿首'"。这是梁武帝三次舍身同泰寺中最闹腾的一次。

同年十月初一，"上又设四部无遮大会，道、俗五万余人。会毕，上御金辂还宫，御太极殿，大赦，改元"。

中大通五年(533)二月，"癸未(初二十五)，上幸同泰寺，讲《般若经》，七日而罢，会者数万人"。

中大同元年(546)三月初八，"上幸同泰寺，遂停寺省，讲《三慧经》。夏，四月，丙戌，解讲，大赦，改元"。这天夜里，同泰寺浮图起火灾，梁武帝认为这是妖魔所致，"宜广为法事。群臣皆称善"。于是下诏：为了抵御妖魔，"当穷兹土木，倍增往日"。下令建造十二层佛塔，将要建成，正遇上侯景之乱，乃止。次年三月初三，即侯景来降前夕，"上幸同泰寺，舍身如大通故事"。初十日，群臣出钱把皇帝赎回，大赦,改元。这是他第三次也是最后一次舍身同泰寺。

在佛教仪轨上,流传至今的《慈悲道场忏法》,就是梁武帝礼请宝志禅师与高僧等十人所集,故俗称《梁皇宝忏》或称《梁皇忏法》。该忏法是萧衍为超度称帝前去世的夫人郗氏所作。

萧衍是鼓吹三教合流的早期提倡者之一。儒、道、释在他这里并行不悖,各得其用。因此,萧衍在佛教上的贡献,不仅仅在于从形式上把南朝的佛教推向了高潮,而且在实质上推动了儒、释、道合流的实践,他的《中庸讲疏》《私记制旨中庸义》,早在宋儒之前五六百年,很有可能就开启了用中庸来解读佛家的"中道"思想的先河。

著名道士陶弘景,博学多能,好养生之术,是萧衍早年的朋友。萧衍即位之后,对其恩礼甚笃,二人关系依然密切。虽然陶弘景隐居茅山,不应召出仕,但"国家每有吉凶征讨大事,无不先谘之,月中尝(《南史》作'常')有数信",时人谓之"山中宰相"。陶弘景于大同二年(536)三月去世,临终之前为诗曰:"夷甫任散诞,平叔坐论空。岂悟昭阳殿,遂作单于宫!"夷甫指西晋末年的王衍,字夷甫;平叔指曹魏末年的何晏,字平叔。他们都是清谈误国的代表人物。《资治通鉴》卷一五七记载说:"时士大夫竞谈玄理,不习武事,故弘景诗及之。"

陶弘景作为隐居世外之人,讽刺当轴者"竞谈玄理,不习武事",是颇值得玩味的。出世与入世不一样,身在庙堂,就应该讲文治武功;遁迹山林,可以空谈玄理。如果身为皇帝,又想做菩萨,两种角色互相冲突,其结果一定是悲剧。

梁武帝自己不务正业,在他的榜样作用下,朝野都谈释教苦空,面对北方侯景之乱,自然是束手无策,亡国覆身。有史家甚至认为梁武帝已经受制于身边的沙门:"时帝数舍身为奴,拘信佛法,为沙门所制。"(《隋书·五行志上》)沙门干政,使得梁武帝对于乱局的处理,简直一塌糊涂。

亲厚宗族

梁武帝在家族问题的处理上,基本上不把国法当回事:好像他只是萧家的家长,而不是梁朝的皇帝;好像管制好自己的亲属,只是处理家族的私人事务。

萧衍从雍州谋划起兵,其兄弟在建康者都受到了牵连,大哥萧懿更是死于非命。因此称帝之后,兄弟昆侄,个个高官厚禄,违法之事,颇为纵容,有罪不惩,反而呵护有加。我们这里举三个例子。

第一个是六弟临川王萧宏(473—526)。

萧宏比萧衍小九岁,长得一表人才,却是一个十足的混蛋。生活奢靡,贪腐无度。纵容妾弟吴法寿杀人,官府搜捕无着,竟然藏匿在萧宏府中。萧宏曾经带大军北伐,军队之盛前所未有,却大败而归,这就是著名的"洛口之战"。长得清秀,又临阵怯懦,人称之为"萧娘"。

有一次,梁武帝驾幸光宅寺,有盗贼伏击于车驾所经之地,事发,说是萧宏指使。萧衍流着眼泪对萧宏说:"我人才胜汝百倍,当此犹恐不堪,汝何为者?我非不能为汉文帝,念汝愚耳!"萧宏连连叩头说,绝无此事,绝无此事!

还有一次,有人密告,说萧宏家里内室库房管得很严,怀疑里面收藏的是兵器,意图不轨。萧衍也没有去调查,只是假装去他家里赴宴。半醉之后,萧衍起身说要去后房看看。萧宏吓得面如土色,"恐上见其货贿,颜色怖惧"。萧衍更加怀疑了,"上意益疑之",经过一屋一屋的搜检,发现各个房间里都塞满了钱财,"每钱百万为一聚,黄榜标之,千万为一库,悬一紫标,如此三十余间"。屈指计算,现钱三亿余万,其他的屋子里,"贮布、绢、丝、绵、漆、蜜、纻、蜡等杂货,但见满库,不知多少"。

萧衍知道所藏的不是兵器,一下子就放了心,非常开心地说:"阿六,汝生计大可!"接着开怀畅饮到深夜,举烛而还。此后兄弟关系更加亲密敦睦。

更令人不可思议的是,萧宏居然与萧衍的女儿永兴公主私通,于是谋行弑逆,约定事成之后,立永兴公主为皇后(萧衍一直没有立皇后)。有一次,萧衍为三日斋,诸公主并受邀参与,永兴公主秘密让两个刺客穿上侍女的衣服,经过门卫的时候,遭到守阁卫士的怀疑。斋事结束后,装扮成侍女的刺客突然冲向梁武帝,幸好被事先安排的八个秘密卫士从身后反抱擒住,梁武帝受惊跌倒,撞在屏风上。经过搜查,刺客身上带刀,说是萧宏指使。梁武帝只是杀死刺客,既不声张,也没有追究。永兴公主惭恚而死,梁武帝拒绝探望,但是萧宏却仍然逍遥法外。史称"宏性好内乐酒,沉湎声色,侍女千人,皆极绮丽"(《南史·临川靖惠王宏传》)。永兴公主只是萧宏利用谋夺皇位的工具而已。

萧宏曾经因为洛口之败及其他违法事件被撤职,但是不到一个月,又被任命为中军将军、中书监,进而又以本号行司徒。走笔至此,司马光愤然地评价道:"宏为将则覆三军,为臣则涉大逆,高祖贷其死罪可矣。数旬之间,还为三公,于兄弟之恩诚厚矣,王者之法果安在哉!"

第二个是萧衍的儿子萧综(502—531),525年叛逃到北魏,成为当时的轰动性事件。

原来,梁武帝代齐后,纳了末代齐帝东昏侯的三个妃子,其中一个叫吴淑媛的,还为他生了儿子萧综。五十岁以后的萧衍杜绝了房事,吴淑媛遂失宠,她告诉儿子萧综说,我怀孕七个月生了你,你是你爸(东昏侯)的遗腹子。母子抱头痛哭。"综由是自疑,昼则谈谑如常,夜则于静室闭户,披发席藁,私于别室祭齐氏七庙。"当年六月,萧综利用在彭城前线统兵的机会,临阵投敌。"军遂大溃。魏人入彭城,乘胜追击梁兵,复取诸城,至宿预而还。"梁军将佐士卒死没者十之七八。梁武帝闻之,惊骇,有关部门提出惩处建议,"削综爵土,绝属籍,更其子直姓悖氏"。但是,不出旬日,"诏复属籍,封直为永新侯"。

在北魏那边,萧综至洛阳,参见北魏孝明帝元诩,参拜毕,在所住的馆舍,为生父齐东昏侯举哀,服斩衰三年。北魏胡太后以下并就馆吊之,赏赐礼遇甚厚,拜为司空,封高平郡公、丹阳王,更名萧赞。几年后,萧综透露出想回来的念头,萧衍马上派人送去其幼时穿的衣服,希望引起萧综的思乡之情。但是,萧综最终也不曾南归。

第三个是萧宏的儿子萧正德(? —549),更是混蛋至极。亲妹妹要出嫁,他制造一场纵火案,用一个丫鬟做替身,谎称妹妹被烧死,却将其藏起来留作自己的夫人。

萧衍称帝之前,养六弟萧宏之子正德为子,当时太子萧统还没有出生。萧衍即位,萧正德期望被封为太子,但是恰好此前一年萧统出生,正德还本,赐爵西丰侯,"怏怏不满意,常蓄异谋"。522年,正德自黄门侍郎为轻车将军,竟然投奔北魏,自称废太子避祸而来。但并没有受到北魏的待见,次年,复自魏逃归。萧衍并没有追究其叛国之罪,流着眼泪教训了他一顿,很快又恢复了他的爵位。525年北伐,萧综投敌,萧正德弃军而逃。在吴郡,萧正德曾杀戮无辜,抢劫钱财,回到京师后,又夺人妻妾,掠人子女。萧正德每次犯事,萧衍都会加以惩处,但是不过旬月,立马就赦免,恢复其职位,但是萧正德依然"狼心不改"(萧衍语)。

侯景举兵攻打建康,知道萧正德心怀不满,致信说:"今天子年尊,奸臣乱国。以景观之,计日祸败。大王属当储贰,中被废黜,四海业业,归心大王。景虽不敏,实思自效。愿王允副苍生,鉴斯诚款!"萧正德得信大喜,报之曰:"朝廷之事,如公所言。仆之有心,为日久矣。今仆为其内,公为其外,何有不济!机事在速,今其时矣。"不仅甘愿为侯景做内应,还要求进城后不得留下二宫(指萧衍和东宫太子),立自己为皇帝。侯景假装答应，结果在萧正德这个内奸的帮助下，侯景攻入了台城。

侯景得手后，萧正德称帝没有几天，"（侯）景更以正德为侍中、大司马，百官皆复旧职。"萧正德才知道自己被侯景耍了一把，"入见上，拜且泣。上曰：'啜其泣矣，何嗟及矣！'"萧衍没有骂这个引狼入室、做了"梁奸"的侄子，只是平静地说，不要哭了，后悔有什么用呢！要知道，萧衍此刻吟诵的"啜其泣矣，何嗟及矣"，乃是《诗经·王风·中谷有蓷》中的名句！

综合上面的事例，我们发现，萧衍在处理家族内部事务时，不仅没有国法，而且也缺乏家规。侯景乱梁之时，把萧衍的几个王子王孙骂了个遍，萧衍无言以对。

拒谏饰非

梁武帝好面子。青年时期就与他一起共事的沈约最为了解。有一次，沈约陪梁武帝吃饭，恰逢豫州向皇上进贡栗子，径长一寸半，萧衍觉得很奇特，与沈约一起回忆史书上关于栗子的典故有多少，各自将所记之事分条写下，结果沈约比梁武帝少写了三件事。出来后，沈约对人说："此公好要面子，不让他三事就会羞死。"（《梁书·沈约传》）沈约差点为了这句话丢了性命。北朝史家也评论说，梁武帝"好人佞己，末年尤甚"，身边的人"莫敢正言"（《魏书·岛夷萧衍传》），不敢讲真话。

难道就没有人对梁武帝的荒谬行为进行规劝吗？非也。单就《资治通鉴》所载，就已经有许多条，无奈萧衍一概听不进去。

《资治通鉴》卷一五七记载，大同二年（536）四月，尚书右丞江子四上封事，极言政治得失。萧衍下诏复说："古人有言，'屋漏在上，知之在下'。朕有过失，不能自觉，江子四等封事所言，尚书可时加检括，于民有蠹患者，宜速详启！"好像是很虚心听取的样子，胡三省却看出了门道："江子四所上封事，必不敢言帝崇信释氏，而穷兵广地适以毒民，用法宽于权贵而急于细民等事，特毛举细故而论得失耳。"

江子四的上书，史书没有留下记载，但是胡三省的评论却是有根据的，因为江子四后来还是因耿直而被免职。几年后，贺琛上奏四事，引得梁武帝大怒，亦可以为证。

545 年，散骑常侍贺琛启陈四事，这四点全面反映了当时国家的混乱情况。

其一，百姓贫苦现状堪忧。地方各级政府对百姓刻薄过甚，百姓流离失所，户口空虚，朝廷派出的使节，对地方是严重的骚扰。"如此，虽年降复业之诏，屡下蠲赋之恩，而民不得反其居也。"指出政府优待农民的措施，有名无实。

其二，官场奢靡风气堪忧。地方官普遍贪残，皆因风俗侈靡所致。豪华的酒宴，食品丰盛之极，吃不下浪费惊人；还有普遍养蓄歌姬舞女。当了几年地方官，致赀巨亿，罢归之日，几年工夫，都因为宴饮之物、歌谣之具而挥霍得精光，于是更加贪得无厌。奢靡之风，习以成俗，愈来愈烈，怎么能使人安守清廉！"诚宜严为禁制，道以节俭，纠奏浮华，变其耳目。"指出豪华奢靡的生活方式会带来腐败。

其三，皇帝身边奸佞堪忧。陛下工作十分辛劳勤政，您身边那些奸猾小人，"既得伏奏帷扆，便欲诡竞求进，不论国之大体，心存明恕；惟务吹毛求疵，擘肌分理，以深刻为能，以绳逐为务"，难免有乘机自作威福。"诚愿责其公平之效，黜其谗愿之心，则下安上谧，无徼幸之患矣。"指出皇帝身边有小人弄权。

其四，政府过度兴作征取堪忧。只有从上而下"省事、息费"，征发徭役的事情少了，百姓才能休养生息；只有各种奢靡的开支少了，才能改善财政收入。建议首都和地方各种不必要的兴作、征求，能不做的就不要做，能减省的一律减省。不要因为每次开支和劳役规模不大而为之，积少成多，也足以害财、劳民。指出要节省费用，减少开支。

年过八旬的梁武帝览奏大怒，当即把身边秘书官找到跟前，口授敕书，就"贺四点"一一进行了反驳：

我自有天下以来四十多年了，不知道听取了多少直言极谏的上书，说的与你差不多。可是，你把自己混同那些普通人，尽说些套话，图个虚名，为了对外面说，我给皇上上书了，可惜皇上不采纳。你为什么不直接说，"某刺史横暴，某太守贪残，尚书、兰台某人奸猾，使者渔猎，并何姓名？取与者谁？明言其事，得以诛黜，更择材良"。

又,你说官民士民饮食豪华过度,"若加严禁,密房曲屋,云何可知? 倘家家搜检,恐益增苛扰。若指朝廷,我无此事"。过去祭祀用牛羊,早就不宰杀了。朝中开会用餐,都是吃的蔬菜而已。至于供养佛事活动的用品,都是菜园中自产之物,变一瓜为数十种,治一菜为数十味,变着花样弄了许多菜肴,何损于事!

至于我自己,若非公宴,不食国家之食,已经很多年都如此了;乃至宫人,亦不食国家之食。凡所营造的建筑,都不用材官及国匠,都是花钱雇人完成。

百官的勇怯、贪廉,各有不同,并不是朝廷有意引导的结果。你以为是朝廷的错,那么错在哪里呢? "卿云'宜导之以节俭',朕绝房室三十余年,至于居处不过一床之地,雕饰之物不入于宫;受生不饮酒,不好音声,所以朝中曲宴,未尝奏乐,此群贤之所见也。"我每天三更起床处理政务,事情不多上午就能处理完,事情一多,太阳偏西才能吃饭,一天只吃一顿饭;过去我比较胖,腰腹十围,如今瘦的只有二尺多,旧的腰带还在呢,不是我妄说。为谁如此辛勤地工作呢? 不都是为了百姓做事吗?

你又说"百司莫不奏事,诡竞求进",如果不让百官奏事,让谁担其事任! 找什么人去专任其事,怎样才能得到这种人才? 古人云:"专听生奸,独任成乱。"秦二世之专委赵高,汉代王政君专付王莽,他们指鹿为马,值得效法吗? "卿云'吹毛求疵',复是何人? '擘肌分理',复是何事? 治、署、邸、肆等机构,何者宜除? 何者宜减? 何处兴造非急? 何处征求可缓? 各出其事,具以奏闻! 富国强兵之术,息民省役

275

之宜，并宜具列！若不具列，则是欺罔朝廷。"我等待你的新奏章，我将会予以公布，"庶惟新之美，复见今日"。贺琛但谢过而已，不敢复言。

确实，梁武帝生活节俭，工作勤奋。平日不吃荤腥，不喝酒，一日只吃一餐，也是蔬菜、粗饭而已，有时候忙起来，中午只能喝口水。穿的是布衣简衫，盖的棉被两年才换，戴的冠帽三年一换。但是这种严守佛教戒律下的道德自律，能够作为帝王治国的评价标准吗？"都下佛寺五百余所，穷极宏丽，僧尼十余万，资产丰沃。所在郡县，不可胜言。……天下户口，几亡其半。"（《南史·郭祖深传》）举国崇佛，该蠹耗多少财富！

梁武帝为人整饬、自敛，但过度优待士族门阀，"牧守多浸渔百姓，使者干扰郡县。又好亲任小人，颇伤苛察。多造塔庙，公私费损。江南久安，风俗奢靡"。贺琛谈的全部是实情。"上恶其触实，故怒。"贺琛的上奏，恰恰击打到了梁武帝的痛处，故而恼羞成怒。

司马光在这一条记载下面，有一段犀利的评论：蔬食之俭不可以算"盛德"，日昃之勤不能当"至治"。梁武帝其实是在用这些私德麻痹自己，认为"君道已备，无复可加，群臣箴规，举不足听。如此，则自余切直之言过于琛者，谁敢进哉！由是奸佞居前而不见，大谋颠错而不知，名辱身危，覆邦绝祀，为千古所闵笑，岂不哀哉！"

司马光这里所说的"奸佞居前而不见，大谋颠错而不知"，指的是朱异与侯景之乱。这场大乱也是梁武帝刚愎自用的结果。

● 蔬食之俭不可以算"盛德"，日昃之勤不能当"至治"。

八十五岁那年(547年),正月初十七日,梁武帝梦见"中原牧守皆以地来降,举朝称庆"。天一亮,他就把此事告诉了身边的宠臣中书舍人朱异,说:"吾为人少梦,若有梦,必实。"朱异奉承着说:"此乃宇内混壹之兆也。"两个月后,侯景派人前来约降,说侯景定计投降那天正是正月乙卯(初十七日),"上愈神之"。但是,梁武帝意犹未决,交由朝臣商议,大家多数反对惹是生非。

　　梁武帝心中也有些犹疑,有一次他散步时自言自语地说:"我国家如金瓯,无一伤缺,今忽受景地,讵是事宜?脱致纷纭,悔之何及?"在这种情况下,朱异应该讲出真话,分析利弊,但是,史称"朱异揣知上意",拍马屁说:"圣明御宇,南北归仰,正以事无机会,未达其心。今侯景分魏土之半以来,自非天诱其衷,人赞其谋,何以至此!若拒而不内,恐绝后来之望。此诚易见,愿陛下无疑。"梁武帝"乃定议纳景"。朱异是揣摩着梁武帝的心思而出言的。说白了,这事还是得梁武帝负责。后来侯景举兵向阙,进攻建康,朝野上下把责任算在朱异头上,朱异忧愤而卒。

　　侯景在萧正德的内应下打进石头城后,给萧衍上陈"十失":直接指责梁武帝的为政过失:"陛下崇饰虚诞,恶闻实录。"说他行事如王莽、如赵王司马伦。大肆修建浮图,百度糜费,使四民饥馁,像后汉笮融、后秦姚兴时代。"建康宫室崇侈,陛下唯与主书参断万机,政以贿成,诸阉豪盛,众僧殷实。"指出他的家人,豫章王萧综、邵陵王萧纶,无父无君;皇太子以下萧家王侯,珠玉是好,酒色是耽,所在残破,贪纵不法,都是沐猴而冠之辈。众多的子侄儿孙为藩王,我侯景起

277

兵百日,有谁来救你呢?"亲为孙侄,位则藩屏,臣至百日,谁肯勤王!"看了侯景的启奏,萧衍惭愧无言。为什么?因为其中句句都是实话。

多面人生

什么叫梁武帝多面现象?那就是什么都想要。身为皇帝,享受今日之轩冕,却想出家当和尚,享受明日的涅槃;帝王应该虚己受人,允文允武的才华,却养成了好胜的资本;国君应该赏罚严明,亲情泛滥加上佛家的慈悲,却导致有罪不诛的放任。这些矛盾现象的本质,是梁武帝的角色冲突。在现实中如何化解角色冲突?两个关键词,虚伪和昏聩。需要用虚伪来伪装自己,然后用昏聩来麻痹自己。

先说虚伪。

萧衍并不是一个岩穴隐居之士,他生于官宦人家,追求功名利禄,而且心机颇深。怀恨于父亲萧顺之死的冤屈,他不惜暗助萧齐宗室疏属萧鸾夺位;萧鸾死后,他夺得江山,杀尽萧鸾一系,却善待萧道成嫡系子孙,还假惺惺地说,齐梁禅代,江山并非从你家夺得。可见其阴险与虚伪。

梁武帝天天高谈佛理,不惜舍身寺院为奴,但是对于红尘世界却有着无限眷恋。昭明太子萧统本来已经为其生母丁贵嫔找到一块墓地,宦官俞三副受人贿赂,硬是劝梁武帝让太子购买另外一块地,说这块墓地对皇上比较吉利,"上年老多忌",下令太子换了墓地。葬礼完毕,有道士说:"此地不利长子。"于是,就把蜡鹅之类的东西埋于墓侧长子位,以为厌胜。这件事被秘密举报到梁武帝那里,说有人"为太子厌祷"。梁武帝派人去调查,果然挖到蜡鹅等物,十分震怒,想穷家追究,因为大臣极谏而止,只是诛杀了出主意的道士。可是,太子却从此背上了黑锅,"终身惭愤,不能自明",郁郁而终。按照常理,太子夭亡,应该立皇太孙为嗣,梁武帝也曾征萧统的长子、南徐州刺史、华容公萧欢至建康,欲立以为嗣,但是因为心中一直记恨着这件事,犹豫了许久,还是让萧欢还镇了,另立太子母弟晋安王萧纲为皇太子,"朝野多以为不顺"。(大约梁武帝也觉得此举不妥,当年六月,立萧欢为豫章王,其弟枝江公萧誉为河东王,曲阿公萧詧为岳阳王。"上以人言不息,故封欢兄弟以大郡,用慰其心。")萧衍的阴暗心理,在太子问题上表现得淋漓尽致。

雍州起兵之时,在建康的兄弟颇受牵连,大哥萧懿甚至被处死,萧衍称帝后对兄弟颇为倚重,尤其是对六弟萧宏简直是纵容。之所以容忍其胡作非为,甚至有谋杀嫌疑,是因为他知道萧宏的底细——一个十足的愚人。

但是佛教的苦空又严重地影响着他的施政行为。《隋书·五行志上》记云:"梁武暮年,不以政事为意,君臣唯讲佛经、谈玄而已。朝纲紊乱,令不行,言不从之咎也。"《资治通鉴》也说:"上年老,厌于万机。又专精佛戒,每断重罪,则终日不怿;或谋反逆,事觉,亦泣而宥之。由是王侯益横,或白昼杀人于都街，或暮夜公行剽掠，有罪亡命者，匿于王家，有司不敢搜捕。上深知其弊，溺于慈爱，不能禁也。"

对此，胡三省有一段深刻的评论：平心考察梁武帝一生，"自襄阳举兵以至下建康，犹曰事关家国，伐罪救民。洛口之败，死者凡几何人？浮山之役，死者凡几何人？寒山之败，死者又几何人？其间争城以战，杀人盈城，争地以战，杀人盈野，南北之人交相为死者，不可以数计也。至于侯景之乱，东极吴、会，西抵江、郢，死于兵、死于饥者，自典午南渡（指永嘉司马氏南渡）之后，未始见也。驱无辜之人而就死地，不惟儒、道之所不许，乃佛教之罪人。而断一重罪，乃终日不择，吾谁欺，欺天乎！"胡三省将萧衍佛家慈悲的伪善面目，揭露无遗！

再说昏聩。

唐朝史家魏徵曾评价萧衍，收入唐人所编《梁书》中。他一方面承认梁高祖"允文允武，多艺多才"，肯定他收合义旅，讨伐独夫的雄才大略；肯定他执政几十年来，大修文教，阐扬儒业，声振寰宇，泽流遐裔，"魏、晋已来，未有若斯之盛"，肯定其文教上的成就。但是，同时指出其"慕名好事，崇尚浮华，抑扬孔、墨，流连释、老"的虚妄行为，更严厉地指斥其"或经夜不寝，或终日不食，非弘道以利物，惟饰智以惊愚"，是糊弄民众的愚人之举。"且心未遗荣，虚厕苍头之伍；高谈脱屣，终恋黄屋之尊。"明明心有虚荣，却与奴仆为伍；高谈虚空，始终留恋着帝王尊位。魏徵奚落他说："夫人之大欲，在乎饮食男女，至于轩冕殿堂，非有切身之急。高祖屏除嗜欲，眷恋轩冕，得其所难而滞于所易，可谓神有所不达,智有所不通矣。"难道这不是愚蠢昏聩吗？著名学者钱锺书于此评论云:"魏徵论曰'高祖屏除嗜欲,眷恋轩冕'八字,如老吏断案。"《管锥编》是深切洞察萧衍人性的诛心之论。

虚伪与昏聩,在晚年身体精力不济时更加突出,"惑于听受,权在奸佞,储后百辟,莫得尽言。险躁之心,暮年愈甚。见利而动,愎谏违卜,开门揖盗,弃好即仇,衅起萧墙,祸成戎羯,身殒非命,灾被亿兆,衣冠毙锋镝之下,老幼粉戎马之足"。梁武帝作为开国皇帝执政数十年,却落得如此悲惨下场,"自古以安为危,既成而败,颠覆之速,书契所未闻也"。(《梁书·梁敬帝本纪》)魏徵的批判,在今天看来,仍然是十分犀利、切当的。

（参见《资治通鉴》卷一三五至卷一六二）

第十章　北魏风云

北魏是鲜卑拓跋氏建立的政权。由于383年的淝水之战导致前秦崩盘，后秦、后燕乘机而起，鲜卑族首领拓跋珪也于386年复国，先叫做代，后来改称魏，398年迁都大同，史称北魏。北魏的三代君主道武帝拓跋珪、明元帝拓跋嗣、太武帝拓跋焘，分别完成了开国、承业、统一的历程。在这一过程中，唐之崔、卢、李、郑、王等北方汉族世家大族，出谋划策，使胡汉合作，对当时及后世都产生了很大的影响。随着国家疆域的扩大，要有效统治农耕地区，汉族士人的作用也就越来越显现出来，于是，胡汉矛盾就通过450年的所谓"国史之狱"爆发出来，崔浩付出了生命的代价。所谓"国史之狱"是指崔浩主编的北魏历史对于拓跋鲜卑早期的野蛮与血腥，没有避讳。鲜卑守旧派乘机攻击崔浩，一大批北方士族成了牺牲品。

这件事是北魏发展的一个重大挫折！拓跋焘说："崔司徒可惜！"大概也感受到了困境。因为没有汉族士人的鼎力相助，鲜卑族要想有效地统治疆域越来越广阔的汉族内地，是完全不可能的。

重大的变革出现在冯太后主政时期。冯太后及其教养护持的孙子北魏孝文帝拓跋宏（467—499），在太和年间推

行的改革,试图从深层次解决北魏发展中的困境。从 484
年开始,北魏先后推出了俸禄制度、均田制度、三长制度等,
重建了官员的薪酬体系、土地赋役制度以及基层管理组织。
于是,一个游牧民族对广袤农耕地区征服过程中采取的各
种临时措施,通过制度创新改造成适应北魏社会新变化的
管理新体系。490 年冯太后去世,孝文帝守孝三年,于 493
年推行了更猛烈的改革举措,将首都从大同迁往洛阳。同
时改鲜卑姓氏为汉人姓氏,鲜卑贵族必须与汉族通婚,穿汉
服,讲汉语(年长者可以给较长一点的时间学习)。北魏的
社会面貌焕然一新。我们从大同云冈石窟中的佛像雕刻可
以看出北魏的大同时期和洛阳时期的变化:大同时期的北
魏佛像古朴浑厚,有印度及犍陀罗风格;洛阳龙门石窟的佛
教雕像则更多地融入了中土文化因素,逐渐显现出雕琢华
丽的华夏风韵。

● 改革总是政治
和经济利益的
一次重新调整
和分配。

　　改革总是政治和经济利益的一次重新调整和分配。迁
都后最大的失落者是原来在北方长城边塞的驻军。这就是
所谓"北方六镇"。六镇军人,此前拱卫着首都大同,荣耀而
且重要。首都迁到千里之外的洛阳,这个苦寒之地甚至成
为发配犯人的地方。六镇贵族失去了往日对于朝廷的政治
影响力,往日的荣耀不复存在。边塞地区条件的艰苦,也使
六镇成为精英们在仕途上的弃选之地。连年的饥荒和军镇
管理者的压迫,造成了一场遍地起火冒烟的大危机,史称
"六镇起兵"。

　　朔州军阀尔朱荣在朝廷镇压六镇中脱颖而出。其时,
北魏胡太后掌权,任人唯亲,胡作非为,甚至害死了与其争

权的儿子孝明帝元诩(510—528),给尔朱荣带兵进京以口实。武泰元年(528)四月,胡太后及北魏官僚二千余人被劫持到黄河边屠杀,史称"河阴之变",这离孝明帝被杀不到两个月。尔朱荣从此把持着朝政,所立孝庄帝元子攸(507—531)只是一个傀儡。历史第一次在北朝建立霸主政治。

尽管尔朱荣执政的两年多时间中,为消灭各种叛乱势力出过力,但由于君相之间激烈的权力冲突不可调和,尔朱荣被杀,孝庄帝也难逃尔朱氏家族的毒手。最后,来自六镇中怀朔镇的高欢走到了前台,他控制着关东地区,建立了东魏(都邺城)。来自武川镇的宇文泰随后也控制了关中,建立了西魏(都长安)。北方又一次陷入枭雄对峙、东西政府分立的局面。

临朝改革

从北魏统一到冯太后执政的时代,经历了将近半个世纪,若从拓跋珪建国算起,则将近百年。现在的北魏,已经不仅仅是一个北方胡族政权,而是统治着广袤北方地区的王朝。但是,北魏的国家制度却依然处在草创阶段,从打天下过渡到治天下,需要进一步完善各项基本制度,改革势在必行。这个责任就落在了冯太后身上。

冯太后的改革从最基本的体制机制建设入手。包括俸禄制度、均田制度、三长制度，这些制度都是为了解决国家机器运作的机制问题。

太和八年(484)，"始班俸禄"，即建立正式的俸禄制度。做官应该有俸禄，就是我们说的薪水。此前北魏官员的收入主要不是俸禄，鲜卑贵族马上打天下，依靠征战发财，他们的财富主要是抢夺而来，是血红色的。可是要统治中原内地，必须有文官治理，如果没有合理合法的收入，必然有黑色或者灰色收入，这对于长治久安不利。所以，冯太后把俸禄制度的建立，即官员薪酬制度的规范，放在了启动改革的首位。这年九月，朝廷"仍分命使者，纠按守宰之贪者"，重点打击官吏的贪污枉法行为。

太和九年(485)，颁行均田制度，以使耕者有其田。从西汉中后期以来，土地兼并始终是中原王朝最严重的社会问题。王莽曾经用极端的平均主义手段实行"王田制"，试图解决这个问题，结果不具有可行性，情况更糟。现在鲜卑入主中原，北方人口大量流失，冯太后从古人的人丁百亩的理念出发，施行均田制。这年十月，她接受了李安世的建议，"遣使者循行州郡，与牧守均给天下之田"。制度规定："诸男夫十五以上受露田四十亩，妇人二十亩，奴婢依良丁；牛一头，受田三十亩，限止四牛。"对于"初受田者，男夫给二十亩，课种桑五十株；桑田皆为世业，身终不还"。这个制度照顾了富裕地主的利益，也为普通农民提供了不再依附豪强的可能条件。

太和十年(486)推行"三长制",即重建基层政权。自五胡乱华以来,魏晋时期传统的统治秩序,在北方遭到了极大的破坏,豪强隐蔽民户,十分严重。十六国到北魏初期,中原地区"或百室合户,或千丁共籍",宗主与依附人口居住在坞堡之中,得到隐蔽和保护,这种体制,叫做宗主督护制。[按,《魏书》卷五三《李冲传》:"旧无三长,惟立宗主督护,所以民多隐冒,五十、三十家方为一户。"《资治通鉴》卷一三六齐武帝永明四年(486)二月:"魏无乡党之法,唯立宗主督护;民多隐冒,三五十家始为一户。"]内秘书令李冲建议建立"三长"之制:"五家立邻长,五邻立里长,五里立党长,取乡人强谨者为之。"同时,改革赋役制度,减轻农民负担。这项建议下朝廷议论,反对者众,地方豪强尤其反对激烈。最后冯太后拍板决定。"文明太后曰:立三长则课调有常准,苞荫之户可出,侥幸之人可止,何为不可!"

北魏第一名臣崔浩,也试图"整齐人伦",用汉文化来促进鲜卑政权的进步,结果丢了性命。这是因为他触及的是敏感的文化与种族优劣问题。现在冯太后的改革,提供的是增量改革,不仅官员的薪酬制度解决了其后顾之忧,而且均田制改革促进了经济发展与社会的进步。"三长制"和户籍制改革之初,"民始皆愁苦,豪强者尤不愿。既而课调省费十余倍,上下安之"。

总之,冯太后改革的成功,不仅因为她身居太后之尊,有崔浩完全没有的优势,而且因为她的改革触及的是政治与经济体制转换问题,更加触及了改革的本质。

● 北魏第一名臣崔浩用汉文化来促进鲜卑政权的进步,结果丢了性命,因为他触及的是敏感的文化与种族优劣问题。

孝文迁都

商鞅改革之所以成功,是因为其人虽亡,其政犹存,秦惠文王之后,商鞅的改革政策得到继续贯彻执行。北魏冯太后的改革之所以成功,影响及于隋唐,是因为后继有人,这就是魏孝文帝拓跋宏。北魏的改革到了魏孝文帝完全执政时代,达到了高潮。

拓跋宏是献文帝的长子,母亲李氏,中山大族李惠之女。469年,年仅三岁的拓跋宏被立为太子,按照北魏子贵母死的制度,李夫人被赐死,拓跋宏由祖母冯太后亲自鞠养。本来临朝称制的冯太后,归政于年已十六岁的献文帝,自己把全部精力都用来培养这个小孙儿。《魏书·文成文明皇后冯氏传》称:"太后以高祖富于春秋,乃作《劝戒歌》三百余章,又作《皇诰》十八篇,文多不载。太后立文宣王庙于长安,又立思燕佛图于龙城,皆刊石立碑。"显然冯太后是在用儒家传统文化教育这位小皇帝。《资治通鉴》上说,拓跋宏曾吃过冯太后的罚杖,冯太后还一度把他关了三天,威胁要废黜他。可见,冯太后绝对是严厉而又慈爱的老奶奶。

家严出孝子。太和十四年(490)九月,冯太后病逝。二十三岁的孝文帝,对于祖母的去世悲痛欲绝,几天都吃不下饭,有时甚至滴水不进。十月,葬之于永固陵,这是她本人的生前遗嘱,没有与丈夫文成帝合葬于云中的金陵。(按,冯太后虽然与文成帝有长达九年的婚姻,但是,自从二十四岁守寡之后,在后来二十多年的岁月中,她的男宠就没有断过,先后有李弈、王睿、李冲等。这也许是她不愿意与文成帝合葬的原因之一。当年在文成帝驾崩前要投火自尽的情感早就已经淡忘了。)

含着悲痛,孝文帝继续了祖母的改革事业。孝文帝改革最重大的事件,是太和十七年(493)迁都洛阳。迁都中原不仅仅是"入主中原"的象征,也为进一步推进全面的汉化政策,创造了前提。《资治通鉴》卷一三八详细记载了这次迁都的原委:"魏主以平城地寒,六月雨雪,风沙常起,将迁都洛阳;恐群臣不从,乃议大举伐齐,欲以胁众。"这一年九月,大军行至洛阳时,霖雨不止,"时旧人虽不愿内徙,而惮于南伐,无敢言者,遂定迁都之计"。

迁都之后,孝文帝进行了大规模的汉化改革。首先是鼓励胡汉通婚,他自己带头娶崔、卢、李、郑、王汉族高门的女儿充后宫,同时为皇室成员娶汉族高门为王妃。其次是禁止说胡语,朝廷官员三十岁以下必须讲汉语。要求鲜卑官员穿汉服,禁止穿鲜卑服饰。496 年,又改鲜卑姓氏,拓跋氏带头改姓元,其他一百多个鲜卑姓氏都改成汉姓,鲜卑人的籍贯都改为河南洛阳。

南朝北齐官员王肃(464—501)北逃,孝文帝如获至宝。王肃是东晋名臣王导之孙,孝文帝重用王肃,用中原政治制度改造鲜卑制度,包括官制仪轨、祭祀典礼、舆服制度等,君臣际遇,"自谓君臣之际犹玄德之遇孔明也"(《魏书·王肃传》)。

● 迁都中原不仅仅是"入主中原"的象征,也为进一步推进全面的汉化政策,创造了前提。

孝文帝改革曾遇到鲜卑贵族的反对,496年,孝文帝南征,太子恂留守洛阳,不耐洛阳暑热,穿胡服,并且逃回平城,成为反对孝文帝改革的鲜卑贵族的领头羊。孝文帝回京后,将其从平城抓回,废黜其太子之位,不久又赐死。

冯太后与孝文帝的改革极大地促进了鲜卑社会的发展,但是,也留下了许多问题。太子虽然被处死,可是平城及北方六镇地区鲜卑势力仍然强大。胡汉融合问题,仍然是困扰北魏社会发展的核心问题。在后来一百多年的岁月中,还经历了很大的波折,经历西魏、北周的磨合,民族融合问题在隋朝才得以解决,从而带来了南北统一。但是,不管如何,巾帼英雄冯太后在这一进程中发挥了难以替代的关键性作用。

- 胡汉融合问题,仍然是困扰北魏社会发展的核心问题。
- 经历西魏、北周的磨合,民族融合问题在隋朝才得以解决,从而带来了南北统一。

魏室衰败

太和二十三年(499)四月,魏孝文帝崩于南征途中。太子元恪(483—515)即位,是为宣武帝。宣武帝时期,北魏已经在走下坡路,拓跋贵族竞相奢侈,迅速腐败。(按,《魏书》卷九《肃宗纪》:"魏自宣武已后,政纲不张。肃宗冲龄统业,灵后妇人专制,委用非人,赏罚乖舛。于是衅起四方,祸延畿甸,卒于享国不长。抑亦沦胥之始也,呜呼!")到胡太后执政时期,奸佞当道,民变迭起,尤其是北方六镇起兵,破坏了北魏的统治秩序。

所谓北方六镇,是指北魏前期在首都平城(今山西大同)北部边塞地区设置的六个军镇。包括沃野、怀朔、武川、抚冥、柔玄、怀荒等镇,位置在今内蒙古河套地区以东,阴山山脉以南地区。设镇的目的是为了拱卫首都平城,抵御柔然等北方游牧民族的侵犯。

可是,迁都洛阳之后,鲜卑贵族沉湎于醉生梦死的温柔乡,早就忘记了边塞地区的苦寒。边镇与洛阳的鲜卑贵族对于国家的前途有了两种不同的期待。孝文帝南征之际,太子元恂从洛阳逃归平城,反映的实际是鲜卑内部对于国家发展的两种不同路线之争。如果接下来的宣武帝元恪、孝明帝元诩(胡太后掌权)时期,对于各方利益有所平衡,事情也许尤有可为,可是,胡太后与孝明帝争权,进一步恶化了朝廷与六镇的关系。

胡太后是宣武帝的宠妃,为他生了长子元诩。大约由于佛教的影响,大约由于汉化的缘故,大约出于对胡贵嫔的宠爱,宣武帝废除了"子贵母死"的旧规矩。胡贵嫔没有因为生了宁馨儿而被杀,相反宠爱有加。延昌四年(515)正月,元恪死后,其所亲信的大臣高肇、王显等被杀,不久,原配高太后被大臣废黜为尼,胡贵嫔从太妃升格为太后,垂帘听政。

● 宣武帝废除了"子贵母死"的旧规矩。

在执政初期,胡太后处事尚有章法,小叔子兼情夫元怿主持朝政,与权宦刘腾、妹婿元叉等人产生了权力冲突。520 年,刘腾等利用她与小叔子元怿的暧昧关系,鼓动少年皇帝将太后软禁起来,长达五年之久。

293

525 年，胡太后利用母子之情，以及刘腾的去世，采取反制行动，除掉了元叉，重新掌握朝政。从此她就变得肆无忌惮、为所欲为：

> 自是朝政疏缓，威恩不立，天下牧守，所在贪婪。郑俨污乱宫掖，势倾海内；李神轨、徐纥并见亲侍。一二年中，位总禁要，手握王爵，轻重在心，宣淫于朝，为四方之所厌秽。文武解体，所在乱逆，土崩鱼烂，由于此矣。(《魏书·皇后传·宣武灵皇后胡氏》)

就在这个当口，尔朱荣却舔着造反者的鲜血，迅速崛起。

尔朱荣出身契胡酋长家庭。契胡一般认为就是羯族的一支，世居秀容川(今山西朔州)。传到尔朱荣这一代，为北魏边防镇将。尔朱荣生得皮肤白皙，长相俊美，是一员猛将，《资治通鉴》说他"神机明决，御众严整"。虽在抵抗柔然的战争中，未见他有何奇功，但是，每次镇压内部胡族的反抗，尔朱荣都频频立功，所得封赏也逐渐提升。在胡太后执政时代，他已经屡次因为军功获得擢升，为使持节、安北将军、都督恒朔讨虏诸军、假抚军将军，进封博陵郡公，食邑一千五百户。孝昌元年(525)八月，尔朱荣举兵袭取肆州(今山西忻县)，自署其叔父为刺史，从此之后，尔朱荣的兵威渐盛，朝廷对他也无可奈何，进而任命为镇北将军。

虽然胡太后大权独揽，但忌惮孝明帝，母子之间的关系越来越紧张。528年,胡太后与情夫郑俨、徐纥等人在清除了孝明帝身边的亲信后,又毒死了孝明帝元诩,谎称潘妃所生女儿为太子,立其为帝。几天后又称潘妃所生实为女孩,另立孝文帝之孙元钊为帝,年仅三岁。这给了一直觊觎朝廷的尔朱荣以兴兵问罪的借口。

本来,尔朱荣的部将高欢就曾建议说:"今天子暗弱,太后淫乱,嬖孽擅命,朝政不行。以明公雄武,乘时奋发,讨郑俨、徐纥之罪以清帝侧,霸业可举鞭而成。"孝明帝则把尔朱荣当作对抗母后及其情夫郑俨、徐纥的外援。"密诏荣举兵内向,欲以胁太后。"尔朱荣以高欢为前锋,行至上党,孝明帝复以私诏止之。此时,传来孝明帝驾崩的消息,自然给了尔朱荣以兴兵靖难的口实。

尔朱荣的抗表写得义正词严:

第一,"大行皇帝背弃万方,海内咸称鸩毒致祸。岂有天子不豫,初不召医,贵戚大臣皆不侍侧,安得不使远近怪愕!"此点是指责皇帝死得蹊跷!

第二,"又以皇女为储两,虚行赦宥。上欺天地,下惑朝野。已乃选君于孩提之中,实使奸竖专朝,隳乱纲纪,此何异掩目捕雀,塞耳盗钟!"此点是质疑所立君主的合法性!

第三,"今群盗沸腾,邻敌窥觎,而欲以未言之儿镇安天下,不亦难乎! 愿听臣赴阙,参预大议,问侍臣帝崩之由,访禁卫不知之状,以徐、郑之徒付之司败,雪同天之耻,谢远近之怨,然后更择宗亲以承宝祚"。

显然,这第一问、第二问,是胡太后及其情夫掩盖不了的。这第三问,就是要兴师问罪,改换国君。对于皇室而言,这是比东汉末年董卓进京更强有力的挑战。

尔朱荣率兵向洛阳进发,朝廷乱作一团。胡太后派出的军队不堪一击,情夫们都各自逃命,胡太后自己削发躲入佛寺,并下令妃嫔们都出家为尼。是年四月,尔朱荣在进军途中,立长乐王元子攸为帝。子攸为献文帝之孙,孝文帝之侄,是为敬宗孝庄帝。尔朱荣自任侍中、都督中外诸军事、大将军、尚书令、领军将军、领左右(即领左右千牛备身,带此头衔掌控皇帝身边禁卫),封太原王。六月,尔朱荣入洛阳,把胡太后及小皇帝都押到河阴,沉入黄河,又大开杀戒,屠杀了二千多位胡汉高官,朝廷一空。

再造王室

这个时节,北魏六镇起兵与镇民造反,混在一起,如火如荼。起兵的领袖们大多出自六镇:破六韩拔陵(?—525),匈奴人,沃野镇民;鲜于修礼(?—526),敕勒人,怀朔镇民,当过镇兵;杜洛周(?—528),高车族人,柔玄镇民,当过镇兵;葛荣(?—528),鲜卑人,曾任怀朔镇将。六镇及流民起兵可以分如下三个阶段。

第一个阶段,六镇点火。

早在523年,怀荒镇、沃野镇民与镇将冲突,聚众造反,领头羊是沃野镇民破六韩拔陵,建元真王。迫使朝廷改镇为州,进行安抚。武川豪强贺拔度拔(贺拔岳之父)、宇文肱(宇文泰之父)被提拔入镇军军官,加以对抗,最后却也汇入到了造反者的队伍中。524 年秋,六镇已经全部为镇民所占领。尔朱荣在这场平乱中,虽然没有与破六韩拔陵正面交锋,却在平叛中壮大了自己的实力。

第二阶段,河北冒烟。

525 年,破六韩拔陵主力失败,降户二十多万,被安置在河北冀(今河北衡水市冀州区)、定(今河北定州)、瀛(今河北河间)就食。此时的河北正遭遇水旱之灾,无处觅食。柔玄镇兵杜洛周在上谷(今河北宣化)再次发动流民起事,接过了真王年号。西围燕州(今河北涿鹿),南攻幽州。

526 年,就在杜洛周据有燕、幽的同时,怀朔镇民鲜于修礼也率流寓当地的六镇兵民于定州造反,建元鲁兴,形成南北呼应之势。后鲜于修礼在内乱中被杀,部下葛荣统领其众,更加勇猛,连连击败强大的魏军。527 年初,葛荣攻克殷州,进而攻克冀州,年底逼近邺城。

这个时候的尔朱荣,全力在河南经营,扩大自己的队伍,原武川镇基层军官贺拔岳、贺拔胜(贺拔度拔之子)及其部下都归附于其麾下。

第三个阶段,火并与灭亡。

528 年初,杜洛周南下攻克定、瀛二州,与葛荣所部发生冲突。二月,葛荣杀死杜洛周,并统领其军,队伍号称百万众。

此一阶段,尔朱荣于河阴之变后,控制了北魏朝廷,乃调动大军进逼葛荣所部。八月,尔朱荣以侯景为前锋,向河北进发,所率精骑七万在邺城附近与葛荣遭遇。尔朱荣利用葛荣排兵布阵兵力分散的弱点,击散流民部队,生擒葛荣并押至洛阳斩首。为什么尔朱荣带七万众(一说七千)能够打败葛荣百万众? 因为葛荣所统率的是乌合之众,而尔朱荣所部乃身经百战的精锐,葛荣造反求生存,没有雄踞天下的志向,不是尔朱荣的对手。

六镇起兵及其引发的流民暴动,就这样被镇压了。但是,这个时候,北魏孝庄帝却被堂兄元颢(495—529)赶出了京城。

这究竟是怎么回事呢?

元颢乃北魏宗室近属,献文帝拓跋弘之孙,孝文帝元宏之侄,在与北魏皇室的血统关系上,与堂弟孝庄帝元子攸等夷,袭父爵为北海王。528 年,元颢受命前往邺城镇压葛荣军,恰逢尔朱荣攻破洛阳,发动河阴之变。面对葛荣的强大势力和朝廷的不测事变,元颢为了自保,投降了南朝,梁武帝萧衍封之为魏王。

这一年(528 年)十月(投降南朝之后四个月),梁派大将陈庆之拥护元颢北伐。此时尔朱荣刚刚平定河北的葛荣,南下的河北豪族邢杲又在山东青州发动流民起义,吸引了朝廷军队的主力。[按,邢杲是河间(今河北河间)豪族,广蓄部曲家兵。由于河北流民势力猖炽,邢杲等豪族举族南下,来到青州北海,朝廷设置河北侨郡县以安置之,令豪强充当守宰。流民当时受到土著豪强的欺凌。北魏建义元年(528)六月,邢杲利用流民起兵,远近奔赴。邢杲自称汉王,年号天统,势力发展很快,旬月间,众至十余万。北魏永安二年(529)四月,在济南兵败被杀。]梁军势如破竹,北魏永安二年四月,元颢在睢阳称帝,五月竟然攻入了洛阳。"颢既入洛,自河以南州郡多附之。"对孝庄帝政权震动很大。元颢甚至致书孝庄帝,劝其放弃帝位,共同对付尔朱家族,他在给魏孝庄帝的诏书中说:

> 朕泣请梁朝,誓在复耻,正欲问罪于尔朱,出卿于桎梏。卿托命豺狼,委身虎口,假获民地,本是荣物,固非卿有。今国家隆替,在卿与我。若天道助顺,则皇魏再兴;脱或不然,在荣为福,于卿为祸。卿宜三复,富贵可保。

元颢后来被称为魏建武帝,建武帝说孝庄帝是傀儡,这没有错。但是,让孝庄帝为保全魏祚而放弃帝位,也是不可能的。于是,身为天柱将军的尔朱荣,率领百万大军绕开陈庆之军,奇袭洛阳。六月,攻入洛阳城,元颢出逃,死于途中。尔朱荣迎孝庄帝回洛阳后,毫无疑问,真正是再造王室,但也必然是权倾朝野。

尔朱荣不是没有称帝的企图,只是由于时机不成熟,加之他四次铸造金人皆不成功(意味着上天不赞成改朝换代),他放弃了称帝的企图。但是,他对于孝庄帝的蔑视,以及各种胡作非为,则到了令人发指、难以忍受的地步。回到洛阳一年多,即永安三年(530)九月,孝庄帝以尔朱皇后(尔朱荣之女)生子为由,诱得尔朱荣入皇宫庆贺,亲手将其刺杀于御座之前。"于是内外喜噪,声满洛阳城,百僚入贺。"尔朱荣没有死在疆场上,死在自己所拥立的女婿的刀下;死因也不是图谋篡位，而是因为权力太大，跋扈不羁！死的实在是有些窝囊！

尔朱功过

尔朱荣死后，北魏出现了权力真空。

六镇起兵的兵民分两支：一支以怀朔镇的高欢、段荣、尉景为代表，先在杜洛周麾下，后来逃奔葛荣，不久离开葛荣，投奔了尔朱荣；另外一支以来自武川镇的贺拔氏、宇文氏为代表，主要有贺拔岳、贺拔胜、宇文泰、李虎、独孤信等，也都归附了尔朱荣。与高欢早先就离开葛荣投奔尔朱荣不同，宇文泰是在葛荣被擒之后，作为俘虏为尔朱荣收编的。[按，《资治通鉴》卷一五二梁武帝大通二年（528）十月："修礼死，从葛荣；葛荣败，尔朱荣爱泰之才，以为统军。"]

尔朱荣死后的权力真空就由这两股势力来填补。高欢诛灭尔朱兆等尔朱氏家族势力后，取得了北魏最高权力。而尔朱荣生前数月派遣贺拔岳、宇文泰等前往关中地区平乱，则孕育出另外一股势力。北魏被这两股势力分裂，高欢是东魏、北齐的开山，宇文泰则是西魏、北周之始祖。仅由此点，即可见出尔朱荣在北朝后期发展史上所处的关键位置！

《资治通鉴》没有对尔朱荣做出系统评论，倒是《魏书》

编纂者魏收在《尔朱荣传》后有一段"史臣曰",没有把尔朱荣一棍子打死。这一段近五百字的评论,先分析了北魏的历史:"太祖抚运乘时,奄开王业。世祖以武功一海内,高祖以文德革天下。世宗之后,政道颇亏。"然后论及时局:

> 及明皇幼冲,女主南面。始则于忠专恣,继以元叉权重,握赏罚之柄,擅生杀之威;荣悴在亲疏,贵贱由离合;附会者结之以子女,进趋者要之以金帛。且佞谀用事,功勤不赏,居官肆其聚敛,乘势极其陵暴。于是四海嚣然,已有群飞之渐矣。

魏收尤其点出了525年胡太后重新执政后的乱象:"逮于灵后反政,宣淫于朝。郑俨手运天机,口吐王制。李轨、徐纥刺促以求先,元略、元徽喔咿以竞入。私利毕举,公道尽亡,遐迩怨愤,天下鼎沸。倾覆之征,于此至矣。"

这就是尔朱荣崛起的时代背景。在魏收看来,尔朱荣于此时挺身而出,实在是上天之赐啊!"尔朱荣缘将帅之列,借部众之用,属肃宗暴崩,民怨神怒,遂有匡颓拯弊之志,援主逐恶之图,盖天启之也。"

魏收特别提出了尔朱荣两方面的功劳。一是匡扶王室:"于时,上下离心,文武解体,咸企忠义之声,俱听桓文之举。劳不汗马,朝野靡然,扶翼懿亲,宗祜有主,祀魏配天,不殒旧物。"二是平定内外叛乱和南朝入侵:"及夫擒葛荣,诛元颢,戮邢杲,翦韩娄,丑奴、宝夤咸枭马市。此诸魁者,或据象魏,或僭号令,人谓秉皇符,身各谋帝业,非徒鼠窃狗盗，一城一聚而已。苟非荣之致力，克夷大难，则不知几人称帝，几人称王也。"对于这两点，史家当亦无法否定！"然则荣之功烈，亦已茂乎！"魏收如此赞叹！

那么，问题出在哪里呢？"始则希觊非望，睥睨宸极；终乃灵后、少帝，沉流不反。河阴之下，衣冠涂地。此其所以得罪人神，而终于夷戮也。"魏收指出了尔朱荣的政治野心和政治短板。政治野心是指尔朱荣曾想取魏而代之，从当时的条件而论，尔朱荣确实没有这个德望和软实力，即使在魏晋乱世，哪一个英雄豪杰，不是经营了多少年，乃至数代，才问鼎成功？其次，尔朱荣在河阴之变中残酷屠杀，把自己推向了北魏皇室和官僚集团的对立面，人神共愤，即使有再造之功，终难抹平仇恨的鸿沟。

● 尔朱荣的政治野心和政治短板在于想取魏而代之，却没有这个德望和软实力。

魏收进而提出假设："向使荣无奸忍之失，修德义之风，则彭、韦、伊、霍夫何足数？至于末迹见猜，地逼贻毙，斯则蒯通致说于韩王也。"（按，彭、韦，古时指商朝衰微中辅佐王室的商伯。）前一句是说，假如尔朱荣不是如此残暴奸忍，能修德树恩，也许可以与伊尹、霍光媲美！后一句就更深刻了，说孝庄帝之所以诛杀尔朱荣，并不是因为尔朱荣想篡位，只是兔死狗烹、卸磨杀驴，类似于蒯通当年对韩信的警告。

我认为，魏收对于尔朱荣的"两点论"，是符合历史事实的！但是，如果尔朱荣的家族背景是粟特移民（参见王素《北魏尔朱氏源出粟特新证》，《故宫博物院院刊》2018 年第 5 期），这些要求对于胡族将领而言，就是无的放矢了。

（参见《资治通鉴》卷一〇六至卷一五五）

第十一章　对峙枭雄

如前所述，北朝后期是对立的两个政权：高欢（496—547）创建的东魏（534—550）、北齐（550—577），宇文泰（507—556）创建的西魏（535—556）、北周（557—581）。双方的斗智、斗勇、斗法（法者，制度也）延续到几代人。一开始，东魏、北齐的势力更强大，但是，西魏宇文泰、苏绰（498—546）、宇文护（515—572）等进行了一系列适应胡汉民族融合新局面的制度改革，最终西边的北周消灭了东边的北齐，分裂了四十二年的北部中国重归统一。

北朝后期东西方这两大政治势力的较量及其成败，给我们以许多启示。首先，穷则思变，改革与发展是硬道理。创建西魏时年仅二十七岁的宇文泰，面对东边咄咄逼人的军事压力，以及自己统治区内复杂的民族矛盾，勇敢顶住高欢的军事进攻的同时，起用苏绰推行包括行政管理、经济财政、社会风尚等多方面的改革措施，又亲自主导了府兵制、职官制度方面的改革。后者在宇文护掌权的北周时期得到了进一步推行。这些改革不仅仅是为了解决当下的兵力、财力等事务层面的问题，也是为了解决胡汉冲突等深层次的社会活力问题，使得西魏、北周形成了一个胡汉一体的统治核心，陈寅恪称之为关陇集团。

其次，西魏、北周的几代领导人，宇文泰、宇文护、宇文

- 穷则思变，改革与发展是硬道理。

- 改革不仅仅是为了解决当下的兵力、财力等事务层面的问题，也是为了解决胡汉冲突等深层次的社会活力问题。

邕(543—578)有能力、有魄力、有进取心，在各自执政期间，担当起了改革、发展的重任。相反，东魏、北齐高氏集团，高欢格局稍逊，不能积极解决胡汉对立问题，只是一味和稀泥，拖延了事。高澄、高洋都有一些行政和军事能力，但是人格品行瑕疵比较多，在用人与决策上错误也比较多，其后的高演、高湛、高纬胡作非为，骄奢淫逸，一步步地败坏国力，最终葬送了北齐王朝。

胡汉融合是北朝发展的自然结局，是北魏孝文帝改革以来长时段历史演进的必然归宿。六镇之乱算是一股逆流，甚至是"反攻倒算"，但是只要是符合历史发展方向的东西，过了激流险滩，终将继续前行。处理好胡汉关系同样考验着东魏、北齐和西魏、北周的统治者。这是一场大考。与高欢相比，宇文泰政策的高明之处就在于，从制度上确立了胡汉融合的方向，又从形式上满足了胡汉各自的利益偏好。高欢方面却是在强化胡汉利益的差别，最终导致严重的利益冲突，王朝末年还爆发了鲜卑贵族以族群冲突屠杀汉族出身官员的事件。这里面的成功经验和失败教训，对于我们今天也有启发意义。

总之，凡是汉族与胡族发生冲突而走向融合，都是汉文化在吸收胡文化之后更加丰富博大而显出强大的生命力，同时，胡族文化得到提升并最终融于汉文化之中。这时候的汉文化已经包含了胡文化的成分，已经是胡汉融合的文化，不存在谁吃掉谁的问题。中国文化的博大和持久不衰，就源于此；中国历史上不同族群的凝聚力和国家认同就是在这样的冲突和融合中向前推进的。先秦时期，华夏与蛮夷、

- 宇文泰政策的高明之处就在于，从制度上确立了胡汉融合的方向，又从形式上满足了胡汉各自的利益偏好。

- 凡是汉族与胡族发生冲突而走向融合，都是汉文化在吸收胡文化之后更加丰富博大而显出强大的生命力，同时，胡族文化得到提升并最终融于汉文化之中。

戎狄之间有这么一个阶段,十六国北朝时期的五胡乱华、鲜卑立国则是第二个阶段,五代以后也都重复着这样的故事。在中国数千年的历史长河中,胡汉融合带来的民族凝聚力与国家认同,那一段航程,始终波涛汹涌、壮怀激烈。

尔朱荣镇压了六镇暴动中的兵民,先后收留了两名六镇骁将:怀朔镇的高欢和武川镇的宇文泰。北魏就分裂在这两个枭雄手里。对于他们建立的霸业来说,尔朱荣不过是为他人做嫁衣的匆匆过客。高欢主政的朝廷叫东魏,他的对手宇文泰主政的朝廷叫西魏。同样是枭雄,呈现的却是不一样的风格。

那么,高欢有怎样的奋斗史呢?

高欢崛起

高欢本来是汉人,自称出身渤海士族高氏,可是,他的生活习俗,几乎与鲜卑族无异。

史家给他家编的谱系是:

> 六世祖隐,晋玄菟太守。隐生庆,庆生泰,泰生湖,三世仕慕容氏。及慕容宝败,国乱,湖率众归魏,为右将军。湖生四子,第三子谧,仕魏,位至侍御史,坐法徙居怀朔镇。(《北齐书·神武纪上》)

● 在中国数千年的历史长河中,胡汉融合带来的民族凝聚力与国家认同,那一段航程,始终波涛汹涌、壮怀激烈。

高欢六世祖高隐,是西晋玄菟郡太守,五胡乱华时代,其家族三世为鲜卑慕容政权的燕国服务,后燕皇帝慕容宝失败,归于北魏。高欢的祖父高谧,官至侍御史,遭贬安置在边地,从此家居怀朔镇。到了高欢这一代的出路就是去当兵。《北齐书·神武纪上》称其"累世北边,故习其俗,遂同鲜卑"。高欢的鲜卑名叫"贺六浑"。

　　无数历史事实证明,对于高欢这样的社会底层人士来说,天下大乱就是机会。同样是乱世,有的人一开始造反,就有一支自己的队伍,这就是资本。可是,高欢没有。六镇起兵的时候,高欢与他的兄弟们只是跟着大家一起往前走。走到哪里算哪里,他们没有自己的目标。但是,跟着谁走,高欢却不断地在窥伺着。

　　高欢新婚的日子,正是北魏胡太后临朝称制时期。521年第一个儿子高澄出生。两年后即523年,六镇起兵之时,高欢等一班兄弟都裹挟其中,最初追随的领导人是杜洛周。高车人杜洛周,善于动员,不善于领导,最多是秦末陈胜的水平。高欢的几个哥们儿都不满意杜洛周的领导,想实施暗杀,但没有成功,后被杜洛周派人追杀。高欢带着老婆、孩子(长子高澄和长女都年幼),坐着牛车逃命,投奔了另外一个首领葛荣。鲜卑人出身的葛荣,有一定的领导能力,吞并了杜洛周,声势浩大,但是缺乏谋略。高欢觉得葛荣也不是值得追随的人,就与几个兄弟投奔了尔朱荣——当时手握重兵正在窥伺发展方向的地方军阀。

　　尔朱荣开始并没有看上高欢。高欢的发小、老友刘贵是秀容川人,与尔朱荣是同乡,早先就归于尔朱荣。他极力推荐,说高欢是不可多得的人才。尔朱荣见到高欢一脸憔悴、衣衫不整的样子,并不看好,但是有两件事改变了尔朱荣对高欢的看法。一是高欢的驯马功夫,一是高欢对时局的分析。《资治通鉴》卷一五二记载:

> 是时,车骑将军,仪同三司,并、肆、汾、广、恒、云六州讨虏大都督尔朱荣兵势强盛,魏朝惮之。高欢、段荣、尉景、蔡俊先在杜洛周党中,欲图洛周,不果,逃奔葛荣,又亡归尔朱荣。刘贵先在尔朱荣所,屡荐欢于荣,荣见其憔悴,未之奇也。欢从荣之马厩,厩有悍马,荣命欢剪之,欢不加羁绊而剪之,竟不蹄啮;起,谓荣曰:"御恶人亦犹是矣。"荣奇其言,坐欢于床下,屏左右,访以时事。欢曰:"闻公有马十二谷,色别为群,畜此竟何用也?"荣曰:"但言尔意!"欢曰:"今天子暗弱,太后淫乱,嬖孽擅命,朝政不行。以明公雄武,乘时奋发,讨郑俨、徐纥之罪以清帝侧,霸业可举鞭而成,此贺六浑之意也。"荣大悦。语自日中至夜半乃出,自是每参军谋。

尔朱荣是边塞军人出身,骑术是其所长。高欢在马厩里,对于一匹没有加以羁绊的悍马,进行调驯之时,从容娴熟,悍马不踢不叫,这让尔朱荣震惊。更令尔朱荣震惊的是,高欢说对付恶人,也要用这个办法。比高欢仅年长三岁却手握大军的尔朱荣,发现自己遇到了高人,于是延入室内,访以时事。高欢问,你豢养这么多马匹究竟想干什么呢？尔朱荣说，你只管说出你自己的意思。高欢说，如今天子暗弱，胡太后淫乱，男宠窃威弄权，朝政不行。这正是您的时机啊！您只要高举清君侧的大旗，以讨伐嬖臣郑俨、徐纥名义举兵，霸业唾手可得！这就是我贺六浑的意思。尔朱荣大悦，两人从中午谈到半夜。这段对时局分析的具体时间不详，大约在高欢528年初投奔尔朱荣不久，从此尔朱荣对高欢刮目相看，视之为心腹。

魏武泰元年（528）三月，孝明帝元诩被胡太后毒死，尔朱荣举兵向阙，高欢就是前锋。河阴之变后，高欢又辅佐尔朱荣打败了葛荣百万大军，成为尔朱荣麾下最得力的猛将。尔朱荣曾经问左右，我死之后，谁可以代替我主军？大家都推尔朱荣的族侄尔朱兆。尔朱荣摇头说，尔朱兆虽然勇猛，但是，最多只能带三千骑兵，再多就乱了。能代替我主军的，唯有贺六浑（高欢）而已。这个时候，高欢已经晋升为晋州刺史了。

高欢虽然能够打仗，但是，没有自己的军队，他只是一个为别人打工的职业经理人。没有军队就没有独立行动的能力。中古时代军阀的私兵，一般来自两个途径：一是军阀自己豢养的部曲；一是胡人的部落兵。可是高欢既没有钱收养私兵部曲，自己又不是鲜卑部落的酋长。高欢就将目标瞄准了当时流亡的游民，也就是葛荣死后留下的军队。这支军队虽然降归了尔朱荣，但经常受尔朱家族的嫡系契胡兵欺侮，故而依然屡屡反叛。尔朱荣死后，尔朱兆掌控着尔朱家族的军队。

高欢建议，不可尽杀六镇造反的降兵，应该安排专人统

● 没有军队就没有独立行动的能力。

领,如果有反叛,可以问责。这样,所罪者寡矣。尔朱兆问,谁可以统领? 在座的高欢密友贺拔允说,高欢就可以。这正中高欢下怀。可是高欢故作愤怒地说,当初天柱(指尔朱荣)在世时,你们像鹰犬一样听从指令,今日之事由大王(指尔朱兆)说了算,你小子怎敢妄自说话? 请大王杀了这家伙! 高欢一拳打过去,打落了贺拔允一颗门牙。尔朱兆觉得高欢对自己忠心耿耿,于是,就把这支军队交由高欢统领。高欢怕尔朱兆醒酒之后反悔,立马出了营帐,号令部众,拉出了自己的队伍。后来尔朱兆有所醒悟,但悔之晚矣。高欢以率部到山东就食的名义,终于离开了尔朱氏的掌控,开始了自己的独立行动。

东魏称雄

三年后,高欢消灭了尔朱兆及其家族的势力。正如尔朱荣所预料的那样,尔朱兆不是高欢的对手。532年,高欢拥立孝武帝元脩为帝,自己成为大丞相,控制着朝政。孝武帝不愿意做高欢的傀儡,想利用关中的宇文泰,削弱甚至消灭高欢,被高欢识破。孝武帝被迫逃亡到关中,投奔宇文泰。于是,高欢另立孝文帝之孙元善见(524—552)为帝,是为孝静帝,并将首都迁徙到邺(今河北邯郸市临漳县),他自己的霸府却仍在晋阳(山西太原市),遥控着东魏朝廷。

● 在高欢统治期
间,就内政而
言,他要处理
好以下几个关
系。一是霸府
与朝廷的关
系。二是胡族
与汉族的关系。
三是反贪与稳
定的关系。

高欢实际执政了十五年,建立了偏霸事业。在高欢统治期间,就内政而言,他要处理好以下几个关系。一是霸府与朝廷的关系。孝武帝的出逃,对于他是一个很直接的打击。二是胡族与汉族的关系。如何调和胡、汉矛盾,对于高氏政权来说是最大的考验。三是反贪与稳定的关系。后面这两个问题,实际上涉及胡族政治文化与华夏政治文化的对接和转型问题。

在东西魏分裂之初,东魏军队以鲜卑骑兵为主力,至少有二十万,远远强过西魏。东魏政权继承了前朝两点遗产:一是继承了原北魏政权的主体;二是继承了六镇起兵的成果,即对于孝文帝以来的汉化政策的反动。从历史发展的趋势来说,胡汉融合,是不可阻挡的潮流,也是魏政权长治久安的根本,但是,高欢的政策整体上是反潮流而动的。他自己经常用鲜卑语说话,说汉人是鲜卑人的奴仆。有时候虽然也从语言上安慰汉族百姓,试图缓和汉、鲜矛盾,但是在政策上没有扎实推进。在反腐败问题上,他采取了睁一只眼闭一只眼的办法,既怕得罪了文官,他们会跑到萧梁去,又怕得罪了武将,他们会跑到西魏去。相比较西魏宇文泰重用苏绰整顿吏治,吸收汉族豪强,充实军旅,建立府兵制的大规模改革来说,高欢治国理政以维持现状为主的特点,就更加明显了。

难道高欢就没有自己的政治理想吗?

547年农历正月初八,东魏勃海献武王欢卒。高欢打了一辈子仗,一个多月前,他还拖着病体坚持在对阵西魏的战场上。当时,他命敕勒人大将斛律金领唱《敕勒歌》:"敕勒川,阴山下。天似穹庐,笼盖四野。天苍苍,野茫茫。风吹草低见牛羊。"高欢一边唱和,一边老泪纵横,他知道自己来日无多。一代枭雄在即将离开这个世界之前,心中不知道有多少感慨! 他虽然不见得有统一华夏的豪情,可是统一黄河流域的政治抱负还是有的,可惜的是,他不能认清十六国以来的时代潮流,不能认清孝文帝改革以来的时代趋势。这让我想起了项羽和刘邦。项羽不正是认不清秦始皇以来大统一的趋势,走分封的回头路,从而在整个政治格局上输掉了楚汉之争的吗?

《资治通鉴》卷一六〇在高欢去世后写了一段评论:

> 欢性深密,终日俨然,人不能测,机权之际,变化若神。制驭军旅,法令严肃。听断明察,不可欺犯。擢人受任,在于得才,苟其所堪,无问厮养;有虚声无实者,皆不任用。雅尚俭素,刀剑鞍勒无金玉之饰。少能剧饮,自当大任,不过三爵。知人好士,全护勋旧;每获敌国尽节之臣,多不之罪。由是文武乐为之用。

这段评价中,突出了高欢以下三个方面的才能。一是领导才能,主要表现是用人务实,不尚浮华,重实干,不重出身,赏罚分明;重视忠诚气节,勋旧都能得到爱护。二是军事才能,军令严肃,掌控能力强。三是在性格上,深沉缜密,机权变化,人莫能测。同时,生活节俭,自我约束能力很强。然而,与领导者对于国家发展方向的把握相比,高欢的这些

● 与领导者对于国家发展方向的把握相比,领导技能最多只能算南面之术,在中古历史发展的转折关头,就显得很不够了。

313

领导技能，最多只能算南面之术，在中古历史发展的转折关头，就显得很不够了。这是颇为令人遗憾的。

最终，高欢的政权还是输给了西边的宇文氏政权。虽然这是他死后三十年的事情，但根子却不能不从高欢身上寻找。

西魏军政

宇文泰出身于鲜卑宇文部落。早在北魏道武帝拓跋珪天兴初年，家族就迁徙到了武川（今内蒙古武川县）。到宇文泰的父亲宇文肱，已历四世，并未有官爵。宇文肱娶乐浪（今属朝鲜）女子王氏为妻，生有四个儿子，宇文泰排行第四。在他追随父亲一起参与六镇起兵时，年仅十八岁。十年后，他接棒贺拔岳，统领关中的鲜卑军团。这成为他辉煌事业的重要转折点。宇文泰统领贺拔岳军后，第一个动作就是击败并杀死侯莫陈悦，为贺拔岳报仇，如此方能巩固他在关中的地位。其次，成功地拉拢孝武帝入关，从而取得了割据关中的政治合法性。接下来就是要在军事上顶住高欢的征讨。

537年年初的潼关之战，东魏勇敢的前锋主帅窦泰被宇文泰击败自杀。同年十月，高欢亲率二十万大军，渡过黄河、洛水，直逼长安，要报潼关失败之仇。宇文泰乘高欢大军尚未完全集结之际,渡过渭水,在沙苑以东渭曲地区,背水而阵,同时派赵贵、李弼埋伏在两侧。待东魏军队进入伏击圈,宇文泰发起猛烈进攻,赵贵、李弼的伏军乘势而起。由于渭曲地区芦苇丛生,土地泥泞,不利于东魏骑兵大规模展开行动,结果东魏军被切成两段,伤亡惨重。高欢军队损失八万,而且还失去了三荆、洛阳、河东等地。以后双方还有多次互有胜负的战争,但这次的沙苑之战,保住了新成立的西魏政权,宇文泰总算在关中站稳了脚跟。

能够在战场上遏制住实力数倍于己的东魏的进攻,重要原因之一是宇文泰进行了成功的军事变革——建立府兵制。同时,宇文泰还进行了一场政治变革,即起用苏绰进行变法。无论是军事改革还是政治改革,要聚焦的问题都是解决胡汉矛盾问题、中央集权体制问题,以及惩治贪腐问题。

先说军事改革。宇文泰的军队,大约有三种成分:武川镇走出来的镇民或镇兵、其他各胡人部族的部落兵、关陇地区的汉族豪强的乡兵部曲。如何将他们统合为一支听命于中央的特别能战斗的军队,胡汉融合与组织体制建设都不容回避。

宇文泰的府兵制,模仿鲜卑八部,设立八柱国,柱国大将军是宇文泰、元欣、独孤信、赵贵、李虎、李弼、侯莫陈崇、于谨八人,军士隶属于八柱国下。宇文泰及宗室元欣是不亲自带兵的,实际统领军队的是六大柱国,这六柱国,又相当于《周礼》中天子六军之数。每个柱国统领二大将军,共十二大将军。554 年,宇文泰进一步改革,即恢复鲜卑姓

● 无论是军事改革还是政治改革,要聚焦的问题都是解决胡汉矛盾问题、中央集权体制问题,以及惩治贪腐问题。

315

氏,皇室元氏复姓拓跋氏。其他孝文帝时期九十九姓改为单姓的,皆复其旧。"魏初统国三十六,大姓九十九,后多灭绝。泰乃以诸将功高者为三十六姓,次者为九十九姓,所将士卒亦改从其姓。"比如,赵贵家族改乙弗氏,李虎家族改大野氏,李弼家族改徒河氏,杨忠家族改普六茹氏(杨忠的儿子杨坚就被称作普六茹坚)。显然这种做法,表面上是纾解了鲜卑部族对于孝文帝改革的反感情绪,这种情绪也是六镇反叛的原因,但是,在实际操作层面,人为制造的部落组织不可能形成真正的独立性,反而因为这种整齐划一的安排,强化了其作为中央禁军的特点,即所谓"泰任总百揆,督中外诸军"。十二军都是听命于相府的,这绝对不是鲜卑原来的部落兵。

当年贺拔岳带到关中的鲜卑部众并不多,北魏时期,在关中地区的胡人以氐羌为主,汉人的乡兵更是在数量上有巨大优势。因此,宇文泰的府兵制改革,名义上是恢复鲜卑八部大人制度,实际上是挂羊头卖狗肉,意欲建立一支属于中央的天子六军,目的是改变军队系统的散乱状况。后来广泛招募汉人乡兵入军,实际上改变了鲜卑部落军制的传统。

军事改革的成功不可能离开政治改革。早在西魏立国之初,宇文泰就起用汉族士人苏绰设计改革方案,最早施行的"二十四条新制",包括文书程式、记账户籍之法。其后,宇文泰提出进一步改革要求,除了大力减省官员,开展屯田外,苏绰还根据宇文泰强国富民的总体目标,梳理出六条改革总纲要,即所谓"六条诏书":"一曰清心,二曰敦教化,三曰尽地利,四曰擢贤良,五曰恤狱讼,六曰均赋役。"这六条包括整顿吏治、发展生产、擢用贤良(破除门阀制度)、刑法公正、赋役均平等内容,受到宇文泰的高度重视,不仅自己置诸座右,还要求各级政府和部门贯彻落实,凡牧守令长有不通"六条"及新财政制度的,不得居官任职。与高欢在治理官吏贪污时总是和稀泥不同,宇文泰对于苏绰的肃贪工作批示说:"杀一利百,以清王化,重刑可也。"(《周书·苏绰传》)

宇文泰在西魏的这些改革,在宇文护主政时期得到了进一步贯彻和推进。

宇文家族

宇文家族统治的西魏、北周的历史,共有四十六年。宇文泰、宇文护、宇文邕是三个最关键的人物。宇文泰与宇文邕的功业没有争议,有争议的是宇文护。

恭帝三年(556)十月初四,宇文泰病死在泾州云阳,临死前招来宇文护托付后事。北齐文宣帝高洋(529—559)是一个强劲的对手,请宇文护出山,原因是"外寇方强"。宇文泰看中的是宇文护的政治和军事经验。宇文护早年的经历有几点值得注意。第一,他十九岁就帮助宇文泰料理家政,"内外不严而肃",宇文泰认为这个青年才俊的志向、气度像自己。第二,宇文泰出任夏州刺史时,宇文护被留在贺拔岳身边。这不仅体现了宇文泰对他的信任,而且最后宇文泰能够被总部的主将推荐出来主持军务，宇文护的表现至少是加分的。第三，宇文护是靠自己的战功升迁上来的。他曾经因为战争失利被免除过职务，也曾经因为在与于谨合作灭掉江陵的梁政权过程中的优异军功而受到封赏。但是，宇文护一直是低调的。

"中山公护，名位素卑，虽为泰所属，而群公各图执政，莫肯服从。"这句话告诉我们，宇文护平素十分低调，宇文泰虽然很属意于他，并没有为他继任作足够的铺垫。而同朝与宇文泰等夷的老将们，蠢蠢欲动，"群公各图执政"。难道又一次出现换将的局面不成？就像当初贺拔岳去世，换上宇文泰那样。这种局面，难道宇文泰会完全没有知觉？应该说，宇文泰是觉得自己的儿子不足以当大任，才请宇文护来维持局面的。

《资治通鉴》卷一六六再现了当时的场面：

> （宇文）护问计于大司寇于谨，谨曰："谨早蒙先公非常之知，恩深骨肉，今日之事，必以死争之。若对众定策，公必不得让。"明日，群公会议，谨曰："昔帝室倾危，非安定公无复今日。今公一旦违世，嗣子虽幼，中山公亲其兄子，兼受顾托，军国之事，理须归之。"辞色抗厉，众皆悚动。护曰："此乃家事，护虽庸昧，何敢有辞！"谨素与泰等夷，护常拜之，至是，谨起而言曰："公若统理军国，谨等皆有所依。"遂再拜。群公迫于谨，亦再拜，于是众议始定。护纲纪内外，抚循文武，人心遂安。

宇文护先用问计请教的方式,说服了曾与自己一同打过仗的老臣于谨出面。于谨的话最值得回味。于谨首先表彰宇文泰的功德:"昔帝室倾危,非安定公无复今日。"(按,宇文泰曾被封为安定公。)强调这一点是为了排除"群公各图执政"的选项。然后再说,宇文护接受宇文泰的顾托,具有继任掌握军国大政的合法性。宇文护也很会说话,说由他出来主政,这是家事,不敢推脱。等于是把继续由宇文泰家族来掌控军国大政作为理所当然的前提确定下来,同样是对"群公各图执政"的公开否定。接着,于谨带头做出表态:"公若统理军国,谨等皆有所依。"其他人也被迫做出"再拜"的拥护姿态。结果怎么样呢?宇文护"纲纪内外,抚循文武,人心遂安",顺利度过了权力交接的危机。

次年,宇文护废掉了魏恭帝,立宇文泰世子宇文觉(542—557)。大臣赵贵有除掉宇文护的意图,独孤信则表现得骑墙,宇文觉本人及其身边的亲信李植(其父李远当初力主立宇文觉而不是宇文毓为世子)等,都想杀害宇文护。因此,宇文护在杀害赵贵等人后,接连废黜和杀害宇文觉、宇文毓(534—560)两个皇帝(加上魏恭帝拓跋廓就是三个了),乃是事出有因。

宇文泰的一些改革事业是去世前不久提出的。比如,556年初,宇文泰按照《周礼》六官设立中央官制:

> 魏初建六官,以宇文泰为太师、大冢宰,柱国李弼为太傅、大司徒,赵贵为太保、大宗伯,独孤信为大司马,于谨为大司寇,侯莫陈崇为大司空。自余百官,皆仿《周礼》。

这个名单中，与八柱国相比，只有元欣（？—554）、李虎（？—551）不在，当因二人已去世。几个月后，宇文泰也去世了。这项制度的落地和推行，都是在宇文护时期完成的。

那么，在宇文护擅权下的北周整体政局发展如何呢？事实证明，与宇文泰临终前担忧"外寇方强"不同，经过宇文护长达十六年的经营，北周与北齐的势力已经发生了很大的反转。过去在高洋时期，是北周冬季凿冰以防止北齐趁冰封时节进攻，如今反过来是北齐凿冰以防止北周偷袭。因此，宇文护死后四年多时间，周武帝就完成灭齐大业，不可忽略其中有宇文护时期打下的基础。

560年，周武帝宇文邕继位时十八岁，史称其"沉毅有谋"。宇文护依然掌握着军政大权。如果说当初宇文泰去世时，需要宇文护出来稳定局面，现在他逐渐成了绊脚石，掌权时间长了，难免还会野心膨胀，甚至萌生不轨之心。周武帝接受前面两位哥哥的教训，对于宇文护的专权，装聋作哑，"深自晦匿，无所关预，人不测其浅深"。经过周密策划，572年春天，宇文邕在密室里用玉珽击倒宇文护，杀之，但没有引起骚动，那是因为朝野上下都认为，周武帝时年三十岁，已经登基十二年，年届七十的宇文护确实该交班了。

周武帝亲政后，主要进行了两个方面的改革：首先是大力扩充汉族加入府兵，灭齐前夕，府兵人数已经达到二十万人，不仅加强了军事力量，也有利于缓解胡汉矛盾。其次是通过限制和整顿佛教、道教，铲除社会经济生活中的一大毒瘤，从而增强了国家的财政力量。此外，周武帝继承乃父

• 掌权时间长了，难免会野心膨胀，甚至萌生不轨之心。

的政策,提倡儒教,重视《周礼》。甚至北齐亡国之时,博通《五经》的北齐学者熊安生,就预见到周武帝会来邺城家中拜访,因为他知道周武帝重道尊儒。

从575年开始,周武帝就连年攻伐北齐。当时北齐国君高纬(556—578),称帝时年仅十岁,到太上皇高湛(537—569)死时也只有十四岁。高湛父子都是高欢取得东魏执政权之后出生的,无法与高欢的另外两个患难中出生的儿子高澄、高洋相比,在母后胡太后执政和后来高纬亲政期间,任人唯亲,朝野解体。经过两年多的战争,承光元年(577)正月,周武帝统帅的大军攻入北齐首都邺城,北齐灭亡。黄河流域终于在分裂将近半个世纪之后,再次统一。此时南方的陈朝,基宇狭小,完全不具备与北方争雄的能力。距离全国的统一,只有一步之遥。

阅读北朝历史,给人非常强烈的一个印象是,无论是北魏拓跋氏政权,还是东魏北齐高氏政权、西魏北周宇文氏政权,帝王(包括开国者)中,只有高欢(五十二岁)、宇文泰(五十岁)活到了半百的年纪(均为虚岁),其余大多在二三十岁死亡。拓跋珪(三十九岁)、拓跋焘(四十五岁)被杀身亡,已经是比较长寿的了。为什么北朝的帝王们都短寿夭亡?除了政变原因之外,多数史家认为是酒色过度,奢靡而亡。我认为是有道理的。北朝政权虽然在不断的汉化过程中,但是太子的培养、保傅的约束、大臣的规谏,基本上不能改变这些从草原走向中原的帝王的行为方式。游牧民族的野性没有了,中原文化的菁华还没有学会,无上的权力和无边的享乐,腐蚀了他们的灵魂和身体。相反,奠基开国的英雄

- 北朝政权虽然在不断的汉化过程中,但是太子的培养、保傅的约束、大臣的规谏,基本上不能改变这些从草原走向中原的帝王的行为方式。游牧民族的野性没有了,中原文化的菁华还没有学会,无上的权力和无边的享乐,腐蚀了他们的灵魂和身体。

们，多数寿命比较长。他们生命力的强大是与其建功立业的成就相一致的。遗憾的是，也有一些伟大的帝王，比如魏孝文帝（三十三岁）、北周武帝（三十六岁），也在大好年华，即中途崩殂，令人惋惜。周武帝节俭自律，身衣布袍，寝布被，无金宝之饰，禁雕文刻镂、锦绣纂组，"后宫嫔御，不过十余人"（《周书·武帝纪下》）。

578年，农历六月初一，年仅三十六岁的北周武帝宇文邕，突然重病，从前线回到长安，当天就在病榻上撒手人寰了。七天前，他还雄心勃勃地统帅大军讨伐突厥，接下来的目标就是平定江南。两个月前他宣布改元宣政，就是期待在北方统一之后，有一番更大的作为。现在他出师未捷身先死，距离北齐后主高纬被押解到长安仅仅一年零三个月。

西魏、北周在宇文家族两代三人的经营下，已经为全国的统一大业奠定了良好的基础，但是统一大业的最终完成，还需要等待合适的时机、合适的人。

（参见《资治通鉴》卷一一一至卷一七四）

322

第十二章　隋杨成败

隋文帝取代北周称帝,好像是又一个霸府凌驾于皇权的故事,但是隋文帝最终却统一了南北,结束了五胡乱华以来国家四分五裂的局面。

　　隋文帝为什么能够完成统一的重任?时势、机遇、人事三大因素不可或缺。北朝之所以分裂为东、西,原本的起因是六镇造反,对于北魏孝文帝一系列汉化改革的反拨。北周消灭北齐之后,北朝的民族矛盾基本消失,北周末代皇帝周宣帝宇文赟(559—580。其子周静帝在位数月而已,只是个八九岁的孩子)用最后的力量,宣布改穿汉族衣冠,因为汉化改革而引起的胡汉关系的调适最终完成。汉族出身的隋文帝杨坚觊觎皇位,曾引起各方面的反对,甚至有三个地区总管起兵反抗,但是,没有人再拿胡汉冲突说事儿。

　　隋文帝建立了一套以"三省六部制"为核心的中央行政体制。史家用"废黜六官,还以汉魏"来总结。但是,实际上,这一套体制不仅是对于秦汉三公九卿体制的升华,也是对于魏晋南北朝时期制度变革的总结和归纳。

　　君与相的矛盾,是自秦始皇以来就有的问题。汉武帝时代设置中尚书是一个转折。中尚书解决辅佐皇帝决策问题,这样宰相的辅佐之任就会被架空。可是,作为百官之上一人之下的宰辅,总得有一定的资历和威信。于是,帮助皇

- 以"三省六部制"为核心的中央行政体制,不仅是对于秦汉三公九卿体制的升华,也是对于魏晋南北朝时期制度变革的总结和归纳。
- 君与相的矛盾,是自秦始皇以来就有的问题。

帝处理诏令出纳的文秘之任，与面对臣民处理朝政的辅政就只能由不同的人担任，这样就使辅政官分成明面的股肱之臣和禁中的心腹之任两个不同层次，即诸葛亮所谓"宫中"与"府中"是也。

隋文帝杨坚辅政，总知中外兵马。"诸卫既受敕，并受坚节度。"署敕的时候，御正中大夫颜之仪拒绝，但并不能改变什么。接着，杨坚想掌控玺印，又遭到颜之仪的反对，杨坚将其调出了朝廷。宰相当然不能掌玺印，因为玺印是皇帝行使同意权的凭证，汉武帝时由内廷尚书即所谓符玺郎执掌。但是，杨坚现在不只是宰相，他是代皇帝执政的周公阿衡。西汉时霍光辅政有一次也是要掌玺印，遭到符玺郎的拒绝，其实并没有大的用处，因为符玺郎作为执事人员，是没有办法限制霍光在什么事情上用或者不用玺印的。史家记载霍光褒奖坚持原则的符玺郎只是作秀而已。杨坚从大丞相加九锡，封隋王之后，顺利登基了。从霸府到皇宫，怎样安排他的行政体系？于是就有了三省六部制度，将出令权和审核权分开，这就是中书（当时叫内史省）与门下省的分工。尚书省作为执行部门，设置六部三十六侍郎，隋炀帝改为六部二十四司，唐朝直接继承了这个体制。

当然，以上这个变化，并不是一朝一夕完成的，它起于汉武帝的中朝，经历了魏晋南北朝的演变，隋文帝使之定格，唐代以后进一步完善调整而已。

隋炀帝大业初年有一系列改革措施，职官制度的职能体系更加合理，赋税徭役都有减轻。隋炀帝也是有本事的人，二十岁就领衔出征，统一江南，在镇守扬州期间也能注

● 三省六部制度，将出令权和审核权分开，这就是中书（当时叫内史省）与门下省的分工。

意团结当地僧俗上层人士。炀帝的问题是好大喜功，追摹秦皇汉武开疆拓土的功业，东征西巡，营建东都，修筑运河，为达到丰功伟绩的目标，不惜带头破坏规则。中央集权体制不管如何高效，如果管不住皇帝的任意非为，其结果只能是身死国亡的悲剧一再重演。隋炀帝的事例又一次证明了这一点。

● 中央集权体制不管如何高效，如果管不住皇帝的任意非为，其结果只能是身死国亡的悲剧一再重演。

在这里，我们还可以引申一下历史的评价问题。历史人物和事件的评价，我认为有三个层面：当时价值、延伸价值、抽象价值（意识形态价值）。比如，隋炀帝做了许多对后代有意义的事情，典型事例就是开掘运河。此事从当时的价值而论，是官逼民反，加速了社会对于隋朝的怨恨情绪。但是，到了唐宋时代，运河却成为帝国繁荣、南北沟通的重要基础设施。今天运河的意义依然存在，只是已经不如清代以前那么重要了。可是，作为世界上迄今为止依然最长的人工河流，它的抽象价值依然存在，那就是中华民族伟大创造的形象展示。这种历史价值及其评价的差异性，是我们在面对隋炀帝与运河这种复杂历史问题时需要注意的。

隋文统一

隋朝在中国历史上的意义可以媲美秦朝。可是秦国存在了五百多年，秦孝公之后，秦为了统一天下，经过了六七代人,长达百余年的努力。隋朝却不一样,开国皇帝杨坚(541—604)从辅政到登基称帝,只用了不到十个月的时间。赵翼就说:"古来得天下之易,未有如隋文帝者,以妇翁之亲……遂安坐而擢帝位。"(《廿二史札记》)

事实上,如果仔细考察杨坚称帝前后的形势和细节,我们发现,问题远远比赵翼想象的更复杂。杨坚得国,是时势、机遇与人事等诸多因素的结果。

时势造英雄。什么时势造就了隋文帝这位英雄呢?"时"就是时代,"势"就是势位。

先说时代。东汉末年军阀混战,以 189 年董卓进京为标志,天下大乱,长达数百年,其中只有西晋短暂的统一。在分裂的各种因素中,胡汉民族矛盾是要素之一。五胡乱华之后,统一的北魏政权的汉化在不断推进,特别是冯太后和孝文帝统治时期,北魏从制度和文化层面进行了全面的改革。

其间有反复,有波澜,六镇起兵就是对于孝文帝改革的反拨。但是,六镇起兵之后,胡汉融合以关陇集团的构建为标志,更深入地在进行。即使在高洋统治下的北齐,南朝与北朝之间使节往还,都在比拼各自的文化修养。王肃、颜之推、庾信等南朝文人在北方都得到很好的礼遇。总之,到了六世纪八十年代,北方民族融合已臻水到渠成的程度。由一个汉人出身的关陇集团核心人物杨坚来建立新王朝,已经是胡汉各族可以接受的事实。反对杨坚的人不少,包括尉迟迥等人起兵、赵王宇文招等宗室贵胄反扑,但是,他们都没有打出胡汉分别的旗号来!杨坚取代鲜卑人的政权,

● 杨坚得国,是时势、机遇与人事等诸多因素的结果。

● 时势造英雄。

也无须用"驱逐鞑虏、恢复中华"为号召(与二百多年前的冉闵杀胡完全不同)。总之,民族融合和南北统一是时代的大趋势。

● 民族融合和南北统一是时代的大趋势。

再说势位。虽然处在这个时代,但是,如果你不处在有利的势位上,机会的窗口也不会为你打开。

杨坚的父亲杨忠,是从武川镇走出来的军将。杨坚的妻子独孤氏就是杨忠的老领导、曾为八柱国之一的独孤信的女儿。杨坚的女儿杨丽华(561—509)是周宣帝的正宫皇后,是周静帝宇文阐的嫡母(生母是朱皇后)。杨坚曾在太学接受教育,将门之子,多次出征北齐,立有战功。总之,年届四十、风华正茂的杨坚,正处在关陇集团的核心人物圈中。

580年农历五月初五端阳节这天,杨坚因为受到周宣帝的猜忌,要求外调扬州刺史(驻寿州)获准,却突然因为脚病不能成行。五天后的初十日夜,周宣帝出幸城外的天兴宫,次日因病返回,口不能言,无法安排后事,当天驾崩。北周政权出现了权力真空。

究竟由谁出来辅政,托孤大臣刘昉、郑译、颜之仪的意见发生了分歧。颜之仪主张迎请赵王宇文招,以德以亲,都合适。但是,这恰恰不是宇文赟生前的意思。强势的皇叔(宇文泰之子)恰恰是周宣帝最担心的。因此,在周宣帝弥留之际,刘昉、郑译主张,迎请外戚杨坚侍疾辅政,符合当时的政治局势。

杨坚的入宫辅政,几乎没有竞争对手,原因在于宇文家族自己的内斗。

宇文泰是奠定西魏政权的功臣,但是,在宇文泰去世之后,上层集团曾发生挑战宇文家族执政权的权力争斗,赵贵、独孤信、李植死于非命。北周建国,宇文护专政,宇文觉、宇文毓两位国君被弑。572年,经过长期隐忍和周密准备,周武帝宇文邕终于除掉宇文护,掌握了全部的权力。在此后完全执政的六年中,宇文邕平定了北齐,也进行了一系列改革,包括废除佛教等,于578年突然去世。

继位的周宣帝宇文赟,致力于打击全部的挑战者。周武帝诸弟中,宇文宪最为优秀,他也是宇文家族中最早怀疑普六茹坚(即杨坚)貌有反相的人。周宣帝即位的当月,就杀掉了这位最能干的叔父宇文宪。同时,把赵王宇文招等几位皇叔都安排到封地去任职。此前北周的三个国君宇文觉、宇文毓、宇文邕都是兄弟相继的,北齐的皇帝们居然也是四个兄弟高澄、高洋、高演、高湛相继。宇文赟对此自然十分敏感。防范出现兄终弟及的即位模式,是宇文赟第一个要考虑的问题。

宇文赟其实对杨坚也不放心。579年,宇文赟同时娶了两位美女元氏、陈氏,并且都被封为皇后;夺得宇文温的妻子尉迟氏后,对其亦宠爱有加。于是,他立了五个皇后。其中,皇后朱满月(547—586)出身低微,年龄偏大,是太子宇文阐的生母。真正的皇后是发妻杨丽华。宇文赟之所以立五位皇后,除了荒淫之外,也是为了降低皇后杨丽华的地位,冲淡外戚杨坚的身份。宇文赟威胁杨皇后,要族灭其家,甚至要处死杨皇后,幸亏独孤氏哭泣请求得免,这反映了宇文赟对于杨坚的疑忌。

周宣帝突然驾崩,给了杨坚以出头的机会。他是杨皇后的父亲,在五个皇后当中,只有杨皇后的身份最无可与争。宗室的人有危险,外戚的人来主政,这在当时是情理中的事。

开皇之治

最早策划和支持杨坚辅政的官员,除出任丞相府长史的郑译、丞相府司马的刘昉外,还有丞相府属李德林、丞相府司录高颎、丞相府典宿卢贲、内史大夫柳裘、内史中大夫皇甫绩,以及韦暮和杨坚族子杨惠(即杨雄)等人,包括了关中、山东的一些高门和军事贵族。此外,还有像柳裘这样世仕江左、江陵陷落后才入关中的士人,这反映出北方在经历十六国和北朝长期动荡与民族融合之后,普遍希望恢复汉族主持政权的心态。581 年,杨坚正式受禅,建国号隋,是为隋文帝。

● 北方在经历十六国和北朝长期动荡与民族融合之后,普遍希望恢复汉族主持政权。

杨坚之所以在很短时间内就取代北周,站稳脚跟,还因为北周本身的权力基础比较薄弱。宇文氏的自相残杀使得统治集团损失了大量优秀人物,宣帝即位后的倒行逆施,也削弱了北周皇室的威信。北周武帝灭佛,引起了广大信教民众的反感;而杨坚从小生养于佛寺,与佛教的特殊关系,使他能够赢得广大信众的支持。此外值得注意的是,虽然周宣帝荒淫无道,穷奢极欲,却比较倾向汉族文化。他的生母李氏,很可能是汉族女子。他的正宫皇后为杨氏,其余几个皇后也多是汉族女子。宇文赟即位的第二年正月,"受朝于露门,始与群臣服汉、魏衣冠"。种种事实表明,从北魏孝文帝改革以来,汉族文化主导的胡汉民族融合已经深入人心。鲜卑族因为没有自己的文字,作为统治者也只有走汉化的路子。杨坚是与胡汉关系都很深的关陇贵族成员,他出面来统一江山是能够被各方所接受的。

隋文帝执政时间前后二十四年(581—604)。在对外关系上,他分化和制服了北边的突厥,同时,派晋王杨广领衔、高颎实际担任总参谋长,平定了南北朝最后一个割据政权陈朝,完成了全国统一。杨坚成为继秦始皇之后,又一个结束大分裂的帝王。

● 杨坚成为继秦始皇之后,又一个结束大分裂的帝王。

在内政方面,隋文帝采取了一系列措施,稳固新王朝对各地区各阶层民众,尤其是农民的统治。无论兵农合一以后对能征惯战的隋军战斗力会有何影响,为农业充实了几十万劳动力而有利于经济发展的作用是明显的。开皇元年(581)即颁新令重申受田的规定,而后不时发使均天下之田,对狭乡民田不赡的问题表示关注;按高颎建议划户等以均征役的"输籍之法",吸引隐漏逃亡人户归为国家编民;开皇三年将军人成丁的年龄推迟到二十一岁,力役减轻三分之一,调绢减一半;开皇十年又准许年满五十者免役收庸;每年徭役的征发一直比较严格地掌握在二十天的限度内;租额低于北周五分之二,正租加社仓,隋代下户的输粟额大体与唐太宗时正租加义仓的征收额相当;隋文帝还多次蠲免租调赋税,平陈之后,给复十年。轻税政策有利于吸引浮客归为编户。饥荒时,隋文帝亲自率民就食于洛阳,途中为扶老携幼者让路并加慰勉,艰险处令左右扶助,颇见爱民之心。更兼隋文帝躬行节俭,肃清吏治,农民在这骤然宽松安定清廉的社会里致力生产,短短二十年间,创造了以经济飞速繁荣富庶为特征的"开皇之治"。

魏徵主编的《隋书》称赞隋文帝"躬节俭,平徭赋,仓廪实,法令行,君子咸乐其生,小人各安其业,强无陵弱,众不暴寡,人物殷阜,朝野欢娱。二十年间,天下无事,区宇之内晏如也"。隋代人口到大业五年(609)已经达到顶峰,《资治通鉴》卷一八一称:"是时天下凡有郡一百九十,县一千二百五十五,户八百九十万有奇。东西九千三百里,南北万四千八百一十五里。隋氏之盛,极于此矣。"

炀帝初政

任何事业的成功都离不开用人,杨坚的建国和统一事业也是如此。高颎、苏威是开皇时期两个最得力的辅臣。可是随着事业的成功、政权的巩固,杨坚对功臣的疑虑也日益增重,在处理朝政之时,察察为明,功臣宿将诛夷殆尽。这里面还牵涉在换太子接班人时,受到后宫独孤皇后的谗言蛊惑的问题。特别是重臣高颎,在最困难的时候,挺身而

● 任何事业的成功都离不开用人。

333

出支持杨坚,在三个地方势力起兵反叛时自告奋勇到平叛前线督军,挽回大局。由于猜忌和独孤氏的谗言,高颎被解除职务,杨坚的治国团队失去了一个巨大支柱。毛泽东曾经点评这段历史,认为是"蕴藏大乱"。唐太宗也讲"隋之兴亡,系(高)颎之存没",认为罢免高颎,是隋文帝政治由明到昏的转折点。

隋文帝晚年失政的最大受益者是次子杨广,他取代兄长杨勇获得太子之位。

隋炀帝继位初年,曾进行过一系列制度方面的改革。唐代的三省六部制诸多内部体制和机制的调整,是在隋炀帝时期完成的。比如改组殿中省,使它成为一个纯粹的皇家侍从机构,将一些宦官和朝官的职能,做了更清楚的厘清。炀帝的官制改革还为唐代执事(职事)官和散官制度的完善奠定了基础,即掌握实权的职事官和表达特权的散官(身份)分为二途,这是秦汉以来官制演变的重大成果。

设立进士科。隋文帝开始分科选人,隋炀帝增加进士科。进士科跟汉朝的察举征辟最大的区别:一是考试形式比较程式化,有利于选人标准的客观化;二是于策论之外,对考生的要求增加了文学的分量,减少了背诵的分量。唐朝的科举就是在隋炀帝制度的基础上发展完善的。宋朝以后的科举,考试更加规范化,更加客观化了。

从隋文帝到炀帝,还有一件事特别值得一提,那就是中央集权进一步加强。这个加强的具体措施,是以官吏的任命和考核为中心的。《资治通鉴》和《隋书》记载了吏部尚书牛弘跟学者刘炫的一段对话。牛弘问道,《周官》所载,古时候职官构成，士多而府史少，也就是官多而吏少。府史是吏，指从事助理、文秘工作的人。可是现在不一样了，现在的官府配置的令史百倍于前，如果减少这些文秘人员，事情就搞不成。这是为什么呢？

刘炫回答说，这是因为古今的治理机制不一样。古人委任责成，年终考核，经办的文案，无须一次次核校，文牍也不那么繁杂，从事文秘工作的令史，登录事件，掌管要目而已。现在可不一样了，官府搞文牍主义，卷宗文簿，一摞一摞的，总是担忧这件事不符合规范，那件事不合制度，繁文缛节，每一步都程序谨严，有一点不严密的话，那麻烦就大了，到万里之外去追踪百年旧案。文秘的工作自然就很忙啊。俗话说"老吏抱案死"，"事繁政弊"就是这个原因。

牛弘又问，魏、齐之时，这些文秘人员的工作也很从容，可是现在特别忙忙碌碌，不遑宁处，这又是为什么呢？

刘炫回答说，那个时候州郡的主要官员由中央任命，县里只有县令是中央任命，其他的僚佐就由这些主要官员自行辟署，按照要求聘任。受诏赴任的，一个州，朝廷直接任命的不过数人而已。现在不一样了，"大小之官，悉由吏部，纤介之迹，皆属考功"，大大小小的官，都由吏部来任命，官员的所有行为，都要由中央的考功司来考核，所以事儿多。事儿一多，那怎么能省官呢？牛弘虽然知道刘炫的话是对的，但是也不能采纳。

牛弘与刘炫的这段对话很有名。它告诉我们，从周、隋开始，官吏管理制度上更加严密、苛细了。第一个变化，以往是目标管理，现在强调的是过程管理。《周官》的记载姑

- 从周、隋开始，官吏管理制度上更加严密、苛细了。
- 以往是目标管理，现在强调的是过程管理。

且勿论,汉魏以来,地方官的权力比较独立,总的管理原则是委任责成,岁终考核,程序比较简单。现在管理程序变得复杂起来,每一个行政作为,必须有很多的步骤、很繁密的文书来考核,来审查,来管理,哪一步不严密,出了问题,就要追责。过程管理就要规范负责人,防止出漏洞,程序繁琐。

第二个变化,过去中央只是任命主要干部,幕僚由长官自己选任。现在是州(郡)县官员,都要中央任命。既然官员由吏部任命,就要知道他的功过事迹,于是,考功司需要考察其政绩,事情自然就忙了。这两件事告诉我们什么呢,就是到隋朝的时候,中国的官僚体制更加严密了,更加规范了,更加繁琐了,中央对地方掌控更加具体了。

隋炀帝在大业年间的作为,最为人所关注的是大型工程建设。

有人给隋炀帝讲,陛下是木命,雍州五行属金,破木之冲,对您不利,有传言说,"修治洛阳还晋家"。洛阳是晋的首都,杨广在当太子之前,被封为晋王。杨广听信了这个话,决定重建都城洛阳。其实,东都的修建,是因为"南服遐远,东夏殷大,关河悬远,兵不赴急",为了解决大统一政权的巩固问题。

仁寿四年(604)十月,杨广到了洛阳,封其长子杨昭为晋王,留守长安。隋炀帝常住洛阳,在长安待的时间大约不到两年。洛阳宫的修建,工程浩大,却在短短的一年时间内,就修建完成了。东都洛阳地位的加强,有利于强有力地掌控帝国的南部和东部。这跟西周王朝灭了商之后,特别

● 到隋朝的时候,中国的官僚体制更加严密了,更加规范了,更加繁琐了,中央对地方掌控更加具体了。

是平定了三监之乱后,周公旦营造洛阳,有同样的考虑。这是一件伟大的工程。还有一个伟大的工程,就是修运河。

隋炀帝修成的运河,我们现在叫京杭大运河。这条运河有旧河道的疏浚拓展,也有新河道的开挖,主要是把古代各朝开凿的地方性运河连成一体。605年,开挖通济渠,把洛水、黄河、汴水、泗水打通,一直通到淮河。608年,炀帝又下令由洛阳附近凿永济渠通至黄河,北达涿郡。610年,进一步又疏浚江南运河,以达杭州。运河全线贯通大约二千七百公里。唐代的漕运仰赖东南,又多次对运河加以疏浚。运河的修建,漕运的发展,在沿岸出现了一些新城市,如开封、苏州、杭州、镇江、淮安等。但是,像运河这样的大工程,非常耗损民力,对老百姓是极大的负担。此外,还有经营西域、三打高丽等活动。

隋炀帝做事的风格是大张旗鼓,风风火火。修长城,修渠道,修洛阳城,修大运河,西巡河右,东打高丽,太耗民力了,完全改变了隋文帝当初休养生息的政策。《北史》本纪评论道:

> (炀帝)慨然慕秦皇、汉武之事。乃盛理宫室,穷极侈靡。召募行人,分使绝域。诸蕃至者,厚加礼赐;有不恭命,以兵击之。盛兴屯田于玉门、柳城之外。课天下富室分道市武马,匹直十余万。富强坐是而冻馁者,十家而九。

劳民伤财的结果,就是隋炀帝把自己放在了火山口上。

饰非拒谏

● 隋炀帝性格好
　大喜功，虚荣
　心强烈。

隋炀帝性格好大喜功，虚荣心强烈。这在他的外事活动中，表现得淋漓尽致。

大业六年(610)正月，在洛阳召开盛大的庆典，庆祝新年，同时还有个盛大的"商品博览会"，西域各国的首领都前来参加，大约还有参加丝绸之路贸易的胡商。庆祝会场设在洛阳城端门外的广场上，灯火通明，通宵达旦，表演各种音乐马戏，据说参加演出的歌手有万人之多。商品交易则在洛阳东市——丰都市进行。店铺里琳琅满目，各种珍奇物品，美不胜收。据说前来参加交易的外商，可免费享用各种美味佳肴。胡商们都惊叹中国物产丰盛，也有那些狡诈一点的胡人说，你们树上都缠着丝绸，可是街头不也有没衣服穿的穷人吗，为什么不给他们穿呢？百姓听了这话都很尴尬。演出和交易活动持续有一个月。

虚荣之外，就是狭隘。隋炀帝不喜欢人家给他提意见，心胸狭窄，不能容人。隋炀帝身边不是没有人才，比如苏威、杨素、高颎。高颎在文帝的时候被除名为民，隋炀帝又加以起用，但是不久就因为直言谏诤(诽谤朝政)而被诛杀。杨素是帮助杨广上台的功臣，也遭受怀疑，郁郁而终。苏威则处于没有实权的顾问位置。

隋炀帝文才出众，诗作一流，可是心胸狭隘到了匪夷所思的程度。他的父亲隋文帝有一个笔杆子叫薛道衡，也是个学者，诗文出众。薛道衡死了，据说炀帝特别开心，终于死了吧，看你还能写出"空梁落燕泥"这样的佳句吗？王胄也是一个出名的诗人，王胄死了，隋炀帝读着他的佳句说，"庭草无人随意绿"，看你还能写出这样的诗句吗？炀帝觉得自己文学才能很高，他说，天下都以为我是靠我爸当皇帝，其实假如跟你们一块进行考试，挑选天子，也应该是我。中国古代的君主理论，即所谓领导理论，都说君王不应该心胸狭窄，不应该自负才学，《贞观政要》里面唐太宗君臣之所以反复谈论到这一点，隋炀帝的反面典型是重要原因。

隋炀帝本人的家事，也值得谈谈。

炀帝的太子杨昭，年纪轻轻的就病逝了，老二杨暕应该立为太子，可是太子杨昭有三个儿子，那到底是立皇太孙，还是立皇次子，隋炀帝并没有明确态度。种种迹象表明，炀帝是想培养杨暕的。比如，炀帝把太子的两万多属兵都划归杨暕，还给他精心挑选宫官的僚属，让光禄少卿柳謇之做齐王府长史，并对柳謇之说：如果齐王的德业修备，那你自然有富贵；如果不行，你也有罪。可见，炀帝是把杨暕作为重点培养对象的。

杨暕身边有很多小人，做了很多不法之事，连累到了杨暕。《资治通鉴》列举了这么几件事。杨暕派人去搜寻美女，结果这些身边的人放纵，见了美女就假冒杨暕之名抢走，送到杨暕的府第，有的是真的，有的是假的，败坏了杨暕的声誉。杨暕的属官在陇县蹂躏胡人，强迫他们交出骏马，杨暕命令属官把马还给主人,不要胡来,但是属官向外人诈称,这个马是齐王赐给他的,牵回自己家,并没还给胡人,而杨暕并不知情。

有这么一件事。杨丽华原本是北周宇文赟的皇后,老父亲夺了夫君家的江山,她被封为乐平公主,如今寡居在家。有一次,她对自己的兄弟隋炀帝讲,柳家有个姑娘长得很标致,炀帝当时未置可否。后来乐平公主就把这个姑娘介绍给了杨暕,杨暕纳之为妾,姑妈给的,侄儿杨暕当然很开心。可是有一天,炀帝忽然问,柳家的姑娘现在哪里呢,公主说在你儿子齐王府上,炀帝心生不快。其实这也不能怪杨暕,杨暕他也不知道,原来姑妈最早曾把这姑娘介绍过给他爸隋炀帝。

还有一次,父子俩一块去参加狩猎。杨暕打到了很多麋鹿,收获多多,隋炀帝却啥也没获得,炀帝身边的官员大概是说坏话,也是为了自己推脱,说为什么陛下你没打到呢,因为齐王杨暕身边的人拦住野兽,不让野兽往这边来,都在他们那边,所以他打得多,炀帝就生气了。从这两件事来看,炀帝是个心眼很小的人。

因为与儿子在这些生活琐事上发生了矛盾,后来炀帝就找碴儿把杨暕给办了。什么碴儿呢?按照当时规定,县令不能无故出境,出自己本县的县境,杨暕违背了这个制度,将自己宠信的伊阙令带到了汾阳宫。有御史就向炀帝弹劾杨暕,隋炀帝就派了一千名甲士,大肆搜索杨暕的府第,彻底追究这件事,把杨暕搞得灰头土脸的。杨暕有个妃子韦氏早死,他跟韦氏的姐姐私通,生下一个女儿,有人给他看相,说韦氏这个姐姐有可能当皇后,有皇后之相。杨暕就想着韦妃的姐姐将来当皇后,自己娶了她就能当皇帝了。可是杨暕有个心病,已故的兄长有三个儿子,父亲到底是立皇太孙还是立他,他心里没谱。他听信人言做巫蛊诅咒,事情败露,炀帝大怒,杀了杨暕身边的很多人,赐韦妃之姊死刑。当时赵王杲年纪还小,炀帝对身边侍臣讲,我只有杨暕一个儿子,不然的话我就把他处死,以明国法。杨暕从此恩宠日衰。隋炀帝还专门派一个禁军将军看住他,实际上就是把他给软禁了。这似乎重复了当年杨坚软禁废太子杨勇的故事。

隋炀帝特别担忧杨暕会发动兵变,所以给杨暕身边安排的卫士都是老弱病残之人。太史令庾质的儿子是齐王府的属官,隋炀帝问庾质,你为什么不能一心侍我,而让你的儿子在齐王手下做事呢?你怎么如此心怀两端?庾质觉得很奇怪,我在陛下身边当太史令,我让我的儿子侍奉你的儿子齐王,这是一心,怎么是二心呢?炀帝很生气,就把他安排到外面去当县令。

隋炀帝的多疑与心胸狭隘,跟他的父亲何其相似。

历史家不总是讲宏大叙事,来表达对政治人物的评价。这里的家事,父子之间没有由头的种种猜忌,特别能看出一个政治家的胸襟气度。贞观四年(630),唐太宗问他身边的大臣萧瑀,隋炀帝的皇后萧氏的弟弟,他说,爱卿啊,你在隋朝的时候,能够常常见到你的皇后姐姐吗?萧瑀回答说,他们自己的儿女都见不着父母,我怎么能见得着呢?很显见,隋炀帝的家庭关系是冰冷的。魏徵在旁边说,我听说隋炀帝不相信齐王，总是让宦官观察他。齐王杨暕宴饮，就说他有什么事这么高兴，喝酒庆贺。齐王表情忧郁，就说他有什么心事，忧心忡忡。父子之间如此隔膜，何况他人呢？隋炀帝这个人在家庭生活当中，跟自己儿子隔阂很深。

末路悲歌

隋炀帝的一生可以分为三段。三十五岁之前是皇子、太子时期。三十五岁当皇帝之后到大业十二年（616）七月从洛阳南下江南之前，是他建功立业时期。最后在江南的不到两年时间，则是颓废被杀时期。

611年，动乱最早从山东发起，王薄起兵，作《无向辽东浪死歌》，反对辽东之役对百姓的残害。随后各地反叛此起彼伏。616年初秋，隋炀帝下江南的时候，内地已经完全乱了，农民的起义，官僚的起义，已经把隋朝江山搞乱了。没有人能够理解，一向强悍、刚愎自用的隋炀帝，为什么不在都城长安，不在他精心营建的洛阳，组织平定各地的反叛，却跑到江南去，跑到江都去。炀帝年轻时期曾经担任扬州总管多年，他的妻子萧皇后也是江南人，他本人在江都接受了智𫖮大师所授菩萨戒。但是，这些能构成炀帝躲避到江都去的理由吗？

《资治通鉴》记载说，隋炀帝在宫中建了一百多个屋子，让美人们居住。他每天到某一房做客,宴饮不绝,每日长醉,说天下危乱,扰扰不安,他要抓紧时间享受。他夜里喝酒的时候,看着天象,对萧皇后说,外面歹人要算计我,但是即使那样,我也不失为长城公,你也不失为沈后,咱们好好快乐快乐吧!长城公指的是陈叔宝陈后主,他的皇后是沈后,意思是说大不了,我们在新的朝代里面,还可以过悠闲的日子。

隋炀帝是否会这样想,这样讲,我们无从知道真相。但是隋炀帝晚年,确实是面对乱局不想作为,只想做缩头乌龟躲起来。前期的隋炀帝,意气风发,修东都,修运河,搞各种外交活动,而且也有很多的改革政策,三次打高丽失败之后,他一下子就泄气了。这特别像一个冒冒失失的年轻人,开始干劲冲天,干着干着,碰到钉子了,一下就消沉了,意志力严重不足。

● 隋炀帝晚年面对乱局不想作为,只想做缩头乌龟躲起来。

最后隋炀帝是怎么死的?跟着隋炀帝在江南的禁军,大都家在关中,这些禁军离开家乡时间长了,看不到回家的日子,在南方思乡心切,老婆也不在,家人也不在,待遇再不行,就有禁军蓄意谋反。一个叫司马德戡的禁军将领拥戴宇文化及等,发动政变,要杀死隋炀帝。在要杀隋炀帝的时候,隋炀帝说天子自有死法,不得加锋刃,应该取毒酒来。隋炀帝此前就准备好了毒酒,预备在死的那一天,饮毒酒而死,可是到变乱的时候他索要毒酒,而保管毒酒的人却跑了。如果这件事情是真的,那么隋炀帝的荒唐和颓废,简直无可救药了。

宇文化及杀害炀帝及皇室人员,立炀帝之侄秦王浩(杨俊长子)为傀儡皇帝。杨暕被杀时,以为是父皇隋炀帝派人下的手,说孩儿无罪。炀帝死前也以为是儿子杨暕在背后作乱。父子至死不相明,不知道最后到底谁杀了谁。

● 隋炀帝与秦二
世一样,都是
被历史钉在耻
辱柱上的亡国
之君。

隋炀帝与秦二世一样,都是被历史钉在耻辱柱上的亡国之君。也有史家为他抱不平,说他虽然亡国了,却不失为一位很有作为的皇帝。在他统治的大业年间,确是有几件大事业不能不说。比如,营建东都洛阳,修建京杭大运河,西巡出塞,开拓疆土,开设进士科。还有一些不为公众所关注的成就。比如,隋炀帝曾经下诏大力发展教育和学术事业,"君民建国,教学为先。移风易俗,必自兹始"(《隋书·炀帝纪上》),因为杨广确实是一个文化人。

后世批评隋炀帝的人,偏好指责其"私生活"。类似《迷楼记》(鲁迅推测是北宋人的作品)中的记载,我觉得其中添油加醋的成分偏多。隋炀帝杨广(569—618)早婚,582年,即大隋建国第二年,年方十四岁,迎娶了比自己大两岁的后梁公主萧氏(567—647),584年,生下大儿子杨昭(584—606);585年,生下次子杨暕(585—618);586年,生下女儿南阳公主。萧氏几乎一年生一胎。

炀帝被杀时五十岁,共有四个儿子(一人早夭),两个女儿。在活下来的五个孩子中,至少有二子一女,是萧皇后所生。说隋炀帝荒淫,不知从何说起。相比较之下,李世民活了五十一岁,留下十四个王子,二十一个公主,是三十五个孩子的父亲。隋炀帝的子女只是李世民的一个零头,说杨广荒淫好色,至少从这一点来看,是不真实的。萧皇后是炀帝一生的最爱,没有人能编排出来。

那么隋炀帝失败的主要原因是什么？

隋炀帝雄心虽大，但能力跟不上。隋炀帝的雄心是想追步秦皇汉武，建立伟大功业的。但是，他的能力却不在这里。隋炀帝的能力体现在哪里呢？他"美姿仪，少敏慧，高祖及后于诸子中特所钟爱"（《隋书·炀帝纪上》）。炀帝的文学水平也是很高的，他自称，凭科举考试，他也可以当天子。炀帝也有不错的战功记录。589年平陈之役，二十一岁的杨广是全军总司令。虽然高颎、杨素是实际的军事指挥，贺若弼、韩擒虎是前线军将，但是杨广的功劳显然不能抹杀。可是，即便如此，隋炀帝作为大隋的最高统治者，还是亡国了。这又是为什么呢？

● 隋炀帝雄心虽大，但能力跟不上。

贞观二年（628）唐太宗谈到隋炀帝说，看了隋炀帝的文集，文辞很好，也懂得尧舜之道，怎么做的事那么悖谬呢？魏徵回答说，人君虽然是圣哲，也应该谦虚，也应该容人，以虚怀若谷的态度来待人接物，故智者献其谋，勇者竭其力。炀帝可不是这样，炀帝自视甚高，自恃俊才，骄矜自用，故而败亡。魏徵批评隋炀帝太高傲了，太自以为了不起了，太看不起别人了，所以口诵尧舜之言，而身为桀纣之心，未识自己的缺点和不足，以至覆亡。唐太宗说："前事不远，吾属之师也。"这段对话讨论的就是隋炀帝失败的原因。

● 隋炀帝口诵尧舜之言，而身为桀纣之心，未识自己的缺点和不足，以至覆亡。

一个帝王，不管有多大本事，都应该谦卑谨慎。谦卑不仅仅是一种美德，而且是应有的工作态度，为人处事的领导方式。因为天下之大，世界之复杂，一个帝王再有本事，也不可能都应对得体，都能够拿出相应的政策和方案来处理

● 谦卑不仅仅是一种美德，而且是应有的工作态度，为人处事的领导方式。

复杂局面；只有谦卑低调，才能够凝聚人才，使智者献其谋，勇者竭其力。隋炀帝作为一个国家领导人，是缺乏领导力的。他有其智而无其才，有治理天下之智而无治理天下之才。他的文采斐然，他的个人能力作为一个专家可以，但是要做一个帝王，治理好天下，首先应该对自己有准确的定位；其次必须集思广益，做出正确的决策；最后能够激励部下和官员去做事。这就是唐太宗魏徵君臣所讨论的隋炀帝失败的原因。

● 帝王治理好天下首先应该对自己有准确的定位；其次必须集思广益，做出正确的决策；最后能够激励部下和官员去做事。

（参见《资治通鉴》卷一七四至卷一八四）

346

第十三章　大唐雄风

唐朝之于隋朝,很像汉朝之于秦朝。唐承隋制,不言而喻。可是唐代长治久安的因素,不是因为唐朝的政策更优于隋朝,而是因为唐初的统治者能够保持克制,切实实行隋朝制定但是没有落实的许多政策。举一个例子,三省制里,中书制令出策,门下审查(即封驳,封指封还诏敕,驳指驳还尚书省提出的章奏),尚书省执行,这一条行政规则本来在隋文帝时就已经制定了,隋炀帝在门下省的改制中又作了完善,但是,得不到切实执行。贞观年间,唐太宗反复对身边的侍臣强调这一点,强调中书、门下互相检察和制约的重要性。

　　为什么唐朝做得比隋朝好? 我想有三点原因可以说明,首先是隋朝结束了将近四百年的分裂(189年董卓进京到589隋朝灭陈),其制度创新还停留在磨合、完善阶段,难免有执行上的缺失。其次,隋朝的江山是禅让而来的,后人称之为“得国不正”(周宣帝突然驾崩)入朝辅政,到杨坚临朝登基,前后只有几个月时间。唐朝的江山是一寸一寸打下来的,从太原起兵谋划,到全国统一,历时数年,人口减少以千万计。经历苦难的老百姓易于统治,魏徵就有这样的说法。第三,正是由于第二点原因,经历过血与火的唐初统治者,执政时更为惕息戒惧,贞观论政的核心

● 唐朝之于隋朝,很像汉朝之于秦朝。

● 经历过血与火的唐初统治者,执政时更为惕息戒惧。

349

内容,不离于此。因此,执政二十四年的隋文帝尽管也很优秀,隋炀帝也有才华,但比起唐高祖开国、唐太宗雄才大略来说,还是略逊一筹。这种人事上的因素也很关键。

唐代初年的管理创新,最重要的有两条:一是宰相制度中的集体办公体制更加规范化,用同中书门下平章事、同中书门下三品来规范宰相的头衔,高宗时成为定制。再则就是建立官方修史制度,系统总结王朝成败的历史经验。唐太宗亲自抓《晋书》的修撰,因为晋代历史对于唐朝统治者尤其重要。西晋不仅结束了"三国"乱局,也开启了"五胡乱华";继之以十六国北朝和东晋南朝的大分裂。因此,研究晋代历史,就是抓到了几百年民族分裂与融合的源头,对于梳理汉末以来数百年的历史变局,尤显关键。

高宗武则天时期,唐代经济和社会继续发展,对外关系方面在西域和辽东都开创了新局。但是,社会矛盾也在积累。女皇武则天只是在皇帝的性别层面上具有开创性的意义,就其统治手段和统治政策延续性而言,仍然是盛唐历史自然延伸的一环。

唐朝的衰落与安史之乱密切相关。为什么盛世开元,会导致天宝末年的这一场浩劫呢?制度创新不足是其中的关键问题。具体地讲,就是土地兼并之后引发的逃户问题、兵役问题,没有很好地解决,由此引发的内外军事失衡问题,更直接酿成了大祸。这些问题的核心是土地兼并。土地兼并的直接后果用现在的话来说,就是导致失业、不充分就业、低收入就业等人数急剧增加,贫富严重分化。北朝隋唐的均田制度试图保证广大农民耕者有其田,并且以均田农民作为执政的基础，让他们提供赋税、徭役、兵役。但是，这样做的前提是土地不能买卖，像欧洲中世纪封建庄园经济那样。可是，自商鞅变法以来，"废井田，开阡陌，民得买卖"，土地兼并问题就是一个周而复始的循环。唐初二百万户，盛唐时官方统计近九百万户，而土地的垦殖增加有限。加之吏治腐败，行政效率低下；外重内轻的军力布局无力扭转，使国家安全危如累卵；"肉食者"纸醉金迷，巧取豪夺，社会矛盾日益尖锐。"名为治平之世，实有不测之忧"，天宝末年的社会状况就是如此，这一点，连高力士都看出来了，从旁提醒唐玄宗。危机四伏的社会在寻找一个社会矛盾爆发的突破口。安史之乱就提供了这个爆发的缺口。

安史之乱的出现还有另外一层背景，那就是大唐胡汉二元体制的内在张力。唐太宗平定东突厥，被西北胡族君长尊为"天可汗"，唐朝天子兼有中原地区的天子和胡人族群的天可汗双重身份，这为唐代社会多元文化共处并存提供了一个制度和法理框架，在现实层面也确实营造了胡汉一家的社会氛围。安禄山等人正是利用这个条件积聚了胡族力量，以粟特祆教为纽带组建核心骨干和特种兵，展开了颠覆大唐的军事行动。因此，安史之乱结束之后，自北朝以来逐渐形成的胡汉一体的政治局面也就瓦解了。

至于世人津津乐道的李隆基与杨玉环的爱情问题，也影响到了唐朝政局：一是用人任人唯亲而不是唯贤，顺我者昌逆我者亡；二是拒谏饰非，怠于政事，丧失了处理重大危机的决策能力。这是家天下时代历代失败君王一再重复的故事。

- 安史之乱结束之后，自北朝以来逐渐形成的胡汉一体的政治局面也就瓦解了。

征战开国

　　大唐开国皇帝李渊(566—635)的祖父李虎(？—551)是西魏八大柱国之一,与杨坚的父亲杨忠以及宇文泰、独孤信一样,均来自武川的军人世家。宇文泰的长子周明帝宇文毓、隋文帝杨坚及唐高祖李渊的生父李昞(536—574),分别娶了独孤信的三个女儿,而唐太宗李世民的外祖母又是宇文泰长女襄阳公主,唐太宗又纳隋炀帝女为妃,几个家族之间的关系盘根错节,均是关陇军事贵族集团中的核心成员。时势变迁,继宇文氏、杨氏之后,唐国公李渊、李世民父子又要好风凭借力,从军事重镇太原起兵,建立自己的新王朝了。

　　《资治通鉴》等史书记载,李世民为了促使父亲早下决心,暗中与晋阳宫监负责人裴寂合作,在李渊醉酒时以晋阳宫女侍寝,逼使李渊起兵。此事虽近乎小说家言,却也不排除真有其事。面对波谲云诡的隋末时局,李渊心怀异志是毋庸置疑的。大业九年(613),李渊发妻窦氏(569—613)去世,正好碰到杨玄感在洛阳起兵反隋。料理丧事期间,李渊曾与宇文士及(窦氏的母亲出自宇文家族)中夜密谈过天下之事。这时李渊的职位只是一个卫尉少卿。李渊比杨玄感(？—613)的父亲杨素(544—606)年轻二十二岁,我推测,杨玄感应该比李渊不会大太多,属于同一代人。可是,杨素曾处在首席宰相的位子上,杨玄感的礼部尚书之职也比李渊高好几级。杨玄感的迅速失败,不能不对李渊有警示作用。

杨玄感失败这一年的七月,炀帝任命李渊到弘化郡留守,"关右十三郡兵皆受征发。渊御众宽简,人多附之"。大业十一年(615)四月,"以卫尉少卿李渊为山西、河东抚慰大使,承制黜陟选补郡县文武官,仍发河东兵讨捕群盗"。李渊在山西前后大约经营了两年,待到瓦岗军在李密领导下攻打东都阻断南北交通、隋炀帝孤悬江都失去控制局势的能力时,李渊便杀掉了隋炀帝派来监视他的副手王威、高君雅,在太原起兵,时在大业十三年五月。这距李渊头年十二月正式出任太原留守还不到半年。

李渊起兵,亮出绛白相间的旗帜,以表明自己的政治态度。绛色代表隋朝旗帜,白色代表突厥旗帜。李渊一方面给始毕可汗写信,向突厥称臣,借得五百兵士,二千马匹,表示"与可汗兵马同入京师,人众土地入唐公,财帛金宝入突厥"(《旧唐书·李密传》);另一方面仍然尊隋旗帜,表示无取隋而代之的野心。他写信给瓦岗军首领李密,"卑辞推奖",说自己无意于争雄天下。这样"两面讨好"的目的,是想既稳住与北方强邻突厥的政治关系,又减轻来自侧腋河南地区百万瓦岗军的军事压力。北和突厥、东抚瓦岗,是李渊当时唯一正确的选择。

当年六月,长子李建成、幼子李元吉以及女婿柴绍都赶到了太原,李渊没了后顾之忧。七月,三军从晋阳起兵时,只有三万兵力,李渊建大将军府,自领中军,长子李建成、次子李世民分领左右军,向长安进发,裴寂和幼子李元吉留守太原。李渊进军途中，于志宁、房玄龄、颜师古、令狐德棻等纷纷加入进来，成为"元从义兵"。李渊还约法十二条，除去隋朝苛政，攻克霍邑（今山西）、绛郡（今山西新绛），夺取长春宫（在今陕西大荔朝邑镇）、永丰仓（在今陕西大荔县境），并于十一月攻取长安。

占领长安之后，李渊立隋炀帝年仅十三岁的长孙代王杨侑为皇帝，遥尊远在江都的炀帝为太上皇，自己为尚书令、大丞相，进封唐王，以武德殿为丞相府，军国大政皆由丞相府节制。李渊倾府库以赏赐有功之人，甚至砍伐街上和苑中树木换取布帛，以充赏物之不足。次年三月，炀帝为宇文化及所杀，五月恭帝杨侑退位，李渊登基，改国号为唐，建元武德。

其时，天下纷争，李渊的唐政权只是诸多称帝称王政权中的一个。群雄逐鹿，鹿死谁手，考验着唐初统治者的文韬武略。前辈学者陈寅恪认为是关陇集团支持了李家建立天下，也有人从太原元从或者亲贵集团出发，讨论唐初建国问题。其实，地域集团、亲贵集团都是一种政治划分，解决新政权的建立、巩固和发展，建立新王朝才是当前排在第一位的任务。从地域和血统上谈论建国集团，都未必切中问题的本质。

这时，对唐政权最直接的两大威胁来自河西陇右地区，一个是占领金城（今甘肃兰州）的薛举、薛仁杲父子，另一个是占据河西地区的李轨。

薛举是原隋朝金城府校尉，大业十三年（617）七月自称皇帝，较李渊称帝还要早一年多。薛举的势力不断向东拓展，兵锋直指豳岐，威胁长安。武德元年（618）七月李渊即位不久,薛举即提军来攻,李世民率唐军仓促应战。战役开始时,李世民有疾,主持军务的刘文静轻敌致败,唐军形势一度十分被动。不久薛举暴病而死,其子薛仁杲继位并继续东侵。八月,病愈后的李世民再次统军西进,十一月进驻高墌城(今陕西长武)并且坚守之。薛仁杲多次挑战,唐军坚壁不出。不久薛仁杲粮尽,气势衰竭,李世民乘机出击,薛仁杲投降。

李轨原是隋朝武威鹰扬府司马,割据河西称霸,大业十三年(617)十一月即位为帝。李渊建唐,开始想招抚李轨,李轨态度反复无常。武德二年(619),李渊派遣粟特人安兴贵前往招抚李轨,安兴贵与其兄安修仁(李轨部将)在当地声望颇著,李轨首鼠两端,举措失当,安氏兄弟内外合作,生擒李轨。河西平定后,唐朝军队可以放心经营关东了。为什么粟特人安氏兄弟能颠覆李轨政权?这就要从河西地区胡人势力的强大找答案。结合李渊在长安登基不久就给一位粟特胡人音乐歌手加官晋级,也许争取胡人支持,是李渊有意为之的政策。总之,要从最大范围地建立统一战线来理解李渊的行动,而不是从什么关陇集团或者亲贵集团来理解唐初政治。晋阳出发前,对于突厥人的妥协,高举绛白相间的旗帜,也有这层意义。

● 李渊登基后争取胡人支持,最大范围地建立统一战线。

唐军在西边不断得手之时,代北刘武周、宋金刚却在突厥支持下,不断扩张势力,兵锋指向太原城。刘武周原本是隋马邑(今山西朔州)鹰扬府校尉,杀马邑太守王仁恭起兵,获得突厥支持,被封为定杨可汗。宋金刚原在易州(今河北易县)举兵,被窦建德击败后投奔刘武周,提议刘武周"入图晋阳,南向以争天下"(《旧唐书·刘武周传》)。刘武周遂于武德二年(619)三月在突厥支持下举兵南下,连破唐军,九月攻克晋阳,镇守太原的齐王李元吉和裴寂逃回长安。刘武周进而派宋金刚领兵攻陷晋州(今山西临汾),直攻绛州、龙门,关中为之震动。李渊甚至打算放弃大河以东地区,仅守关西。《资治通鉴》卷一八七说李世民力陈"太原,王业所基,国之根本;河东富实,京邑所资",愿率三万精兵收复河东。十月,李世民从龙门渡河,经过半年的艰苦战斗,获得胜利。李世民作战勇猛,以至于一日行军二百里,三日不解甲,击败刘武周、宋金刚。二人在北逃时被突厥所杀,唐朝收复了河东。

这时中原内地的形势发生了重大变化。李密统领的瓦岗军围困洛阳,但久攻不下,洛阳为隋将王世充实际控制。王世充本来在江南镇压起义武装,当瓦岗军进逼东都时,于大业十三年(617)受炀帝派遣增援洛阳,曾率十万军队屯洛口拒战,为李密所败,遂入据洛阳以自固。及炀帝被弑,王世充拥炀帝之孙越王杨侗为帝,改元皇泰(史称杨侗为皇泰主),专擅朝政。此时,李密与江都政变之后北归的宇文化及发生激战,虽然击破宇文化及,但李密自身也损失惨重。武德元年(618)九月,王世充趁机突袭李密,李密兵败降唐,寻又叛变,为李渊所杀。宇文化及率残部到达河北,为窦建德所杀。王世充于武德二年四月废皇泰主自立,国号郑。王世充的郑政权与窦建德的夏政权,分别占据着大河南北,成为李唐统一全国的首要障碍。因此,武德三年七月,李世民结束河东战事,就奉命率领大军东进中原。

李世民在河南与王世充相持了八个月,王世充被围困在洛阳,兵疲粮尽,向河北的窦建德求救,窦建德亲率十万大军来援。李世民围定洛阳不放松,自己率领轻骑前往虎牢(今河南荥阳西)阻挡窦建德。李世民以逸待劳,伺机以优势骑兵出击,在武德四年(621)五月初二日这天,一举击溃夏军,窦建德被擒,押至长安后处死。王世充看大势已去,向唐军投降,旋即在流放途中为仇人所杀。不久,窦建德旧部刘黑闼在家乡再度起兵。太子李建成率部征讨,采纳部下魏徵的建议,以恩威并用的政策加以镇压。武德六年,刘黑闼被杀,中原、河北地区被唐朝统一。

南方的战事是河间王李孝恭和李靖指挥完成的。武德二年(619),割据长江下游的杜伏威被唐朝招安入朝。武德四年,在唐军大兵压境的威胁下,割据长江中游、在江陵自称大梁皇帝的萧铣出城投降。李靖大军进一步敉平了岭南。武德七年,杜伏威旧部辅公祏再次举兵,也被唐朝镇压。至此,整个南方地区都收入了唐朝的版图。只有割据陕北地区的梁师都,自称梁国,由于突厥始毕可汗的支持,顽固坚持到贞观二年(628),才被消灭,至此唐朝的统一终于完成。

贞观之治

唐高祖武德年间工作重心是军事统一战争,制度建设并没有全面进行。武德时期的宰相裴度、陈叔达、萧瑀等人，其行政风格守成多于开拓。最严重的问题是李渊几个儿子之间的权力斗争日益白热化。武德初年，李渊的制敕，与太子、秦王、齐王府的命令具有同等效力，造成政出多门，朝政紊乱。

李世民在统一战争中功劳卓著，在朝野有很高的声望。李渊为酬其勋劳而封之为天策上将，设立天策上将府。李世民自己还开设了文学馆，延聘十八学士，作为自己的智囊。秦王府势力的膨胀势必与太子李建成的东宫相冲突，齐王李元吉站在太子一边。武德七年（624）唐平江南，天下大定以后，唐高祖的儿子们之间争夺储位的争斗日渐激化。李渊沉湎后宫，偏袒太子，在当时情况下，也没有足够的理由改易太子。李世民和秦王府文学馆、天策上将府的旧部却并不甘心"守藩端拱"，早就开始"经营四方"的活动。武德九年六月，李世民先发制人，伏兵玄武门发动政变，杀死李建成和李元吉，史称"玄武门之变"，李渊被迫立李世民为太子。八月，李世民即位称帝，尊李渊为太上皇，册封长孙氏为皇后。次年改元贞观。贞观年间（627—649），唐太宗任人唯贤，知人善用，广开言路，虚心纳谏，并采取以农为本，轻徭薄赋，休养生息，重视法制等政策，出现了社会安宁、经济持续发展的局面，被誉为"贞观之治"。

● "水能载舟，亦能覆舟"是李世民从隋室兴亡中获得的最深刻的历史教训。

唐太宗自称他十八岁时还在民间，熟知民间疾苦、世事情伪，但是更让他印象深刻的是隋炀帝暴政导致强大的隋王朝灭亡的眼前事实。"水能载舟，亦能覆舟"正是李世民从隋室兴亡中获得的最深刻的历史教训。

《资治通鉴》不吝笔墨地摘录了《贞观政要》书中李世民在各种场合谈论领导人修养、决策和治国之道的言论。唐太宗反复告诫大臣们，"为君之道，必须先存百姓。若损百姓以奉其身，犹割股以啖腹，腹饱而身毙"。"君依于国，国依于民。刻民以奉君，犹割肉以充腹，腹饱而身毙，君富而国亡。"认为老百姓是自己的衣食父母："朕与卿辈日所衣食，皆取诸民者也。故设官分职，以为民也。"对于家人，他说："朕为天子，所以养百姓也，岂可劳百姓以养己之宗族乎！"因此，他注重休养生息，不夺农时，减免赋税，关心民瘼。太宗出巡时发现村落逼仄，农民占田不足，立即采取措施切实推行均田令。太宗还推行常平仓制度，以便灾荒之年减轻农民流离失所之苦。这种制度前朝多有，关键在于执行与落实。国家出资赎回流落在边疆少数民族地区的农民，资助卖儿卖女的家庭赎买自家孩子。法制方面，太宗时期的《贞观律》是传世的《唐律疏议》的蓝本，新条文切实减轻了刑罚，这相对于隋代"立法违法"式的减轻刑罚无疑前进了一大步。

　　唐太宗很注意整肃吏治，厉行精兵简政，指示房玄龄等裁撤冗官，结果贞观时期中央政府的官员定额只有六百四十名。唐太宗关注刺史、县令的人选，加强对地方官吏施政的监察，使地方吏治得到改善。农民在比较安定的社会环境下安心生产，最终度过了贞观初年的经济困难，社会秩序明显好转，马牛布野、囹圄常空，社会呈现出安定繁荣的面貌。

　　贞观四年(630)，唐太宗遣李靖平定东突厥，俘虏颉利可汗,解除了北边的威胁;九年,平定吐谷浑,俘其王慕容伏允;十四年,又派侯君集平定高昌鞠氏政权,于其地置西州,并在交河城(今新疆吐鲁番西)置安西都护府。唐太宗对东突厥降众及依附于突厥的各族执行比较开明的政策,受到他们的拥戴,因而被尊为"天可汗"。十五年,以江夏王李道宗送文成公主和亲于吐蕃的赞普松赞干布。唐太宗刚柔并济,基本上保证了大唐周边的安定。

贞观十年(636),鉴于大规模的统一战争已经结束,唐太宗把作战归来的兵士改为兵农合一的折冲府,全国设有六百三十多个折冲府。府兵改成卫士,主要职能是轮番到中央宿卫,有战事也参加战斗,平日闲时军训,忙时务农。新补充的卫士从普通百姓中拣点,凡年满二十一岁的青年男子,其家境富裕、身体强壮和人丁较多的,有义务首先被征入伍。府兵三年一拣点,入伍后到六十岁可以免役。兵制的改革,有利于生产的恢复。

唐太宗在即位当年就举行了科举考试,对内容及形式进行革新。贞观二年(628),增设制科。隋炀帝时并非常规的科举考试,到唐太宗时期成为选拔高端人才的重要机制。为了使考试评分标准化,太宗先令颜师古编成《五经定本》,又命孔颖达主持修订"五经正义",从经书文本和注疏两方面钦定出标准文本,以便统一考试标准。他曾经在端门看到新进士鱼贯而出,喜不自禁地称天下英雄尽网罗手中了。中国科举制度发展成完备的取士制度,应该归功于唐太宗的大力提倡与制度建设。另一方面,唐太宗通过编订《氏族志》,进一步确定了本朝勋贵的政治地位,对旧门阀势力特

● 科举考试,到唐太宗时期成为选拔高端人才的重要机制。

别是山东士族一直以来享有的社会权威予以否定。

唐太宗还设立史馆，着手编写梁、陈、周、齐以及隋的历史，并重修了《晋书》。贞观时期所修诸史有明显的"资政"目的，太宗君臣亲自撰写《晋书》中司马懿《宣帝纪》、司马炎《武帝纪》、《王羲之传》的评论，纵论历代兴亡之道，评点书法源流得失，俨然一个儒雅的文皇帝。

贞观后期，唐太宗进取志衰，有所懈怠，对于刺耳的谏诤也不爱听了，虚心纳谏的谦卑态度大不如前。《资治通鉴》数次记载魏徵等人对唐太宗的警醒。贞观十七年（643），太子李承乾谋反被废，晋王李治被立为太子。唐太宗想给懦弱的儿子多留一份政治遗产，遂于贞观十八年起征讨高丽。此次军事行动没有取得预期效果，反而劳民伤财，遭到很多大臣的反对。唐太宗晚年得风疾，嫌长安暑热，营造翠微宫、玉华宫，加重了民众的负担。他还迷信仙药，致使吞丹后病情更重。有大臣劝谏，他或表面善其言而实不听，或干脆拒绝采纳。他不但怀疑已故的魏徵阿党，还冤杀了张亮、刘洎等能臣。不过在他病故前一年，曾和太子有一次恳切的长谈，历数自己居位以来，"锦绣珠玉不绝于前，宫室台榭屡有兴作，犬马鹰隼无远不致，行游四方供顿烦劳"的种种不善和过失，说自己只是个中等的君主。他还留下了《帝范》，传授为君治国之道，并叮嘱太子李治："汝当更求古之哲王以为师，如吾，不足法也。"《帝范》从修身谈到治国理政，包含了唐太宗在总结历史基础上的个人治国体验。

从个人的执政风格来说，唐太宗批评隋文帝事必躬亲的领导作风,指出要信任大臣,使臣下各当所任。

唐太宗懂得"使人如器"的道理,求贤如渴,知人善任。他所用的武将,大多是他在统一战争中所收降,如尉迟恭、秦叔宝、程知节等。至于文官,则不论出身,唯才是用。例如马周原本只是沉沦下僚的小吏,太宗偶尔看到他所写议论朝政的文章,直陈朝政得失,切中要害,就不次擢拔,累迁至宰相。唐太宗认为,"人智有短长,能有巨细","良匠无弃材,明主无弃士"(《帝范·审官》)。《资治通鉴》卷一九三记载,有一次诸宰相侍宴,唐太宗请大臣王珪评论一下诸位宰相。王珪说:"孜孜奉国,知无不为,臣不如玄龄。才兼文武,出将入相,臣不如李靖。敷奏详明,出纳惟允,臣不如温彦博。处繁治剧,众务毕举,臣不如戴胄。耻君不及尧、舜,以谏争为己任,臣不如魏徵。至于激浊扬清,嫉恶好善,臣于数子,亦有微长。"太宗"深以为然,众亦服其确论"。这突出说明了贞观时期,唐太宗用人不拘一格、各尽所长,使得朝廷展现出人才济济的风貌。

如果只是以上这些,唐太宗还只是众多帝王当中的杰出者之一,还谈不上超迈古今。宋朝史家范祖禹评价唐太宗说:"迹其性本强悍,勇不顾亲,而能畏义而好贤,屈己以从谏,刻厉矫揉,力于为善,此所以致贞观之治也。"意思是说,唐太宗本来是一个彪悍勇武之人,可是他能够畏义好贤、屈己从谏,"刻厉矫揉,力于为善"。这几个用词值得深加玩味,用现代的话说就是要对道义保持敬畏,对贤者保持尊敬,不要固执己见,要听从臣下的谏诤,努力改过迁善。

明宪宗朱见深在新版《贞观政要》序言中总结为"克己"二字,即对自己的欲望、偏见保持克制的态度。

"克己"才是评点太宗的点睛之笔!

最能体现唐太宗治国思想的文献,首推吴兢所撰《贞观政要》一书。这是一部帝王的教科书! 该书的重心,无论是处理君臣关系,还是阐明帝王之道,其要害都是"克己":

● 无论是处理君臣关系,还是阐明帝王之道,其要害都是"克己"。

> 舟所以比人君,水所以比黎庶,水能载舟,亦以覆舟。

人民的力量令人敬畏,所以要约束自己的行为。"天子有道则人推而为主,无道则弃而不用,诚可畏哉!"敬畏方能克己。

> 每商量处置,或时有乖疏,得人谏诤,方始觉悟。若无忠谏者为说,何由行得好事!

忠言逆耳,有自知之明,方能接受谏诤,约束自己。

"克己"当然包括克制自己的物质享受欲望。唐太宗自己说:

> 朕每思伤其身者,不在外物,皆由嗜欲以成其祸。若耽嗜滋味,玩悦声色,所欲既多,所损亦大,既妨政事,又扰生民……朕每思此,不敢纵逸。

从社稷苍生的角度考虑，不敢放纵自己的口腹之欲、声色之欲，这就是克己！其实值得每一个位高权重者引为鉴戒。

一个皇帝要做到"克己"，前提是有自知之明。贞观初，太宗用亲身经历的例子说：

> 朕少好弓矢，自谓能尽其妙。近得良弓十数，以示弓工，乃曰："皆非良材也。"朕问其故。工曰："木心不正则脉理皆邪，弓虽刚劲而遣箭不直，非良弓也。"朕始悟焉。朕以弧矢定四方，用弓多矣，而犹不得其理，况朕有天下之日浅，得为理之意，固未及于弓。弓犹失之，而况于理乎？自是诏京官五品以上更宿中书内省，每召见皆赐坐与语，询访外事，务知百姓利害、政教得失焉。

从自己对于弓箭的认识误区体悟到自己对于治理天下缺乏经验与才识，因而需要访问群臣对于治理天下百姓的意见，丰富自己的见识。为此，唐太宗对臣下说：

> 人欲自照，必须明镜；主欲知过，必借忠臣……公等每看事有不利于人，必须极言规谏。

一个巴掌拍不响。领导有肚量接受谏言，也得有诤臣敢于响应。魏徵就是这样的诤臣。魏徵在隋末为道士，初投瓦岗军，曾效力于李密帐下，后归依窦建德。所投皆为李世民平定山东时的敌对势力。及窦为唐军所破，乃在太子李建成东宫效力，官至太子洗马(掌东宫的经籍之事)，职位虽不高，却自称曾劝谏李建成在与李世民的争斗中先期动手。这样一个几乎处处与己为敌的人，李世民却能因爱惜魏徵的旷世奇才而摒弃前嫌，委以重任。李世民批评隋炀帝刚愎自用，拒谏饰非，提出要集思广益，采纳善言，恐人不言，导之使谏，以实际行动成为后世帝王的典范。魏徵感激知遇之恩，知无不言，直言进谏，被唐太宗视为照鉴自己缺点的"明镜"。在唐太宗的倡导下，直言进谏成为贞观时期的一种政治风气。

进谏是中国古代政治生活中很特别的一项制度。国家设置了一批谏臣，其职责是给皇帝提意见，号称"言官"。朝廷做出决策前，必须先听他们的意见，其他官员如果先谏官而言事，被视为举事不当。魏徵向太宗进谏，前后达二百多条。魏徵不仅在唐朝以休养生息、注重教化为基本国策的辩论方面，在废除分封制度、完善郡县制度的政治方针的施行方面，提出正确的见解，而且在许多生活细节上，也给太宗以很好的规谏。特别要提到的是魏徵《谏太宗十思疏》：

> 君人者，诚能见可欲则思知足以自戒，将有作则思知止以安人，念高危则思谦冲而自牧，惧满溢则思江海下百川，乐盘游则思三驱以为度，忧懈怠则思慎始而敬终，虑壅蔽则思虚心以纳下，想谗邪则思正身以黜恶，恩所加则思无因喜以谬赏，罚所及则思无因怒而滥刑。

这十条几乎条条都是针对人性的弱点，告诫太宗在方

- 在唐太宗的倡导下，直言进谏成为贞观时期的一种政治风气。

- 进谏是中国古代政治生活中很特别的一项制度。

方面面要约束自己。

魏徵总是言人之所难言,即使唐太宗不能一下子全部接受,事后总能做出反思,克制自己的脾气与欲望,从而成就了求谏纳谏的佳话。唐太宗说:魏徵"随事谏正,多中朕失,如明镜鉴形,美恶毕见"。唐太宗还总结了"以铜为镜,可以正衣冠;以古为镜,可以知兴替;以人为镜,可以明得失"的千古名言。

中国从秦始皇建立皇帝制度以来,就实行中央集权的专制制度。在近代以前,广袤的区域之间,各地经济联系有限,而施行统治的通信手段和技术工具都相当落后。"溥天之下莫非王土,率土之滨莫非王臣",中央集权的皇帝专制制度,对于维护中华民族的统一和发展有其历史作用。但是,皇帝制度有与生俱来的内在缺陷,那就是缺乏制度化的权力约束机制。到唐朝逐渐完善的谏官制度,是一个补救措施。

但是,谏官拿什么来说服皇帝呢?由商周时代的"天命"思想演变而来的"天意"有一定作用;孟子以来特别强调的"民贵君轻"的民本思想(民意)也有一定作用;东汉以来大行其道的谶纬及其流衍祥瑞与灾异,也成为警示帝王行为的一种约束力量;宋代以后,祖宗之法又成为限制守成君王的一种规范工具。

但是,所有这些都不是制度化的约束手段。在皇帝制度下,本来就没有一个制度化的对最高权力的约束手段。于是,皇帝的行为只能靠皇帝自己来约束,这就是皇帝制度

● 皇帝制度有与生俱来的内在缺陷,那就是缺乏制度化的权力约束机制。

中强调"克己"的重要性。范祖禹提出:"人主之所行,其善恶是非在后世,当其时不可得而辨也。"皇帝是至高无上的权威,皇帝行事的是非对错,当时怎么能够辨别呢?由谁来判断呢?集权制度下,倾听谏官的意见能解决问题吗?谏官的言论,皇帝不听怎么办?因此,皇帝的准确判断和自我约束就显得尤其重要。唐太宗在《贞观政要》中所表现得最充分的一点就是强调皇帝要有自知之明,要克制自己、约束自己!

在中国漫长的历史时期,国祚绵延三百年左右的统一皇朝并不多见,汉、唐、明、清而已矣(两宋逾三百年,但未统一全国),而尤以汉唐为盛世。"秦皇汉武,略输文采;唐宗宋祖,稍逊风骚。"假如说秦始皇建立了第一个统一的郡县制中央集权的国家,汉武帝独尊儒术,确立了皇权时代的正统意识形态,那么唐太宗的贡献是对于皇帝本人品德、作风的探讨。

唐太宗亲自撰写有《帝范》一书,凡《君体》《建亲》《求贤》《审官》《纳谏》《去谗》《诫盈》《崇俭》《赏罚》《务农》《阅武》《崇文》十二篇,篇篇都是讨论皇帝的行为规范——"此十二条者,帝王之纲,安危兴废,咸在兹焉。"而其中的核心不是如何约束臣下,而是如何克制自己、警示自己:"战战兢兢,若临深而御朽;日慎一日,思善始而令终。"唐太宗在书中这样警告自己,也警告太子。

遗憾的是,唐宋以后的皇帝制度尽管仍然在继续发展,但是,从宋太祖到明太祖,乃至清朝的康、雍、乾诸帝,无不

● 唐宋以后的皇帝制度尽管仍然在继续发展,但是,从宋太祖到明太祖,乃至清朝的康、雍、乾诸帝,无不在驾驭之术上处心积虑,而不愿在皇帝自我约束上动心思。

在驾驭之术上处心积虑，而不愿在皇帝自我约束上动心思。它的发展和完善都是注重于如何控制臣下的一面，而不是如何约束皇帝的一面！相反，一部《贞观政要》的君臣论治，一部《帝范》的自我反思，重心不是如何驾驭臣下，而是如何约束皇帝，如何进谏纳谏！

这正是唐太宗高明之处，是唐太宗超迈古今帝王成为千古一帝的原因所在，也正是唐太宗留给后人的一份珍贵的政治遗产。

则天时代

贞观二十三年（649）五月，年仅五十一岁的唐太宗逝世，唐高宗李治（628—683）继位。在长孙无忌等的辅佐下，永徽之政（永徽是高宗的第一个年号，650—655）有贞观遗风。但是，也正是这个时候，武则天作为唐太宗的才人（妃嫔中比较低级的职位）再度入宫。由于大臣们百般阻挠这件有些乱伦之事，加上世家大族嫌弃武则天家族出身于寒门，皇帝的婚事成为政治斗争的焦点。最后武则天获胜，成为唐高宗的皇后。

武则天（625—705）的本名史无记载，十四岁时以貌美被唐太宗召为才人时，当在贞观十二年（638）。唐太宗赐名武媚娘，算是昵称；武则天称帝后改名武曌，"则天"则来自她退位之后，中宗给母亲上的尊号"则天大圣皇帝"。后来又改称"则天大圣皇后"，后者成为她的谥号。《旧唐书·则天皇后本纪》的行文中，就称她为"则天皇后武氏"，简称就是武则天。

武则天的父亲武士彟（577—635），曾在隋代担任府兵低级武官，后来弃武从商。隋唐时代府兵实行身份制，武士彟是如何脱离军籍的，历史上没有记载。隋炀帝末年，他是当地一位木材商人，与在太原任职的李渊有密切往来，是追随李渊起兵的太原元从功臣，曾官至工部尚书、利州都督。武则天在长孙皇后去世后两年入宫为才人。才人是掌寝食之事的女官，为正五品，直到太宗驾崩，她的地位依然未得升迁。相反徐妃（627—650）以才人入宫不久即受到太宗宠幸，"俄拜婕妤，再迁充容"（《旧唐书》本传）。充容为正二品，徐妃比武则天年轻二岁，入宫也晚，地位反在武则天之上，可见武则天在唐太宗身边并不得志。唐太宗病危，太子李治侍疾左右，"见才人武氏而悦之"。

唐太宗去世时，武则天年方二十五岁，按照制度规定，要与其他未生育的妃嫔女官一起被送入尼庵。但由于武则天与新即位的高宗早有私情，不久即被再次接入宫中。武则天入宫得到了高宗原配王皇后的支持。其时王皇后无子，萧淑妃又常侍奉皇帝左右。为了分萧淑妃之宠，王皇后积极张罗迎比自己年龄还大好几岁的武则天入宫。开始时武则天曲意奉承王皇后，"未几大幸，拜为昭仪，后及淑妃宠皆衰"。武昭仪又连续生儿育女，唐高宗遂有了废王立武的念头。

在永徽六年（655）立武氏为后的过程中，朝臣分成两派。元老重臣长孙无忌、褚遂良成为坚定的反对派，即使高宗与武则天亲赴长孙无忌府上送礼封官，长孙无忌仍然拒不妥协。长孙无忌等人的主要理由是认为武则天不仅门第低微，而且曾侍奉先帝。但是，他们低估了唐高宗在这件事上的魄力以及武则天对于皇帝的巨大影响。唐高宗罢免长孙无忌、褚遂良，不仅是不满意于他们干预自己的感情生活，也是还击元老重臣对皇帝权威的蔑视。支持立武氏为后的大都是对禄位汲汲以求的朝臣，李勣是其中唯一的宰相。李勣本来与老臣们意见相同，当他看到唐高宗态度如此坚决，转而改口：此为陛下家事，何豫外人！最后李勣以司空的崇高身份主持了册封武则天为皇后的盛大典礼，王皇后、萧淑妃遭到废黜。

武则天登上皇后宝座后，对反对派进行了一场大清洗。她依靠许敬宗、李义府等位望较低、热衷投机钻营的人，严酷打击政敌，长孙无忌、褚遂良、柳奭、韩瑗、于志宁、来济等大臣或被诛戮，或被放逐，或被放逐后再逼令自尽。其中标志性的事件是，永徽之政的第一辅佐大臣、流放在黔州（今重庆彭水县）的长孙无忌，于显庆四年（659）被逼令自缢。

武则天并非名门望族出身，支持武则天的李义府等人在唐太宗修订的《氏族志》里也没有名分。显庆四年（659）六月，唐高宗下令重定天下氏族。当初北魏孝文帝定胡汉姓族是其汉化政策的一部分。关东门阀士族的姓族等第是社会习惯力量形成的，胡族的姓族等第是按照政治地位确定的。而高宗朝修纂的《姓氏录》则完全以入仕品官高下为准,凡得五品官者皆升士流,皇后武氏家族被列入第一等,因此缙绅士大夫们很不习惯这一套"重官爵""重轩冕"的做法,将《姓氏录》目之为"勋格"。李义府上奏收焚天下《氏族志》(贞观时编纂),强行推行《姓氏录》,将士人与百官画等号。朝廷指定姓氏高下,并不能否定传统世家大族的社会影响。唐代中后期,传统的关东名族崔、卢、李、郑、王威望不减,并且通过科举制度而重新占据权力要津。

唐高宗执政十年之后,因患高血压和偏头痛,颇通文史的武则天遂成为帮助高宗处理朝政的得力助手。但武后日益高涨的权力欲望又引起唐高宗不满,麟德元年(664),唐高宗一度与宰相上官仪密议废黜武后,武后得知消息后做了唐高宗的工作,唐高宗遂取消了先前的打算。上官仪反而被武后指使许敬宗诬告其与废太子李忠谋大逆而下狱处死,流放在黔州的李忠也因此死于非命。经此一事,武则天的权势更重,甚至于唐高宗上朝,武后便垂帘于后听政,"政无大小,皆与闻之",形成皇帝、皇后二人共同执政的格局,"中外谓之二圣"。由于高宗身体疾患,武则天成为大唐真正的统治者。

武则天在崛起的过程中,充分利用了文人官僚的力量。最著名的如刘祎之、元万顷、范履冰、苗神客、周思茂、胡楚宾等,这些人是武后的智囊和助手,因为他们以私人顾问身份出入禁中,须从宫廷北门进止,故称之为"北门学士"。武则天周围形成一个可以帮助她决策,以至削弱了宰相之权的顾问班子,朝中的高官、宰相也从中擢拔。以武后名义发表的《臣轨》《百僚新诫》《兆人本业》等著作都出自这些文人

● 武则天在崛起的过程中,充分利用了文人官僚的力量。

之手,成为武后对社会公众塑造自我形象的重要手段。

乾封元年(666),武则天随唐高宗去泰山行封禅礼,承担亚献之责,并率内外命妇禅地(皇帝祭天,皇后祀地)。礼成后,朝廷给百官进阶加爵,四品以下都加一阶,称为"泛阶",有些人因而得入五品、三品,成为高官。上元二年(675)起开设的"南选"是一种便捷的人事制度,即把官员的选拔考核现场,设置在南方,即岭南、黔中当地,以便南方士子就近参加选拔考评,为贫寒出身的士子开方便之门。武则天还进一步改进科举制度,扩大进士名额,每年平均达到二十多人,超过贞观时期一倍。考试内容方面,永隆二年(681)规定进士试杂文两首,即文和诗赋各一,促进了社会上尊崇文才的新风尚。武则天借着这些手段不断扩大自己的拥趸范围,壮大其权力的社会基础。

● 社会上尊崇文才的新风尚。

这一时期天公也甚是作美,"时比岁丰稔,米斗至五钱,麦、豆不列于市"。上元元年(674)八月,下诏皇帝称"天皇",皇后称"天后",史称是出自武后之意。武后上表,建言十二事,提出劝农桑、薄赋徭、厉行节约、息兵、广言路等主张,还有诸如父在为母服丧三年、京官八品以上普遍提高俸禄待遇等建议,显然有笼络百官和民心的用意。

我们当然不能把"二圣"时期唐朝中枢的所有施政作为都算作武则天的功劳,完全排除高宗李治的政治主动性。但是,武则天显然利用参与朝政的机会扩大了自己的影响力。大臣中不断有人如郝处俊、李义琰、张大安、刘讷言等,利用太子李弘、李贤来抑制武后权势的膨胀,都被武则天一一化解了。

"二圣"统治时期也有许多问题。内政上,乾封元年(666)泰山封禅时全国丰收,但其后各地水旱频仍,东汉以来安流数百年的黄河,由于中游峡谷段流域改牧农地的大规模复垦,又引起水土流失而生河患。农民离乡背井逃避摊逃的弊政,使逃户问题越来越严重。边境地区的军事格局也并不乐观。东北方面,对高丽的战争虽然于总章元年(668)取得攻占平壤的胜利,但是原高丽辖境逐渐为新罗占据,唐朝在辽东的实际控制区域未能包括朝鲜半岛。正北方面,唐军于龙朔二年(662)平定了铁勒九姓,但调露元年(679)突厥第二汗国建立,安定了三十年的北方又开边衅。西北方面,安西都护府于调露元年新筑碎叶城(在今吉尔吉斯共和国托克马克附近),将唐之兵锋扩大至葱岭地区,但逐渐强大起来的吐蕃加入了对西域的争夺,安西四镇多次罢废;咸亨元年(670),唐军在大非川(今青海湖以南地区)遭到吐蕃重创,吐蕃成为唐朝的边患。

弘道元年(683)岁末,高宗病逝,武则天先后废黜中宗和睿宗,完全掌权,并于载初元年(690)九月称帝,成为中国历史上唯一的女皇帝。武则天独自控制朝政二十一年,史称"则天朝"(684—705),包括前期武则天作为皇太后临朝和后期武则天自己做皇帝两个阶段。

武则天临朝称制,激起失意官僚和李唐宗室两次起兵反抗。光宅元年(684),徐敬业组织十万人马在扬州叛乱,宰相裴炎乘机要武则天退位返政于中宗,说如此则叛乱自可平定。武则天采取铁腕政策,将裴炎下狱处死,派李孝逸

● 武则天称帝,成为中国历史上唯一的女皇帝。

率三十万大军前往镇压徐敬业。徐敬业临时纠集的乌合之众不堪一击，仅四十九天扬州叛乱平定，"海内晏然，纤尘不动"。垂拱四年(688)李唐宗室王策划起兵，越王李贞、琅邪王李冲父子以"匡复"为名，分别举兵，不到二十天，便被武则天派出的主力击溃。

官僚和宗室的反对派，虽在军事上不堪一击，但政治上对武则天这样一个临朝的女主颇为不满。当扬州起兵时，曾经的心腹帮手裴炎竟然要挟皇太后返政，这对武则天刺激很大。于是，她任用酷吏，清除反对派，实施长达十几年的恐怖政策。武则天奖励一切告密行为，不管是非真假，凡告密之人进京，沿途享受五品官待遇，武则天亲自接见。告密属实，予以奖赏；有诬告者，不予追究。她在朝堂上设立铜匦，接受告密文书。周兴、来俊臣、邱神勣、索元礼等一批酷吏，因为充当武则天的爪牙和打手而被重用。

在武则天展开的大规模清洗活动中，李唐宗室或被杀戮，或被边缘化，武则天的亲生儿子李显流放在房州(今湖北房县)，最小的儿子李旦虽名为皇帝，实则被软禁在别殿，无人能构成对武则天权力的威胁。在武则天临朝称制的六年半中，二十多位宰相，被贬杀的超过三分之二，朝臣中也不再有人敢于公开反武。

一切政治障碍扫除之后，武则天还为登基大造舆论准备。武则天长期居住在洛阳，有人说在洛水发现瑞石，上面有"圣母临人，永昌帝业"的字样。武则天的男宠薛怀义等献《大云经》，说武则天是弥勒下世，当为南赡部洲之主，唐室合微，当有革命，有多达六万人上表劝进。于是载初元年

● 一切政治障碍扫除之后，武则天还为登基大造舆论准备。

(690)九月,武则天"可皇帝及群臣之请",正式称帝,"以唐为周",改元天授。武则天立武氏七庙于神都洛阳,追尊五代祖下至父武士彟为皇帝,连皇帝儿子也赐姓武,改为皇嗣。

武则天做女皇以后继续搞酷吏政治维护统治,将违禁私谒皇嗣李旦的人处以腰斩。连被倚为"国老"的狄仁杰也下狱,险遭酷吏杀害。政权稳固之后,为了平息人们对于酷吏的怨恨,武则天又杀掉周兴、来俊臣等,作为酷吏政治的替罪羊,还怪罪宰相们当时不提醒自己,"皆顺成其事,陷朕为淫刑之主"。

● 武则天做女皇以后继续搞酷吏政治维护统治。

政治上,她继续发展科举和破格用人的政策,首创"殿试",亲自面试考生;又开武举,选拔军将。开元名相姚崇、宋璟等都是她这时发现提拔起来的,所以后人有"当代谓知人之明,累朝赖多士之用"的赞语。

在边政和民族事务上,武周于长寿元年(692)从吐蕃手中收复了安西四镇,并对突厥抚之以恩惠,赐给谷种、绢帛、农具等,建立了和亲关系,为天宝初年突厥再次来归打下基础。万岁通天二年(697),武周在突厥配合下平定了严重侵扰河北的契丹。

在武则天统治时期,农民的经济生活环境比较宽松,商人的地位有所提高,尤其是对从均田制下土地严重不足的狭乡游离出来的逃户,逐渐改变了以往当作罪犯强制递还本贯的做法,既鼓励回乡,给以发还田苗、豁免课役等种种优待,也允许就地落为编户。由此开始形成承认客户的政策,保护了数量巨大的劳动生产力,为开元时期进一步解决客户问题提供了经验。

总而言之,武则天统治时期,尽管酷吏政治造成官场严重不安,但民间的生产生活秩序还比较稳定,没有成规模的农民战争。全国计账人户,由武则天从政前永徽三年(652)的三百八十万户,到神龙元年(705)武则天下台时达到六百一十五万户,虽然社会矛盾在进一步积聚,但社会经济比起贞观时期有全面进步。

武则天崇佛。武则天当年曾借助佛教登位,称帝后愈来愈迷信佛教,相继用"金轮圣神皇帝""越古金轮圣神皇帝""慈氏越古金轮圣神皇帝""天册金轮圣神皇帝"等四个佛教转轮王尊号神化自己,表示自己是梵天王下生统治人间的世界之王。武则天还大搞观音崇拜,慈悲为怀的观音菩萨在中国由原印度的男相转为女相,也与她有一定关系。为崇尚佛教和宣扬本人功德权威,她修明堂、天堂,铸天枢、九州鼎,耗费巨大,劳民伤财。当然武则天也不排斥道教,在洛阳曾发现一枚她本人向道教祈福的金简。

武则天晚年面临着以自己儿女为首的李氏和以侄儿武三思、武承嗣等为首的武氏两大政治集团的矛盾。她听从狄仁杰等大臣的劝告,召回庐陵王李显,立其为太子,将皇嗣李旦降为相王,粉碎了武氏子侄企图接班的梦想。由于担心自己死后李、武发生冲突,武则天曾经主持盟誓,要李、武二族互相扶持,使李氏为皇帝、武氏主大政的政治格局延续下去。但在万岁通天二年(697)以后,一股以男宠张易之、张昌宗兄弟为首的新势力开始影响朝政。武则天先后为张易之置控鹤监、奉宸府，以张昌宗等为控鹤监内供奉。武则天虽然任用狄仁杰推荐的张柬之为宰相，但张易之兄弟恃宠弄权，破坏了既有的权力生态。

张易之兄弟势倾朝野，李、武两方争相结交他们。长安元年(701)，太子李显的长子邵王李重润同妹妹永泰公主、妹夫魏王武延基，私下议论张易之兄弟恣入宫中和干政之事，武则天让李显处理。在母后的威逼下，李显竟然把嫡长子和女儿处死，女婿也被张氏兄弟下狱逼死。长安三年，魏元忠也因斥张氏兄弟为小人被罢相远贬。张易之兄弟贪赃不法，长安四年一起下狱，武则天不许治罪，反而把主审官韦安石、唐休璟两位宰相放为外官。当年年末张昌宗引术士占相又被告发，再次下狱，武则天又特赦赦免。武则天病重，宰相、太子、相王都不得见面，只有张易之、张昌宗兄弟侍侧。神龙元年(705)正月，宰相张柬之和右羽林大将军李多祚等率兵从玄武门突入宫中，斩张易之、张昌宗，武则天被迫传位给唐中宗，当年十月凄凉地老死在洛阳上阳宫。

这场推翻武则天的政变，为首的张柬之等五人事后都被封王，史称"五王政变"。

玄宗初政

唐玄宗李隆基只是一个普通皇室子弟，按照正常情况，本来没有当皇帝的份儿。为什么这么说呢？因为从辈分上讲，唐玄宗的父亲李旦是高宗的第八子，也是武则天最小的儿子，李隆基在李旦的六个儿子中排行第三，按照嫡长子继承王位的一般规矩，这父子二人都没有当皇帝的机会。那么，李隆基是如何当上皇帝的呢？

神龙元年(705)，张柬之等发动政变，恢复了唐朝，迎中宗李显复位。中宗是一个昏庸的皇帝，既怕老婆，又不能约束女儿，纵容皇后和公主胡作非为。大约五年后，皇后韦氏想步婆婆武则天的后尘当女皇，害死中宗李显。这给早就在一旁侧目、伺机而起的李隆基及其姑母太平公主以可乘之机。于是睿宗李旦在太平公主和李隆基的保驾下，再次登上皇帝的宝座，李隆基以功被立为太子。两年后，李旦倦于政事，让出皇位，李隆基即位。

自神龙元年(705)武则天失权，至先天二年(713)太平公主自尽，八年之间多次政变，皇位五易其主，前后惨死者有皇帝、皇后、太子、诸王、公主和将相大臣。协调上层统治者内部的关系，稳定政局，成为唐玄宗开元初年政治的重心。

● 协调上层统治者内部的关系，稳定政局，成为唐玄宗开元初年政治的重心。

唐玄宗重新启用素有贤名的姚崇(650—721)为相，特意安排在先天二年(713)十月骊山讲武时同他相见。姚崇提出"十事"政纲。"十事"包括为政先仁义、不求边功、中官不预公事、国亲不任台省官、行法治、租庸赋税之外杜塞贡献、停止建造寺观宫殿、礼接大臣、臣子皆得直谏、以外戚干政为殷鉴等。玄宗欣然同意。继姚崇执政的是宋璟(663—737)，以刚正守法著称。在他们执政的开元元年到八年

(713—720)之间,政府以整顿行政秩序为工作重心,选择清官廉吏,裁减冗员。玄宗重视基层官员的任用,曾亲自殿试新任命的县令,取消了其中四十多名劣等县令的任职资格。

为了减少政府开支,改革食封制度。内容包括减少分封规模,废除王公贵族"食实封"之家直接向农民勒索租调的制度,改为由官府统一征收,封主再到官府领取。沙汰伪滥僧尼,曾一次勒令还俗者二万余人,没收寺院非法多占的土地,分配给承担丁役的贫下农户。河南河北发生蝗灾,农民迷信,不敢杀蝗虫。姚崇力劝玄宗严令地方官灭蝗,用焚烧瘗埋之法,捕杀蝗虫百余万石,止息了蝗灾。

玄宗提倡节约,曾下令销毁宫中奢侈的车舆服饰、金银器玩,规定天下不得采集进贡金玉珠绣。有一次,他发现一个卫兵吃饭时浪费粮食,这个卫兵后来差点被处以极刑。

总之,开元前期唐玄宗励精求治,在姚崇、宋璟辅佐下迅速出现大治局面,而后执政的张说、韩休、张九龄等皆为名相,朝政清明,一向为史家称道。

开元时期还进行了一项影响深远的财政改革措施,主要内容是推广纳资代役制度。当时有按户等征收的户税,按田亩征收的地税,此外作为杂役代役钱的资课,三者在国家赋税中的比重原本都比较低。开元初改革之后,地税按照现有实际种植面积每亩收二升,狭乡按三年一大税、每年一小税,为各级官员和官府提供的杂役也普遍改为纳资代役。这不仅提升了政府的财政收入,而且逐步扩大了按照资产征税的比重,成为中唐两税法的先声。

检括隐漏户口,解决武则天执政以来的逃户问题,也是

- 为了减少政府开支,改革食封制度。

- 开元时期还进行了一项影响深远的财政改革措施,主要内容是推广纳资代役制度。

开元时期的一个执政目标。开元九年（721），宇文融受命检括逃户及户籍之外的隐报土地，向全国各地派出十位"劝农判官"，大约相当于十个稽查小分队，括得隐户八十万以及相应的大量土地。三年之后的开元十二年，宇文融再次以兵部员外郎兼侍御史身份出任劝农使，"巡行州县，与吏民议定赋役"。尽管宇文融的扰民受到许多指责，却有利于理顺户籍关系，消弭社会不安定因素，进而增加财政收入。常做尖刻评论的王夫之，在《读通鉴论》中对此也予以积极评价。宇文融被提拔为御史中丞，进而兼户部侍郎，"制以所得客户税钱均充所在常平仓本；又委使司与州县议作劝农社，使贫富相恤，耕耘以时"。所得客户税钱也被用作稳定地方社会秩序的资金。

兵役制度在开元时期也有比较大的改革。唐太宗、唐高宗时期十分见效的府兵制度，因为边防驻军的长期性和战争的持久性，已经难以为继，士兵逃亡严重。开元八年（720），"敕以役莫重于军府，一为卫士，六十乃免，宜促其岁限，使百姓更迭为之"。朝廷将府兵服役年限从四十年缩短为二十五年，企图以此挽救府兵制的衰落，最终还是见效不大。开元十年，唐玄宗采取张说的建议，招募了十三万壮士，充中央的宿卫，后来改为彍骑。边防镇军，开元二十五年也改置兵防健儿，由客户和各种征行人中招募，成为长从边军，唐代后期的职业军人"官健"就是由此而发展起来的。

开元时期的各项改革和政策，解决了唐初以来积聚起来的若干矛盾，促进了社会和经济的发展，出现了所谓的开元盛世。政治清明，农民的生产积极性就调动起来了，所谓

"耕者益力,四海之内,高山绝壑,末耜亦满"(元结《问进士第三》)。财政专家杜佑《通典》卷七记载,开元十三年(725),唐玄宗东封泰山时的物价,"米斗至十三文,青、齐谷斗至五文。自后天下无贵物,两京米斗不至二十文,面三十二文,绢一匹二百一十文。东至宋汴,西至岐州,夹路列店肆待客,酒馔丰溢……远适数千里,不持寸刃"。全国计账,在开元二十七年达到七百八十六万户、四千五百四十三万口,比武周末的六百一十五万户、三千七百一十四万口有显著增加。

开元二十五年(737),唐玄宗发布过最严密的均田法令,试图阻止土地兼并的加剧。但是,恰恰这道禁令反映了这个时期的土地兼并已经到了无复畔限的程度。史家认为其严重程度超过了西汉成帝哀帝之间,主要的表现形式是贵族官僚、豪商地主包括佛道寺观的势力空前膨胀。违法买卖、典贴土地以及"借荒""置牧"等兼并手段,花样翻新,不一而足。"借荒者皆有熟田,因之侵夺;置牧者唯指山谷,不限多少。爰及口分、永业,违法卖买,或改籍书,或云典贴,致令百姓无处安置,乃别停客户,使其佃食。"(《册府元龟》卷四九五《邦计部·田制》)剧烈的土地兼并导致了严重的贫富分化,不仅造就了一大批"妇即客春捣,夫即客扶犁"的"贫穷田舍汉",同时也造就了一大批"广种如屯田""窖内多埋谷"的"富饶田舍儿",造就了一大批邸店园宅遍满海内的富商大贾,造就了一大批"膏腴美业,倍取其多;水碾庄园,数亦非少"的寺院道观,尤其是造就了一大批有"地癖"、号为"多田翁"的官僚以及"珍奇宝物侔于御府""田园遍于近

● 剧烈的土地兼并导致了严重的贫富分化。

甸膏腴"的贵族。

政府对土地与财富占有的两极分化表现出担忧，一是会影响社会秩序和政权稳定，二是影响政府税收来源。

盛世危机

开元二十九年（741）年底，唐玄宗改元天宝（742—756）。开元以来的盛世局面继续发展，到天宝末年，全国实际户数逾千万，据杜佑估计，"天下人户，少犹可有千三四百万矣！"（《通典·食货七·历代盛衰户口》）此时唐朝人口总数应达到七千万的高峰，这是说明小农经济持续发展的一个突出指标。

盛唐时的农业生产技术有很大发展，以曲辕犁为代表的进步农具的使用，标志着一家一户小生产经营能力的成熟。社会上部曲、奴婢数量已大为减少，广占良田的富人采取契约形式出佃收租，剥削佃客小农。还有为数不少的从田令和户籍控制下游离出来的逃户，一些成为地主佣作，也有一些迁往偏远地区独立务农，成为籍外客户。这些现象具有历史进步意义，却严重影响了唐朝政府的财政收入，国家严密控制农民的均田制及相应的租庸调制、府兵制则处于逐渐崩溃状况中。唐政府加大了征收地税和户税的力度，同时授权为管辖日益庞大的帝国而设置的边镇节度使自筹近五十万镇兵的军费。帝国财政危机的加剧为全面军政危机乃至割据叛乱的爆发埋下了诱因。

盛世的道理都是一样,盛衰转化的隐忧各有各的不同。

苏东坡《晁错论》说:"天下之患,最不可为者,名为治平无事,而其实有不测之忧。坐观其变而不为之所,则恐至于不可救。"晚年的唐玄宗陶醉于盛世之中,毫无忧患意识。随着"克己"意志被消磨,导致大唐"不可救"的"不测之忧"不期而至。

开元十三年(725)十月,四十一岁的玄宗,东封泰山。古代帝王封禅之礼,表示大功告成之意。此时的玄宗,渐渐迷信道家的长生不老之术,生活日益奢侈。"开元天子万事足,惟惜当时光景促。"(刘禹锡《三乡驿楼伏睹玄宗望女几山诗小臣斐然有感》)开元二十二年正月,唐玄宗五弟薛王李业去世,此前,唐玄宗的二哥、四弟已相继去世,这些朝夕相处的同气兄弟的去世,不仅使唐玄宗失去了饮酒、击球、唱歌的伙伴,更让他心头挥不去人生无常的阴影。薛王的丧礼刚过,五十岁的玄宗就派人到恒山,礼请著名道士张果到洛阳宫中,访以长生不死之术,并封之为"通玄先生"。同样受到优待的道士还有罗公远等人。

开元二十五年(737)十二月,武惠妃突然去世,进一步给了唐玄宗以沉重打击。武惠妃十五岁入宫,服侍天子二十五年,宠冠后宫,去世时年已四十岁,唐玄宗依然眷顾不衰。是什么原因使五十三岁的皇帝,迷恋一位中年妇女,以致在她死后食不甘味,寝不安席,后宫数千美女,无一当意者?难道是她们都不如早已徐娘半老的武惠妃美丽?显然

● 帝国财政危机的加剧为全面军政危机乃至割据叛乱的爆发埋下了诱因。

不是。我推测，与在此之前不久他的三个儿子无谓的死亡有关。

开元二十五年（737）四月，在李林甫外推、武惠妃内助的情况下，唐玄宗毅然废太子瑛为庶人，并与受牵连的鄂王、光王一同赐死。按照道理，接下来就要立武惠妃的儿子寿王李瑁为太子。武惠妃的病死，使这个计划成为不可能。这等于是杀了儿子又折了妃子，唐玄宗所受到的打击可以想见，乃至出现精神恍惚的心理疾患。

正是在心灵空虚的情况下，杨玉环来到了玄宗身边。杨玉环本来是唐玄宗与武惠妃所生儿子寿王李瑁的媳妇。唐玄宗是如何看上杨玉环的？史书上的记载闪烁其词，或谓高力士所推荐。我认为可能性很小，高力士即使与玄宗的关系再亲密，也没有胆量公然向皇帝推荐其儿媳妇入宫。只有唐玄宗自己看上了儿媳妇，才敢暗使诸如高力士之流出面安排。史书记载正式颁诏度玉环为道士，是开元二十八年（740）正月，那么两人的接触当在开元二十六七年的时候，距武惠妃死不过半年到一年光景。

终于，情欲战胜了理智，唐玄宗把儿媳妇接进了宫中，不久封为贵妃，在宫中位比皇后。朝廷专门为贵妃服务的织绣之工达七百人，贵妃欲得新鲜荔枝，命岭南用快马传送，比至长安，色味不变。华清池专门为杨贵妃建造了新的温汤，唐玄宗年年携其到这里来度过浪漫的日日夜夜，甚至干脆在温泉附近办公，在华清池周围建造了许多政府的办公楼。贵妃受宠，鸡犬升天，杨家兄弟姐妹，皆门列荣戟，朱紫盈庭，以至于民间出现了"可怜天下父母心，不愿生男愿生女"的慨叹。

唐玄宗完全放纵了自己的欲望，把个人兴趣置于政事之上，沉湎于音乐歌舞的世界。

杨贵妃除天生丽质、善解人心之外，还与玄宗有着共同的音乐爱好。早在开元元年(713)，唐玄宗刚即位不久，就特地设置了专门教习俗乐的左右教坊，相当于皇家戏剧学院。当即有臣工劝谏他放弃对于音乐的热诚，"上虽不能用，咸嘉赏之"，说明玄宗此时尚清楚玩物丧志的道理，尚能克制对乐舞的痴迷。能歌善舞的杨贵妃入宫之后，极大地触发了唐玄宗的音乐热情。唐玄宗与杨贵妃在音乐歌舞上的合作，最为人艳称的是《霓裳羽衣曲》的编排。该曲本来是印度传来的婆罗门曲，唐玄宗把它改编为大型歌舞剧，经过杨贵妃导演排练，又被搬上了舞台，可以说是珠联璧合。柏拉图说："理想的统治者应该是高度理智的哲人，而不是浪漫的诗人。因为后者的作用会激励、培育和加强心灵的低贱部分，就像在城邦中把政治权力交给坏人，让他去危害好人一样。"唐玄宗虽然不是浪漫的诗人，确是一个特别钟情于戏剧和音乐的风流皇帝。

"骊宫高处入青云，仙乐风飘处处闻。缓歌慢舞凝丝竹，尽日君王看不足。"（白居易《长恨歌》）

沉湎于个人情爱的唐玄宗不仅不能居安思危，而且在用人和纳谏上，也犯了严重错误。

先说用人。五十岁以后，唐玄宗越来越不耐烦那些给自己找麻烦的骨鲠之臣，开始任用"口蜜腹剑"的宰相李林甫。史书记载李林甫"伺候人主意""伺上动静""动必称旨"，可见其蹿红的秘诀就是运用一切手段，挖空心思地讨玄宗皇帝的欢心。而此时"玄宗杜绝逆耳之言，恣意行乐"，这样的宰相正合他意。

李林甫之后，执掌政柄的是杨贵妃的堂兄杨国忠。如果说李林甫以奸宄乱国，杨国忠则是以昏庸乱政。史书上说他"强辩而轻躁"，他自己则说："吾本寒家，一旦缘椒房至此，未知税驾之所，然念终不能致令名，不若且极乐耳！"这个时候，唐朝在西南地区频频有战事，身兼剑南节度使的杨国忠有不可推卸的责任。可是杨国忠一手遮天，前方战败，反以打胜仗的消息上闻。

再说纳谏。"择臣取谏工而讲以多物"，鼓励进谏，其实就是鼓励不同意见的表达与上达，防止决策失误。而李林甫当朝，却是"谏诤路绝"。李林甫对朝官们说，你看这些仪仗队里的马匹，只要不说话，就能享受三品的食料，受到很好的对待；只要它嘶鸣一声，马上就被拉下去，再想吃三品食料就不可能了。言下之意，是威胁大臣们，让其闭嘴。

杨国忠秉政后，唐玄宗干脆听不到外面的真实消息。唐玄宗闭目塞听，"以为天下无复可忧"。专制帝王们这种自私的侥幸心理真是国家民族的灾难，在唐玄宗这种盲目乐观中，导致大唐盛世终结的"安史之乱"爆发了。

天宝十四载(755)十一月，安禄山举兵向阙，"渔阳鼙鼓动地来，惊破霓裳羽衣曲"。安禄山造反的原因是多方面的：制度上的漏洞，使其有了拥兵自重的可乘之机；与杨国忠的不睦，使安禄山失去了安全感；杨国忠居然采取各种手段，促使安禄山造反，以向唐玄宗证明自己有先见之明；甚至还有说安禄山是垂涎于杨贵妃的美貌而举兵的,这当然属于小说家言。但是,有一点是可以肯定的,唐玄宗用人不察,进取之志衰,谏诤之路绝,对于社会情势的变化,穷于应付,而了无创新,都是促使事变爆发的直接或间接原因。

　　唐朝中原内地,已经几十年不闻战鼓之声了。在叛军的进攻下,仓促组建的唐朝官军节节败退,很快潼关失守,唐玄宗被迫逃离长安,到成都避难。舆驾途经马嵬坡,杨国忠为哗变的兵士所杀,唐玄宗被迫令杨贵妃自缢。唐玄宗到四川不久就被迫宣布退位,因为皇太子已经在将士的拥戴下即位于灵武。八年之后,虽然战乱终于结束,但昔日大唐盛世的辉煌却也一去不复返了。

（参见《资治通鉴》卷一八四至卷二一七）

● 唐玄宗用人不察,进取之志衰,谏诤之路绝,对于社会情势的变化,穷于应付,而了无创新,都是促使事变爆发的直接或间接原因。

387

第十四章　中唐改革

从天宝十四载(755)十一月安禄山起兵,到宝应二年(763)正月,大燕国的最后一个首领史朝义兵败自杀,历时七年多的安史之乱,算是画上了句号。

唐玄宗李隆基作为太上皇于宝应元年四月初五寿终正寝,还有逼其退位的肃宗李亨在十三天后随之晏驾。享受平定安史之乱果实的是唐代宗李豫(原名李俶,727—779)。

唐代宗执政凡十七年(762—779),旧史一概以姑息视之,其实不然。代宗有性格软弱的一面,也有面对各种复杂局面努力重建帝国秩序的顽强。吐蕃势力咄咄逼人,成为肘腋之患,每年要从各地调军队驻扎京西地区,谓之"防秋"——防止秋高马肥之际胡人前来侵袭。战争期间宦官和新的军人势力的增长也令代宗不放心。宦官本来是监察军队的,却擅权干政;军队本来是平定叛乱的,却尾大不掉,无法裁撤。河北的安史旧部就在这种情况下,以保留原有军队编制的优厚条件接受了投降。朝廷试图分而治之,设立了幽州、魏博、成德、相卫等镇。

财政方面,唐代宗一方面任用刘晏改革漕运与盐铁专卖,另一方面逐步出台政策,整顿租庸调赋税制度破坏之后的财税体制,从而为德宗李适即位第一年就能推出新的赋税体制"两税法"创造了条件。

唐代宗留给后世最大的遗产是全国政区的藩镇化。

关中地区节度使体制的确立，是从平定叛乱之后逐步形成的。平定安史之乱中功绩最为显著的朔方军势力独大，好在郭子仪忠心耿耿，未出大乱。何况防范吐蕃侵扰的现实需求摆在那儿，如何能裁撤？郭子仪曾提出裁撤兵员，也只是做做样子表个态而已。

中原地区的节度使体制同样是在安史之乱期间发展起来的，如今又有了保护漕运之路畅通，遏制安史旧部南下的重要作用，是保障唐朝国家安全的中流砥柱。

至于南方地区的藩镇先是有整合力量的需求，之后则是逐渐从节度使体制降格，普遍推行观察使、团练使体制，只有淮南节度使例外，这里是宰相回翔之地，也是漕运要冲。

总之，安史之乱时期作为战时机制的藩镇及其军队编制，在战后依然不能完全回归和平时期的州县体制，实在是有不得已的原因。尽管如此，节度使位置世袭、藩镇赋税不上交中央，却是与中央集权国家"全国一盘棋"的治理体系完全不相容的。如果是西欧的封建制、近代的联邦制，或者中国西周时期的分封制，这些都属于正常状态。但是，在中古时代的中国，这是不能容忍的不正常状态。

因此，德宗即位后致力于削藩，他并不是撤掉藩镇编制，只是不准许藩镇自行世袭节度使职位，其中包括裁撤兵员名额，以便减轻财政负担，也对地方因为军费负担沉重而不交赋税的做法釜底抽薪。初期取得了一些进展，但是，由于操之过急，朝廷手里缺钱、缺兵、缺大将，没有一支可以扭转局面的精锐部队,导致了失败。德宗甚至被泾原兵变赶出了长安。事定之后,德宗完全改变了此前急于求成的做法,转而努力扩大禁军主要是神策军,扩张财政储备。《新唐书·食货志》说,宪宗因德宗之积蓄而取得对藩镇战争的胜利。

德宗死后最有名的改革是所谓"永贞革新",或者叫"二王八司马改革",大名鼎鼎的韩愈、柳宗元、刘禹锡都卷入其中,不过,韩愈是反对派。

永贞革新是顺宗朝君臣试图重振朝纲的一种努力,只是皇帝病恹恹,主事者志大才疏,改革仅仅实施了新皇帝即位后都要做的一些常规善政,不足以形成气候。

在"永贞革新"灰烬中乘势而上的唐宪宗在裴度等人的辅佐下,展开了一场声势浩大的消灭割据藩镇的战争,最终取得了"元和中兴"的胜利。

安史之乱

安史之乱的始作俑者安禄山、史思明都是胡人出身。

天宝年间的边镇军队中存在大量中亚粟特胡人,他们在战争及边贸活动中扮演着重要角色。为统驭边军,朝廷提拔了许多胡族将领,安禄山正是在这种背景下登上历史舞台的。

安禄山的父亲是粟特人,母亲是突厥人,他本人早年为营州互市牙郎,以通晓汉语及"六蕃语"(西北胡族语言)的优势担任边贸活动中介。因其作战勇敢,为人慧黠,又有边贸经商之才,故深受幽州节度使张守珪信任,被收为养子。安禄山以憨直忠诚、战功卓著而博得唐玄宗信任,并通过认母成功结纳杨贵妃。从开元末年到天宝十载(751),十年之间,安禄山由平卢节度副使迁至范阳、平卢及河东三镇节度使,统领精兵逾十八万。

天宝十一载(752),李林甫去世,杨国忠独掌朝政,对安禄山转持敌视态度,而太子李亨也对安禄山独拥重兵的局面不满。在这种情况下,安禄山一方面因唐玄宗的宠信而有恃无恐,另一方面则担心太子继位后会对自己不利,遂暗做准备欲图谋反。天宝十四载,安禄山以蕃将三十二人取代汉将,引起朝廷警惕,杨国忠等屡言安禄山必反,建议召其入朝为相,另派节度副使贾循等分领范阳、平卢、河东三镇。制书草成后,唐玄宗先派宦官辅璆琳往范阳察看动静。辅璆琳收受安禄山巨额贿赂,回朝盛言其忠心不二,打消了唐玄宗的顾虑。

为搜集证据以明反状,杨国忠派遣京兆尹搜查了安禄山在长安的住宅,禄山之子、太仆卿、驸马安庆宗将消息密报范阳方面。当年六、七两月,唐玄宗接连手诏安禄山赴京,安禄山均不予理会,而是加紧秣马厉兵。十一月,安禄山领兵十五万,号称二十万,伪称奉密诏诛杨国忠,举兵于范阳。

安禄山率军南下直指洛阳,一路势如破竹。朝廷匆忙派封常清、高仙芝前往防御。封常清临时招募的乌合之众一触即溃，退守洛阳，进而洛阳失守，退保潼关。另一支高仙芝的军队见叛军来势凶猛，也从陕州退守潼关。安禄山占领洛阳后急于称帝，从而暂缓西进，使唐军得以喘息。但是朝廷并未立即组织反击，而是以弃守不战动摇军心的名义，听信宦官边令诚谗言，临阵斩杀封、高二将，反而起用罹患风病废居长安的哥舒翰出守潼关御敌。

哥舒翰本与安禄山不和，长期在河西陇右节度使任职，此时以病废之身强率二十万大军驻守潼关。当时在敌后地区，平原（治今山东德州市陵县）太守颜真卿、常山（今河北石家庄市正定）太守颜杲卿等组织起有效的抵抗。同时，朔方节度使郭子仪出东陉（今山西代县东），受命东征，切断叛军退路。安禄山于天宝十五载（756）正月在洛阳仓促称帝，建元圣武，国号大燕。

不久，叛军将领史思明攻下常山，颜杲卿被俘。二月，新任河东节度使李光弼出井陉（今河北井陉东），重新夺回常山。史思明卷土重来，双方争夺四十多天，不分胜负。后来因为郭子仪的支援，李光弼大败史思明，叛军几乎全线溃退。河北十余郡县皆杀叛军守将响应唐军。叛军通向范阳的道路被隔绝，安禄山后悔对形势估计不足，严厉责问军师高尚、严庄怂恿他贸然行事，甚至打算放弃洛阳，撤回范阳。只要潼关不失，叛军将陷入困境。

但是，唐玄宗急于打败叛军，不顾哥舒翰对战争形势的正确分析，一再发遣宦官催促哥舒翰出潼关迎敌，杨国忠则从旁推波助澜。于是，六月初四，哥舒翰被迫率二十万大军出关东进，在灵宝西原与叛军展开决战，唐军大败，几乎全军覆没，逃回的仅八千余人。哥舒翰被俘，潼关失守，叛军很快占领了长安。

长安沦陷前夕，唐玄宗在杨国忠的建议下入蜀避难，这是因为杨国忠身兼剑南节度使，那里是他的根基之地。车驾西出长安，沿途的地方官吏早就闻风而逃，食宿无人安排，一行人狼狈不堪，随行士兵怨声载道。行至马嵬驿（今陕西兴平西北），龙武大将军陈玄礼等发动兵变，杀死杨国忠，同时要求处死杨贵妃。唐玄宗无奈，被迫将杨贵妃缢死在佛堂，史称"马嵬驿之变"。

唐玄宗率皇室逃到成都，太子李亨中途分兵两千，前往灵武组织抗战。当年七月，李亨即位，改元至德，是为唐肃宗，遥尊成都七十二岁的唐玄宗为太上皇。

随着时间的推移，局面开始出现转机。

唐肃宗灵武即位后，聚集起一支以朔方军为主力的军队，与坚守太原的河东节度使李光弼遥相呼应。中原一带，许远、张巡、鲁炅等人坚守睢阳（今河南省商丘市）、南阳，虽相继失手而退保襄阳汉水流域，但却成功遏制了安史叛军南下江淮的意图。第五琦任江淮租庸使后，把江淮租庸收入变造为轻货，溯江汉而上，确保了唐军前线的安定。加上回纥汗国的支持，唐朝的反攻出现转机。

而叛军攻陷长安后以为大功告成，"日夜纵酒，专以声色宝贿为事，无复西出之意"，使唐玄宗得以从容入蜀，太子李亨顺利北上灵武，给唐军的反攻赢得了宝贵时机。

至德二年（757）正月，叛军内讧，安禄山被儿子安庆绪所杀。安庆绪命史思明回守范阳。二月,肃宗进驻凤翔。九月,郭子仪统帅大军十五万进攻长安,与十万叛军进行激战,将叛军逐出长安城。安庆绪弃守洛阳,撤军退守邺城(今河北临漳),其余部也大都溃逃至范阳。镇守范阳的史思明一度与安庆绪发生矛盾,上表降唐,继而复叛,与邺城的安庆绪联手拒唐。

乾元元年(758)九月,肃宗调动郭子仪等九节度使数十万兵力进攻安庆绪,但因为肃宗疑忌郭子仪、李光弼等功劳卓著的将帅,只是派宦官鱼朝恩担任观军容宣慰处置使,总揽全局,不设统领全军的主帅,致使战事久拖不下。

次年三月,史思明率大军前来增援,加之天气异常,双方混战后唐军撤退。

不久,史思明杀安庆绪,自称大燕皇帝。九月,史思明再度南下,攻取洛阳,势力复炽。

上元二年(761)三月,叛军再起内讧,史朝义杀死父亲史思明,自称皇帝,并派人杀死在范阳的异母弟史朝清和其他反对派,叛军内部离心,唐军逐渐在战场取得优势。

宝应元年(762)十月,新即位的唐代宗李豫命雍王李适为天下兵马大元帅,仆固怀恩为副帅,大举挺进,利用回纥兵再次收复洛阳。在唐军追击下,叛军纷纷投降。

广德元年(763)正月,史朝义穷途末路,逃至林中自缢而亡。唐朝为招抚安史降将,任命田承嗣为魏博(今河北南部、河南北部)节度使,李怀仙为卢龙(今河北北部)节度使,李宝臣为成德(今河北中部)节度使,薛嵩为相卫节度使(河北临漳、河南淇县间),持续七年多的安史之乱宣告结束。

中唐时局

安史之乱以后,出现了藩镇问题。

从唐代宗初年到唐德宗末年,是藩镇割据形成、发展的时期。当初为了平定安史之乱,唐朝组织全国军力进行讨伐,并且赋予军队很大的自主权力,以致逐渐成为新的藩镇。

在拥立肃宗及平定叛乱中,朔方军无疑功居第一。为有效控制这支劲旅,唐廷早在平叛之时即频易其帅,郭子仪、李光弼、仆固怀恩相继出任朔方军节度使、天下兵马副元帅。同时刻意培植宦官势力,使其以监军身份亲临前线牵制领兵将帅,并在双方冲突中屡袒宦官。郭子仪被罢兵权、仆固怀恩被逼谋反,都不乏宦官居中挑拨。

宦官与藩镇矛盾的激化,一定程度上促使唐廷加快了招降叛军的步伐,维持河北旧有局面以求姑息绥靖,从而为藩镇割据局面的形成埋下祸根。

有鉴于此,代宗继位之后主要致力于调整藩镇布局,从而使唐后期藩镇基本确定为以下四种类型:

第一,河朔割据型。由河北、河南、山东地区安史叛军降将组成,掌控重兵,势力强大,对中央貌恭实离,职官任免、赋税征收均出自藩内。

第二,中原防御型。这类藩镇源于平叛中在中原战略要地设置的节度使,叛乱平息之后,中央为牵制河朔强藩而对这些新出现的藩镇予以保留,兵力亦不削减,俾使防范河朔藩镇、保护东南漕运。

第三,西北御边型。安史之乱期间,唐朝将西北军队全部调出平叛,西北及京畿空虚,吐蕃势力东侵,甚至一度将代宗逐出长安。为了防范吐蕃的侵逼、拱卫京师安全,朝廷将朔方军一分为三,分驻西北,并令各地岁遣防秋兵驻守关中。这些驻扎于长安周边特别是西北地区的军队逐渐壮大并常规化,形成新的藩镇。

第四,江南财源型。江南地区采取藩镇建制,早初本为保护江淮漕运,平叛之后予以保留。朝廷在财政上对这些藩镇形成严重依赖,赋税收入主要靠东南八道四十九州。

中唐时期,唐代多位君相都试图解决面临的危机,包括藩镇割据、宦官专权、朋党之争,最后不是铩羽而归,就是功败垂成。

唐德宗时期,皇帝很想有一番作为,试图解决藩镇问题。

德宗李适是代宗长子,母亲为睿真皇后沈氏,天宝元年(742)生于长安大内之东宫,所以他的整个少年时期是在大唐繁荣昌盛时期度过的。十四岁那年安史之乱爆发,德宗和其他皇室成员一同饱尝了战乱和家国之痛,也亲身经历了战火的洗礼和考验,对藩镇问题有刻骨铭心的感触。在代宗时期,他以嫡任天下兵马元帅,封鲁王、雍王,后以讨平安史叛军有功而兼尚书令,广德二年(764)被立为皇太子,大历十四年(779)五月即位,时年三十八岁,正是年富力强、大有作为的年纪。

德宗继位后，对于其父代宗怀柔藩镇的姑息政策不满，一心要改变藩镇节度使父死子继、朝廷被迫承认的政策。

德宗首先要解决朔方军过大的问题。

平定安史之乱，朔方军的功劳最大。朔方军的首脑是郭子仪，他当时任中书令兼副元帅，还管着盐池、水运等财经使职，权任既重，功名也大，但他性宽大，政令不肃。让郭子仪兼任宰相，是为了酬功而尊宠其位；兼任财经使职，则与当时的军费开支制度有关。中央无法统一调拨各个藩镇的军费，于是就给他们一些征税的权限。

肃宗、代宗时期，还没有理清战时体制下的财政安排。德宗继位，以全面整顿税负的两税法为龙头，对全国的军事体制和财政体系进行整顿，郭子仪的军队自然也在整顿之列。于是，德宗尊郭子仪为尚父（尚父是很尊崇的称号），加太尉兼中书令，增实封两千户，还赏赐了大量的财物，但是把副元帅等职务去掉了，并且把郭子仪管的军区一分为三，由他部下的将领分领其任。

德宗还换了宰相。

代宗留下的宰相常衮，性刚急，为政苛细，不合众心。当时有一个叫崔祐甫的中书舍人（正五品上），对常衮有一些不满，后被常衮贬到地方，担任河南少尹。郭子仪等人入朝时说"言其非罪"，认为对崔祐甫的贬谪太重了。德宗就觉得很奇怪，因为郭子仪等人也是宰相，不过他是使相，就是在地方上任职的宰相，在中央挂了个宰相的名，就像现在地方上的省市一把手也有挂政治局委员的。在贬谪崔祐甫的报告上，作为宰相，郭子仪等人也是签名同意的，怎么现在又提出反对意见了呢？原来，按照过去的规矩，凡是宰相集体提出的建议，首席宰相签名，并代其他宰相署名，就是说不需要通报其他宰相，首席宰相代替签个字就行了。那时交通和信息交流都很落后，不会再去通报一下地方上的使相，代他们签字就行了。

德宗刚继位，得知这一情况，大为惊骇，觉得常衮没有跟别的宰相商量，就以他人名义贬谪朝廷大臣，犯了欺罔之罪。于是，当天下旨，把常衮贬为潮州刺史，而把被常衮贬谪的崔祐甫提拔为中书侍郎、同平章事，也就是宰相。如果说分郭子仪的权力表明了德宗的魄力，那么换宰相这件事，表现了德宗敏感和神经质的特点。

德宗继位后，还着手治理宦官问题，纠正他的祖父、父亲时期优宠宦官的弊病。

肃宗、代宗时，宦官出使在外，可以向地方索要礼物。有一次，代宗派宦官去赏赐妃嫔的家族，宦官回来后，代宗得知送给宦官的礼物很少，就很不高兴，以为看不起使者。这个妃嫔害怕了，赶紧给宦官送礼物去弥补。从此以后，宦官出使就公然索要礼物。即使到宰相那里，宰相也要给宦官礼品，宰相在办公地必须经常备点钱，以用来打发上传下达的宦官。这种做法等于是公开鼓励贪腐。这说明代宗很脆弱，他把官员们对家奴宦官的礼敬，当作是对皇室的忠诚。

德宗素知其弊，决心予以纠正。后来有个宦官索要礼品，被德宗处死。于是，其他出使在外的宦官收到礼物都不敢要了，有的半路上把礼物给扔掉。

德宗还进一步剥夺宦官掌控的神策军兵权。神策军是当时一支重要的禁军，它本来是一支规模不大的边军，参加平定安史叛乱期间，由宦官鱼朝恩统领，并被改编扩建成为一支数万人的禁卫部队，此时由宦官王驾鹤掌握。德宗下令朝官白琇珪担任神策军的大将军，代替王驾鹤。

另外，德宗还大力整顿财政。德宗来领导各地的转运使，也就是中央派到地方去的财经官员。具体由财政官员刘晏执行，刘晏主要整顿盐铁专卖和漕运事务，改革征收体制，这两项的税收，占到全国总收入的一半。

德宗对国库制度也进行了改革。过去国库和宫中的用度是分开的，国库是国家的钱，宫中用度是皇帝私用的钱。安史之乱期间，财政官员为了调拨军费方便，就把赋税送到皇家内库里去，由宦官来管，皇帝也觉得自家花销用取方便，这样国家的钱和皇帝私用的钱混在一起，以天下公赋为人君私藏。到后来，财政部门根本不知道天下收了多少钱，支出多少钱。这种状况持续了近二十年。

德宗时候，宦官管军、管财，这都是肃宗、代宗遗留下来的弊端。《资治通鉴》卷二二六载："宦官领其事者三百余员，皆蚕食其中，蟠结根据，牢不可动。"三百多个宦官把持着大权，不可动摇。新提拔的财政官员杨炎，跟德宗讲了一段关系国家命运的话：

　　　财赋者，国之大本，生民之命，重轻安危，靡不由
　　之，是以前世皆使重臣掌其事，犹或耗乱不集。今独使

中人出入盈虚,大臣皆不得知,政之蠹散,莫甚于此。请出之以归有司。度宫中岁用几何,量数奉入,不敢有乏。如此,然后可以为政。

意思是这样不行,财富是国家的根本,是百姓的生命所系,国家的安危所系,不能用宦官来管。大臣完全不知道国家的财政状况,这很危险。应该把国库的财政,交给国家的财政部门管理,宫中每年需要多少,事先预留下来,绝对不敢有缺,这样才可以为天下之政。德宗当天就下诏,所有的财富归国库左藏库,完全按照安史之乱前的旧规矩,从中挑三五千匹绢钱财,进入国库大盈库。

还有一项财政改革,主要是针对代宗时期鼓励地方过年过节给皇上和中央送礼。送得多,皇上就高兴,所以地方上经常借这个名目,如皇上的生日、重大节庆等,在税外加税。德宗把这一条给废除了。所以德宗初年,真正是在各方面进行了改革,带来了一个新气象。

建中初年德宗还做了一件事,就是推行两税法,两税法其实是酝酿在代宗时期,成就在德宗时期。大臣杨炎推行两税法,建中二年(781)实行,推行到各地。两税法就是把过去均田制下按人头征税变成更多地按财产征税,每年两次征收地税和户税。这反映了一种新的财产关系的变化,是一个进步。两税法后来一直实行,影响了明朝的一条鞭法,乃至清朝的摊丁入亩。人头税逐渐减少,财产税逐渐增加,这是比较合理的税制改革。

对于官员的腐败,德宗皇帝自然是不能容忍的,但在反

● 两税法后来一直实行,影响了明朝的一条鞭法,乃至清朝的摊丁入亩。

腐败这方面却也暴露出了他在政治上的幼稚。《资治通鉴》卷二二七记载："大历以前,赋敛出纳俸给皆无法,长吏得专之。"朝廷不反腐败已经有二十年了。现在,德宗对那些腐败的官员,无论是中央的还是地方的,都加以惩处。

在反腐的过程中,德宗发现了一个问题,就是他刚继位的时候,疏斥宦官,亲近朝士,比如"张涉以儒学入侍,薛邕以文雅登朝",但后来他发现这些朝士先后因腐败而被弹劾。于是,宦官和武将们就有借口了,他们说:"你看这些文臣动不动就贪污这么多钱,还说是我们把天下搞乱了,这不是欺骗蒙蔽皇上吗?"史书中用了"欺罔"一词,对这个词,我们应该不陌生,德宗对常衮的批评就是说他"欺罔",于是"上心始疑,不知所倚仗矣"。皇帝此时心里有些犹豫了,我到底应该信任宦官呢,还是武将呢,还是文臣呢?

德宗刚继位的时候,一心想疏远宦官、武将,现在发现自己亲近的文臣也这么贪腐,于是开始举棋不定。这说明了什么? 说明德宗虽已是不惑之年,但在政治上还是比较幼稚。

文官有贪腐的,也有不贪腐的,惩治贪腐不能靠文官、武官或者宦官来决定,而是要靠反腐的一套措施和制度。

● 惩治贪腐不能靠文官、武官或者宦官来决定,而是要靠反腐的一套措施和制度。

整顿削藩

德宗初年的改革,还有一个重要主题,就是重新整顿各地藩镇。主要有三个方面的藩镇关系必须要理顺。

首先是河北藩镇，属于安史之乱的余孽，德宗父皇代宗迫于政治形势，接受了安史部众的投降，可是他们对朝廷的恭顺却并不坚定。幽州节度使朱泚可以放弃帅位，到都城地区防边，但并不是说他们对朝廷绝对忠诚。

其次是都城地区，由于要防备吐蕃的军事压力，唐朝调动各地军队前来"防秋"（秋天是吐蕃进攻的最佳时节，故须防备）。这些军队成分复杂，凤翔、泾原在长安附近的西面，邠宁、鄜坊在长安之北，总称为京西京北诸镇。更往北的河套地区，则有灵盐和振武等军镇。这些军镇如果不掌控在朝廷中央手中，无疑是一把悬在头上的利剑，让唐廷寝食难安。

再有一部分就是中原地区设立的藩镇，他们保护漕运畅通，同时阻遏河北藩镇的南下，具有重要意义。假如中原藩镇不掌握在手，无疑也是唐朝的心腹之患。为此，德宗甚至在外交上采取与回纥、吐蕃交好的温和政策。《册府元龟·外臣部·总序》记云："德宗即位，与回纥和亲，归吐蕃俘虏，置和蕃使与之盟誓，以纾边难。"

那么，德宗手上有什么实力，能够保证他对内搞定这些藩镇势力呢？

中央政府的实力分为硬实力和软实力两个方面。硬实力就是军事实力和财政实力，软实力来自中央政府的合法性并且得到认可。而任命和罢免节度使、汲取地方赋税以供中央政府调用，是中央政府软硬实力得以实施的表现。所以，德宗的强硬首先得在这些方面表现出来。

● 硬实力就是军事实力和财政实力，软实力来自中央政府的合法性并且得到认可。

大历十四年(779)五月,德宗即位的当月,就从肢解朔方军入手,整顿京西京北的军队。具体做法是,将朔方军一分为三,改设邠宁节度使,下辖河中及邠(今陕西彬州)、宁(今甘肃宁县)、庆(今甘肃庆阳)、晋、绛、慈、隰等府州;灵盐节度使,下辖灵州都督府(今宁夏吴忠)、西受降城、定远、天德、盐(今陕西定边)、夏(今陕西靖边)、丰等军州;振武节度使,下辖单于大都护府、东中二受降城、振武(今内蒙古和林格尔)、镇北、绥(今陕西绥德)、银(今陕西米脂)、麟、胜等军州。年过八旬的郭子仪爽快地接受了安排,但是朔方军发生了内讧。

　　宰相杨炎决定加强西北边陲的防御工事,筑城原州(在今宁夏固原),引起了朔方军内讧。邠宁节度使李怀光取代郭子仪任朔方邠宁节度使(朔方军番号加在邠宁节度使头上),朔方军内部有五位将领名望素高,表示不服,李怀光在监军翟文秀(代表朝廷监察军政)的支持下,悉数诛杀之。这件事朝廷并没有追究,却引起其他军队的不满和恐惧。建中元年(780),当朝廷派李怀光兼任泾原节度使之时,受到士兵抵制,留后刘文喜利用士兵的情绪对抗中央的调动命令,拒不受代。

　　邠宁节度使、灵盐节度使、鄜坊(鄜州、坊州今分别属陕西延安富县、黄陵县)节度使、振武节度使,都属于朔方军系统,泾原(治今甘肃泾川县)节度使却是安西、北庭行营军改组而成,此外,凤翔(今陕西宝鸡凤翔)节度使来源于原河西、陇右行营军以及朱泚从幽州带来的防秋军。现在朔方军系统的李怀光兼统泾原军,四镇、北庭留后刘文喜拒绝接受命令,可想而知。德宗做出妥协,任命朱泚兼四镇、北庭行军、泾原节度使,取代李怀光。刘文喜不受诏,要求朝廷任命自己为节帅。德宗派李怀光、朱泚讨伐之,六月,刘文喜被内部将士所杀。这件事对于其他藩镇来说是一个很大的震动。

真正考验德宗削藩政策的是河北藩镇。

建中元年(780)初,朝廷派遣黜陟使到各地落实两税法。两税法不单单是一个中央财政征收体系的变化,将以人丁为本的租庸调制改为以资产为宗的户税地税制,而且是中央对地方财政收支制度的规范行为,即按照地方实际开支确定财政留成比例。地方开支最大的一笔就是军费,于是,确定地方兵额就成为实行两税法的第一道难题。魏博节度使田悦(751—784)采取阳奉阴违的态度,表面上裁撤军队,按照新定兵额计算赋税分成,但是,实际上被裁撤兵员都被他私下养护起来了。史书上没有记载其他藩镇在推行两税法之时碰到的情况,估计阳奉阴违的情况居多。《资治通鉴》卷二二六记载,建中二年岁末有一个统计:

> 天下税户三百八万五千七十六,籍兵七十六万八千余人,税钱一千八十九万八千余缗,谷二百一十五万七千余斛。

统计的数字包括纳税户数、在籍兵员数、钱粮总额,从中可以看出这几个数据的相关性。

泾原兵变

据《资治通鉴》卷二二六记载,建中二年(781)正月,成德节度使李宝臣卒,其子李惟岳要求代父继位,德宗坚决拒绝,说:

> 贼本无资以为乱,皆借我土地,假我位号,以聚其众耳。向日因其所欲而命之多矣,而乱日益滋。是爵命不足以已乱而适足以长乱也。然则惟岳必为乱,命与不命等耳。

当初魏博节度使田承嗣死的时候,传位给他的侄子田悦,那时代宗在位,是同意了的。现在德宗要纠正节度使父死子继的状况。德宗说,这些贼人本来没有资本来割据,就靠我的土地、假我的位号聚众作乱,我给他们爵命会作乱,不给他们也会作乱。所以德宗不同意节度使父死子继。

魏博节度使田悦也为之请求,当初田悦继承叔父田承嗣之位时,李宝臣是帮过忙的。德宗依然不许。德宗抑制藩镇势力的举措,让魏博田悦、成德李惟岳以及淄青节度使李正己、山南东道节度使梁崇义感受到了威胁,都在积极做战争准备。七月,淄青节度使李正己死,子李纳亦请袭父位,德宗依然不许,同时,朝廷调兵布将,加强东方前线防守。在这种情况下,李纳就决定与魏博田悦、成德李惟岳联合反叛。

第一个阶段,为了集中力量解决河北问题,德宗先是企图笼络山南东道节度使梁崇义,梁反而更加恐惧不安,于是德宗听从淮西(今河南汝南)节度使李希烈之请,调其攻打梁崇义。宣武、淮南等藩镇也投入了征讨叛乱的战争中。于是,战火也在中原地区展开。在河北方面,朝廷调动河东节度使马燧、昭义节度使李抱真、神策军将李晟等军队征讨魏博田悦,调动范阳节度使朱滔讨伐成德李惟岳。

接下来第二阶段,是河北藩镇内部发生变乱。在成德镇内部,王武俊杀李惟岳,向朝廷归顺。而在平定叛乱方面,幽州节度使朱滔、淮西节度使李希烈的反叛,使得叛乱更加蔓延。其中的关键是德宗在处理藩镇利益的时候,没有满足他们的愿望。

建中三年(782)元月,成德大将王武俊杀李惟岳,传首京师,朝廷封之为恒冀节度使。同时,朝廷对河北藩镇区域的划分又做了一些新的安排,致使王武俊强烈不满。于是,他与平叛功臣——同样不满意朝廷安排的幽州节度使朱滔联合起来叛乱,反而把矛头对准官军,救援魏博节度使田悦。德宗于是调动朔方邠宁节度使李怀光率军征讨朱滔和王武俊。这样河北的战火日益扩大。

由于为朝廷出征的军队只要一出境,就享受朝廷提供的优厚待遇,造成朝廷财政紧张,但是对藩镇来说,养寇自重,战争旷日持久,却并不见得是坏事。同年十一月,王武俊自立为赵王,朱滔为冀王,田悦为魏王,李纳为齐王,这就是著名的"四王"事件。他们还遣使奉上表笺,愿意尊奉李希烈为帝。唐朝讨伐藩镇的战争,一发不可收拾。

战争的第三个阶段,是淮西李希烈的叛乱导致整个局面失控,引发泾原兵变,甚至李希烈、朱泚分别称楚帝、秦帝。

淮西节度使李希烈打败梁崇义之后,本想占据山南东道之地,德宗却另派人来到襄州(今湖北襄阳)出任节度使,引起李希烈不满。建中四年(783)正月,李希烈反叛,自称建兴王。整个关东地区一片混乱。

德宗先是派哥舒曜去讨伐,又任命亲王出任荆襄、江西、沔鄂等行营兵马都统,协调诸道兵马援救襄城,其中包括泾原兵五千人。朱泚以宰相之职遥领泾原节度使,节度留后姚令言主管实际工作。现在朱泚因其弟朱滔谋反而被软禁于京城,姚令言率领泾原兵路过长安。这一年的十月特别寒冷,将士们又累又饿,朝廷赏赐稀薄,士兵认为饭菜粗劣,于是扬言,我们肚子吃不饱,怎么能去前线打仗呢?听说国库里有的是钱,他们便发动了叛乱。乱兵向民众宣传说:

> 汝曹勿恐,不夺汝商货僦质矣!不税汝间架陌钱矣!

"商货僦质""间架陌钱"是指朝廷为了筹措军费而征收的各种税费,包括交易税、房产税、商品专卖税等。德宗率领妃嫔和皇子皇孙逃往奉天，重演了当年安史之乱唐玄宗出逃一剧。朱泚被叛军推举为首领，自称秦帝。他在给弟弟朱滔的信中说："三秦之地，指日克平；大河之北，委卿除殄，当与卿会于洛阳。"

朱泚率叛军攻打奉天一个月未下。朝廷急招在河北平叛的朔方节度使李怀光、神策行营节度使李晟来救，朱泚退守长安。不久李怀光又与朝廷发生矛盾，反而与朱泚勾结，不去收复长安。德宗被迫又逃往梁州（今陕西汉中）。

这期间，唐德宗下了一个罪己诏，说小子长于深宫之中，暗于经国之务，骂自己不懂得政治，不懂得稼穑艰难，不懂得真正的劳苦，最后才导致变乱。除了朱泚暴犯陵寝、自立为帝，罪恶太大，不能赦免，其他参与叛乱的李希烈、田悦、王武俊、李纳这些人，都可以赦免，随从叛乱的将士百姓只要趋于效顺，都既往不咎。为了筹备军费，德宗曾经在长安收房产税、交易税，还收商品的专卖税，这时候为了收买人心，下令都停了。

兴元元年(784)五月，唐神策军将李晟等攻克长安，德宗于七月返回。朱泚被部下所杀，李怀光后来兵败自缢。在河北方面，朱滔病死。

朝廷赦免了叛乱藩镇，一切不问，归于息事宁人。

德宗虽然平定了叛乱，回到了朝廷长安，但是天子威严完全扫地了，中央的权威进一步削弱。

德宗后来还在位二十年，与前期相比，最显著的变化是更加重用宦官,更加猜忌大臣,拒谏饰非,刚愎自用,频繁更换宰相,刚开始继位时的那种鼓舞人心的新气象也都没有了。新建左右神策军,由宦官担任神策军长官——神策中尉,还向地方上各个藩镇派宦官为监军。

德宗刚继位时力主削藩的勇气也烟消云散,现在是一味姑息藩镇。藩镇节度使死了,朝廷就派人去了解一下,有想继位的就同意,父死子继成为常态。

过去德宗很节俭自律,禁止地方进献,现在是一心聚敛财富,号召地方进奉财物,还派中使直接向各个衙门索取财物。德宗还告诉官员们,不要太清廉了,拒绝人家送礼,多么不通人情。原来反腐反得很厉害,宦官收礼要处以极刑,搞得宦官都不敢把礼物带回去,现在反而劝宦官收礼。

不过,经过这二十年的休养生息,德宗的姑息之政,也带来了一些积极的变化,主要表现在两个方面:第一个方面是由于新税制两税法的实施,中央财政稳定了;第二个方面是禁军神策军的扩充和强化,使中央军事势力强大起来了。

在唐德宗晚年,神策禁军达十几万人,也就是说财政上有钱了,扩充禁军在不断进行,再加上德宗积攒的地方上进奉的财物,为他的儿孙进行平定藩镇提供了基础。

德宗施政风格的巨大改变与反差,一方面反映了这位自幼生于安逸,后又饱经离乱的壮年天子的脆弱;另一方面也反映出大唐这个时期所处的政治环境的艰难。如何走出困境,已经超出了唐德宗的政治能力。

永贞革新

藩镇割据基本定型以后,唐朝后期问题丛生,改革陷入困境。所谓问题丛生,是指宦官专权,朋党恶斗,赋役繁重,百姓逃亡,中央财政收入不断萎缩。所谓改革陷入困境,是说改革总是失败,走进了死胡同。

中晚唐时代,归纳起来,大概有五次大的改革。

德宗去世以后,针对德宗晚年的弊政和宦官的专权,顺宗有过短暂的"永贞革新"。宪宗元和时期的改革,主要是针对藩镇割据,也有所成就。文宗时期的改革,主要是要剥夺宦官的兵权。武宗时期的改革,主要是在李德裕的主持下,对河北之外的藩镇割据,比如泽潞等藩镇进行打击。宣宗新政,结束了朋党之争。

改革的困境,表现在这些改革都没有取得完全意义上的成功。主要是改革的班子不强,改革一把手的地位不够稳固,改革策略失当、用人不当,改革的指导思想混乱等几个方面的原因。

"永贞革新"的时间虽然不长,但是留下了很多新举措,比如说大赦天下,蠲免租税,比如说除了正常的贡赋之外,完全停止了德宗晚年时兴的向朝廷进奉、送礼之类的陋习,撤掉宫市、五坊小儿(唐代宫中设雕坊、鹘坊、鹰坊、鹞坊、狗

● 这些改革都没有取得完全意义上的成功。

坊,合称"五坊",豢养这些猛禽、猎犬以备皇帝打猎之用,各坊供职者即称"五坊小儿")。五坊小儿仗着皇家的特权,做出很多残酷无理的坏事以诈取百姓的财物。诸如,有的把罗网张在门前不许其家人进出,有的将网张在井上不让百姓汲水,谁要是接近,他们就以惊吓了供奉的鸟雀为由痛打之,然后索要钱财以免其罪。有的聚集在酒馆饭店里大吃大喝,酒足饭饱拔腿就走,有店家不知道他们的身份,前去要酒饭钱,多半被打骂。更有甚者,他们有时候留一袋蛇作为抵押,说:"这些蛇是用来捕捉鸟雀的,现在留下来给你,希望你好好饲养,不要让它们饿着了。"店家害怕求饶,他们才肯带着蛇离开。现在把宫市、五坊小儿这些扰民的事都禁止了,社会上就能够少一些怨声。

德宗晚年还有一件弊政,就是盐铁转运使每个月要给宫中送钱,这其实是把国家的财政收入变成皇帝私人的了。顺宗"永贞革新"中也把它去掉了。

另外,在人事上也采取了一些新政,比如提拔王伾担任翰林学士等。德宗晚年十年无赦,官员有罪过得不到赦免,而且犯一点小错误,在被放逐到地方以后,很少能被重新起用。"永贞革新",始得量移,过去犯了轻微过失的人,可以根据他的功绩再往上升迁。德宗朝的几位名臣,如翰林学士陆贽和郑余庆、韩皋、阳城等,都因事被贬到地方任职,顺宗都下诏书,让他们返回中央,可惜陆贽和阳城还没有接到诏书就去世了。

人事制度安排上,权力向王叔文等人集中,主要是抓财权和兵权。财权主要归盐铁转运使。中国第一部制度史通史《通典》的作者杜佑被任命为度支使和诸道盐铁转运使，这是一个很重要的职务，因杜佑的年事已高，遂由王叔文担任其副手，任度支盐铁转运副使，实际掌握权力，这样就把财权掌握在改革派的手上了。有了钱就可以拿来用人，同时也能够通过赏赐赢得军心。

当然还要掌握兵权。五月，以右金吾大将军范希朝为左右神策京西诸城镇行营节度使。神策军分左、右神策军，是中央最重要的一支军队，大概有十五万人，这十五万人都是由宦官左、右中尉来领导的。因为不可能把十五万人都集中到京城里去，所以神策军的军士主要驻扎在首都西北的城镇，也就是说在京西、京北地区驻扎有很多神策军的部队——神策军行营。这些行营部队驻扎在十三个城镇（城和镇都是驻扎的单位），其统领叫行营节度使。现在任命老将范希朝担任左、右神策军行营节度使，度支郎中韩泰为行军司马。行军司马大概是副司令兼参谋长这样的角色，主要负责军队的调动和军令的发布，实际掌管兵权。王叔文担心手上没有兵权，政权会不稳，所以他要夺宦官的兵权以自固。跟杜佑的角色类似，老将范希朝只是挂个名，王叔文的同党韩泰实掌其权。

为什么王叔文等人急于掌控兵权呢？

原因在于顺宗的身体越来越不好，大家很难见到他。王叔文等担心立了太子后，大权旁落。以宦官俱文珍、刘光琦、薛盈珍等为代表的一些改革反对派想要早立太子，因为他们发现王叔文、李忠言一上来就大权在握，自己这些先朝老人基本靠边站了，所以就召集翰林学士里面的那些老学士入金銮殿草立太子诏,企图把权力夺过来。当时朝廷有六个翰林学士,除了王伾、王叔文外,还有郑絪、卫次公、李程、王涯,资格比较老,看到王伾、王叔文手握重权,他们也不满意,所以与俱文珍等人站在了同一条战线上。当时顺宗不能说话,俱文珍等人与四学士草拟了立太子诏,立嫡以长,顺宗点头同意,长子李淳被立为太子,更名为李纯。

对于顺宗来说,改革固然重要,但他是皇帝,不会顾及王叔文等人考虑的争权的问题。他现在身体不好,从家国传承来讲,当然要立太子,何况太子已二十多岁,已经成人了。可是一立太子,就对王叔文等人构成了威胁。不光是翰林学士、宦官这方面,朝中的宰相也大都对王叔文他们不满,除了韦执谊是王叔文引荐做宰相的,朝中还有其他的宰相如贾耽、杜佑、高郢、郑珣瑜,贾耽、郑珣瑜等皆不愿意与王叔文等人合作。所以,反对王叔文等人的势力越来越大了。

册封了太子以后,朝野上下都觉得有了希望,顺宗万一有个三长两短,社稷就有人继承了。史书上说,"中外大喜",一类人觉得,皇位传承不会出问题了;还有一类人就是王叔文的反对派,他们觉得王叔文的势力不长久了。王叔文当然知道这种情况,所以面有忧色,口不敢言,只是吟杜甫题诸葛亮祠堂里面的诗"出师未捷身先死,长使英雄泪满襟"来表达自己的忧思。正是有这种顾虑,王叔文他们想把兵权牢牢掌控住,作为自己安全的保障。

同时,王叔文他们也去做争取太子的工作,比如让同党陆淳从给事中转任太子侍读,希望在给太子侍读的时候,能够做做太子的思想工作。陆淳甚至为了避太子讳改名陆质。陆淳试图为王叔文等人说项,太子就生气了:陛下令先生给我讲经义,你为什么谈其他的事呢?看到太子不买账,陆淳不敢再为王叔文等人说话了。从这里,已经能看出来问题的严重性了。

从正月德宗去世,到五月王叔文他们想掌兵权,宦官、翰林学士中的那些老学士以及老宰相都站在了王叔文他们的对立面。王叔文他们用新人掌财权、掌兵权的动作有点操之过急,而急的原因就是太子的册立,他们想在此之前能够完全掌握政权、财权、兵权。可是宦官们并不这么容易就范,这么容易让王叔文等人把权力都夺取了。

王叔文担任户部侍郎,还任度支盐铁转运副使,这都是握有实权的实职,而翰林学士相对是个虚职,但翰林学士参谋划意,是在禁中参与中枢决策的职务,亦非常重要。通常在这种情况下,翰林学士职务是应该卸掉的。于是,俱文珍等老宦官就把王叔文的翰林学士职务给免去了。也就是说,王叔文并没有完全控制皇帝制书的传递系统,因为除了王叔文、王伾、牛昭容、李忠言这条线外,还有一条线被宦官俱文珍和其他的翰林学士所控制。所以制书一下来,王叔文傻眼了,因为他不担任翰林学士,就不能进入决策层,没有权力进行决策了,单纯管财务也就没有了意义。因此,王伾一再请求恢复王叔文的翰林学士职务,但一直未得到顺宗的答复,那么王伾、王叔文等的这条线运转就不畅达了。在这种情况下,顺宗还能不能够正常行使决策权,都已经值得怀疑了。

大概由于王伾的反复要求，王叔文被准许每隔三五天到翰林院参谋划意，但不能兼任翰林学士。王叔文明白自己处理朝政的权力来源出了问题了。宦官是不会把兵权交给王叔文等人的，所以当范希朝、韩泰去接管神策军行营的时候，那些神策军的军将秉承宦官的意思，根本不听他俩的，他俩也无可奈何。

　　就在这时候，王叔文跟韦执谊也发生矛盾了。为什么发生矛盾呢？因为他们两人在处理政事上产生了分歧，王叔文有点睚眦必报，而韦执谊则比较和缓。

　　举个例子，宣歙节度使的属官羊士谔到长安办事，公开批评王叔文。王叔文听后大怒，就要下令斩之，韦执谊说不行；王叔文提出杖杀之，这是比斩首低一等的刑罚，韦执谊又说不可以，建议把他贬到地方上去当县尉。就这件事情本身来说，王叔文肯定是不对的，批评政事就要杀头，有点过分，贬到地方去也就可以了。羊士谔的官不是太大，一个节度巡官，也不至于批评政事就被杀头。韦执谊希望处理得和缓一点，也是无可厚非。王叔文对此非常生气，讨厌韦执谊，两个人就此产生矛盾。

　　史书上记载，王叔文还得罪了地方节度使。剑南节度使韦皋派部将到朝廷求王叔文，请其将剑南三川都归他统领，其实就是增加他的地盘，并说：如果这件事做成了，那当有以相助；如果不成功的话，那我们也会"回报"的。这其实就是赤裸裸的威胁。王叔文没有答应，甚至要把韦皋派来的部将给斩了。韦执谊出面阻止，没有斩成。应该说王叔文坚持原则,做得对,但要斩韦皋的部将处理得就不妥当了。这件事,王叔文不但得罪了地方节度使韦皋,而且跟韦执谊之间的矛盾也越来越深了。

韦执谊虽然是被王叔文推荐到宰相位子上的,但他慑于舆论,也不想完全与王叔文亦步亦趋。当时的舆论都说王叔文是小人得志,韦执谊故意要跟王叔文保持距离。韦执谊派人跟王叔文解释说:不是我辜负你,故意跟你过不去,而是想用更好的办法来成就你的事情。王叔文不相信他的话,两人竟然变成了仇人。这也是导致改革难以推进的重要原因之一。

反对派的实力那么强大,包括先朝留下的宰相、翰林学士、权宦以及整个官僚系统,改革派的根基很浅,加之内部不和,这肯定是会出问题的。在这种情况下,韦皋就上表说:陛下身体不好,应该把权力交给东宫。其他一些人,如荆南节度使、河东节度使也都附和韦皋的建议。王叔文他们一时计无所出,情况不容乐观:一方面,地方节度使要求皇上让太子监国;另一方面,他接管兵权的安排根本得不到落实,宦官明确告诉那些京西、京北神策行营的军将,不要把兵权交出去。这样看来,王叔文他们只能坐以待毙了。

屋漏偏逢连阴雨。王叔文的母亲病重,按照古代的伦理,他要请假回去侍奉。请假之前,王叔文设了一桌酒宴,把各位学士、宦官,包括李忠言、俱文珍、刘光琦等人都请到翰林院来吃顿饭。王叔文说:叔文母病,我身任国事不能亲奉医药,现在想请假回去侍奉母亲。我最近竭尽心力不避危难,都是因为朝廷对我有恩,但我一旦离开以后,各种

● 改革派的根基很浅,加之内部不和,这肯定是会出问题的。

419

诽谤肯定会纷至沓来，希望大家能够为我说几句话。他的话立即遭到俱文珍等人的当面驳斥，宴会不欢而散。第二天，王叔文的母亲就去世了。王叔文此时已经不是重要官员了，翰林学士被免，户部侍郎转入度支盐铁转运副使，虽然掌握着财权，但是要把这个财权运作到足以凝聚人心、收买人心的地步，也不是一天两天能做到的事儿。现在既然遭遇母丧，只能在家守制。王叔文既是没有官职的白衣，韦执谊就更不听他的了。王叔文很着急，希望能够再起复为官，要先斩执谊，再杀那些不服气的人。历史就是这么记载的。王叔文究竟是不是动辄就要杀骂、批评与他意见不合的人，不得而知。

改革派很是不顺：王叔文因母丧被解职，日夜盼着起复；王伾每天到宦官那儿去，找宰相杜佑，谋求王叔文夺情起复，然后当宰相，总领北军。但这根本不可能，北军就是禁军，宦官是不可能把兵权拱手相让的。北军拿不到，那就谋求担任威远军使、同平章事，威远军是一支小的军队，即使如此亦未能如愿。改革派不知道怎么办才好，作为翰林学士，王伾在翰林院里上了三次疏文，都没得到回应。他知道事情至此已经完了，就声称自己中风了，半夜回到家里不再出来了。这时候改革派才真正是大势已去了。

此后，朝廷下旨，说皇上厌倦了政事，身体不好，命太子李纯监国。王伾、王叔文那个系统彻底瘫痪了，而俱文珍这边的系统运作得很顺畅。太子监国后，调整人事，罢免无能的宰相。八月，顺宗禅位为太上皇，太子即位，就是唐宪宗，改元永贞,"永贞革新"的"永贞"即由此而来。实际上王叔文他们实施改革那一年是805年,还是贞元二十一年,还是德宗的年号,因为德宗是在正月去世,到八月才把年号从贞元改为永贞。

宦官得势以后,王叔文、王伾遭贬逐,还有八个同党如韦执谊、韩泰、陈谏、柳宗元、刘禹锡、韩晔、凌准、程异皆被贬到地方上当司马,"永贞革新"也叫"二王八司马改革"。司马有点像地方上的巡视员,是没实权的空职,被贬到地方往往就是担任这个职务。王伾被贬后不久即病死,王叔文遭贬第二年被赐死。王叔文集团掌权大概也就不到半年时间,尽管八月新皇帝才即位,实际上五月的时候他们内部就出了问题了。

"永贞革新"有一些积极的意义,比如他们想抑制宦官集团,改革德宗末年的弊政,重振朝纲,但他们的失败是必然的。王叔文这些人升迁得太快,跟前朝的整个官僚系统严重脱节,他们想另起炉灶,把内朝的宦官、翰林学士,外朝的宰相朝官系统,从内到外的系统完全换上自己的人,显然是很难运作起来的。再加上顺宗病体缠身,改革派的权力基础很薄弱。有些措施过于急躁,急于掌握兵权、财权,不能循序渐进,内部又腐败,还有韦执谊跟王叔文的内讧,缺少化解内部分歧、分化敌对声音的谋略。前朝有弊政,新即位的皇帝和他的领导班子想改革,这是很正常的事儿,但从"二王八司马"的能力和策略来看,即使他们没有被剥夺权力,即使太子没有监国、登基,他们能否成功也是值得怀疑的。

● 改革派的权力基础很薄弱,措施过于急躁,不能循序渐进,内部又腐败,缺少化解内部分歧、分化敌对声音的谋略。

"永贞革新",一方面肯定改革派做了一些有意义的事情,另一方面也要认识到,他们的改革即使真正推行了也不一定能成功。因为这时候的唐朝政权即使不是病入膏肓,也是沉疴难除了。

　　值得一提的是,王叔文集团里面有些重要干部的节操值得肯定,王伾、王叔文不久就去世了,很难细致地去观察,而柳宗元、刘禹锡这些人后来都是在中国历史上值得称赞的廉能之士。还有大家不太熟悉的程异,他也是二王八司马里面的核心人物。他当时被贬到郴州当司马。元和初年,他得到当时的财政最高长官盐铁使李巽的重视和提拔。程异善于理财,他在元和年间担任过地方上的财政官僚盐铁留后,成效非常突出。在宪宗平定淮西吴元济叛乱期间,他为朝廷调配粮饷,做得非常出色,保证了前线的军事行动钱粮充足,支持了中央平叛的行动。宪宗不计前嫌,任命他为盐铁转运使兼御史大夫,后来还担任了宰相的职务。后来裴度、崔群等揭他的旧伤疤,说他参加过王叔文集团,是"佞巧小人",反对他出任宰相。其实他只是挂名同平章事(宰相),实际上还是担任盐铁转运使,这是818年的事儿,次年他就去世了。程异这十几年间为国家管着钱财,死后,家无余财,可以说是相当清廉了。

　　像程异这样的人,是"二王八司马"队伍里的骨干,由此很难说"永贞革新"是一群小人当政,争权夺利、以权谋私。"二王八司马改革"的失败,其实也预示了唐朝改革的艰难。

元和中兴

　　"元和中兴"是反对"永贞革新"的唐宪宗成就的,所以政治人物的政治态度与权力斗争是很复杂的事。可以这样说,永贞革新的使命——抑制藩镇、改革弊政,在一定程度上,正是罢黜"二王八司马"的唐宪宗完成的。这种情况有点像战国时期,秦惠文王杀了商鞅,却进一步完善了各项措施,忠实地向前推进了商鞅的改革。

　　肃宗、代宗、德宗时期,藩镇割据很严重,所以朝纲不振。唐宪宗即位以后,经常阅读历朝实录,以祖上贞观之治、开元之治为榜样,认真总结历史经验,比较注重发挥群臣的作用,放权任用宰相。他在延英殿与宰相议事,都是很晚才退朝。宪宗在位十五年,勤勉政事,君臣同心同德,从而取得了元和削藩的巨大成果,重振了中央政府的威望,史称"元和中兴"。宪宗平定藩镇有成绩,可是他最后却死于宦官之手。元和削藩最大的一个代价,就是朝廷的权力移到宦官那里去了。从"永贞革新"开始,一直到唐朝后期,一个可见的线索就是宦官一步一步掌握了国家权力。

　　唐宪宗李纯是有一番抱负的。这个抱负来自他的经历,他个人的见识,他个人的修养与觉悟。他出生的第二年,祖父唐德宗即位,父亲顺宗被立为太子,五年以后,他六

● 总结历史经验,注重发挥群臣的作用。

七岁的时候,发生了泾师之变,德宗仓皇出逃,皇族有七十余人死于叛军,这让德宗痛心愧疚不已。返回长安时,他应七岁左右。有一天,德宗把他抱在膝上逗他说:你是谁家的孩子,怎么在我怀里呢?李纯说:我是第三天子。意思是现在德宗是天子,将来是他爸,他是第三天子。小小年纪好像挺机灵的,德宗对他大加赞赏。

宪宗的家庭关系比较复杂,也比较混乱。唐代皇家通婚不按辈分,也不在乎这个。宪宗的母亲是他的曾祖父代宗的才人,虽然代宗不一定宠幸过这个才人,就像武则天也不一定被太宗宠幸过一样。实际唐代宫中的低品嫔妃,老皇帝驾崩后,如果没被老皇帝宠幸,也不一定会离开后宫,有的可能就不走了,只有生了孩子的内官才会搬离后宫。另外,宪宗有位同父的兄弟,被祖父德宗收为养子,兄弟竟然变成了叔父。宪宗本人的婚姻也是乱了辈分的。宪宗十六岁娶了郭子仪的孙女,可郭妃的母亲是唐代宗的长女,和宪宗的祖父德宗同辈,郭妃和宪宗的父亲顺宗同辈,这样一来,论辈分,郭妃比宪宗要长一辈。顺宗因为郭妃的母亲是自己的姑妈升平公主,而郭妃的祖父郭子仪和父亲郭暧对王室有大功,所以对这个儿媳妇也高看一眼。宪宗和郭妃结婚生有一子李宥,也就是后来的穆宗。唐朝从肃宗的张皇后之后,除了昭宗朝,就没有立过皇后。郭妃即使门第这么高,宪宗也只给了她贵妃的名号,究其原因就是不想让后宫掌权。

史家一直对宪宗即位这件事儿的正当性有质疑。顺宗禅让退位,不久驾崩,然后宪宗就即位,这里面可能有不为人知的秘密。"二王八司马"中"八司马"之一的刘禹锡《子刘子自传》说：贞元二十一年(805)春正月，德宗新弃天下，顺宗即位。当时寒俊王叔文他们得到顺宗的重视，担任翰林学士，主持朝政，贵振一时。王叔文是王猛的后代，有远祖之风，有谋略，能言善辩，"能以口辩移人"。"既得用，从春至秋，其所施为，人不以为当非。""从春至秋"，即从正月到八月。在刘禹锡看来，当时他们这些人及其改革举措是受欢迎的。

史书上包括韩愈的《顺宗实录》都说二王执政，"日夜与其党屏人窃语，人莫测其所为"，这可能是一部分被排斥在新权力中心之外的失意官僚的看法。从改革措施本身来说，是不当废除的。

《子刘子自传》又说：皇上病重，诏下内禅，自为太上皇。当时太上皇久寝疾，"宰臣及用事者都不得召对，宫掖事秘，而建桓立顺，功归贵臣"。

"宫掖事秘"，就是这种事儿的真相是什么样子的不知道。谁在这儿起了作用？是贵臣，也就是宦官。起着什么样的作用？就像东汉桓帝和顺帝即位的情况那样。顺帝即位的时候得到十九个宦官的拥立，帮他除掉了外戚阎氏。桓帝即位后，与宦官单超、左悺、徐璜、具瑗、唐衡五人歃血为盟，诛灭外戚梁冀，五名宦官被同日封侯，世称"五侯"，所以说"功归贵臣"。这样的权力更迭后，王叔文就被贬到外地，刘禹锡也被贬为郎州司马。这其中透露的信息就是，宫中权力发生了转移，是宦官在那里主持。

宪宗其实不窝囊。从元和年间的施政来说，除了小时候患难的经历让他想有所作为外,他还经常看唐前期太宗朝、高宗朝的一些史书,非常仰慕先祖,希望也能做圣明之君。他在元和年间,选拔任用了一些重要的官员。除了杜黄裳、裴度之外,还有两个大家熟悉的文人,一个是白居易。

白居易当时任盩屋尉、集贤校理。白居易诗写得很好,经常规讽时事,宪宗在当皇子的时候就喜欢白居易的诗,即位后就把白居易召为翰林学士。翰林学士是宫内的宰相,号称内相,这个职务非常重要。白居易曾经论及朝廷的政事,面陈宪宗的过失,宪宗的脸色一下子就变了。散会后,宪宗秘密地把翰林承旨学士即领班的学士李绛召来,说白居易官儿不大,竟然敢出言不逊,准备让他离开翰林院。李绛说:陛下容纳直言,所以群臣才敢讲真话。白居易虽然说的话有点欠思考,但他是出于一片忠诚,陛下今日给他加罪,恐怕天下人都不敢说话了,这就不能够广纳善言了。宪宗觉得李绛言之有理,后对白居易待之如初。

再一个就是裴垍。

德宗以户部侍郎裴垍为中书侍郎、同平章事。德宗不愿意对宰相放权,事无巨细皆亲自过问。宪宗在藩邸还是皇孙的时候,心里就对这件事儿不以为然。即位以后,宪宗任用宰相特别推心置腹,他对裴垍讲,太宗、玄宗英明还需要辅佐,方能成就其治道,何况我哪儿比得上我的这些先祖呢。希望你们能竭心辅佐我。当时的这些宰相,尤其是裴垍出于公心,别人不敢用私事来关说。《资治通鉴》中举了一个例子,说裴垍当了宰相后,一个老朋友从很远的地方来投奔他,裴垍给了他优厚的待遇,而且与他往来非常亲密,

"从容款狎"，这个人就趁着说说笑笑的时候说，能不能让我担任京兆判司，就是在首都地区担任一个局长？裴垍说：

> 公不称此官，不敢以故人之私伤朝廷至公。他日有盲宰相怜公者，不妨得之，垍则必不可。

意思是说：老兄你的才能担任不了京兆判司这么重要的职务，我不能以老朋友之私伤朝廷至公。将来如果有那个眼睛瞎了的宰相任用你，我管不着，但是，在我这里是不能让你担任京城局长(判司)这样重任的。

总之，唐宪宗任用裴垍、裴度、杜黄裳、白居易、韩愈等人，朝廷里有一批真正的优秀人才，这也是成就元和中兴的重要原因之一。

唐宪宗元和年间最重要的成就是平定叛乱藩镇。平定藩镇的过程大体有三个阶段。宪宗即位后的前三年，主要是整治那些过去虽未割据，但现在桀骜不羁的藩镇，如西川节度使刘辟，在韦皋死后想自任节度使，夏绥节度使杨惠琳也想自任，浙西节度使李锜想谋叛，宪宗都把他们平定了。第二个阶段主要对付魏博节度使，第三个阶段主要是对付淄青和卢龙节度使，后面这两件事是交叉进行的。

元和八年(813)，魏博节度使田季安去世后，其子年幼，为家中僮仆所控制，诸将士不服，遂拥立兵马使田兴掌权。田兴输诚效忠于中央，朝廷任命他为节度使，赐名田弘正。元和九年，淮西节度使吴少阳死，其子吴元济割据申、光、蔡三州，宪宗发兵近九万人进讨，久战无功。元和十二年，任命宰相裴度为淮西宣慰处置使,负责统率全军,又派神策军将李愬讨伐淮西节度使吴元济。这年冬天一个风雪弥漫的夜里,李愬率领九千士兵突袭淮西镇所在的蔡州城,一举活捉了吴元济,平定了淮西之乱。淮西平定后,沧景、卢龙、成德等镇相继归顺中央,淄青的李师道独力顽抗,被唐中央发兵打败。此时,唐朝算是恢复了表面上的统一,但节度使领有重兵的局面并未改变。

元和十五年(820)河朔再次叛乱之前,上推到广德元年(763)平定安史之乱,有将近六十年。这期间,河北藩镇实际上没有完全被中央掌控过,现在都归附了,藩镇割据可以说得到了解决。

● 元和中兴能够成功,最重要的原因有两条,一是人事,一是制度。

元和中兴能够成功,最重要的原因有两条,一是人事,一是制度。从人事方面来说,唐宪宗和宰相杜黄裳、裴度等人领导有方,削藩意志坚定;从制度方面来说,唐德宗以来留下的财政和军事实力雄厚。财政上,两税法实施到位,进奉(给皇上送钱)增强了中央财力,军事上设立神策军,在钱和人这两个方面提供了平藩削藩的先决条件。

为了巩固成果,朝廷还进行了一些制度方面的建设。比如,下令藩镇不能把境内所有州的赋税都收到藩镇去,要把部分赋税上交朝廷。本来地方赋税分为三部分,留州、送使、上供中央,送使就是给藩镇节度使,留州就是留给所在州,上供就是上供给中央;现在改了,如果说藩镇节度使所在州的赋税已经够本道军费开支,那么其余各州的赋税就要直接送到中央去,不再经过节度使中转,这样调整的目的就是要尽量减少节度使直接干预各个州的行政。

平定藩镇过程中也暴露出了许多问题。这里面最致命的问题就是过度依赖神策军,而神策军掌控在宦官手中。但是,要真正从军事上全面消灭河北这些藩镇,神策军本身的力量未必足够。而宦官控制的禁军战斗力有限。这样一来,唐朝用藩镇打藩镇,平定藩镇的成果就比较脆弱,不够稳固了。

宪宗崇佛,热衷于迎佛骨,差点处死了提出反对意见的韩愈。宪宗也想长生不老,服食丹药。因为丹毒的作用,导致性格暴躁,元和十五年(820)被身边的宦官所杀,太子穆宗即位。

(参见《资治通鉴》卷二一七至卷二四一)

第十五章　长安日落

唐代对于藩镇的斗争在宪宗元和年间获得一个高潮，出现的"元和中兴"就是指包括河北三镇在内的割据藩镇都听命于中央，一扫安史之乱以来，河北之地王师不入的状态。

元和削藩的成功，原因是多方面的。

首先从硬实力上说，元和朝是安史之乱以来最好的时期，国库充实、神策军人数达到十几万，而且训练有素，战斗力强。

其次，宪宗励精图治，以武元衡、裴度为代表的宰辅，以高崇文、李愬为代表的神策军将，以韩愈、白居易为代表的士大夫团队，为元和削藩成功提供了组织人事方面的保证。

可惜，就在举国上下为河朔不沾王化垂六十年（763—820），如今重新回到中央的怀抱而欢欣鼓舞的时候，宪宗却因为食用仙丹引发性情暴戾，被宫中宦竖所杀。一个英武超群的帝王因为仙丹而被宦官所杀，致使王业受损，这是偶然的吗？不，不是，这恰恰是帝制时代最高领导者的痼疾。被仙丹毒死的还有英雄的唐太宗，因服用五食散性情暴戾而被下人所杀的还有英雄的拓跋珪。

中兴的局面很短暂。穆宗长庆之后，朝廷错误的销兵政策（硬性规定各藩镇兵每年必须有百分之八左右士兵因

- 一个英武超群的帝王因为仙丹而被宦官所杀，致使王业受损，这是偶然的吗？这是帝制时代最高领导者的痼疾。

为逃亡、死去而自然减员），河北地区几位朝廷新任命的节度使处事失宜，以及河北骄兵品格的顽固习性，导致了河朔再乱的悲剧。河北诸镇故态复萌，朝廷只好承认既成事实，从此不再干预河北三镇的节度使继承和赋税征收事宜。敬宗、文宗、武宗都保持着这种态度，藩镇问题成为无解的僵局。

唐代后期另外一个政治难题就是宦官擅权。

唐宪宗是唐代历史上第一个死于宦官之手的皇帝，继而他的孙子唐敬宗也被宦官所杀。宦官掌控神策军等中央禁军，可以废立皇帝，从文宗之后，即使皇帝立了太子，没有宦官的许可，也无法即位。于是，宦官专权成为唐代后期政治痼疾。唐文宗曾经一再利用身边的翰林学士除去宦官，均以失败告终。

唐朝中后期士族阶层借助逐渐完备的科举制而东山再起，占据朝廷要津。但是，外无法对付骄藩，内不能抗拒宦官，唐朝的士大夫只是因个人恩怨，在权力和个别政策问题上你争我斗，历史上称之为"牛李党争"。牛是牛僧孺，李是李德裕。

● 外无法对付骄藩，内不能抗拒宦官，唐朝的士大夫只是因个人恩怨，在权力和个别政策问题上你争我斗，历史上称之为"牛李党争"。

李德裕是一个非常优秀的政治家。他辅佐武宗的会昌朝，取得了多方面的成绩。武宗驾崩，宣宗即位，一朝天子一朝臣，李德裕被逐出朝廷。

宣宗的大中政治虽然小有起色，但是其为政察察为明，完全谈不上治国理政上大刀阔斧的改革与调整，也就难以改变大唐江河日下的趋势。

其实，从唐顺宗"永贞革新"以来，唐王朝改革行动可谓多矣，可是均一次又一次地失败了。改革班子不坚强，改革一把手地位不巩固，改革的策略失当，改革的用人失当，改革不能持续进行，改革目标偏重人事权力而不是制度创新，这些都是改革陷入困境，甚至陷入死胡同的主要原因。但是所有原因中最核心的一条是大唐一把手皇帝本身生于深宫之中，长于妇人之手，缺乏掌控全局的能力，官僚队伍蝇营狗苟，缺少社稷之臣。只有唐宣宗因曾长期被冷落，尚有一些明君品质，李德裕为干练忠臣，不乏大臣风范，二人却不能合作开创新局面，说明唐朝的气数已尽，终究是无可奈何花落去。

● 改革班子不坚强，改革一把手地位不巩固，改革的策略失当，改革的用人失当，改革不能持续进行，改革目标偏重人事权力而不是制度创新，是改革陷入困境的主要原因。

河朔再叛

一朝天子一朝臣。

唐穆宗李恒即位，新的宰相已经不是裴度这些人了，而是进士出身的萧俛、段文昌等。这些人很难说很坏，只是治国理政的能力不行。他们执政之初即提出销兵（裁军）的方案，操之过急，加之细节考虑不周，引发了一系列问题。销兵其实无可厚非，也是元和用兵政策的继续。藩镇反叛要用兵，藩镇归附了自然要销兵，这是必然之理。因为藩镇豢养了数万军队，并没有实质的战争需求，不能为养兵而养兵。于是裁军就成为太平时期的必然选择。

通过裁军可以减少地方财政开支，中央在财政分割上，留给地方的比重也可以减轻,这是财政目的,当然也是军事目的。

地方军队太多,对国家安全不是好事,裁军势在必行。但当时裁军的手段实在很糟糕。朝廷不敢直接命令裁军,那样会得罪藩镇骄兵,所以暗中要求每年有百分之八的士兵因逃亡或死去而被除军籍,其实就是以不公开的办法下裁军硬指标。这个粗暴做法的后果就是军队大量将士在落籍后无处可去,因为对他们来说,当兵完全是一种职业,是靠当兵养家糊口的。现在赖以生存的职业没有了,朝廷又没有后续安置措施,所以他们只能聚山泽为盗,又成为危害社会安全的一股力量。而原来用藩镇打藩镇,甚至于收买藩镇的那些措施,又没有完全落实,比如百万贯赏钱没到位等,所以导致河北藩镇再叛。还有一点就是,在河北藩镇节度使人选的安排上,也没有精心挑选。

河北藩镇归附之后,朝廷曾对诸藩节帅整体调防,但藩镇内部的权力结构并没有丝毫改变。

以幽州节度使张弘靖为例。张弘靖(760—824)曾任宰相,是一个世家子弟,出身收藏书画的世家,他的孙子张彦远就是著名的《历代名画记》的作者。他在军中经历很有限,担任过两任节度使,但都是还没有莅职就随即迁改。

张弘靖初入幽州,受到当地百姓的夹道欢迎。他坐着肩舆(轿子),悠然自得,三军将士,无不吃惊。因为军武出身的河北军将,素来与将士打成一片,完全不敢如此高高在上。即使从历来的带兵传统说,也讲究要与官兵同甘共苦。春秋名将司马穰苴带兵,战国名将吴起带兵,无不如此。纸上谈兵的那位赵括之所以失败,按照他母亲的观察,不就是

● 历来的带兵传统,讲究要与官兵同甘共苦。

作为带兵之人,脱离将士,不懂得笼络吗?

张弘靖出事及最后被驱逐出河北,原因有二:

一是张弘靖习惯富贵安逸,不察此间风土人情,而又试图尽革幽州旧俗,甚至挖安禄山的坟墓、毁其棺椁,这不能不引起安史旧部后代的反感和恐慌。刚刚莅任,当下的急务并不是清除六十年前的安史流毒。再加上新来的官员们吃喝腐败,晚上夜宵归来,烛火满街,前呼后拥,俨然占领者、胜利者的姿态,这让幽州人很反感。这些以胜利者自居的幕僚们在诟责吏卒之时,多以反虏名之,说:

> "今天下无事,汝辈挽得两石力弓,不如识一丁字。"(《旧唐书·张弘靖传》)

军士们因受到侮辱而怀恨在心。

二是赏银遭到克扣。幽州节度使刘总主动归朝,朝廷以钱一百万贯赐军士,张弘靖私自扣留其中二十万贯充作军府杂用。这件事成为激起幽州将士反叛的导火索。张弘靖被囚禁,昔日遭人痛恨的那几个幕僚全部被杀。次日,士兵们觉得事情做得有些过分,前后三次向张弘靖请罪,表示愿改前过,但张弘靖均不予理会。将士知道和解无望,一不做二不休,当即拥立军将朱洄为兵马留后。朱洄当时因病在家休养,众将遂拥立其子朱克融。朝廷姑息,贬张弘靖为抚州刺史,任命朱克融为幽州节度使,三镇完全恢复到割据以前的状态。

总之,新任节度使缺乏根基,人心不服,甚者昏庸骄横,颐指气使,致使矛盾激化,加上朝廷承诺的赏赐未能完全兑现,河北藩镇遂普遍发生了驱逐或杀戮朝廷所派节度使的叛乱。

继幽州朱克融之后,成德王廷凑(按,《资治通鉴》作"王庭凑")也出来发难,互为声援。朝廷迅速调集大军镇压,然诸道兵观望不前,竟不能战胜二镇的万余叛军。长庆二年(822)魏博史宪诚杀害朝廷命帅田布,朝廷执政者昏庸,又缺少长期用兵的财力支持,被迫承认河北藩镇现状。

长庆年间河北三镇复叛之后,朝廷对于其节帅世袭和不上贡赋两大问题采取了默许的态度,河北藩镇也不再主动叛乱以挑战朝廷权威,中央与藩镇的关系重新趋于平衡。但朝廷对于其他地区的跋扈藩镇则往往采取镇压手段。如会昌三年(843)泽潞节度使(治潞州,今山西长治)刘从谏(803—843)死,其侄牙内都知兵马使刘稹继位。宰相李德裕在武宗的支持下,坚决派兵镇压,于次年平定了叛乱。

敬宗之死

穆宗之后即位的是敬宗。敬宗的昏聩和冥顽,史不绝书。在他即位之后,就有一些官员抗死谏诤其不上朝、不早朝的怠政行为。宰相牛僧孺主动要求离开朝廷,就是因为敬宗昏庸不作为;李德裕也上书谏诤,如对牛弹琴。《资治通鉴》的有关记载也不遗余力。

在敬宗即位当年的四月份，就发生过一起暗杀皇帝的事件。谋杀者都是宫中不三不四之人。史料记载，为首的是卜者苏玄明、供役于染坊的张韶。

苏玄明对张韶说："我给你算了一卦，你当升殿坐，与我共食。"还说："如今皇上昼夜击球、打猎，多不在宫中，大事可图也。"

张韶居然信以为真。头脑简单的人很好动员起来做大事！于是，张韶与苏玄明暗中联络染工无赖者百余人，准备起事。苏玄明是出主意的人，张韶者流大约是做工的，人多而且有勇力，所以被苏玄明发动了起来。

这一天，他们把兵器藏在紫草里，装载上车，从大明宫东面的左银台门（北边就是玄武门）进宫，准备夜间动手。入宫不久，有巡逻者发现拉紫草的车怎么这么沉重，上前盘查。张韶一下子慌了，遂杀死盘查的人，换上衣装，仓促动身。他们举着武器呼啸着扑向禁庭。

敬宗其时正在清思殿击球，宦官们见状，惊恐万分，急忙关闭殿门，跑去告诉皇帝。叛乱分子随即斩关而入。敬宗狼狈而逃，想逃往右神策军营，有人提醒说左军更近，于是急忙逃往到左军驻地。

平日里两军竞技比赛，敬宗总是向着右神策军，因为右军中尉梁守谦有宠于皇上。现在敬宗皇帝气喘吁吁地跑过来，左神策中尉马存亮急忙出来迎驾，亲自背起皇上，跑入军中，遣大将康艺全将骑卒入宫讨贼；马存亮又以五百骑迎二太后至军。

这边，张韶升清思殿，坐御榻，与苏玄明同食，曰："果然如你所言!"苏玄明惊曰:"事止此邪!"张韶惧而走。恰好康艺全与右军兵马使尚国忠引兵至,合兵击之,杀张韶、苏玄明及其党徒,死者狼藉。逮夜分始定,散匿在禁苑之中的其余党徒,也在次日悉数擒获。

"时宫门皆闭,上宿于左军,中外不知上所在,人情恇骇。丁酉,上还宫,宰相帅百官诣延英门贺,来者不过数十人。"贼徒所经历诸门,监门宦者三十五人依法当死。敬宗下诏并以杖刑罚之,仍不改职任。同时,厚赏两军立功将士。

从以上列举的资料中,我们可以基本上判定,敬宗李湛是很不称职的一个皇帝。他有三大特点:第一是喜欢游玩,尤其是喜欢击球、摔跤、掰手腕,"击球、手搏、杂戏";二是无节制地赏赐;三是动辄虐待身边的侍从人员,包括宦官。

敬宗并没有受这次事变的影响,事后照样游戏无度,狎昵群小。敬宗身边有一些不三不四的大力士,若对皇帝不顺从、不恭敬,就会被严重处罚,包括流配、籍没为奴;身边宦官若有小过失,也会挨揍,他们与力士一样对敬宗皇帝又怨恨又恐惧。

十二月初八,敬宗夜猎还宫,与宦官刘克明、田务澄、许文端及击球军将苏佐明、王嘉宪、石从宽、阎惟直等二十八人饮酒。皇上酒醉醺醺,入室更衣,殿上烛忽灭,苏佐明等弑敬宗于室内。

皇帝与身边的工作人员游玩、喝酒,竟然被身边的人给杀掉了。更重要的是,刘克明等矫称上旨,命翰林学士路隋草遗制,以绛王李悟权勾当军国事。次日,宣遗制,绛王见宰相百官于紫宸殿外廊。政变就这样成功了。可以想见,没有事先的周密准备,一天多时间内,就换了一个天子,真是不可思议!

政变最终还是夭折了,因为动手的刘克明等是低级宦官,他们想要换掉宦官中掌权的实权派"四贵",谈何容易。于是,枢密使王守澄、杨承和,中尉魏从简、梁守谦定议,以禁卫兵迎江王涵入宫,发左右神策、飞龙兵进讨贼党,尽斩之。刘克明赴井,出而斩之。绛王为乱兵所害。

显然,刘克明等宦官是敬宗为太子时的身边宦官,枢密使王守澄等人则是体制内先皇时期留下的宦官。担任中尉和枢密使,须有一定的资历,而太子身边的小宦官一般不会有机会升任如此高的职位的。换掉皇帝,是利用其贴身近侍的位置,容易得手,也容易封锁消息。但是,要换掉执掌军政大权的大阉,便不那么容易了。

敬宗之死告诉我们,太子的贴身宦官成为戕害皇帝的人;先帝时期的权阉成为决定皇帝人选的人。权阉最在乎的是太子(嗣君)是否是自己拥立的。文宗、武宗、宣宗即位前夕,只是诸王而已,都没有自己的宦官系统。体制内的宦官成功地堵住了挑战者。

甘露之变

唐朝曾经依靠神策军平定了藩镇,但是神策军落入了宦官的手中,又带来了新的问题。

穆宗以来,唐后期宦官掌握了拥立皇帝的大权,宪宗和敬宗还是被宦官所杀。能够废立、弑杀皇帝,说明宦官真正掌控了朝廷的最高权力。

皇帝需要宦官,但无论如何也不愿意看到宦官威胁自己的安全。敬宗无嗣,弟弟文宗即位。他对爷爷宪宗和长兄敬宗之死刻骨铭心。在他统治的十四年期间,有两次针对宦官的清除行动。

第一次行动是由大臣宋申锡(760—834)策划执行的。

当时神策军中尉王守澄特别专横跋扈,也难免招权纳贿,文宗想除掉他。按照唐代的制度,皇帝身边除了宦官、妃嫔,还有翰林学士跟皇帝接触比较多。翰林学士就是皇帝的秘书班子,在宫中参与决策,起草诏旨。宋申锡是翰林学士,也愿意接受皇帝下达的清除宦官的使命。

文宗认为宋申锡这个人沉稳忠诚,提拔他为同平章事,也就是宰相。可是宋申锡孤掌难鸣,故引荐吏部侍郎王璠为自己的帮手,任命王璠担任京兆尹,即首都地区最高长官。

王璠跟宋申锡的关系可能并不亲密,王璠这个人到底怎么样?对皇帝忠诚不忠诚?宋申锡其实并没完全搞清楚。

宋申锡把皇上要诛宦官的密谋告诉王璠,说咱俩一起合作。王璠居然把这个密谋泄露给当时勾结宦官的另一个官员郑注,郑注又泄露给大阉王守澄,要他们暗中做准备。

王璠为什么这么干?可能王璠觉得现在王守澄炙手可

热,郑注又是宦官的红人,于是想利用宋申锡泄露的这个密旨作为自己的投名状、见面礼,希图受到郑注、王守澄的重视和重用。

郑注和王守澄得到消息后,就策划了一个阴谋。当时,文宗有个弟弟漳王李凑,很贤能,也有人望,郑注就让部下神策军将诬告宋申锡谋反,想拥立漳王李凑篡位。王守澄立马把这个事情煞有介事地报告给文宗,文宗居然相信宋申锡要拥立漳王推翻自己,大为震怒,遂派宦官召集宰相到中书省处理这个事情。

宋申锡完全蒙在鼓里,也应召而来,门官挡住他说,召集的宰相里面没有宋公。宋申锡知道自己出事了,他失去了文宗的信任,也许文宗就完全没有信任过他。

调查结果,虽然没有找到宋申锡私通漳王谋反的确凿证据,因为这事本来就是莫须有,但最后宋申锡还是被撤掉职务,贬到地方任闲职去了。这件事发生在大和五年(831)。

从这些事可以看出,文宗做事不稳健,宋申锡也没有获得文宗的绝对信任,如果要是信任宋申锡,怎么相信别人诬告他谋反、拥立漳王李凑呢?而宋申锡本人在策划重大问题上也过于草率,随便找了一个并不可靠的合作者王璠,最后王璠居然把文宗的密旨泄露给对手。这不仅仅是文宗所托非人,宋申锡也不是可以承担重任的那种人才,他在王璠问题上犯的错误,表明他根本不够格儿处理这么重大的机密事情,整个事情就是一场闹剧和儿戏。

事后,大臣牛僧孺为宋申锡辩护说:人臣的最高位子不过是宰相,宋申锡已经当了宰相了,即使拥立漳王李凑,他又能得到什么呢？他的位子能比宰相更进一步吗？所以宋申锡不至于做出这样的事。文宗大概也明白了这一点，可能就是怪罪宋申锡处事不密，所以宋申锡最终没有被处死，而是被流放到开州当司马，几年以后无声无息地死在那儿。

这件事以后，文宗心中大概也很憋屈，他想清除宦官，结果反而是自己的亲信大臣被宦官除掉，所以当时他还是不甘心，又物色了两个人，想再次清除宦官。这次行动跟"甘露"有关系，所以历史上把这次事变叫"甘露之变"。

所谓甘露，就是天上降的甘霖。道家养生重视甘露，儒家更是视之为上天褒奖的表示，故名之为祥瑞——吉祥的兆头。

"甘露之变"发生在大和九年(835)的秋天。早在大和八年，文宗就发现有两个人也许可以一起密谋对付宦官，一个就是上次与宦官王守澄合作陷害宋申锡的郑注，一个叫李训(原名叫李仲言)，这两个人都是宦官王守澄推荐的。郑注善医术，李训能讲《周易》，故得以到文宗身边侍奉。文宗与他们接触以后，发现两个人机敏过人，而且也都表现出忠诚无二的样子。文宗认为，此二人既然是宦官推荐过来的，利用他们打击宦官，应该不会引起宦官的怀疑。于是，文宗就注意笼络和提拔李、郑二人，让李训担任翰林学士，郑注也当了部级干部太仆卿。

一年以后，大和九年秋，文宗提拔李训为宰相，让郑注到长安附近的凤翔去当节度使，以便做中央的外援，开始采取打击宦官的行动。

在李训和郑注的操作下，他们先后把杀害宪宗的几个宦官，包括王守澄，都给处死了。从这些事我们也看出，唐文宗信赖的李训，其实跟当年的宋申锡有点类似，也是从翰林学士提拔到宰相的。奇怪的是文宗居然信任郑注，当年正是郑注在背后指使人诬告宋申锡谋反，意味着唐文宗只想达到自己的目标，不考虑所任用的这些人是不是真的有办事才能。所以文宗真是病急乱投医，缺乏通盘考虑，他再次失败，再次受辱是笃定的了。

文宗试图让李训、郑注利用宦官之间的矛盾来达到自己的目的。当时有个很重要的宦官叫仇士良，仇士良在文宗继位当中是有功的，他是认同、拥立文宗的。王守澄是个老资格的宦官，对后辈的仇士良有所压制。李训、郑注看出了王、仇二人的矛盾，建议文宗提拔仇士良为左神策军中尉，分去王守澄的权力。另外，任命王守澄为左右神策军观军容使，名义上这是神策军中的最高职位，但没有实权，而且让王守澄担任十二禁军的统帅，这样看起来，王守澄表面上是被提拔了，地位很高，实际上实权被夺走了。

当时李训、郑注给文宗描画了一幅美妙的太平图象，说先除掉宦官，然后收复吐蕃，占领河湟地区，扫平河北藩镇，一副雄才大略、胜券在握的样子，文宗也被他们描绘的图景所吸引，觉得真的是太平盛世指日可待。

中唐后期的这些皇帝真的想有所作为，可是他们没有这种才能，体现在他们拔擢的这些亲信大臣的能力和水平上，如顺宗身边的王叔文等人，文宗提拔的宋申锡、李训、郑注等人。表面上看，这些人是有一些抱负和主张，但是能不能当操盘手,真的革除当时的弊病,使国家走向大治,其实都是要打个问号的。当年的王叔文没有成功,也许与皇帝病重,没有强力的支援有关系;现在宋申锡、李训没有成功,跟皇帝和操盘者本身的能力都有关系。

文宗任用的宋申锡、李训、郑注这些人,都是当年朝廷中边缘化的人物,跟当时牛李党争中的那些人物,如李德裕、李宗闵、牛僧孺没有直接的关系。文宗厌恶朝廷中的朋党,牛李两党的人物都被他贬到地方上去了,起用李训和郑注这些稍微边缘化的士人掌权。最后,放逐了牛李两党的人物,也把当初杀害宪宗、敬宗的那些宦官除掉了,现在应该集中精力去清除主要的宦官。

但李训、郑注两人此时发生了矛盾,矛盾的根源在于两人争功。王守澄被明升暗降以后,文宗赐其毒酒,把他秘密地鸩杀了,然后还将王守澄追赠为扬州大都督,好像他是寿终正寝的一样。但是世上没有不透风的墙,外面的人都觉得,郑注、李训当年都是通过王守澄的门路上去的,最后还把他杀了,当然王守澄是罪有应得,可是人们也觉得李训、郑注太阴险狡猾了。

郑注跟李训商量,借着给王守澄办葬礼的机会,他以凤翔节度使的身份,选几百个壮士拿着白棍,怀揣着利斧,作为他的亲兵参加葬礼。当时主要的宦官都会参加王守澄的葬礼,在葬礼上郑注就趁机让亲兵拿出利斧,把这些宦官都给杀了。如果宦官没有提防的话,也许郑注的计策还真能成功。

可是李训跟他的私党谋划,这个事如果做成的话,那不就是郑注的功劳吗？于是，他们另有安排，要把这个功劳抢到自己这边来。李训与他的私党让自己任命的节度使郭行余、王璠在赴镇之前，以各自藩镇的名义先召募若干兵卒，用这些人先杀宦官，后除郑注。

这天，文宗在紫宸殿上朝，有人就报告，说在左金吾卫的办公厅后面的石榴树上，发现夜里降了甘露。宰相说甘露降临，是天降祥瑞，李训等人建议皇上去看看。文宗同意了，出了紫宸殿，来到更大更正式的含元殿坐朝，命宰相和两省的官员先去左金吾看看是否是真的甘露，这些官员看了以后，回来汇报说好像不是真的甘露。

在古代，天降甘露是一件大事，如果真的是甘露，就要诏告天下，臣民也要上表祝贺，如果匆忙宣布，最后发现是假的，就会闹出笑话，惹来非议。

为慎重起见，文宗就对左右神策军中尉仇士良、鱼志弘说："你们带宦官去看看吧。"因为宦官是在皇帝身边侍奉的人，相对那些朝廷百官来说，是皇帝更亲近的人。文宗让这些宦官去看看，回来再报告，宦官就去了。

李训赶紧召集郭行余和王璠，说你们来接敕旨，准备杀掉宦官。王璠、郭行余等人虽然做了准备，其实都很害怕，有点战战兢兢的。

在左金吾卫的办公厅后面，也就是传说甘露降临的地方，其实有刀斧手埋伏在那儿。仇士良这些宦官到了那里以后，率领那些伏兵的将领韩约神色很紧张，而且直冒汗。仇士良看到后觉得很奇怪："韩将军，你怎么这么紧张呢？"这时候，凑巧一阵风吹来，把院中的帐幕吹得卷起来，仇士良发现很多士兵藏在那里,又听到兵器碰撞的声音。仇士良等人大惊,赶紧往外跑,守门的人想关门,被仇士良大声呵斥,门没有关上。

仇士良等人趁机跑回了含元殿,让文宗坐在软轿里准备抬回宫。李训还想阻止,拉着文宗的轿子说:"皇上不能回宫,我还有事没讲完。"一名宦官把李训打倒在地,抬着文宗的轿子就进了宫中。宦官挟持着文宗,等于有了合法性的权力,可以以皇帝的名义讨伐乱党,所以文宗被宦官抬进宫后,宦官都高呼万岁。

李训见文宗进宫,知道大势已去,换上一个随从六七品官吏的绿色官服,一路奔逃,还大声说:"我有什么罪呀,就把我贬到地方上去?"人们也不怀疑,认为他真是被贬了,结果李训顺利地逃出了长安。

其他一些宰相如王涯、舒元舆在中书,不明所以,还说皇上应该开延英殿商量朝政,不知道已经发生了重大事变。

文宗被宦官抬进宫后,仇士良等宦官也知道文宗参与了李训等人杀宦官的密谋,所以特别怨恨,对文宗出言不逊,文宗也是一脸羞惭,无言以对。仇士良等人声称,朝廷中宰相谋反,派神策军出宫讨伐贼党,见人就杀,把宰相王涯等人也都给抓了。最后,仇士良说王涯等人谋反,还是跟当年宋申锡一样的理由,要求文宗处罚,经文宗批准,把宰相王涯、舒元舆都杀了。事件的主谋李训、郑注当然也没逃掉,都被杀了。

从这件事情可以看出来,在清除宦官方面,李训、郑注比宋申锡有一点成绩,除掉了大宦官王守澄等人,可是要对付新进的大宦官仇士良的时候,这些人依然是谋划不周、能力不足。

李训的谋划漏洞百出,他任用的将军韩约,也是临战怯阵,不能承担重任。李训谋划杀宦官是一种阴谋手段,在宫廷斗争中,这种阴谋手段并不少见,但文宗要除掉宦官,竟然要臣下采用阴谋手段进行,而不用正大光明的手段,通过制度的办法来实现,这就有点让人匪夷所思了。

后来唐文宗召见学士周墀,问自己是什么样的皇帝,周墀当然要说好话了,盛赞文宗是尧舜一样的君主。文宗苦笑道:"与周赧王、汉献帝相比如何?"周墀很惊骇,说何至于此。文宗落泪说:"周赧王、汉献帝受制于强藩,我却受制于自己的家奴,还不如他们两位。"文宗后来实际上是被宦官软禁了,此后皇帝要除掉宦官,基本上没有可能了。

仇士良退休时,宦官们给他送行,仇士良就传授经验,告诉宦官们如何对付皇帝:不能让天子闲着,应该经常以奢靡的事来遮蔽他的眼睛和耳朵,让他看不见、听不见外面的事情。皇帝天天沉溺于宴乐、奢靡之中,没有工夫管别的事,我们才能得志。尤其不要让皇帝读书,不要让他接近读书人,否则他就会知道前朝兴亡,内心有忧惧,便要疏斥我辈了。

仇士良的这段经验之谈,足以解释为什么唐朝后期那么多皇帝,比如穆宗、文宗、武宗年纪不大就死了,一方面他们沉耽声色,另一个方面他们身体也不好,还想长寿,又吃仙丹,所以最后皆短命而亡,究其原因就是皇帝深受宦官的这种影响。

文宗钦定的接班人被宦官调包，武宗李炎即位，他统治的会昌年间，由于重用宰相李德裕，取得过一些亮眼的成绩。

会昌之政

会昌是唐武宗的年号(841—846)。会昌年间的首席执政大臣是李德裕。

李德裕，字文饶，赵郡赞皇（今河北石家庄市赞皇县）人，"幼有壮志，苦心力学，尤精《西汉书》《左氏春秋》"（《旧唐书·李德裕传》）。他的究心经史之学，不是吟诗作赋，而是喜欢读史。李德裕早年以门荫入仕，在幕府中崭露头角。经过幕府实际政务历练之后入朝为官，是唐代中后期许多政治家的通常路径。德宗末年，他方入朝为监察御史。

李德裕的主要活动是在"元和中兴"之后。从穆宗长庆(821—824)初年召为翰林学士，跻身长安政坛的中心舞台，历敬宗、文宗朝，出将入相，在浙西和西川节度使任上有政绩；至武宗会昌时独秉国钧，应对回鹘的乱亡，摧抑泽潞藩镇割据，充分施展了他的政治才华。李德裕在中唐政治舞台上活跃了二十余年。但是，宣宗即位之后七天就撤除了其宰相职位，将其一再贬黜，李德裕最后死在崖州（今海南）司户任上。

李德裕在中晚唐政坛上的大起大落,折射的是那个时代政治气候的波诡云谲;探讨李德裕的政治作为和身世沉浮,也是分析中晚唐历史走向的一条线索。

在中晚唐政治中,牛李党争被视作与藩镇割据、宦官擅权同样重大的历史事件。在牛李党争中,李德裕则是所谓李党的头号人物,讨论李德裕,离不开这个话题。

《资治通鉴》等传世文献在介绍牛李党争起因时,都提到以下两件事情:第一件事是唐宪宗元和初年的对策案;第二件事是唐穆宗长庆元年(821)的科举案。

元和三年(808)四月,策试贤良方正直言极谏举人。"策试"是唐朝选拔人才的一个科目,采取自我申报和选拔推荐相结合的方式。被推举的考生,有现任低级官员,也有科举及第还没有做官的所谓"前进士",特殊情况下,甚至还有白丁布衣。对策内容是就对当前的施政得失,提出建设性批评意见。如果被判入高等,就可以获得破格提拔。

这一年的考生中有伊阙尉牛僧孺、陆浑尉皇甫湜、前进士李宗闵,他们在指陈时政之失时,无所避忌。主考官户部侍郎杨於陵、吏部员外郎韦贯之,署之为上等。据说宪宗皇帝也很欣赏,下诏中书优予选拔。当朝宰相李吉甫却来找皇帝诉苦,流着眼泪诉说自己的委屈,而且举报说翰林学士裴垍、王涯"覆策"(覆核考卷)有舞弊行为,考生皇甫湜是王涯的外甥,王涯不事先提出回避;裴垍也无所异同。这就涉及有意作弊了。

于是,这引起了一系列人事变动,罢黜裴垍、王涯翰林学士之职,改裴垍为户部侍郎,王涯接连被贬黜,后为虢州

● 在中晚唐政治中,牛李党争被视作与藩镇割据、宦官擅权同样重大的历史事件。

司户，考官韦贯之再贬为巴州刺史，杨於陵也因为对舞弊负连带责任，外放为岭南节度使。考生牛僧孺等人被黜，只能到藩镇幕府去谋职。对于这件事，几个月前刚被提拔为翰林学士的白居易，曾提出反对意见，但没有被宪宗采纳。

此事过后十三年，即穆宗长庆元年(821)四月，又有一次科场舞弊案。这一年主持贡举的首席主考官是礼部侍郎钱徽，同为考官的还有右补阙杨汝士。放榜录取的进士及第名单中，除了郑覃的弟弟郑朗、裴度的儿子裴譔外，中书舍人李宗闵的女婿苏巢、主考官之一杨汝士的弟弟杨殷士，也赫然在目。西川节度使段文昌、翰林学士李绅给考官递送了纸条子，但没有被关照。于是，段文昌向穆宗控告说：今年礼部考试进士非常不公平，所录取的进士皆权势者的子弟，没有真本事，是靠走后门得到的。

穆宗震怒，问诸位翰林学士，是否有此事。李吉甫之子李德裕是翰林学士，他的同僚还有元稹和李绅。李德裕(恨李宗闵曾经攻击其父亲李吉甫)、元稹(与李宗闵在官场竞争产生了矛盾)、李绅(自己关照的人选没有录取)都回答说："诚如文昌言。"穆宗乃命中书舍人王起等覆试。结果下诏撤销了郑朗及苏巢等十名考生的录取资格，严格处分涉弊当事人钱徽、李宗闵、杨汝士，将他们贬黜到地方担任刺史、县令。《资治通鉴》卷二四一记载："自是德裕、宗闵各分朋党，更相倾轧，垂四十年。"

从唐穆宗长庆元年(821)后推四十年，是唐懿宗咸通元年(860)。其实，唐宣宗即位后，李德裕就已经失势。若从宣宗大中元年(847)往上推四十年，就是元和三年(808)，而当时牛李都未能成党争之势。这样看来,说牛李党争四十年,未免夸大了。

牛李两党恩怨,《旧唐书》《新唐书》本传都提到穆宗时李逢吉排挤李德裕,引牛僧孺入相之事。这可以算是互相倾轧的党争的开始,党争的胶着状在文宗时期,多数情况下以牛党占优,武宗时期则李党垄断,宣宗初年则以李党彻底崩溃而结束。

史家之所以夸大牛李党争,原因有二:一是唐朝末年,僖宗、昭宗时期,朝廷党争以及南衙北司的冲突(如崔胤与宦官之间)确实严重;二是唐朝的党争几乎招致亡国的风险。文宗朝牛李之间是有矛盾,但是远远没有严峻到"去河北贼易,去朋党难"的程度。

党争的胜负,以谁在中央任相为标准。文宗时,李德裕从大和七年(833)二月到八年八月执掌朝政。其余时间主要是在浙西和西川任节度使。在这两个岗位上,李德裕恰恰显示了其政治才华。

《新唐书·李德裕传》对李德裕的评论,首先是赞扬他的读书精神:"德裕性孤峭,明辩有风采,善为文章。虽至大位,犹不去书。其谋议援古为质,衮衮可喜。"其次是赞扬他的志趣:"常以经纶天下自为。"最后是赞扬他的功业:"武宗知而能任之,言从计行,是时王室几中兴。"

"王室几中兴",这在当时是非同寻常的评价!如果只是在一些具体事情上修修补补、有所作为,是不能提高到"王室几中兴"的高度来认识的。

"安史之乱"对唐朝政治稳定和社会繁荣的打击十分沉

重。肃宗致力于稳住阵脚，平定叛乱；代宗收拾残局，逐渐恢复元气；德宗企图一飞冲天，结果沉重地摔落在地；宪宗平藩，号称"元和中兴"，却被穆宗糟蹋掉，几乎前功尽弃！而李德裕就是在这个时候走上了政治舞台。

中晚唐皇帝荒政是常见之事，李德裕几乎对于每一个皇帝都提出过犀利的进谏，无论是在朝还是在藩，总是对看不惯的国事，直陈利弊得失。

穆宗时期，对驸马之类皇亲国戚管束不严。他们通过宦官与权臣宰辅拜谒往来，违背朝廷政治规矩，要么是泄露禁中机密，要么是请托走后门。李德裕上奏指出：皇亲国戚交通中外，甚是大弊。伏乞宣示宰臣，其驸马诸亲，今后有公事，请到中书办公厅见宰相，不得私下往来。意见被皇帝采纳。

敬宗初即位，诏浙西造金银器妆具凡二十件进宫内廷。李德裕写了一篇很长的奏章，细细算了本财政收支账。不久，又诏进特种优质缭绫（就是整幅带各种图案的盘条纹上等丝绸）一千匹，李德裕又上章论列。这封奏章送上之后，"优诏报之。其缭绫罢进"。

敬宗游幸无度，饮酒纵猎，身边都是一些不三不四的小人。十天半个月才上朝一次，大臣们根本没有机会见到皇帝进言议政，朝野上下对此毫无办法。李德裕身居藩镇，也心急如焚，特地遣使献《丹扆箴》六首，好言讽谏。敬宗置若罔闻，最终死于非命。

文宗时李德裕也刚正敢言，即使在武宗朝获得重用，也绝不媚上固宠。对于武宗要处死杨於陵（牛党骨干）等前朝宰相,李德裕冒死阻止。对于唐武宗数出畋游,暮夜乃还,李德裕上言劝谏:"人君动法于日,故出而视朝,入而燕息。"(《新唐书·李德裕传》)希望武宗节制田猎,尊承天意。武宗信道,宠任方士赵归真。李德裕谏言:此人曾在敬宗时以诡妄出入禁中,大臣皆不愿陛下与之来往。武帝辩称:我与赵归真是老相识了,知道他没有大过失,"与语养生术尔"。武宗不听,最后吞食道士炼成的仙丹而亡。

这种君无道则谏之的风骨,在中晚唐时代是极其可贵的,符合孟子、荀子等倡导的儒家政治操守,在这一点上,他超过了唐代历史上许多政治家。关键是,李德裕更能在行事上,苟利国家生死以,不因祸福避趋之。无论是在浙的"恶俗大变",还是"蜀风大变",都说明李德裕在地方治理上有淳风化俗之功。他的政治措施,有两点特别值得提出,一是务实但不苟且,二是深远但不空疏。

先说务实。对于吐蕃悉怛谋以维州归降,他十分务实,维州控扼山西八国(岷山山脉八个羌族部落),形势险要,关系剑南西川边防安全。但是,对于通过黠戛斯规划夺取安西、北庭的计划,他却保持了清醒的头脑。

再说深远。李德裕在会昌平叛战争中采取了许多重要的改革措施,包括改革出界粮制度和监军监使在前线干扰战场指挥问题等,他都做了重大改变。

首先是"出界粮"问题。按照规矩,征调藩镇出兵讨叛,只要出了自己的辖境,朝廷即要供给钱粮。于是诸道出兵后,只要攻下叛镇一县一屯,就不卖力出战,坐享朝廷供给开支,战争拖的时间越长越有利。李德裕奏请皇帝下敕,各

● 李德裕的政治措施,务实但不苟且,深远但不空疏。

藩镇直接攻取州城，不要攻打县城。

此外，过去将帅出征屡败，其弊一是军令不统一；二是监军拥兵自重，妨碍战时指挥，特别是战争小有失利，监军领亲兵率先逃遁，严重扰乱军心。李德裕乃约定，敕令监军不得干预军政，每兵千人任前线监使选十人自卫，有功随例沾赏。这个约定得到宦官枢密使的认可和皇帝的同意。因此，从抵御回鹘至平定泽潞，都遵守了此一规定，改变了在战场上政出多门的情况。"号令既简，将帅得以施其谋略，故所向有功。"这些制度成果被坚持了下来。

李德裕是中晚唐衰颓风气中的一股清流！他解决中央和地方问题中的一些深远措施和成绩，可惜没有在宣宗继任之后继承下来。史家"王室几中兴"的评论，既是对于李德裕的肯定，也是对于号称"小太宗"的宣宗的批评！

末日挽歌

唐代中后期改革，做出了各种努力，却都没有真正成功过。

德宗的改革，建立起禁军神策军，为宪宗"元和中兴"和削藩取得成功，提供了物质和军事的基础，但是元和削藩却是昙花一现，皇帝倒被宦官所杀。顺宗永贞革新半途而废。穆宗长庆销兵改革，当局者处事乖方，改革失败。敬宗以后,从文宗到武宗,从李德裕执政的会昌政绩(会昌是武宗的年号)到号为"小太宗"的宣宗"大中之治"(大中是宣宗的年号),不是没有作为,也不是不想作为,更不是不想改革弊政,可是我们发现所有改革弊政的努力,都因种种原因而陷于失败,或者是没有根本性的成功。

唐王朝并不是不想改革,可是一次一次地失败,其原因是多方面的,改革班子不坚强,改革一把手地位不巩固,改革的策略失当,改革的用人失当,改革不能持续进行,等等。

● 唐王朝并不是
不想改革,可
是一次一次地
失败。

宣宗好像在具体事上很精明,可是在政策措施上,比如社会贫富悬殊、土地兼并严重等问题,基本没有什么举措,之后陆续出现了几个败家子皇帝,几乎没有什么政治贡献可言,直到唐朝灭亡。

懿宗即位以后,唐朝还有四十多年,这四十多年的时间里,除了最后三年朱温手握大权以外,前面几十年,唐朝是一天不如一天。

2007 年,《自然》杂志发表过一篇德国研究小组的论文,其中谈到唐朝灭亡的原因,说与当时冬季季风增强,夏季季风减弱,造成长期持续的干旱少雨,导致饥荒和社会动荡有关。有中国学者在同年的《自然》杂志上发表文章,认为根据中国的气象记录,唐朝灭亡的时候是多雨期,而不是干旱期。所以我认为把唐朝灭亡归于气候原因是不对的。

唐朝灭亡的根本原因,有制度因素和人事因素。

● 唐朝灭亡的根
本原因,有制
度因素和人事
因素。

唐朝最后四十五年,在败家子、小顽童、窝囊废的领导下,国家怎么能好?晚唐政府缺乏强制能力,无法做到对内保卫政权、对外守卫领土，只能靠藩镇来维护边疆的安定。最高领导人不能完全掌握内政之权，反而被宦官把控；缺乏监管能力，致使各种情况对社会造成危害；缺乏统合能力，无法对机构和官员行为进行约束，官员贪腐成风，皇帝奢侈成性，上自皇家下到官员都已经烂透了；缺乏汲取能力，最后唐朝的财政全靠东南各州，不能够获取藩镇财政；缺乏吸纳能力，无法吸取社会不同的意见和利益诉求。

当时贫富分化很严重，老百姓的生活很困苦，唐朝政府没有能力对社会不同意见进行吸取。

当时翰林学士刘允章说国有"九破"：

> 终年聚兵，一破也；蛮夷炽兴，二破也；权豪奢僭，三破也；大将不朝，四破也；广造佛寺，五破也；赂贿公行，六破也；长吏残暴，七破也；赋役不等，八破也；食禄人多，输税人少，九破也。

"九破"的文字不难理解，说明当时社会问题很严重，而国家基本没有能力处理这些问题。

同时，刘允章还提出民有"八苦"：

> 官吏苛刻，一苦也；私债征夺（借债给别人，使他们没法生活），二苦也；赋税繁多，三苦也；所由乞敛，四苦也；替逃人差科（替逃亡的人出差科），五苦也；冤不得理、屈不得伸，六苦也；冻无衣，饥无食，七苦也；病不得

医,死不得葬,八苦也。

因为这"八苦",百姓都逃亡了,政府掌握的百姓越来越少了,也就是所谓"五去":

> 势力侵夺,一去也;奸吏隐欺,二去也;破丁作兵,三去也;降人为客,四去也;避役出家,五去也。

豪强抢夺人口,奸吏隐瞒人口,再加上百姓或当兵、或做佃客、或出家,国家控制的人口越来越少了。

刘允章对此感叹:人有五去而无一归,有八苦而无一乐,国有九破而无一成,加上官吏贪赃枉法,天下百姓都是哀号于道路,逃窜于山泽,夫妻不相活,父子不相救,百姓有冤无处申,有苦无处说,他们出路何在呀!

在这种情况下,懿宗、僖宗的三十年统治,皇帝昏庸不务正业,宰相腐败无能,宦官专政,地方贪腐残酷,民不聊生。

懿宗这个"败家子"终日宴饮,酒不离口,郊游动辄扈从人员十几万,出手大方,赏赐无节,奢靡无极。爱妃所生同昌公主出嫁,他倾宫中所有做嫁妆;第二年公主死了,他迁怒医官医治不力,杀死很多人,罢免了宰相,并为公主举行豪华葬礼。

懿宗迎佛骨,信佛信奉到了疯狂的程度。咸通十四年(873),法门寺迎佛骨。其后不久懿宗就驾崩了,十二岁的儿子僖宗即位。

僖宗生性愚顽,喜欢斗鸡走狗,斗鹅走马,一鹅赌五千缗钱,以致社会矛盾更加激化了。朝廷发文都是徒为空文,没有任何实际用处。他最宠的宦官是田令孜,称其为"阿父"。田令孜有谋略,招权纳贿,独揽朝政,来见僖宗时就带两盘果子,边喝边跟皇上聊。

正是僖宗在位时,发生了王仙芝、黄巢起义。起义军从北打到南,又从广州北上打到长安,僖宗皇帝被赶到四川去了,所以唐末诗人罗隐在《帝幸蜀》中讲:

> 马嵬烟柳正依依,又见銮舆幸蜀归。
> 泉下阿蛮应有语,这回休更怨杨妃。

唐末另一位进士韦庄也有《立春日作》云:

> 九重天子去蒙尘,御柳无情依旧春。
> 今日不关妃妾事,始知辜负马嵬人。

为杨贵妃以死背负安史之乱的黑锅抱不平。天子蒙尘跟女人有什么关系?僖宗幸蜀就与女人无关。黄巢在长安建国号大齐,年号金统,僖宗在四川躲了整整四年。

黄巢入长安时大肆宣扬说起兵是为了百姓,表示自己和李唐王朝不同,让百姓不要害怕。所谓"天街踏尽公卿骨",黄巢起义导致唐朝秩序大乱。随后,唐朝周边藩镇组织剿灭部队,黄巢部下朱温又投降了唐朝。883 年,黄巢撤出长安,最后在东逃过程中,被李克用和朱温联合击溃,在山东莱芜境内自刎而死。

从此唐朝就瘫痪了,江淮的转运路也绝了,国命所制,只有数十个州,郡将自擅,常赋殆绝,藩侯废置不自朝廷,王业于是荡然,唐朝已名存实亡。

（参见《资治通鉴》卷二一七至卷二六五）

第十六章　五代流光

唐宣宗之后的几个皇帝,懿宗李漼(833—873)是败家子,僖宗李儇(862—888)是小顽童,昭宗李晔(867—904)是窝囊废(为人窝囊,而且还被废黜过一回),夕阳西下,庞勋、王仙芝、黄巢先后造反,最终朱温废哀帝李柷(892—908)上位,于天祐四年(907)四月完成了改朝换代的事业。

朱温(852—912),出身于平民家庭,幼时随母亲给当地大户人家做佣工。875年,加入黄巢起兵队伍,作战骁勇,成为一员大将。882年,他在渭南作战失利时投降唐朝,次年被任命为汴州刺史、宣武节度使,这里变成了讨平黄巢的前线,最终他成为中原最大的军阀。

朱温建立的后梁(907—923)只有十几年的统治。领导者的领导格局是个问题,子孙不争气,没有合格的接班人,是整个五代王朝更替的共同问题。从这个角度讲,宋太祖赵匡胤死后让太宗赵光义继承帝位,也许是最好的选择。毕竟王朝的巩固需要几十年的持续努力。中国历代王朝有一个共同现象,新朝代只有前两代领导人站稳根基,持续五十年左右的稳定发展,才有可能建立一个长期的朝代,否则难逃二世而亡的短命。

接下来的后唐(923—936)、后晋(936—947)、后汉(947—950)几个王朝的寿命一个比一个短促,这三个朝代

- 领导者的领导格局是个问题,子孙不争气,没有合格的接班人,是整个五代王朝更替的共同问题。
- 王朝的巩固需要几十年的持续努力。

465

共有八位皇帝,都是出身沙陀族(沙陀号称西突厥别部,又称沙陀突厥。所谓别部的意思有二,或者是非可汗王族,或者是西突厥势力强大时被裹挟的北方游牧部落),大多有姻亲或者拟血亲之类的关系,说后唐、后晋、后汉算一个朝代,也不为过。后唐明宗的女婿石敬瑭为了打击政治对手后唐末帝李从珂(明宗养子),出卖燕云十六州给已经在辽河地区兴起的契丹政权。石敬瑭因此而当上了儿皇帝,却给此后中原王朝留下了巨大隐患,即使到了北宋王朝也未能收回燕云之地。五代时期的南方几个小割据政权尽力与中原政权搞好关系,维持偏安的结局。

转折发生在后周王朝(951—960)。

后周开国者周太祖郭威(904—954)及其继任者养子柴荣(921—959),都是汉族军人。郭威最早上演了一场"黄袍加身"的把戏。周世宗柴荣颇具雄才大略,可惜寿命不永,子嗣幼弱,殿前都点检赵匡胤(927—976)成为最高军事长官。赵匡胤帮助周世宗整顿军队,削弱地方节度使势力,为化解五代藩镇坐大问题,提供了基本条件。赵匡胤还是一个善于学习的将领,战争前线也不忘读书释疑,犹如三国时期的孙权和吴下吕蒙。由这样一个有文韬武略的青年军官出来收拾五代的残局,也真算是天降大任于斯人的历史选择。

十国历史中,最值得关注的是南唐和吴越。吴越钱镠行伍出身,却懂得保境安民,营造了钱杭的繁荣安乐。南唐李昪祖孙三代,同样致力于发展经济和文化,对于中原政权也保持理智的态度。李昪的事业基础来自两个养父。这里面的风云变幻、处事机宜,也值得我们探讨寻求。

● 赵匡胤是一个善于学习的将领,战争前线也不忘读书释疑。

朱温后梁

五代后梁的开国皇帝朱温,亲手埋葬了有二百九十年历史的唐王朝。作为一个造反派,他与刘邦、朱元璋出身一样,但是刘家汉朝、朱姓明朝,都是可以与大唐相颉颃的几百年的江山,而他缔造的梁朝太短命了,只有短短十六年。尽管如此,后梁仍旧是五代朝廷中享祚最长的一个。

朱温是宋州砀山(今属安徽)人,幼年随寡母王氏在萧县(今属安徽)一个刘姓大户人家佣工,长大后也不好好做营生,时常做一些偷鸡摸狗、打家劫舍的勾当。

朱温被史家重点记载的故事有两条:一条是朱温随母亲在人家里做佣工,颇有异象,这是最老套的帝王故事;另外一条讲的是朱温的人生梦想,当他读到《后汉纪》中记载刘秀年轻时的梦想"仕宦当做执金吾,娶妻当娶阴丽华"时,掩卷叹息:"吾志亦当如此。"

朱温心中就有一个"阴丽华",这就是前宋州刺史的千金张氏。黄巢起义,天下扰乱,张氏母女逃离家乡,朱温参加了黄巢的部队,担任同州防御使,张氏被部下掠来,朱温见到了昔日的梦中女神,慌忙下堂迎接,正式娶为夫人。

朱温打仗勇猛,战绩卓著,在黄巢队伍中,从士兵、队长做到将军、同州防御使(相当于唐朝的节度使)。朱温又善于权变,当发现黄巢逐渐显出颓势之时,及时接受了唐朝的招降。从乾符四年(877)参加黄巢造反,到中和二年(882)九月投降唐朝,次年任宣武节度使,年仅三十一岁,唐僖宗赐名"全忠"。在后来的六年中,朱温在平定黄巢大齐政权,削平陈州割据军阀战争中屡立战功,在888年唐昭宗即位之时,年仅三十六岁的他已经是中原地区最有势力的新军阀了。

二十五岁出来混江湖,跟黄巢造反五年,降唐后平叛六年,朱温完成了人生巨大的转变,真可谓乱世的"英雄"。

888年,唐僖宗驾崩,宦官杨复恭做主,拥立僖宗之弟即位,是为昭宗。昭宗即位之初,颇思振作,但是很快被现实碰得头破血流,变得十分暴躁,动辄杀害身边的侍从,引起宦官不满。这时候的朱温,丝毫无暇顾及朝廷政事,只是忙着在山东抢夺地盘。

光化三年(900)十一月,中尉刘季述、王仲先等废除昭宗,立太子李裕为帝。事变发生后,宦官主动与朱温联络,向他传达了两重信息:第一,只要朱温支持他们,将来会帮助朱温获得唐家社稷;第二,太上皇(昭宗)出于自愿退位,有太上皇诰可以证明,可以洗刷自己的罪恶。朱温不为宦官的空头承诺所诱惑,处事十分谨慎,毕竟在政治的江湖上混了二十多年,大约也接受了当年处理李克用关系的教训。他从前线返回,专门召集僚佐开会,商讨对策。有人说,朝廷的事情,我们地方藩镇够不着,建议不要管。

唯独天平节度副使李振慷慨陈词,力主讨伐刘季述等宦官。他说,今天国家有难,这是称王称霸的凭借与资本,主公对于现在的唐王朝而言,那就像齐桓公、晋文公对周王室那样重要,国家安危系于主公一身。他刘季述算什么东西,竟然敢废黜囚禁天子,你今天要是不讨伐叛逆,拿什么去命令诸藩镇呢!而且新皇帝年幼,如果宦官掌握大权,那就是将国家大权拱手与人了。

朱温大悟,豁然明白。当即扣押刘季述派来的使者,同时派遣李振去京师打探情况。李振回来后,又派遣帐下亲信蒋玄晖去京师找宰相崔胤谋划。此外,还召回宣武镇驻京办主任(进奏官)程岩到大梁,程岩某种程度上介入了刘季述废除皇帝的行动。

刘季述与王仲先两中尉发动的这次拥立政变,并没有得到地方军阀的支持与认可。史料记载说,太子即位好多天了,地方藩镇也没有表章来庆贺。原因在于,宦官的势力已经不如当年那样强大,神策军的力量也走向衰落了。更为重要的一个方面是皇帝的权力也渐渐衰落,导致依附在皇权之下的藩镇权力急剧衰落,现在宦官竟然想削弱本来就已经很孱弱的皇权来实现自己权力的欲望,这自然是南辕北辙了。

天复元年(901)正月初一,宰相崔胤策动神策军中下层军官诛杀刘季述、王仲先等,与朱温里应外合,拥立昭宗复辟。

事实证明李振的分析是正确的,宦官废立皇帝既不能成正果,也不符合朱温的政治利益。而朱温在整个事变中,反复权衡各方势力的举措,也说明他绝非鲁莽之辈。朱温的政治精明在利用崔胤的问题中,表现得更加淋漓尽致。

崔胤出身于清河崔氏,父、祖均担任过朝廷要职,昭宗景福二年(893),崔胤拜相。昭宗初即位,颇思重振朝纲,先是罢免权宦杨复恭的职权,进而委托宰相杜让能筹划铲除凤翔节度使李茂贞(856—924)。这种鲁莽的做法,很快招致李茂贞的反制。崔胤就是在朝廷与京西节度使交恶的背景下,出任宰职的。其时宰相内斗,分为两派,杜让能、韦绍度是一派,崔昭纬、崔胤是另一派。崔胤就是崔昭纬一手提携上来的。

崔胤及其同僚们面对的,不仅是京畿附近的跋扈藩镇,还有与外藩勾结的宦官势力。唐朝中晚期的宰相与宦官势力之间的矛盾斗争,被称为南衙北司之争,这更加剧了唐末政治的混乱。如今站在宦官背后的不是别人,正是京西北地区的节度使。崔胤认为,能够与宦官及其背后势力凤翔节度使李茂贞抗衡的藩镇势力,只有宣武节度使朱全忠,即朱温。

在李茂贞军事进攻下,昭宗很快认怂,不仅贬黜杜让能、韦绍度,另一位宰相崔昭纬也被罢免。

乾宁三年(896)六月,又因为河中节度使继任人选的纷争,昭宗与华州刺史韩建(855—912)等发生冲突,被韩建劫持到华州,崔胤也因此而被罢免相职。崔胤暗中派人向朱温求助。朱温恰好也要在朝廷寻找自己的代理人,立马利用这个机会,给朝廷上书,要求留用崔胤为相。昭宗被迫召回已经外放广州、行至湖南地界的崔胤回京,再度担任相职。

现在崔胤终于抱上了朱温的大腿,而朱温则利用崔胤干预朝政,只是他目前主要精力仍然是山东地区的军事斗争,朝廷的旗号暂时就让崔胤替自己扛着。

昭宗在华州被劫持前后长达两年之久,光化元年(898)八月方才回京。崔胤则拉大旗作虎皮,在朝廷里排除异己,宰相徐彦若、王抟均遭贬黜。弹劾王抟的时候,还是利用了朱温的威权,让朱温出面上奏章,说王抟与宦官勾结,将危害社稷,力劝昭宗诛杀宦官宋道弼、景务修等。

901年,昭宗复辟之后,崔胤的地位更加显赫。"进位司空,复知政事,兼领度支、盐铁、三司等使。"(《旧唐书·崔胤传》)既有盛名(司空),又有实权(三司使)。崔胤与昭宗密谋,尽除宦官,引起宦官们的恐惧。但是,昭宗内心并不认可崔胤的忠诚,仍然有所戒惧。这时候朱温已经从东方腾出手来,兵马向西,攻陷河中、晋绛,进兵至同华。神策中尉韩全诲等正是利用了昭宗的忌惮心理,说崔胤与朱温关系密切,担心勾引汴军进逼京师,免除了崔胤相职,罢去所兼三司使,并挟持昭宗出奔凤翔李茂贞。

朝廷对于汴师西进的应对十分令人费解。难道解除了崔胤的职位,就可以阻止汴师不成?

崔胤的不满直接表现为联络朱温到岐山迎驾(夺回天子),他本人不仅没有陪驾西行,反而将朱温的军队引入长安,怂恿朱温上书皇帝,即将奔赴行在,迎驾回宫。昭宗对崔胤的行为非常愤怒,下诏严厉斥责他没有报效国家的忠心,却有危害国家的计谋,数次拜相,一无是处,导致皇帝出奔,这都是崔胤的罪责。还批评崔胤引汴师入京的动机不良,意欲图谋不轨,而且他自己居住在华州,是为朱温谋划称霸策略。

902年，朱温自岐下还军河中，崔胤迎谒于渭桥，哭诉自己的委屈，捧卮敬酒，持板为朱温唱歌，还自撰歌辞，赞美朱温功高盖世。

从当年四月到次年正月，这样僵持了九个月时间，李茂贞毕竟势力稍弱，杀了韩全诲等宦官，与朱温讲和，决定对昭宗放手。昭宗急诏征崔胤赴行在议论后策，凡四次降诏，三次赐朱书御札，崔胤都称病不赴。

昭宗离开凤翔，是在天复三年(903)正月二十二日。昭宗来到朱温的军营，朱温素服(脱去公服)待罪。皇上命客省使宣旨免罪，撤去正衙三卫的兵仗，仅留下传报平安的人，让他们穿着公服入见。朱温拜见皇上，顿首流涕。昭宗命韩偓扶起，也流下了眼泪。皇帝对朱温说：国家宗庙社稷，全靠你才重得安宁；我与诸大臣，全靠你才得以活命。亲解玉带以赐之。稍事休息，即启程还京。朱温单骑前导十许里，昭宗辞之，朱温乃令侄子大将朱友伦将兵扈从，自留部分后队，焚撤诸寨。胡三省批注说，朱温这是"缪为恭敬"，意思是所有的恭顺都是在作秀！这天晚上，车驾宿岐山。三天后到了兴平(今属陕西咸阳市)，崔胤始帅百官迎谒，复以胤为司空、门下侍郎、同平章事，领三司如故。二十七日，入长安。崔胤利用朱温获得权势，朱温利用崔胤成功地控制了朝廷。

这一次崔胤一不做二不休，干脆与朱温联合奏请罢去左右神策、内诸司等使及诸道监军、副监、小使。宦官三百余人，同日斩之于内侍省。此外，所在诸道监军，也随处斩首以闻。

现在朱温成了最有权势的人，各方势力都要求助于他。崔胤要搞掉同事韩偓，请朱温出面，昭宗不得已贬黜了韩偓。昭宗请朱温给李茂贞写信，想要平原公主（何皇后之女）回来，几天前她被李茂贞胁迫嫁给他的儿子李继侃。李茂贞不敢违背朱温的意愿，遂将公主归还。现在朱温的党羽布满京城，侄子朱友伦率领步骑万人留守京师，充任最有权势的左军宿卫都指挥使。离别之日，君臣之间又上演了一出流泪惜别的戏剧。

崔胤自以为通过纵横捭阖，成了最有权势的首相。担心朱温的篡位会殃及自己，于是又阴谋建立一支独立的中央禁军。这种算计哪里逃得过朱温的眼睛。朱温将计就计，让自家军队应募入伍，又立即向皇帝奏请诛杀崔胤，罪名是崔胤身兼数职，专权乱国，离间君臣关系。昭宗哪敢说半个不字！崔胤就这样聪明反被聪明误，反算了卿卿性命。

《资治通鉴》说，朱温最"怕"两个人，一个人是发妻张氏，一个是幕僚长敬翔。可惜张氏在他篡位之前就已经去世，敬翔则成为他奠定江山的张良和萧何。

敬翔是陕西大荔人，是参与神龙政变、逼迫武则天退位的"五王"之一敬晖的后代。敬翔的父、祖、曾祖三代，都曾担任州刺史之类的职务。敬翔喜欢读书，尤其擅长于书写，才思敏捷。僖宗乾符年间，考进士不第，卷入到战乱之中，后来在朱温麾下就职。《资治通鉴》卷一六六记述唐昭宣帝禅让事，有一段关于敬翔的评论：

> 翔为人沉深，有智略，在幕府三十余年，军谋、民政，帝一以委之。翔尽心勤劳，昼夜不寐，自言惟马上乃得休息。帝性暴戾难近，人莫能测，惟翔能识其意趣。或有所不可，翔未尝显言，但微示持疑；帝意已悟，多为之改易。禅代之际，翔谋居多。

这段话有两层意思，第一是敬翔勤勉，第二是敬翔懂朱温。

举一个例子，朱珍与李唐宾都是朱温手下的大将，勇冠三军，朱温十分欣赏他们。但是，朱温对于手下大将，通常质押其家属。朱珍却把家属接到军中，引起朱温的怀疑，担忧朱珍有二心，就派李唐宾去牵制朱珍。

有一次因为部下之事发生争执，朱珍大怒，拔剑站起来，李唐宾也站起来甩开衣服上前让他砍，朱珍一气之下当真杀了李唐宾，并派人告诉朱温说李唐宾谋叛。使者凌晨来到汴梁，敬翔担心朱温得知后做出不理性的决断，便把使者藏起来，夜间从容地去见朱温，报告事情。因为朱温听到消息虽然会发怒，却必须等到次日早晨处置，但经过一夜的思量，朱温一定会理性起来。这种情况下，敬翔的意见也才能被朱温接受。于是，敬翔策划，假装把李唐宾的家属都抓捕起来，等于听信了朱珍说李唐宾谋叛的上奏。等到朱温前往朱珍军前，朱珍距三十里迎接，朱温命武士把他拿下，处以死刑。

这件事表明，敬翔非常了解朱温，他知道朱温乍看是一个粗人，但是事后稍稍思量，其实很理性。

明白了这件事情，我们才会明白后面的那句话"帝性暴戾难近，人莫能测，惟翔能识其意趣。或有所不可，翔未尝显言，但微示持疑；帝意已悟，多为之改易"。

因此，敬翔从朱温身边的文书侍从职员逐步成为首席顾问，不仅是敬翔的造化，更是朱温用人识人才能的展现。

朱温称帝之后，敬翔主管崇政院的工作，工作内容是"以备顾问，参谋议，于禁中承上旨，宣于宰相而行之。宰相非进对时有所奏请及已受旨应复请者，皆具记事因崇政院以闻，得旨则复宣于宰相"。

朱温登基之后，国家治理也开始进入有序阶段。左金吾大将军寇彦卿（862—918）是朱温的老部下，父辈就在宣武军任牙将，本人也立有大功。有一次入朝，行至天津桥，有民不避道，被随从举起来投诸栅栏之外而死。寇彦卿向朱温自首。朱温以寇彦卿有才干、有功劳，久在左右听命，遂命以私财赔偿给死者家属以赎罪。御史司宪崔沂不同意，弹劾说："彦卿杀人阙下，请依法处置。"

朱温命寇彦卿自己说该当何罪，寇彦卿回答说：是令随从者举置栏外，意外死亡。朱温拟以过失罪论处，崔沂上奏说：

> 在法，以势力使令为首，下手为从，不得归罪从者；不斗而故殴伤人，加伤罪一等，不得为过失。

意思是，权势者使手下人施暴，权势者是首犯，手下人属于从犯；并非斗殴中失手伤害他人，不属于过失罪。崔沂的分析获得朱温的认可,责授寇彦卿游击将军、左卫中郎将。寇彦卿扬言:"有得崔沂首者,赏钱万缗。"崔沂诉于朱温,朱温使人对寇彦卿说:"崔沂有毫发伤,我当族汝!"史称,其时功臣骄横,此事的严肃处理让社会法治环境有了改善。

张全义早年参加黄巢起义,后来归降,在朱温的后梁担任河南尹,他治下的洛阳农业逐步得到恢复和发展,五代社会与经济的重建从后梁朱温时代开始。

朱温最后不是死在疆场上,而是被自己的亲生儿子杀害的,类似的问题,在其他草莽英雄的家庭里多有,令人深思。

912年,在当了五年皇帝之后,朱温(称帝后又改名朱晃)临终之前,对近臣说:"我经营天下三十年(从882年投降唐朝算起),没想到太原余孽(指李克用之子李存勖)竟然如此猖獗!我看他的志向并不小,现在我即将死去,我死之后,你们几个儿子都不是他的敌手,我恐怕死后也没地儿埋葬了。"说着说着就情难自抑,哽咽不已。朱温不看好自己的儿子们,这话说得已经十分清楚了。

朱温有三个亲生儿子,还有养子。长子朱友裕(?—904)在他称帝之前就亡故;次子朱友珪(884—913),母为亳州营娼;三子朱友贞(888—923),是嫡妻张氏所生。另有一个养子朱友文(?—912),原名康勤。

朱温的不满,首先是对这两个亲生儿子的不满。从后来的事变看,朱友珪凶狠残暴,朱友贞缺乏政治头脑,两个人都不是王朝接班人的理想人选。

朱友文自幼聪颖,能诗善文。于是,朱温看上了养子朱友文,外出时,常令朱友文留守,并兼任建昌宫使。建昌宫是朱温特设的一个政府机构,掌管后梁核心四镇(宣武、宣义、天平、护国四镇)的征赋,实际上等于是让朱友文掌管国家财政。朱温征战之时,朱友文负责前线的粮草物资供给。次子郢王朱友珪为左右控鹤都指挥使,三子均王朱友贞为东都马步都指挥使,都是军事职务,只有朱友文是治理财赋的文职。"虽未以友文为太子,帝意常属之。"这种可能性是很大的。

五代十国养子之风盛行,以养子为皇嗣的不乏其人。旧史说朱温是因为与友文的媳妇王氏有染,且十分宠爱而要传位给养子友文,是完全不可信的。

乾化二年(912)六月初一,朱温命敬翔发出圣旨,命友珪为莱州刺史,即刻赴任。"已宣旨,未行敕"(内廷已经出旨,但是宰相府还没有下敕),友珪害怕中途被赐死,联手自己的老部下禁军统军韩勍,以牙兵五百人跟随自己伏于禁中,夜半斩关而入,砍断万春门的门闩,奔向朱温的寝殿。朱温从床上坐起,惊问是谁? 发现非是他人,而是次子朱友珪,大怒道:"我早怀疑此贼,愤恨没有杀之。你如此悖逆,杀父篡位,老天爷会放过你吗?"朱友珪的马夫冯廷谔提刀砍过去,朱温奋起下床,绕着大殿内的柱子躲避,冯廷谔挥刀三次,都劈到了大柱子上,朱温终因力乏,倒于床榻,被冯廷谔在腹部猛刺一刀,刀刃穿透后背而毙命。

朱温的被杀,给了梁政权以致命的打击,诛杀朱友珪的

● 五代十国养子
之风盛行,以
养子为皇嗣的
不乏其人。

477

梁末帝朱友贞虽然定乱而自律,但并不是沙陀政权李存勖的对手,十年后亡。著名史学家吕思勉说:"在唐五代之际,梁太祖确是能定乱和恤民的……惜乎天不假年,梁太祖篡位后仅六年而遇弑。"(《吕著中国通史》)他肯定了唐朝末年的唐政权是没有希望的政权,后梁的建立是一个进步。

● 梁太祖确是能
   定乱和恤民的。
   可是梁太祖建
   立的后梁为什
   么不能长治久
   安呢?

可是梁太祖建立的后梁为什么不能长治久安呢?这与家天下的痼疾有关。子嗣不行,接班人不能接班,就无法巩固政权,更谈不上从打天下到治天下的战略转型了。

克用遗志

后唐庄宗李存勖(885—926),是一个戏剧性的人物。他出身高贵,是沙陀贵族的后代,晋王李克用的嫡长子。就其才华而言,他可以提前终结那个时代的混乱,却因为成功后志得意满,措置失宜,葬送了自己的性命。

沙陀贵族李克用(856—908)本姓朱邪,唐末代北节度使李国昌之子,因为镇压黄巢时与梁太祖朱温结下了深仇大恨,两人斗了一辈子。908年,在朱温登基的次年,李克用去世,临终前给李存勖三支箭,要儿子为他报仇。

第一支箭指向幽州(今北京市)刘仁恭。

刘仁恭本来是幽州军将,与节度使李匡筹发生冲突,逃亡河东,河东节度使李克用待之甚厚。刘仁恭成功地说服李克用攻打下幽州,并且于895年向朝廷上表,推荐自己为卢龙节度使(治幽州)。李克用以为刘仁恭从此被纳入自己的势力范围。不料接下来的日子里,李克用在对外用兵中多次征调卢龙节度使的兵力,刘仁恭都推三阻四,甚至引诱河东的将士逃亡幽州。李克用特别恼火,亲自率领大军讨伐刘仁恭,却反被刘仁恭击败,士卒死伤过半。刘仁恭还在朱李争斗中选边站,把捉获的河东将士交给朱温,从此摆脱了河东的控制。因此,不消灭幽州刘仁恭,李克用死不瞑目。

第二支箭指向契丹。

契丹部落首领阿保机曾经打败幽州刘仁恭,并活捉其养子、大将赵霸。河东李克用很想与契丹结盟。905年,乃邀请阿保机前来云州(今山西省大同市)会盟,结为兄弟,约定共同对付汴州朱温和幽州刘仁恭。双方各有馈赠,尽欢而散。但是,阿保机攻略幽州只是为了掳掠其财富和人民,并不是为河东解恨。相反,阿保机倒是与中原称霸的朱温打得火热。906年底,朱温派人渡海与阿保机修好,送去衣带珍宝。这也并不能完全看成是阿保机爽约,而是契丹人在两面下注,也许称得上远交近攻。还有材料说阿保机事后听说李克用部下要谋害他,因为他们认为契丹人将是难搞定的对手。如果这后一条意见成立,那么,契丹人也可能认为沙陀李克用是对手。总之,李克用对阿保机的背叛恨得咬牙。

第三支箭当然是指向宿敌梁王、宣武节度使朱温了。

李克用与朱温结梁子要追溯到他们并肩作战追剿黄巢的时候。中和四年(884)四月,李克用追击黄巢,从河南周口打到山东菏泽,有时一天一夜奔袭三百里。回军途中,路过朱温的地盘汴州,朱温在上源驿设宴招待友军。李克用大约是喝多了,借着酒劲,奚落朱温。朱温当年可是黄巢属下的爱将啊,只因背叛黄巢早几年,就因祸得福,成为封疆大吏,占领了中原这么大的地盘。李克用的话一定很难听,让朱温当场下不来台。散席之后,朱温让人放了一把火,李克用差点死于非命。这下子李克用与朱温结下了深仇大恨,临终之前,把报仇雪恨的火种传给了李存勖。

李克用的这三支箭,不仅仅是私家仇恨,它实际上为李存勖继承父亲遗志,划定了三个作战方向。

李克用与朱温结怨的时候,李存勖还在娘肚子里。母亲曹夫人贤淑,颇得正室刘夫人和李克用本人宠爱,为李克用生了四个儿子、一个女儿。存勖年最长,小名亚子(据说李存勖十一岁时,与父亲李克用拜见唐昭宗,昭宗称赞李存勖有奇表之相,"可亚其父",故名)。作战勇敢,富于谋略。李克用去世之时,李存勖已经二十四岁。事实证明,他有能力完成父亲的嘱托。

李克用生前将李存勖托付给弟弟李克宁和监军张承业。李克宁带兵,担任蕃汉内外都知兵马使,张承业是唐朝派来的监军,相当于今日之"政委",同时被委任掌管河东的"国库"。可是,这两个人是有矛盾的。李克宁受到蛊惑,有兄终弟及的野心,被李存勖所杀。欧阳修《新五代史·唐太祖家人传·克宁》评价李克宁一方面是"为人仁孝,居诸兄中最贤,事太祖(李克用)小心不懈",另一方面又说他"仁而无断,惑于群言,遂至于祸"。

李存勖巩固了自己的权力之后,开始按照三支箭的目标行动了。

幽州刘仁恭父子是因为父子反目而被李存勖灭亡的。刘仁恭之子刘守光与其爱姜罗氏通奸,被刘仁恭揍了一顿,断绝父子关系,赶出城外。刘仁恭自己跑到大安山享受生活,不料宣武镇派军来攻打幽州,被刘守光率军击退。刘守光自任为卢龙节度使,把父亲刘仁恭囚禁了起来,甚至自我膨胀,称起了燕国皇帝。这还是李克用在时的事情。这样过了六年,到了913年,李存勖攻破幽州城,刘守光与其被囚禁的父亲刘仁恭一起被捉拿,刘仁恭更是被李存勖刺破心脏,以祭奠李克用的亡灵。

攻取幽州之后,李存勖重点攻打魏博和冀南之地。后梁在梁太祖驾崩后日益走向衰败。后梁末帝完全没有治国才能,国政把持在外戚手上,老臣敬翔、李振都被排斥,这样就给了李存勖以机会。915年,李存勖利用后梁处置魏博事务失宜,接受了魏州将领来降,自任节度使。916年击败梁将刘鄩,乘机攻占冀南,并把控制势力推进到黄河北岸,与后梁军队形成夹河对峙的局面,随后就围绕着黄河沿岸重要渡口,如杨刘镇(魏州通向郓州的重要渡口)、胡柳陂(今山东鄄城西北,直对濮州麻家渡渡口)、德胜城(魏州通向汴州的重要渡口,在今河南清丰西南),展开了激烈的战争,有时候两军在一日之间甚至有大小百余战。其中关键的一役是镇州(今河北正定)争夺战,后晋获胜,李存勖先后兼任魏博、成德节度使。923年在魏州被推举为帝,是为唐庄宗。同年十月,李存勖从杨刘渡口过河,李嗣源(李克用养子)作为先头部队攻入汴州,后梁末帝朱友贞自杀。后梁灭亡,李克用的第二支箭完成了目标。

第三支箭对付契丹,比较复杂一些。李存勖与后梁争夺河北三镇,在两河之地拉锯期间,正是契丹阿保机统一契丹八部、称帝建国(916年建契丹国,918年建都城临潢府),并且巩固新生政权之际,一时无暇南顾。但是,即便如此,契丹也不时南下掳掠。917年,契丹在叛将引诱下,进逼幽州,形势危急,李存勖当时身边只有一万马匹,仍然派大将李存审、李嗣源率军迎战。大败契丹军队,俘斩数以万计,解了幽州之危。

921年晋军围攻承德叛将之际,又有义武叛将勾结耶律阿保机,引契丹军南下,围困定州城,耶律阿保机率领契丹倾国入侵。922年,李存勖在夹河对抗后梁军队的同时,率领五千骑兵先进,打退契丹军的进攻,擒获契丹王子一人。李存勖乘胜追击,契丹军退至望都(河北定州附近),再次被晋军打得大败而逃。时值龙德二年(922)正月,天寒地冻,大雪纷飞,人马无食,入侵契丹军队死伤大半,李存勖成功遏制住了契丹南向的势头。

伶人天子

唐庄宗灭亡后梁之后,把首都迁到了洛阳。他只当了三年皇帝,同光四年(926)四月就在自己一手酿成的内乱中凄然死去,年仅四十二岁。在内乱中改朝换代是五代王朝递嬗的共同特点,像后梁这样父子兄弟相残固然不多见,可是不能安抚好功臣、权臣或有实力的藩镇,以致激起其内乱,则是共同特征。就后唐庄宗的下场,沉迷于演剧,管不住老婆,忌刻功臣宿将,则是混乱局面生成的直接原因。

旧时称演员为伶人或者优人。史称"帝幼善音律,故伶人多有宠,常侍左右"。有时候他自己粉墨登场,与优人共演戏于庭中,以取悦受宠的刘夫人,伶名"李天下"!据说,有一次排演中,他连声自称李天下,被另外一个伶人打了一巴掌。唐庄宗没有反应过来,其他演员也懵了,这位叫敬新磨的伶人喝道:只有一个天子,你怎么自称李天下。你呼叫谁呀?庄宗转而开怀大笑,厚加赏赐。

有伶人周匝在战争中为后梁俘虏,唐庄宗思念不已。庄宗攻入汴州之日,周匝谒见于马前,庄宗大喜。寒暄过后,伶人一把鼻涕一把泪地说:"臣之所以得生全者,皆梁教坊使陈俊(皇家剧院院长)、内园栽接使储德源(皇家园林园长)之力也!"他请求皇帝为这两位恩人分别安排州刺史的职务以报恩,庄宗居然答应了。后因为大臣郭崇韬苦苦进谏说:"陛下能够夺取天下,都是忠勇豪杰苦战得来的,今天刚攻下汴州,还没有封赏一位大臣,反而先以伶人担任刺史的职务,恐怕会让天下人心寒。"这才没有施行。

过了一年,伶人周匝一再求情,庄宗还是任命了二人出任刺史。他对郭崇韬说:"我已经答应周匝了,不可食言,让我惭见此三人。我知道你的意见没有错,还是看在我的面子上屈意行之吧。"任命消息一出,一片哗然,当时有亲军将士跟随庄宗身经百战都没有获得刺史的职位,所以大家都很愤怒叹息。

伶人之外,宫中数以千计的宦官也窃威弄权,充任前线的监军。唐末被清除的宦官,在唐庄宗时竟然死灰复燃。伶人、宦官有一次为庄宗征掠青年女子三千多人。庄宗宠信的刘夫人当上皇后之后,更是聚敛钱财,不遗余力,在后宫中为所欲为。滑州留后李绍钦走伶人景进的门路,送钱到宫廷,后得到节度使的职位。

庄宗有一宠姬,颜色美丽,为庄宗生下一子,刘皇后很嫉妒。归德节度使、同平章事李绍荣,因救驾有功,受到庄宗的宠遇。庄宗有时会与太后、皇后同至其家串门。恰逢李绍荣丧妻,有次在禁中闲聊,庄宗关切地问绍荣:"汝复娶乎?为汝求婚。"刘皇后因指着在场的宠姬说:"大家(指皇帝)同情绍荣,何不以此美姬赐之!"庄宗当时难言不可,似许未许之际,刘后在旁急催绍荣拜谢皇恩。李将军拜下起身一看,该宠姬已经被肩舆抬出皇宫了。庄宗吃了个闷亏,"为之托疾不食者累日",托言身体不舒服,连着好几天都没有吃饭。

由于伶人整天在庄宗身边,出入宫掖,趾高气扬,群臣愤嫉,莫可奈何。于是,大家竞相走伶人的门路以希恩泽、求富贵,四方藩镇也争以货赂巴结他们。

庄宗还利用伶人刺探外间信息,掌握舆情。伶人景进,就喜欢向庄宗报告各种闾阎细故,"上亦欲知外间事,遂委进以耳目"。这样一来,伶人就有了政治权力,特别是景进,可以单独向庄宗报告情况,议论群臣是非,干预朝廷政事。将相大臣,无不忌惮之。巴结得上,逢迎讨好;巴结不上或者不屑于巴结的,皆不自安。比如蕃汉内外马步副总管李嗣源,是李克用的养子,功劳卓著,就请求解甲归田,庄宗虽然疑忌功臣李嗣源,但未敢贸然批准。

事情的导火索是郭崇韬(约865—926)之死。

郭崇韬在李克用时期就是大将,李存勖称帝,郭崇韬任宰相、枢密使,位高权重。925 年,郭崇韬奉命与魏王李继岌讨伐前蜀政权,李继岌是庄宗与刘后所生长子。战争进行得非常顺利,仅用了七十天,就迫使前蜀主王衍投降。可是立了大功的郭崇韬,却因为得罪了刘皇后,遭到宦官李从袭等人的构陷。在镇守成都期间,刘皇后密令前往成都,伙同李继岌残忍地杀害了六十二岁的郭崇韬,一同罹难的还有他的五个儿子。莫须有的罪名是截留蜀地财货、蓄意谋反。

唐庄宗不仅不追究,还扩大审查,河中节度使朱友谦等人被处死。这一下激起了广大将士和朝臣的危机感。李嗣源在平定邺都皇甫晖兵乱之时,在女婿石敬瑭等策动下,被将士拥戴,黄袍加身,杀向首都洛阳;而在皇宫中,郭崇韬的本家、伶人出身的禁军将领郭从谦发动兵变,史称"兴教门(皇宫之门名)之变",庄宗在混乱中被乱箭射中,又误食宦官所进乳酪,当场毙命。

唐明宗李嗣源(867—933)在混乱中即位,后唐历史进入了比较开明的一段时期。

李存勖的一生波澜壮阔,自幼随父亲李克用征战天下,在完成父亲遗愿过程中,勇猛顽强,智勇双全,可是灭掉后梁之后,他志得意满,人生目标迷失了。这是他失败的主要根源,也是许多英雄豪杰能打天下而不能治天下的宿命。

燕云割让

石敬瑭(892—942)建立的后晋王朝不过十一年。他本人在位也不过六年,却因为割让燕云十六州一事,挨了一世的骂名。

究竟如何评价石敬瑭,其实牵涉到历史学的一些基本问题,即如何理解五代历史的脉络? 如何理解政治人物的行为动机? 值得加以探讨。

史书上都说石敬瑭是沙陀人。但是,他究竟是出身汉族,还是胡族(沙陀),薛居正的《旧五代史》与欧阳修的《新五代史》就有不同的看法。

石敬瑭的父亲名字叫臬捩(niè liè)鸡,欧阳修不无揶揄地说,他的那个石姓,"不知得其姓之始也"(《新五代史·晋本纪·高祖》)。薛居正直接说石敬瑭乃太原人士,还把老祖宗追溯到春秋时卫国著名大夫石碏、汉景帝时著名丞相石奋。汉末乱离,子孙后代流落于西北边地,最后在甘州(今甘肃张掖)定居下来。

有两点可以帮助我们判断石敬瑭其人。

其一,他生于太原,从小使枪弄棒,好读兵书,最崇拜的是中国历史名将李牧和周亚夫,李牧是战国时期赵国名将,周亚夫是汉景帝时期平定"七国之乱"的统帅,是石敬瑭的山西老乡。

其二,他的顶头上司胡人李嗣源(原名邈佶烈,失其姓氏)时任代州(山西大同)刺史,很欣赏他,而且把自己的女儿嫁给了他。李嗣源的上司晋王李存勖又把石敬瑭提拔到自己身边,最后李嗣源(李克用的养子,辈分上是李存勖之兄)又恳请调石敬瑭回自己军中,获得同意,于是石敬瑭成为李嗣源的心腹大将,统领禁军精锐骑兵。李存勖是后唐的庄宗,李嗣源是后唐的明宗,都是沙陀人,都做了后唐的皇帝。

从这两点看,石敬瑭是一个生长于胡地戎墟的猛将,血统已经不重要,他羡慕的是华夏英雄,欣赏他的是胡族领袖。

观察石敬瑭还有一个角度,那就是后汉高祖刘知远(895—948)。

刘知远为人从小就沉毅寡言,这一点与石敬瑭很类似。刘知远比石敬瑭小三岁,也在李嗣源麾下效力。与石敬瑭一样,刘知远出生的时候,太原的天名义上是大唐的天,实际上是河东节度使被封为晋王的沙陀李克用的天。等到他们当兵上战场的时候,中原已经易主,朱温建立了后梁,李克用的继承人李存勖已然尊奉大唐正朔,割据河东,僭称后唐。梁晋之间天天打仗,"大小百余战,互有胜负"。

左射军使（左射军是精锐的禁军）石敬瑭与梁人战于河壖（即河边之地），梁人击敬瑭，断其马甲，横冲兵马使刘知远以所乘马授之，自乘断甲者徐行为殿；梁人疑有伏，不敢迫，俱得免，敬瑭以是亲爱之。

这是两人的事迹第一次出现在《资治通鉴》里。类似这种关键时候，刘知远不止一次冒死在战场上救了石敬瑭的命，从此两人的关系铁了起来。

由此可见，石敬瑭是一个善于结纳，能让上级欣赏，下级追随的将军。

在治民理政上，石敬瑭也有可圈可点之处。

史称，石敬瑭生活简朴，在地方执政时，与幕府宾客论民间利害及刑政得失，头脑十分清醒，处事力求公允。石敬瑭在河东任职，有店妇与军士争讼，说她晒在门前的粟被军士的马吃了，军士坚决否认，却无法自证清白。石敬瑭对审判的官吏说：

两讼未分，何以为断？可杀马刳肠而视其粟，有则军士诛，无则妇人死。（《旧五代史·晋书·高祖纪》）

意思是把马杀了一看便知，于是就杀了马，可是马肠子里面并没有粟，妇人也因为诬告陷害而被处死。从此辖区内肃然，再也没有发生诬告欺骗的行为。

不久，石敬瑭从河东移镇常山，所在之处，都以提倡孝治为先，对于民间父母、兄弟分家索财者，必处以极刑。"勤于吏事,廷无滞讼。"常山郡九门县有一对兄弟,因为卖地发生纠纷。哥哥想要地却要压低地价,有外人愿意出价购买,弟弟就想卖给这个人。买卖契约上要兄长签字,兄长故意不签,弟弟于是向九门县令投诉。县令认为兄弟二人均为不义,送往府衙。石敬瑭说:我新来此地,以不能用礼义教化百姓而愧疚。但就事理来说,"兄利良田,弟求善价,顺之则是,沮之则非,其兄不义之甚也",判决重笞其兄,"市田以高价者取之"。(《旧五代史·晋书·高祖纪》)大家都很赞赏石敬瑭处理诉讼公平合理。

这些事迹或有溢美之词,但是不会无中生有,至少说明石敬瑭处事颇有章法。

李嗣源黄袍加身,登上后唐的皇帝宝座,是在926年春夏之交。作为女婿的石敬瑭,不仅劝进最力,而且当时是打头阵,率先带兵进入洛阳的。事后,授石敬瑭为陕州(今河南三门峡市)保义军节度使,赐号"竭忠建策兴复功臣"。嗣后派石敬瑭出镇河东,任节度使。前者是论功行赏,后者是安排亲信。

石敬瑭的对手是后来成为后唐末帝的李从珂(885—936)。

李从珂本姓王,小字二十三,镇州平山(今河北平山)人,后唐明宗李嗣源为李克用打仗,行军至平山,掳获了年方十余岁的王从珂,养以为子,遂改其姓为李。李从珂自幼随义父李嗣源征战,在后唐灭后梁之战中屡立战功。926年,在魏州军乱事件中,他率部下声援向洛阳进军的李嗣源，虽然不像石敬瑭那样打先锋、立头功，却也使李嗣源军声大震，震慑了都城地区的力量。931年，李嗣源任命李从珂为左卫大将军出任西京留守，次年升任凤翔节度使。也就在同一年，石敬瑭被任命为河东节度使。显然，对于李、石二人的安排，有两重考虑，一是重用，二是平衡。

《资治通鉴》记载了李从珂与石敬瑭之间的矛盾："帝与石敬瑭皆以勇力善斗，事明宗为左右；然心竞，素不相悦。"李嗣源身边有两员猛将，左边是他女婿石敬瑭，右边是他养子李从珂。李从珂要年长石敬瑭七岁，但是，二人心中暗暗地较劲、互比短长（所谓"心竞"是也），关系处理得并不好。

《旧五代史》卷七五《晋书·高祖纪一》在夸奖石敬瑭的时候，说"灭梁室，成庄宗一统，集明宗大勋，帝与唐末帝功居最"。为什么关系处理不好？《旧五代史》卷四六《唐书·末帝纪上》说，李从珂"尝与石敬瑭因击球同入于赵襄子之庙，见其塑像，屹然起立，帝秘之，私心自负"。又说，后唐庄宗李存勖不止一次夸赞李从珂，"阿三不惟与我同齿，敢战亦相类"。这里透漏的信息是，李、石二人在政治上都有一定的抱负，李从珂更多地得到庄宗的赞赏（石敬瑭在庄宗时仕途不畅，明宗时才赶上李从珂）。

李嗣源去世前一年，即932年，又对李从珂和石敬瑭做了进一步安排：任命李从珂为凤翔节度使（治今陕西宝鸡），石敬瑭为河东节度使（治今山西太原）。次年十一月底李嗣源病逝，继位的后唐闵帝李从厚（914—934）及其执政团队，却对手握重兵的这两位前辈不放心。

根据《资治通鉴》的记载，朝廷首先是对李丛珂、石敬瑭不放心。

辅政的大臣朱弘昭、冯赟自觉威望不足,忌惮李从珂、石敬瑭自少年时就追随明宗征伐,"有功名,得众心(众望所归)"。闵帝甫即位就撤了李从珂长子李重吉控鹤都指挥使的职务,又把其在洛阳有影响的女儿惠明女尼诏入禁中控制起来。这样一下子就把气氛搞得很紧张,可见朱、冯二人缺乏谋略。

对于石敬瑭同样如此,"朱弘昭、冯赟不欲石敬瑭久在太原",二月初九,召回知天雄军使的孟汉琼,以成德节度使范延光接替天雄军使(治魏州,今河北大名);改凤翔节度使李从珂为河东节度使,兼北都留守;却让河东节度使石敬瑭出任成德节度使(治镇州,今河北正定),接替范延光空出来的职位。这些调动都不是朝廷下发的正规的诏制,"但各遣使臣持宣监送赴镇"。所谓"宣",乃是中书省发出的文书。为什么用这种不太正规的形式发出调令? 也许与闵帝本人还想留有余地有关。其实,这种事一旦做出决定,是没有余地的。

石敬瑭与李从珂都是被疑忌的对象。疑忌李从珂,于是解除了其长子的禁军职位;疑忌石敬瑭,则是不愿意其久居河东,改由李从珂接任河东节度使。照理而论,河东节度使的地位较之于凤翔更重要,因为太原是后唐龙兴之地,兵马也更强大。问题是从凤翔到河东上任必须经过洛阳,或有不测,这才是李从珂担心的。

现在李从珂与石敬瑭站在了同一个战壕里。石敬瑭没有公开行动,反而是顺从地去成德就任了,李从珂却高调发布文告拒绝调离凤翔，还打出了清君侧的口号，这等于是惹火烧身。朝廷立即派兵去围剿，李从珂长子李重吉也在亳州被杀死，可是，前线将士反而拥立李从珂回师向阙。闵帝带领数十骑出奔，正好遇见了石敬瑭，此刻石敬瑭的头衔是"镇州节度使石敬瑭"。石敬瑭问闵帝左右，天子出奔，国宝、法器何在，并与闵帝的随从发生了冲突，石敬瑭尽杀闵帝护卫，将从洛阳逃出的闵帝扣留在卫州（今河南卫辉市），自己赶紧奔赴洛阳。李从珂即位后，派人鸩杀了在卫州官舍的李从厚。

由此可见，石敬瑭是李从珂取代闵帝的帮凶，因为在反抗闵帝移藩这件事上，他们是一个战壕里的战友。问题是，这件事很快就过去了，李从珂与石敬瑭"心竞"的矛盾并未解决。接下来，身为皇帝的李从珂在处理与石敬瑭的关系时，犯了两个错误：第一个叫麻痹，第二个叫猜忌。

处理完李嗣源的丧事，石敬瑭何去何从？石敬瑭本人也没有底，不敢遽然回镇。这个时候，李从珂只要丢掉幻想，果断做出处理，剥夺石敬瑭的兵权，或者继续让石敬瑭移镇成德节度使，石敬瑭就没有还手之力。就在凤翔的部下多数劝李从珂留住石敬瑭的时候，他却大咧咧地说："石郎不惟密亲，兼自少与吾同艰难；今我为天子，非石郎尚谁托哉！"李从珂改变了后唐闵帝让石敬瑭调离河东出任成德节度使的决定，让他继续回太原担任河东节度使。石敬瑭大喜过望，立马离开洛阳赴任。这叫麻痹。

可是，在实际上，李从珂并不放心石敬瑭，石敬瑭也知道李从珂不会善罢甘休。

石敬瑭的儿子和身为太后的岳母都在宫中,公主老婆(太后的女儿)也往来两地,不断地为他传送信息。可以说,李从珂在明处,石敬瑭在暗处。当李从珂猜忌之心越来越强,要收拾石敬瑭的时候,石敬瑭早就在做兵马粮草上的准备了。清泰三年(936)五月初三,朝廷下旨调石敬瑭为天平军节度使(治郓州,今山东东平),石敬瑭拒绝移镇,朝廷发动五十万大军围剿河东,把太原城围得水泄不通。

石敬瑭最后能战胜李从珂,是因为有契丹的支援。契丹之所以支援石敬瑭,是因为石敬瑭答应割让"燕云十六州"。石敬瑭被后世唾骂的,也是割让燕云及甘当"儿皇帝"一事。

当时的契丹主为阿保机之子耶律德光。唐末帝李从珂、卢龙节度使赵德钧、河东节度使石敬瑭都在联络契丹,期望契丹在后唐内部的权力斗争中,能够站在自己一方。假如卢龙、河东和后唐朝廷能团结起来,一致对外,契丹在与中原的军事斗争中未必有得手的机会。既然后唐的政治和军事力量发生了分裂,而且都要引契丹为援,契丹方面就要看哪一方出的价码高,才决定支持谁。

研究一下后唐末期的政区分布格局,就可以发现石敬瑭玩了一手借花献佛的把戏。

所谓"燕云十六州",包括云州(治今山西大同)、应州(治今山西应县)、寰州(治今山西朔州东)、朔州(治今山西朔州)、蔚州(治今河北蔚县)、幽州(治今北京大兴)、涿州(治今河北涿州)、蓟州(治今天津蓟州区)、檀州(治今北京密云)、顺州(治今北京顺义)、瀛州(治今河北河间)、莫州(治今河北任丘)、新州(治今河北涿鹿)、妫州(治今河北怀来)、儒州(治今北京延庆)、武州(治今河北宣化)。

然而,就实际控制权而论,石敬瑭实际掌控的不过蔚州而已。幽州卢龙节度使属下的幽、涿、蓟、檀、顺、瀛、莫七州,归卢龙节度使赵德钧掌控。赵德钧也有自己的政治谋划,"欲倚契丹取中国",想借助契丹的实力来称霸中原。《资治通鉴》还记载赵德钧,"厚以金帛赂契丹主,云:'若立己为帝,请即以见兵南平洛阳,与契丹为兄弟之国;仍许石氏常镇河东。'"不仅用钱财贿赂契丹主,还希望与契丹约为兄弟,以换取更多的政治利益。

新州威塞军节度使所领新、妫、儒、武四州,自从单独设镇之后,就由后唐中央掌控,石敬瑭割让之时,在 935 年,唐末帝还新调任晋州节度使翟璋为新州节度使。

至于雁门关以北的云、应、朔、寰、蔚五州,其中云州隶属于云州节度使(治今山西大同),应、寰二州隶属于彰国军节度使(治今山西应县),朔州隶属于振武军节度使(治今山西朔州),只有蔚州(今河北蔚县)是直属于河东节度使。

石敬瑭的头衔是"河东节度使,兼大同、振武、彰国、威塞等军蕃汉马步总管",实际有权力控制的只是河东节度使及其管控的下属州郡,至于大同节度使、彰国节度使、振武节度使等所属蕃汉兵马,只是在战争状态下,受到石敬瑭的节制而已。它们与河东节度使之间,并不存在直接隶属关系。

由此可见,石敬瑭其实是给了契丹一个承诺,如果你扶植我统治中原,我将兑现割让以上地区(多数不在石敬瑭掌控之下)。

五代时期的中国,处在分崩离析的状态,从今天中国版图而论,北方地区,除了中原政权后唐(皇室是沙陀人)之外,还有它不能完全控制的军阀,其中最大的是幽州的赵德钧(汉人)、河东的石敬瑭(沙陀人)。此外,就是辽河地区对中原虎视眈眈的契丹政权。现在的问题是,末帝李从珂派遣大军压境,卢龙节度使赵德钧的使节已经到了契丹的大帐,许诺将兵向洛阳。在这种情况下,石敬瑭做出了对于自己最有利的选择。

割让"燕云十六州",是石敬瑭为一己之私而不顾国家(即后唐)和百姓利益的举措,因而受到了后人的批评甚至抨击,这是毋庸置疑的。刘知远当时就反对说:

> 称臣可矣,以父事之太过。厚以金帛赂之,自足致其兵,不必许以土田,恐异日大为中国之患,悔之无及。

说称臣就够了,以父子礼仪相待就太过分了,多给些钱财他们也就不兴兵了,没必要割让大片土地,有朝一日,他们祸乱中原,到时候后悔就来不及了。但石敬瑭没有采纳。

后人之所以对石敬瑭的行为做出激烈的批评,大概有两方面的原因。

首先,全盘接受了宋人的批评立场。

● 石敬瑭为一己之私而不顾国家和百姓利益。

宋朝人对"华夷"问题特别敏感，"爱国(爱宋朝)意识"异常鲜明，收复燕云是一代又一代宋人的梦想。这种梦想其实与魏晋南北朝时期的南朝人想收复江北、淮北一样。我们今日之评价则应该跳出这个窠臼。五代时期的南方小政权，比如吴越、南唐等无不采取"远交"契丹的策略，以为自己的外援，缓解中原王朝对于自己的压力。

其次，惯从尊严与屈辱来判断政治人物的行为。

石敬瑭向年轻的契丹主耶律德光称儿皇帝，有失尊严；宋朝也有屈辱的对辽金条约，近代以来，晚清对西方列强的不平等条约更是时常刺痛着我们。这些都刺激了我们的神经来评价石敬瑭的行为。

- 政治家面对严酷现实，低头或者扬头，都是随时应变的把戏。

其实，政治家面对严酷现实，低头或者扬头，都是随时应变的把戏。勾践卧薪尝胆，在夫差面前卑躬屈膝，我们从来不会为勾践的行为叫屈，因为他赢了。石敬瑭化解了赵德钧和李从珂对他的夹击，其实也在一定程度上赢了。

至于对付契丹，石敬瑭也有自己的盘算，南唐时不时地派人向契丹"言晋密事"。"小不如意，辄来责让，帝常卑辞谢之。"石敬瑭总是用低调谦卑(奴颜婢膝)来应对，大事化小。石敬瑭完美地处理好了与契丹的关系，史称"终帝之世，与契丹无隙。然所输金帛不过数县租赋，往往托以民困，不能满数。其后契丹主屡止帝上表称臣，但令为书称儿皇帝，如家人礼"。实际上石敬瑭真正给契丹的政治经济资源也是相当有限的，"儿皇帝"的称谓是辈分问题，与年龄无关。耶律阿保机与李克用视同兄弟，石敬瑭的岳父是李克用的养子，与耶律德光同辈，作为子婿的石敬瑭以家人事之,此乃儿皇帝之意也。

我们无法证实,契丹放弃让石敬瑭称臣,究竟有多大可信度。但是,有一点可以证明,他的继承人就是因为称孙而不称臣激怒了契丹。这也至少说明,在内战背景下,石敬瑭在处理同契丹的关系时是比他的后辈更成功的。

黄袍加身

五代的历史扑朔迷离,政权走马灯般变换,但其中也有一个线索可寻:后梁太祖朱温是黄巢造反的变节者,其后的后唐、后晋、后汉与后周则一脉相寻,都是从李克用的河东政权发迹而来。其中,后唐、后晋、后汉不仅都是从河东入统大位,而且其国君均为沙陀族出身,只有郭威创建的后周和宋太祖赵匡胤,是用戏剧化的黄袍加身的方式,实现了改朝换代。

郭威于农历七月二十八日生于河北省邢台市隆尧县(时属邢州),其时唐朝政权行将就木。他的父亲郭简担任顺州(今北京市顺义区)刺史,名义上是唐朝的官员,实际上隶属于河东节度使李克用麾下。其时李氏政权割据河东,称晋王,与宣武节度使梁王朱温为敌。

在郭威三岁那年,举家迁往太原。不久,朱温称帝,唐亡,大约就是在这个时节前夕,父亲郭简为朱温支持的幽州节度使刘仁恭所杀，郭威成了孤儿，后来母亲也病逝，他依养于韩氏家族姨妈家中，这个时候他还不到七岁。寄人篱下的少年生活，使得郭威比一般的孩子更善于察言观色，机智过人。

十八岁的郭威，已经长成身材魁伟的青年，最初在潞州节度使李继韬手下当兵，以"负气用刚，好斗多力"为李继韬所欣赏。他曾经在上党闹市区碰到一个屠夫，是当地一霸。郭威要求按照自己的方式切肉，与屠夫发生争执，屠夫当即躺倒在地，说，你敢刺我肚子吗？郭威可不像韩信那样装尿，他一剑刺去，屠夫当场毙命。郭威被治安人员捆绑送官，李继韬爱惜其才，开释了他。

924年，郭威二十一岁，后唐庄宗灭后梁，他成了庄宗李存勖亲军"从马直"中的一员。

郭威勇猛异常，但并不是个粗人，他表字文仲，父为刺史，应该是有一定的文化背景的。《旧五代史·周书·太祖纪一》这样记载说："帝性聪敏，喜笔札，及从军旅，多阅簿书，军志戎政，深穷繁肯，人皆服其敏。"郭威的好友李琼，自幼好学，涉猎史传。有一次在李琼那里看到一本书《阃外春秋》，当即向这位拜把子兄弟求教。李琼说："此《阃外春秋》，所谓以正守国，以奇用兵，较存亡治乱，记贤愚成败，皆在此也。"这部兵法学兼领导学著作，令郭威着迷，他不仅在李琼的辅导下，深领其意，而且随身携带，闲暇把玩。像李琼这样，与郭威同年入唐庄宗麾下的勇士有十人，互相约为兄弟，李琼尤其看好郭威的发展潜力。

郭威二十三岁那年，即926年，后唐庄宗在内乱中驾崩,六十岁的明宗李嗣源即位。庄宗的嫔御被遣送还家。其中有一位柴姓美女,在被父母接回家的路上,遇到连续大雨大风天气,在黄河边一家旅店躲避风雨,恰好郭威路过这家客店,这时他的职位只是马步军使,大约是百夫长级别(连级干部)的基层军官,甚至衣不蔽体,人称郭雀儿。不料柴氏一见钟情,当即要求嫁给郭威。柴氏与郭威是老乡,为邢州龙岗人(今河北邢台市的邢台县),"世家豪右",为当地有势力人家。她把随身带的财物一半分给父母,一半作为嫁妆,这样就使郭威的经济状况有了很大好转。

在后唐的军队中,明宗的女婿石敬瑭很欣赏郭威。石敬瑭担任禁军副统帅时,特地把郭威调到自己麾下,原因是郭威"长于书计",令其掌管军籍,即参谋部的工作:"前后将臣,无不倚爱。"

郭威的老婆柴氏倒贴夫君,"资周太祖以金帛,使事汉高祖"。大约郭威的顶头上司是一直追随石敬瑭的后汉高祖刘知远。后唐重臣杨光远,与刘知远同样是沙陀出身,且为石敬瑭所倚重,有一次,郭威当隶属其下出征,郭威不干,却主动要求留在刘知远身边,人问其故,郭威说:"杨公有奸诈之才,无英雄之气,得我何用? 能用我者其刘公乎!"郭威就是认准了刘知远,"汉祖累镇藩阃,皆从之。及镇并门,尤深待遇,出入帷幄,受腹心之寄,帝(郭威)亦悉心竭力,知无不为"。

郭威一路追随着刘知远。后晋出帝石重贵时期,时任河东节度使的刘知远被疏远,颇为忧虑,郭威鼓劲说:

> 河东山川险固,风俗尚武,士多战马,静则勤稼穑,

动则习军旅,此霸王之资也,何忧乎!

几年后,契丹灭后晋,刘知远建立后汉政权,郭威成为开国功臣。刘知远一年之后驾崩,郭威升任枢密使,与史弘肇等同为顾命托孤大臣。

此后直到950年底的两年多时间里,郭威多次独统大军进出开封,用一种特殊的方式,掌控了后汉的禁军,"天子者,兵强马壮者为之!"最后黄袍加身,势所必然也。

后汉隐帝乾祐元年(948)三月,河中节度使(治今山西运城市)李守贞、永兴军节度使(治今陕西西安市)赵思绾、凤翔节度使(治今陕西宝鸡市)王景崇相次反叛,朝廷先前所派镇压的将领不负众望。八月,"以郭威为西面军前招慰安抚使,诸军皆受威节度"。郭威当时的职务是枢密使、同平章事,由于平叛之故,得以掌控大军出征。

从乾祐元年(948)八月出征到乾祐二年(949)八月班师,郭威用一年的时间平定了"三叛",进一步树立了崇高的威望。皇帝欲特别封赏郭威,郭威辞曰:

运筹建画,出于庙堂;发兵馈粮,资于藩镇;暴露战斗,在于将士;而功独归臣,臣何以堪之!

这番话讲得非常得体。郭威要求把功劳分给大家。不仅朝廷高官,包括宰相、枢密使、宣徽使、三司使、侍卫使等九位高官都加以赏赐,而且各地藩镇包括南方归附的割据政权领导人也都加官晋级。一时间,郭威成为给大家发喜糖的人了。

郭威在前线军中:

> 居常接宾客,与大将宴语,即褒衣博带;或遇巡城垒,对阵敌,幅巾短后,与众无殊。临矢石,冒锋刃,必以身先,与士伍分甘共苦。

这段话的意思是说,郭威平常很儒雅,很平易近人;战场上身先士卒,同甘共苦。

> 稍立功效者,厚其赐与;微有伤痍者,亲为循抚。士无贤不肖,有所陈启,温颜以接,俾尽其情,人之过忤,未尝介意,故君子小人皆思效用。

厚赏有功将士,关爱体贴受伤战士;温和待人,体察人情,君子小人,一视同仁,即使忤逆自己,也不加介意。郭威从《阃外春秋》所学的领导方略,都用在了实践上。

两个月之后,乾祐二年(949)十月,契丹入寇,游骑甚至到了邺都之北境,于是,朝廷再次"遣枢密使郭威督诸将御之,以宣徽使王峻监其军"。十一月,契丹兵退,"郭威军至邺都,令王峻分军趣镇、定。戊午,威至邢州"。郭威奏请朝廷,勒兵北临契丹之境,被朝廷制止。班师不久,郭威被任命为邺都留守,仍兼任枢密使。次年五月,郭威离开开封,作为后汉北部边防的总司令官上任,河北诸州军政一切诸事,均由其节度。郭威真正是兵权在握了。

就在这个当口,后汉首都开封发生血案,隐帝刘承祐不能忍受托孤大臣的钳制,不仅诛杀了朝政托孤大臣史弘肇、杨邠等元老,还包括郭威、柴荣在京家属,而且下密旨诛杀在前线带兵的枢密使郭威。这时距离郭威受命为邺北都留守不过半年时间。事发次日,即乾祐三年(950)十一月十四日,郭威就接到了报告。郭威在众将士面前宣告了这一消息,群情激奋。郭威是很善于鼓动人心的,在众将士的支持下,大军打出"清君侧"的旗号,回师汴州。七天后,军队到了开封,隐帝为人所杀。郭威掌控了整个局面。

但是郭威并没有马上接受禅让,而是在充分尊重李太后懿旨基础上,迎奉刘知远的养子、武宁节度使刘赟继承大位。刘赟实际上是刘知远之弟河东节度使刘崇(895—954)之子,父子一南一北,占据雄藩。立刘赟为帝,暂时麻痹了手握重兵的刘崇。郭威派冯道去接刘赟前来开封,顺便也就剥夺了其武宁节度使的职权。

十二月初一,在郭威进京之后仅数日,接镇州、邢州奏报:

> 契丹主将数万骑入寇,攻内丘(今为河北邢台市内丘县),五日不克,死伤其众。有戍兵五百叛应契丹,引契丹入城,屠之,又陷饶阳(今为河北省衡水市饶阳县)。

郭威再次从开封出发,率领大军北击契丹。十九日郭威大军过了黄河,居住在澶州(今河南濮阳市)馆驿,正在往开封进发的候任皇帝刘赟还派使者前来慰劳将士。也许这件事激起了将士们的联想,次日凌晨,将要出发之际,士兵哗变,说我们已经与刘氏结仇,必须你郭威出来称帝,我们家族性命才有安全可言。

> 或裂黄旗以被威体,共扶抱之,呼万岁震地,因拥威南行。威乃上太后笺,请奉汉宗庙,事太后为母。

这个场面,是否郭威或其亲信导演的,并不重要。重要的是,在五代的历史情景下,以后汉三四年的建国史,汉隐帝之后,又缺乏有能力的合法继承人,像郭威这样威望卓著、能力超群,且善于笼络人心的重臣,出来收拾局面,显然是为朝野各方面所接受的。951年正月初四郭威称帝,而刚走到宋州途中的刘赟被人所杀。

郭威当了三年皇帝,任内轻徭薄赋,改革弊政,整顿吏治,于五代历史上,算是太平的日子。

周世宗柴荣是郭威的养子,也是郭威发妻柴氏的内侄。郭威有一后三妃。柴氏在郭威发达之前已经去世,后来被追封为圣穆皇后。淑妃杨氏、贵妃张氏都是再婚的寡妇。杨氏也是在郭威称帝之前去世的,只有张氏看到了郭威的成功。郭威的几个儿女究竟是哪位夫人所生,史载不详。张氏与两个儿子都被后汉隐帝刘承祐残忍杀害,此时郭威已经没有亲生儿子了。他称帝后乃以内侄及养子柴荣为太子。

● 这样威望卓著、能力超群,且善于笼络人心的重臣,出来收拾局面,显然是为朝野各方面所接受的。

柴荣生于 921 年农历九月二十四日,比姑父郭威小十七岁。史称"年未童冠,因侍圣穆皇后(柴氏),在太祖左右"。郭威与柴氏相遇并结婚之时,当在 926 年,柴荣只有五岁。估计是几年后,柴家把儿子送到柴荣的姑姑家鞠养。

> 时太祖无子,家道沦落,然以帝谨厚,故以庶事委之。帝悉心经度,赀用获济,太祖甚怜之,乃养为己子。
>
> (《旧五代史·周书五·世宗纪第一》)

按照本纪的说法,柴荣最初只是帮助郭威打理家事,经商理财,并为养子。

刘知远称帝,郭威以佐命功为枢密副使,柴荣开始在军中任职,为左监门卫将军,这是一个虚衔,实际只是郭威帐下的一个军官。有一次柴荣在京郊巡游,要拜访当地县令,县令赌博正在兴头上,竟然懒得接见他。乾祐二年(949),郭威出镇邺都,柴荣升为天雄军牙内都指挥使,统领郭威的牙兵,次年郭威入平内难,以柴荣留守邺都。尽管柴荣在地方上也有治绩,但在郭威称帝之前,他并没有独当一面的文武政绩。王夫之《读通鉴论》曾分析柴荣的处境说:

> 自朱、李以来,位将相而狂争者,非一人也。郭氏之兴,(柴)荣无尺寸之功。环四方而累立者,皆履虎咥人之武人。荣虽贤,不知其贤也,孤雏视之而已。

广顺三年(953)正月,柴荣方才从外地入京,任开封府尹,封晋王。显德元年(954)正月,兼总内外兵马。仅过了十几天,郭威驾崩,柴荣登基。就在这个当口,割据河东的北汉刘崇率兵来犯,柴荣决意亲征,冯道力主不可。《资治通鉴》记录了当时的场面:

> 世宗闻北汉主入寇,欲自将兵御之,群臣皆曰:"刘崇自平阳遁走以来,势蹙气沮,必不敢自来。陛下新即位。山陵有日,人心易摇,不宜轻动,宜命将御之。"帝曰:"崇幸我大丧,轻朕年少新立,有吞天下之心,此必自来,朕不可不往。"冯道固争之,帝曰:"昔唐太宗定天下,未尝不自行,朕何敢偷安!"道曰:"未审陛下能为唐太宗否?"帝曰:"以吾兵力之强,破刘崇如山压卵耳!"道曰:"未审陛下能为山否?"帝不悦。惟王溥劝行,帝从之。

群臣反对的理由是周太祖新丧,人心易摇,不宜轻动。其中反对态度最为坚决的冯道认为,柴荣能力不够。连连发问:唐太宗亲征,陛下您能和唐太宗比吗?泰山压卵,陛下您以为自己是山吗?柴荣力排众议,调兵遣将,亲上前线,在高平地区大败北汉。柴荣还在潞州修整期间,整顿军纪,诛杀了临阵逃脱的禁军将领樊爱能、何徽。高平之战,让群臣对柴荣刮目相看。入伍不过六年的青年军官赵匡胤,就是在这次战斗中崭露头角的。

宋太祖赵匡胤出生在一个军人家庭。父祖辈都是基层官员,二十岁就给他娶了媳妇。但是,赵匡胤并不满足于安逸平庸的生活,婚后不久,他悄悄地离开了父母妻子,浪迹天涯。先是往西走到了陕西、甘肃,然后又决定找父亲的朋友,从河南走到湖北。在襄阳的一个寺庙里,有老僧点拨他,机会在北方,往南边走都是一些割据一隅的小国,在夹缝中苟安。"乱世出英雄!"赵匡胤猛地一惊,当即打道北行,乾祐元年(948)三月,二十一岁的小伙子应募加入了后汉权臣枢密使郭威的军队。

● "乱世出英雄!"

郭威此时正掌管着独当一面的权力,率领后汉大军讨伐以河中节度使李守贞为首的"三叛"。赵匡胤从小习武,作战勇敢,很快得到同样在郭威帐下初任军职的柴荣的器重,并一直追随在柴荣左右。

柴荣赏识赵匡胤有这样几个原因。首先是作战勇敢。如前所述,在郭威称帝时期,柴荣始终没有机会表现自己,也不敢发展自己的班底。954年初登大宝,北汉刘崇大举入侵,包括冯道这样滑头的朝臣,都不相信他有能力应战。在战争过程中,樊爱能、何徽临阵逃脱,禁军不听指挥,赵匡胤作为世宗的亲兵部队(在开封府时为马直军使,即骑兵指挥官)却骁勇异常地力挽狂澜,反败为胜,自然而然地脱颖而出。柴荣提拔赵匡胤为殿前都虞候。其后在周世宗攻打南唐的战争中,赵匡胤始终勇猛顽强,屡立战功。

956年春,涡口(安徽怀远西)之战,赵匡胤击败南唐大将皇甫晖、姚凤十几万大军,追击到滁州城下。皇甫晖提出布阵决战,赵匡胤笑而许之。皇甫晖组织军阵出战,赵匡胤搂着坐骑的颈脖,一马当先,大呼一声,直接冲入南唐阵内,

506

挥剑击中皇甫晖的脑袋,生擒之,并擒姚凤,遂克滁州。回师后,赵匡胤被提拔为殿前都指挥使。

勇敢之外,赵匡胤的忠诚也得到柴荣的赞赏。攻下滁州之后,赵匡胤的父亲赵弘殷其时为马军副都指挥使,来到滁州城下。因在半夜,赵匡胤说,父子虽至亲,但半夜不得打开城门,"王事也",这是军规,因此直到天亮才让父亲进城。

历史上留下赵匡胤喜爱读书的故事。据说在讨平淮南期间,有人向柴荣揭发赵匡胤私吞战利品,捞了几车的财宝。柴荣派人打开车一看,只是数千卷图书。柴荣质问道:"带兵打仗,你带这么多书做什么?"赵匡胤答道:"我是想多读些书,增长自己的见识,以便效劳于国家。"

> ● 多读些书,增长自己的见识,以便效劳于国家。

柴荣也需要组建自己的班底,像赵匡胤这样忠诚能干的老部下,自然成为最好的人选,重点培养对象。高平之战后,柴荣将整顿禁军的重任交给年仅二十七岁的赵匡胤。组建新的禁军殿前司,以赵匡胤为殿前司都虞候(相当于军中的纪委及副参谋长),淮南之战后,升任殿前司都指挥使(相当于参谋长及副司令)。

柴荣在随郭威北守邺都期间,家眷即儿子宗谊、越王等人都被隐帝刘承祐杀害。在他即位之时,与大符后所生的儿子柴宗训(953—973)刚刚出生四个月。显德六年(959)六月,柴荣病死于北伐途中,时年三十八岁,年仅六岁的太子柴宗训继位。临死前,柴荣换掉了殿前司一把手张永德,即周太祖郭威的女婿、柴荣的妹婿,让赵匡胤出任殿前都点检。他觉得赵匡胤比自己的妹婿更可靠。

半年后的新年正月，殿前都点检赵匡胤在带兵出征，抵御契丹的途中，于陈桥驿（河南新乡市封丘县东南）发生兵变，将士们强迫赵匡胤穿上黄袍，跟郭威十年前发生在澶州（河南濮阳市）的事情一模一样。只是陈桥驿比澶州距离开封要近多了。郭威登基时，年且五十，赵匡胤此时只有三十三岁。

南唐风云

五代中原王朝之外，还有十国，除北汉割据太原之外，其余都在南方。其中以南唐（937—975）、吴越（907—978）最重要。南唐开国君主是李昪，建都江宁（今江苏南京），经历三世，凡三十九年，是十国割据政权中面积最大也最富庶的国家。李昪（889—943）是一个战争孤儿，六岁被人收养。下面大略梳理一下，他的两个养父是如何为他创造事业基础，我们从中又会得到怎样的历史认识。

最早收养李昪的是唐末军阀杨行密（852—905）。杨行密本来就是行伍出身，从庐州牙将、刺史干起，受淮南节度使高骈（821—887）节制。他原名行愍，是高骈让他改名为行密的。

黄巢起兵，高骈主政的淮南节度使，基本上保证了中央这块财富之地的稳定。但是，大乱之后，淮南地区群盗割据,晚年的高骈控制起来有些吃力。高骈手下和周边的不稳定势力比较大的有毕师铎、秦彦、杨行密、秦宗权、孙儒等。他们分属两个来源:一部分是中原地区节度使下军校,动乱中一度投降黄巢,后来又脱离黄巢,归顺为地方军将;另一类本就是造反起家,甚或是黄巢手下大将,后来反正,成为地方上的刺史或者藩镇大将。

比如毕师铎,旧为黄巢手下大将,而且同乡。879 年,高骈派大将出击黄巢,毕师铎投降,带来一支军队,被高骈任命为淮南都知兵马使。又如秦彦,早年曾在徐州当兵,后来啸聚山林,带领亡命之徒数百人投奔黄巢。黄巢兵败于淮南,秦彦投降了节度使高骈,被任命为和州刺史。杨行密的情况与秦彦等人很类似。杨行密年轻时因穷困从军,曾参加地方上的农民造反,后应募为庐州牙将,战乱中庐州刺史逃走,杨行密自据之。883 年在黄巢占据长安的混乱中,朝廷以刺史授之,隶属淮南。

882 年,和州刺史秦彦趁观察使病重之际,袭击宣州城而自为节度使。比秦彦更早袭取节度使的是蔡州的秦宗权。秦宗权初为许州牙将,880 年冬黄巢攻入长安,秦彦乘机驱逐蔡州刺史,占据蔡州。其时僖宗奔蜀,秦宗权以蔡州军从监军杨复光击黄巢,朝廷因而任命其为蔡州节度使。后来兵败降于黄巢,仍称蔡州节度使。黄巢死后,他割据一方,竟然在蔡州称帝。蔡州节度使与宣歙节度使分别介于淮南节度使的北边和南边。淮南的富庶,众所周知,周边势力无不垂涎。高骈处于两个动乱凶暴的藩镇之间,其处境之艰难,可想而知。

887 年,毕师铎起兵攻打高骈。高骈召杨行密救援,以淮南行军司马(相当于副司令兼参谋长)相许。杨行密兵马未到,高骈已经被杀。毕师铎迎秦彦为淮南节度使。杨行密整军进击,秦彦与毕师铎抵抗不支,突围出逃。888 年,杨行密进入扬州。

北边蔡州节度使秦宗权对淮南虎视眈眈,派其弟秦宗衡为统帅、部将孙儒为副帅,经略淮南。孙儒不听节度,自为一军。秦彦、毕师铎从扬州城出逃来投奔孙儒,几股势力连成一气。不久,孙儒先后杀了秦宗衡和毕师铎、秦彦,吞并了其军队。杨行密担心自己抵不住孙儒,放弃了扬州,攻入宣州,朝廷因之册封杨行密为宣州观察使。孙儒进入扬州。不久,孙儒驱众五十万,渡江进攻杨行密。因粮草不足,加之以瘟疫流行,反而被杨行密击败,后被杀。景福元年(892)八月,杨行密再入扬州,唐朝封之为淮南节度使。

随后的几年中,杨行密不断地拓展地盘,同时扩充军队,897 年,兖州朱瑾被朱温击败,奔附杨行密,得到朱瑾的精锐骑兵,弥补了淮南军队起兵不足的短处。同年,杨行密在寿州(今安徽淮南),击败朱温南下的军队,保住了自己的半壁江山。

李昪的第二个养父是杨行密的部将徐温(862—927)。徐温早年以盐贩谋生。后追随杨行密帐下,从伍长干起,因功升任衙内左兵马使。从杨行密在庐州开始,徐温就参与了所有的军事扩张行动。895 年,杨行密攻打濠州时,见幼童李昪六岁,十分可爱,收为养子,后因自家儿子不容,才让部将徐温收养,取名徐知诰。

天祐四年(905)十一月,杨行密病逝,时年五十四岁,二十岁的长子杨渥继立。杨渥忌惮父亲留下的军将,颇相排挤。开平二年(908)五月,衙内亲将张颢、徐温发动政变,诛杀杨渥,不久,徐温又派刺客杀死张颢,清算其诛杀国君之罪,自己独掌吴国大权。

通过几年的对外用兵,徐温威权日盛。915年,徐温被封为齐国公,以升、润、宣、常、池、黄六州为齐国。以养子徐知诰守润州,长子徐知训在广陵(今扬州广陵)辅佐吴王杨隆演,徐温自己居住升州(今江苏南京),设立大都督府,遥控朝廷大政,类似魏晋南北朝时期的霸府执政模式。918年,辅政的徐知训被朱瑾所杀,徐知诰(李昪)从润州(江苏镇江)先入广陵,得专政事。至此,吴政权一直奉唐天祐年号为正朔。919年(即所谓天祐十六年)建国改元。次年杨隆演去世,徐温越位拥立其幼弟杨溥继位。

徐知诰毕竟不是亲生儿子,927年徐温派次子徐知询到广陵,代替徐知诰执掌朝政。由于徐温旋即病死,徐知询不是徐知诰的对手,被解除了兵权。徐知诰继养父徐温之后,掌控了杨吴的大权。

徐温死后十年,937年,徐知诰受禅称帝,国号大齐。939年,他自称是唐宪宗之后,恢复李姓,名昪,改国号为大唐,史称"南唐"。李昪之后,李璟、李煜相继称帝,继续实行稳健的发展政策,极力处理好与中原王朝和周边邻国的关系,保境安民,发展科举与文化事业。其最盛时人口超过五百万,拥有三十五州,包括今江苏、安徽、江西、福建、湖北和湖南等省部分地区。南唐成为五代十国时期的一片净土。南唐以及钱镠开创的吴越国的经济发展和文化繁荣，是中国经济重心南移的重要标志，也为宋朝经济和文化繁荣提供了重要基础。

回顾一下从杨行密创业以来江淮地区的发展。唐朝末年，由于黄巢起兵，江淮地区也群雄并起，杨行密含辛茹苦，奋斗几三十年（从庐州刺史算起二十二年），打下了杨吴政权的基础。可惜由于儿子无能，最终成为部将徐温的傀儡。徐温经营三十多年，临死前已经是类似于曹操晚年或司马家族（司马懿到司马昭将近三十年）篡位前的地位，依然是儿子们无法接班，养子徐知诰掌握了权力，进而建立了一个立国近四十年的南唐政权。入宋后，975 年，宋太祖以"卧榻之侧，岂容他人酣睡"的理由攻打金陵，迫使李后主投降，南唐亡。

● 所有这些兴衰乱离，都有一个规律：开创者都是一世英雄，后继者大多难以把家业继承下去。

所有这些兴衰乱离，都有一个规律：开创者都是一世英雄，后继者大多难以把家业继承下去。即使是汉唐那样有数百年江山的王朝，因为头几任接班人强于五代十国的君王，故而能有二三百年的天下，但是王朝末年无不因为接班人的能力不足、德才不具丧国亡身，这是中国历史上"家天下"的宿命。《易传》有言："德薄而位尊，智小而谋大，力小而任重，鲜不及也。"信然！

（参见《资治通鉴》卷二六五至卷二九四）

512

尾 声

　　《资治通鉴》写到 959 年底就结束了,赵匡胤登基属于宋代历史了。后人编辑了许多类似于《续资治通鉴》这样的书,但是很少有能超越司马光原著的。

　　中国五千年文明史,留下了丰富的治国理政经验,是人类的宝贵遗产。其中许多菁华,对于我们今天提升国家治理体系和治理能力的现代化,也有重要意义。这些执政理念和经验,不仅以思想形态的形式存在,更重要的是也体现在历代政治家的执政实践当中。《资治通鉴》专注于记录战国至五代一千三百多年间的国家兴衰、执政得失,是我们学习历史上国家治理经验的重要资料。

　　王夫之(1619—1692)《读通鉴论》卷末评论说:"旨深哉!司马氏之名是编也。曰'资治'者,非知治知乱而已也,所以为力行求治之资也。"即读史不仅是知道历史的治乱兴衰,还可作为实践的指南。但历史毕竟不同于现实,读史者应该知道,"夫治之所资,法之所善者也。善于彼者,未必其善于此也"。需要读史者用"心"(深思熟虑)去体察古今之时宜与事势,"以心驭政,则凡政皆可以宜民,莫匪治之资;而善取资者,变通以成乎可久"。要对古人有同情的了解,要作换位思考,"设身于古之时势,为己之所躬逢;研虑于古之谋为,为己之所身任",把自己放在历史的场景中去学习历史的智慧，"取古人之宗社之安危，代为之忧患，而己之去危以即安者在矣；取古昔民情之利病，代为之斟酌，而今之兴利除害者在矣"。这样，古之"得可资，失亦可资也"；古今之"同可资，异亦可资也"。"资治通鉴"之"鉴"，就是镜子。镜子照见我们的衣冠颜容，"顾衣冠之整、瞻视之尊"，但是如何整衣冠，如何尊瞻视，镜子本身是无能为力的，"鉴（镜子）岂能为功于我哉！"历史的经验只有通过我们内心的消化，"其得也，必思易其迹而何以亦得；其失也，必思就其偏而何以救失；乃可为治之资"。

总之，王夫之毫不含糊地告诉我们：《资治通鉴》中的治世得失的历史经验，并不是让我们照抄照搬，因为历史叙述并不会提供直接的解决现实问题的方案，而是需要我们根据自己所处的时势、条件加以分析判断。阅读本书关于《资治通鉴》千年的治国历史经验，也应该抱着这样的态度。

跋

书稿就要付印了,写几句需要说明的话。

本书与《〈资治通鉴〉与家国兴衰》《〈资治通鉴〉启示录》略有不同的是,在每讲之前增加了我对于周秦汉唐这一段历史中治乱得失的综合讨论,这些内容,几乎是一气呵成写出来的,虽然讨论仍然以《资治通鉴》的人物和事件为基本内容,但视野也略微有些超越,方向性与方法性的思考也比较多一些,故而名之曰《治术:周秦汉唐的经世之道》,虽未必能至,却真实反映了司马光的编纂初衷,是中华书局版《资治通鉴》前面三篇序言的主旨。

本书的写作,获得了清华大学文科处 2020 年度自主科研项目的资助,也是国家社科基金项目(编号 20@WTH005)成果的一部分。对于有关方面的支持,谨此表示衷心感谢。中华书局的几位领导高度重视本书的编辑出版,他们和责任编辑贾雪飞博士等都付出了辛勤的劳动,几位雅士还帮助敲定了书名;我早年的学生李红旗以及在校诸位博士研究生,对于书稿的文字整理和校对,多有贡献;在此一并致以谢忱。

张国刚　2020 年 7 月 22 日